BAEDEKER

SPANIEN
NORDEN · JAKOBSWEG

www.baedeker.com

Verlag Karl Baedeker

Top-Reiseziele

Die Liste der Highlights in Nordspanien ist lang: Strände und Bergpanoramen, Kathedralen und Klöster, Naturparks und Canyons, Weingärten und stimmungsvolle Städte. Wir haben für Sie zusammengestellt, was Sie auf keinen Fall versäumen sollten.

❶ ✶✶ Bilbao
Einst graue Maus unter Spaniens Städten, heute Topadresse mit dem spektakulären Guggenheim-Museum, weiteren Zeugnissen moderner Architektur und dem Weltkulturerbe Puente Colgante, der »Schwebebrücke«
Seite 152

❷ ✶✶ San Sebastián
Mit ihren Stränden und Aussichtsbergen besitzt die baskische Küstenstadt eine selten reizvolle Lage und bewahrt sich auf ganz eigene Art das Flair eines mondänen alten Seebads.
Seite 298

❸ ✶✶ Pamplona
Hier wird nicht nur Hemingway wieder lebendig, hier tobt nicht nur die bekannteste Fiesta des Landes – Navarras Kapitale bietet auch eine schöne Altstadt samt trutzigem Mauerring und mächtiger Kathedrale.
Seite 264

❹ ✶✶ Monasterio de Leyre
Hoch über dem Stausee von Yesa liegt das Bergkloster im Schatten der Sierra de Leyre – die romanische Krypta und das reich dekorierte Westportal sind Wunderwerke in Stein.
Seite 272

Top-Reiseziele • INHALT

❺ ✶✶ San Juan de la Peña
Als Quelle von Legenden und Grablege aragonesischer Könige ist das an einen Felsüberhang gebaute Bergkloster ein Begriff. Die romanische Klosterkirche und die wunderbare Aussicht lohnen den Besuch.
Seite 220

❻ ✶✶ Castillo de Loarre
Für viele Kenner der Iberischen Halbinsel ist die Burg von Loarre das mächtigste und prachtvollste Felsenkastell im ganzen Land.
Seite 216

❼ ✶✶ Zaragoza
In der am Ebro gelegenen aragonesischen Metropole wird Spaniens erstes Marienheiligtum verehrt. Die umliegende Altstadt gibt den Kontrast zum Gelände der Weltausstellung von 2008.
Seite 349

❽ ✶✶ Spuren der Dinosaurier
Über die südöstliche Rioja, vor allem die Gegenden um Enciso und Cornago, verteilen sich versteinerte Dinosaurierspuren, die für Urzeit-Fans allein schon die Reise nach Nordspanien lohnen.
Seite 180

❾ ✶✶ Logroño
Die muntere Hauptstadt der Rioja mit besten Ausgehmöglichkeiten ist ein Treffpunkt von Jakobspilgern sowie Liebhabern von Tapas und Wein.
Seite 236

❿ ✶✶ Weingärten der Rioja
Dank ihrer edlen Tropfen ist die Rioja weltweit in aller Munde. Die bekanntesten Weingärten und schönsten Bodegas findet man im Gebiet zwischen Logroño und Haro.
Seite 227 und 244

⓫ ✶✶ Santo Domingo de la Calzada
Wer sich nicht vorstellen kann, dass es in einer Kathedrale einen echten Hühnerstall geben könnte, wird in diesem Städtchen in der Rioja eines Besseren belehrt – kurios, kurios …
Seite 331

INHALT • **Top-Reiseziele**

⓬ ★★ Burgos
Die stimmungsvolle Altstadt wird von der Kathedrale beherrscht, einem in jahrhundertelanger Bauzeit entstandenen sakralen Mammutbau mit dem Grab des Nationalhelden El Cid.
Seite 160

⓭ ★★ Santo Domingo de Silos
Rundherum eine schroffe Bergszenerie, tief unten im Tal das geschichtsträchtige Kloster mit seinem schönen Kreuzgang. Und die Mönche von Santo Domingo tragen noch regelmäßig gregorianische Gesänge vor.
Seite 171

⓮ ★★ León
In der gotischen Kathedrale wandert der Blick von einem prächtigen Buntglasfenster zum nächsten. Einen weiteren Höhepunkt markiert das Pantheon der Könige, wo herrliche Malereien bald ein ganzes Jahrtausend unbeschadet überdauert haben.
Seite 228

⓯ ★★ Las Médulas
Goldgier hat eine bizarre Felslandschaft geschaffen – die Römer höhlten hier ganze Berge aus, um an das begehrte Edelmetall zu kommen.
Seite 283

⓰ ★★ Santiago de Compostela
Der Kult um das Jakobus-Grab hat Galiciens Hauptstadt zu einer der lebhaftesten Städte Spaniens gemacht, in der Wallfahrtstrubel und studentischer Alltag Hand in Hand gehen.
Seite 309

⓱ ★★ Rías Gallegas (Rías Altas · Rías Baixas · Costa da Morte)
Die tief ins Land eindringenden Meeresbuchten Galiciens bilden wildromantische Traumkulissen. Dazu gehört auch das sagenumwobene Kap Fisterra.
Seite 290, 294 und 323

⓲ ★★ Lugo
Auf die Römer geht die als Weltkulturerbe ausgewiesene historische Stadtmauer zurück. Sie ist komplett begehbar und gibt herrliche Blicke auf die Türme der Kathedrale und die verwinkelte Altstadt frei.
Seite 249

Top-Reiseziele • INHALT

㉓ ✶✶ Santillana del Mar
Uriger geht es kaum als in diesem alten Bilderbuchort – mit historischen Adelspalästen, vielerlei Geschäften, feiner Stiftskirche samt romanischem Kreuzgang und den berühmten altsteinzeitlichen Höhlenmalereien von Altamira.
Seite 325

⑲ ✶✶ Praia das Catedrais
Felsformationen machen den im nordöstlichsten Zipfel Galiciens gelegenen Strand bei Ebbe wirklich zum »Strand der Kathedralen«. Doch auch bei Flut lohnt die Aussicht über die oftmals wild schäumende See.
Seite 293

㉔ ✶✶ Santander
Kantabriens Hauptstadt bietet abwechslungsreiche Panoramen und die Playa del Sardinero, einen der schönsten Strände Nordspaniens.
Seite 304

⑳ ✶✶ Costa Verde
Die »grüne Küste« Asturiens macht ihrem Namen alle Ehre – sattgrüne Wiesen und Weiden zwischen dem Blau des Atlantiks und den imposanten Höhenrücken der Kantabrischen Kordillere.
Seite 202

㉑ ✶✶ Oviedo
In den Altstadtkneipen hebt asturischer Apfelwein die Stimmung. Und am Stadtrand lohnen frühmittelalterliche Gotteshäuser einen Besuch.
Seite 258

㉒ ✶✶ Picos de Europa
Eine der schönsten Gebirgswelten Südwesteuropas: die »Spitzen Europas«. Der Nationalpark ist ein Naturparadies mit einer vielgestaltigen Pflanzen- und Tierwelt. Und im Sonnenlicht blinken verträumte Bergseen.
Seite 277

Lust auf ...

... bunte Märkte, kulinarisches Erleben, die Welten des Weins oder atemberaubende Szenerien hoch über dem Atlantik? Nachfolgend finden Sie einige Anregungen für Ihre Reise durch Nordspanien.

WILDE KAPS
- **Estaca de Bares**
  Der nördlichste Punkt der Iberischen Halbinsel – rund um den kleinen Leuchtturm herrscht eine raue Szenerie.
  Seite 187
- **Cabo Mayor**
  Ein Kap der guten Aussicht am Rand der kantabrischen Hauptstadt Santander, hoch über Klippenabstürzen und schäumender See.
  Seite 308
- **Fisterra** ▶
  Am wellengepeitschten »Ende der Welt« wartet ein spektakuläres Panorama.
  Seite 324

ALTEHRWÜRDIGE KAFFEEHÄUSER
- **Café Iruña, Bilbao**
  Das Iruña in Bilbao mit neomaurischem Dekor ist ein populärer Treffpunkt.
  Seite 154
- ◀ **Café Iruña, Pamplona**
  Hemingway machte das Café Iruña berühmt. Hier beobachtete er das Treiben auf der Plaza del Castillo. Zur Nachahmung empfohlen!
  Seite 268
- **Café Casino, Santiago de Compostela**
  Ein angenehmes Fleckchen in der Fußgängerzone der Pilgerstadt Santiago de Compostela
  Seite 310

HISTORISCHE SCHAUPLÄTZE

- **Burgos**
  Die Gegend um Burgos war im 11. Jh. die Heimat des Nationalhelden El Cid.
  Seite 60
- **Ibañeta**
  In der Schlacht von Roncesvalles 778 fiel auch Graf Roland, Held des berühmten Rolandslieds.
  Seite 271
- **Covadonga**
  Hier erlitten – so heißt es – die Mauren im 8. Jh. die erste Niederlage auf spanischem Boden.
  Seite 280

RIOJA-WEINKELLEREIEN

- **Bodegas Ysios**
  Feine Tropfen und moderne Architektur – eine herrliche Kombination!
  Seite 227
- **Bodegas Ontañón**
  Ein Tipp für Wein- genauso wie für Kunstliebhaber
  Seite 241
- **Bodegas Muga**
  Ein Klassiker in der Rioja
  Seite 246

LEBHAFTE MÄRKTE

- **Mercado de la Ribera, Bilbao**
  Das historische Gebäude erfüllen Düfte von Fisch und Käse.
  Seite 159
- **León**
  Mittwochs und samstags steigt auf der Plaza Mayor ein Freiluftmarkt mit noch sehr rustikalem Charakter.
  Seite 232
- **Mercado de Abastos, Santiago de Compostela**
  Munteres Treiben drinnen wie draußen – ohne Zweifel einer der schönsten Märkte in Spanien!
  Seite 289

INHALT · Inhaltsverzeichnis

HINTERGRUND

14 Picos, Rías und Rioja

16 Fakten
17 Natur und Umwelt
26 Bevölkerung · Politik · Wirtschaft
28 🛈 Nordspanien auf einen Blick
30 Willkommen im Alltag

38 Geschichte
39 Imperium, Diktatur und Republik
42 🛈 Infografik: Acht Jahrhunderte Kampf
48 🛈 Special: Spaniens chronischer Konfliktherd

52 Kunst und Kultur
64 Architektur und Bildende Kunst
56 🛈 Special: Designer-Bodegas

62 🛈 3D: Puente Colgante – Schwebender Stahl
64 Nordspaniens Literaten

66 Berühmte Persönlichkeiten

ERLEBEN UND GENIESSEN

76 Essen und Trinken
77 Nur mit der Ruhe!
80 🛈 Special: Typische Gerichte
82 🛈 Special: Tapas – Nordspanische Appetithäppchen
86 🛈 Special: Nordspanischer Wein – Spitzengewächse

88 Feiertage · Feste · Events
89 Vibrierende Fiestas

Spanisches Lebensgefühl in einer Wein- und Tapasbar

Playa Bisquinis an der Halbinsel La Magdalena bei Santander

94 **Mit Kindern unterwegs**
95 Höhlen, Haie und Urzeitviecher

100 **Shopping**
101 Echt spanisch
102 **!** *Special: Shopping an heiligen Stätten*

106 **Übernachten**
107 Eine Bleibe für jeden Geschmack
110 **!** *Special: Komfort und Spitzenküche*

114 **Urlaub aktiv**
115 Kontrastreich in Aktion
116 **!** *Special: Auf dem Jakobsweg*

TOUREN

128 Touren durch Nordspanien
130 Unterwegs in Nordspanien
133 Tour 1: Der Jakobsweg
136 **!** *Infografik: Alle wollen nach Santiago*
138 Tour 2: Die große Atlantikroute

PREISKATEGORIEN
Restaurants
(Preis für ein Tages-/Hausmenü:)
€€€€ = über 40 €
€€€ = 25 – 40 €
€€ = 15 – 25 €
€ = unter 15 €
Hotels (Preis für ein Doppelzimmer in der Vor- und der Hauptsaison)
€€€€ = über 180 €
€€€ = 130 – 180 €
€€ = 80 – 130 €
€ = unter 80 €

Hinweis
Gebührenpflichtige Servicenummern sind mit einem Stern gekennzeichnet: *0180....

140	Tour 3: Baskenland, La Rioja und Navarra
142	Tour 4: Pyrenäen und Ebro-Becken
144	Tour 5: Die südlichen Rías Gallegas

REISEZIELE VON A BIS Z

148	Astorga
152	Bilbao · Bilbo
156	*❗ 3D: Architektur der Superlative*
160	Burgos
166	*❗ Special: Helden und Heilige*
177	Calahorra
181	La Coruña · A Coruña
186	*❗ Special: Die schönsten Leuchttürme*
191	Costa de Cantabria
195	Costa Vasca
202	Costa Verde
207	Estella · Lizarra
210	Gijón
213	Huesca
217	Jaca
222	Laguardia
228	León
236	Logroño
249	Lugo
252	Ourense · Orense
258	Oviedo
264	Pamplona · Iruña · Iruñea
277	Picos de Europa
281	Ponferrada
287	Pontevedra
290	Rías Altas
294	Rías Baixas
298	San Sebastián · Donostia
304	Santander
309	Santiago de Compostela
314	*❗ 3D: Ersehntes Pilgerziel*
325	Santillana del Mar
328	*❗ Infografik: Steinzeitkunst*
331	Santo Domingo de la Calzada
336	Vigo
341	Vitoria · Gasteiz
349	Zaragoza · Saragossa

PRAKTISCHE INFORMATIONEN

358	Anreise · Reiseplanung
362	Auskunft
364	Mit Behinderung unterwegs
365	Elektrizität
365	Etikette
366	Geld
366	Gesundheit
366	Literatur · Film
370	Medien
370	Notrufe
371	Öffnungszeiten
371	Post · Telekommunikation
372	Preise · Vergünstigungen
373	Reisezeit
374	Sprache
383	Verkehr
387	Zeit
388	Begriffe aus Religion, Kunst und Alltagsleben
391	Register
397	Verzeichnis der Karten und Grafiken
398	Bildnachweis
399	atmosfair
400	Impressum
404	*❗ Kurioses Nordspanien*

Am Ziel! Pilger vor der Kathedrale von Santiago de Compostela

HINTERGRUND

Wissenswertes über Nordspanien – hier San Juan de Gaztelugatxe –, zu Land und Leuten, Gesellschaft, Politik und Wirtschaft, Kunst, Geschichte und Alltagsleben

Picos, Rías und Rioja

Wilde Schluchten und grüne Weiden, mächtige Burgen und alte Klöster, beste Weine und eine erstklassige Küche – Spaniens Norden bietet alle Zutaten für eine erlebnisreiche Reise.

»Drei Gläschen Wein am Tag müssen einfach sein«, sagt Bodegaführer Jesús zu Beginn des Rundgangs und lacht. »Eins für die Gesundheit, eins fürs Vergnügen und eins für die gute Ruhe!« Dann öffnet er die Tore zum »Allerheiligsten« der Bodegas Ontañón am Stadtrand von Logroño. Besuchern steigen Holz- und Fruchtaromen in die Nase, die Blicke fallen auf Tausende mit Riojawein gefüllte Eichenfässer. Die Tour für die Sinne findet ihren Höhepunkt in der »cata«, der Verkostung. Noch einmal geht Jesús auf das Bouquet des edlen Tropfens ein, schwenkt sein Glas und hebt es, ganz nach dem Motto »fiel a la buena vida«, »treu dem guten Leben« …

BÜHNEN DER LEBENSLUST

Nicht nur der Wein steht für Genuss. Auf ihren Plätzen und Promenaden zeigen sich Städte und Dörfer als Bühnen der Lebenslust. Ausgehen, feiern, es sich gut gehen lassen – mit dieser Auffassung unterscheidet sich der Norden nicht vom stärker frequentierten Süden des Landes. Landschaft und Kultur sind aber doch unterschiedlich. Spaniens Norden versetzt auch mit seinem Wechselspiel zwischen Atlantik und Hochgebirge ins Staunen, mit seinen Kirchen und Klöstern, mit urigen Unterkünften und ausgezeichneten Restaurants, mit wilden Fiestas und gepflegten Traditionen. Im Gegensatz zu Spaniens Süden gibt es hier **weder Flamenco noch Hotelburgen**, die den Blick auf das Meer versperren. Allerdings ist es im Norden auch nicht so sonnig und das Meer beileibe nicht so warm wie im Süden.

FÜLLHORN VOLLER NATUR UND KULTUR

Während einer Reise durch den Norden der Iberischen Halbinsel darf man sich auf vielerlei Überraschungen freuen. Kaum hat man die »Hexenhöhle« in den Pyrenäen verlassen, steuert man bereits auf das nächste verwunschene Flusstal zu. Hoch in den Lüften kreisen Gänsegeier und in der warmen Jahreszeit sind die Storchennester auf Stadtmauern und Kirchtürmen reich besetzt. Und dann zeigen noch etliche versteinerte Dinosaurierspuren in der Rioja, dass sich schon die urzeitlichen Riesen hier ausgesprochen wohl gefühlt haben.

Gehaltvolle Trauben für edle Tropfen werden in La Rioja angebaut.

Die Atlantikschönheiten San Sebastián und Santander bezaubern mit Sandstränden. Das Guggenheim-Museum hat Bilbao zu neuem Ruhm verholfen, Pilger sind auf dem Jakobsweg unterwegs, Burgos und León wetteifern um die schönste gotische Kathedrale. Wer in den Norden reist, hat weniger einen typischen Strandurlaub als vielmehr eine überwältigende Natur- und Kulturlandschaft vor Augen. Überall gibt es etwas zu entdecken: die imposante Fußgängerbrücke an Bilbaos Campo Volantin, die romanische Kapelle Santa María de Eunate in Navarra oder die eindrucksvollen Felsen an der Praia das Catedrais im Nordosten Galiciens. Und im Hinterland verläuft der Jakobsweg. Zwischen den Pyrenäengipfeln und der Pracht von Santiago de Compostela mit dem legendären Grab des Apostels Jakobus reihen sich **Kulturschätze** aneinander. Geschichtsträchtige Klöster, hübsche Dörfer, namhafte Städte wie Pamplona, Logroño und Santo Domingo de la Calzada, Wehrburgen, Einsiedeleien. Früher wie heute verlängert man den Jakobsweg westlich von Santiago de Compostela noch gern bis zum Cabo Fisterra, dem sagenumrankten »Ende der Welt« an Galiciens wilder Küste.

SPRACHLICHE VIELFALT

Apropos Galicien: Ziemlich gleichbedeutend mit dem Hochspanisch (»castellano«) ist dort Galicisch (»galego«), und im Baskenland das Baskische (»euskera«). Der Gebrauch der eigenen Sprache symbolisiert regionale Verbundenheit. Ein Zeichen, das Auswärtige verwirren kann, da es in die Schriftsprache hineinwirkt und viele Straßenschilder zweisprachig gehalten sind.

Fakten

Natur und Umwelt

Das landschaftlich vielgestaltige Nordspanien reicht von den Pyrenäen nach Westen bis zur stark zergliederten Küste Galiciens mit ihren typischen Rías, jenen »ertrunkenen« Flusstälern, die jetzt als Buchten tief ins Land dringen. Von Süden her stoßen die Ausläufer von Spaniens großer Hochebene, der Meseta, hinzu, während weiter nördlich die Kantabrische Kordillere das Hochland vom Atlantik abschirmt.

LANDSCHAFTEN UND REGIONEN

Das einstige Königreich Aragonien wird im Norden von der Gebirgsbarriere der **Pyrenäen** geprägt, die im Hauptkamm mit dem **Pico de Aneto** (3404 m) und dem **Monte Perdido** (3355 m) ihre größten Höhen erreicht. Im landschaftsgeschichtlich interessanten Raum **Ordesa** kann man nachvollziehen, wie eiszeitliche Gletscherströme die hiesigen Täler U-förmig ausgehoben haben. Der 1640 m hohe **Pass von Somport** zwischen dem französischen Oloron-Ste-Marie und der Stadt Jaca ist einer der ältesten Pyrenäenübergänge. Aragonien (Aragón)

Typisch für das aragonesische Pyrenäenvorland sind kleinere Bergzüge um den 1770 m hohen **Pico de Oroel** (südlich von Jaca) und die **Sierra de la Guara** mit dem 2078 m hohen **Puntón de Guara** (nordöstlich von Huesca).

Weiter südlich fallen die Berge zum fruchtbaren **Ebrobecken** ab. Der Ebro, der in der Kantabrischen Kordillere entspringt, ist der nach dem Tajo (portug.: Tejo) zweitlängste Fluss der Iberischen Halbinsel. Er hat einen Einzugsbereich von rund 83 500 km² und mündet nach etwa 930 km ins Mittelmeer. An der Einmündung des **Río Gállego** in den Ebro liegt die aragonesische Hauptstadt **Zaragoza**.

Die Region reicht von den westlichen Pyrenäen bis hinunter ins Ebrotal. Im Norden bildet der Pyrenäen-Hauptkamm die Grenze zu Frankreich. Im Grenzgebiet der beiden einstigen Königreiche Aragonien und Navarra erhebt sich die **Mesa de los Tres Reyes** 2424 m hoch. Die landschaftlich reizvollen Täler von Hecho, Ansó, Roncal und Salazar verlaufen etwa parallel in nordsüdlicher Richtung. Besondere Charakteristika dieser Landschaft sind größere Buchenwälder. In den Vorbergen der Pyrenäen an der Grenze von Aragonien und Navarra ist der Río Aragón zum **Embalse de Yesa** aufgestaut. Navarra

Die Schalenklappe der an Nordspaniens Küste vorkommenden Muschelart Pecten maximus ist das Erkennungszeichen der Jakobspilger.

Der **Embalse de Itoiz** bei Aoiz nimmt das Wasser der beiden Pyrenäenflüsse Irati und Urrobi auf. Ein Kanal führt von hier ins trockenere Mittelland von Navarra. Bei Estella liegt der türkisfarben schimmernde **Embalse de Alloz**. Bei Lumbier schneiden tiefe Schluchten wie die **Foz de Arbayún** und die **Foz de Lumbier** ins Gestein. Westlich des 1057 m hohen Passes von Ibañeta verlieren die Pyrenäen an Höhe und laufen in Richtung Atlantik bzw. Golf von Biscaya aus.

Ein besonderes Phänomen im südlichen Navarra ist die Halbwüste der **Bardenas Reales** (südöstlich von Tafalla), ehe sich der vom Río Ebro durchzogene tiefe Süden des Landes mit der fruchtbaren Uferlandschaft namens **Ribera** anschließt.

Navarras Hauptstadt **Pamplona** (bask.: Iruña/Iruñea) breitet sich auf rund 450 m Höhe in einem Becken im Pyrenäenvorland aus. Den Westen Navarras bildet ein vom Weinbau geprägtes Hügelland.

La Rioja
Zwischen dem Baskenland und Navarra im Norden sowie Kastilien-León im Süden und Westen sowie Aragonien im Südosten erstreckt sich die durch ihre vorzüglichen Weine berühmt gewordene Rioja als zweitkleinste Region Spaniens (nach den Balearen). Der gesamte Norden der Rioja liegt im fruchtbaren Ebrobecken mit seinen 400 – 600 m hohen **Weinbergen**. Hier liegt auch **Logroño**, die Hauptstadt der Rioja.

Im Süden des Ebrobeckens, das stellenweise schon mediterranes Klima aufweist, beginnt eine ungewöhnliche Topografie. Mehrere Flusstäler laufen auf einige beachtlich hoch aufragende Gebirgszüge im Übergangsraum nach Kastilien-León zu. Die als Naturpark ausgewiesene **Sierra de Cebollera** ist bis zu 2142 m hoch, die **Picos de Urbión** erreichen 2228 m und die **Sierra de la Demanda** gipfelt als Teil der Iberischen Kordillere im 2271 hohen San Lorenzo. Typisch für die Gegend sind auch tiefe Taleinschnitte. Im Vegetationsbild herrschen Buche, Eiche, Esche und Ahorn vor.

Baskenland (País Vasco, Euskadi)
Zwischen dem **Golf von Biskaya** im Norden und dem oberen Ebrotal im Süden bzw. von den westlichen Ausläufern der Pyrenäen bis in den östlichen Teil des Kantabrischen Gebirges breitet sich das Land der Basken aus. Der stark industrialisierte Ballungsraum **Bilbao** (Bilbo) sowie die beiden Großstädte **Vitoria** (Gasteiz) und **San Sebastián** (Donostia) machen es zur dichtestbesiedelten Region Nordspaniens. An der baskischen Küste, der **Costa Vasca**, wechseln sich Sandstrände (Zarautz) mit Felsklippen (z. B. rund um das Cabo Matxitxako) und diversen Flussmündungen ab. Bei Hondarribia strömt der Río Bidasoa in den Atlantik, in San Sebastián der Río Urumea, bei Deba der gleichnamige Fluss, nördlich von Gernika der Río Oka (Biosphärenreservat Urdaibai) und in Bilbao der Río Nervión.

Die Ausläufer einzelner Bergzüge drängen bis an die Küste heran. Im Landesinneren herrscht Mittelgebirgscharakter vor. Eine markante

Blick vom Monte Igueldo auf die Bucht von San Sebastián

Erhebung ist der 1482 m hohe **Monte Gorbeia** zwischen Vitoria und Bilbao. Höchster Berg des Baskenlandes ist jedoch der 1551 m hohe Aitxuri im **Aizkorri-Massiv**.
Das Wasser der Flüsse sowie deren Energiepotenzial ermöglichen schon relativ früh die **Industrialisierung** des Baskenlandes. Doch über weite Strecken zeigt es noch **bäuerliche Prägung** mit saftigen Schaf- und Rinderweiden sowie großen Raps- und Rübenfeldern. In den **ausgedehnten Waldgebieten** herrschen Kiefern, Buchen, Eukalyptus, Kastanien, Eichen und Steineichen vor.

Ausgesprochen hügelig und bergig präsentiert sich die historische Landschaft und heutige Region Kantabrien, die westlich an das Baskenland schließt. Sie wird geprägt von der **Cordillera Cantábrica** (Kantabrische Kordillere), einem markanten Gebirgszug, der in seinem östlichen Teil noch relativ niedrig ist, im Westen aber als Kammgebirge in Erscheinung tritt, das in den schroff aufragenden **Picos de Europa** gipfelt. Diese nur knapp 50 km vom Meer entfernten Bergspitzen sind bis zu 2648 m hoch und wurden in vorgeschichtlichen Zeiten als Göttersitze verehrt. Reichliche Niederschläge sorgen für kräftiges Grün. Wiesen, Weiden, Apfelbaumkulturen und Buchenwälder verleihen der Landschaft ihren besonderen Reiz. Dazwischen schlängeln sich Flüsse und Bäche, gibt es weit ausgeräumte Täler und enge Schluchten.
An der von der Kordillere vorgezeichneten **Costa de Cantabria** münden etliche wasserreiche Flüsse ins Meer. Darüber hinaus fin-

Kantabrien (Cantabria)

HINTERGRUND • Natur und Umwelt

det man an diesem Küstenabschnitt einige der schönsten Strände Nordspaniens, so bei der kantabrischen Hauptstadt Santander, bei Suances und im Raum Laredo.

Asturien (Asturias) Das einstige Fürstentum Asturien zieht sich am Golf von Biskaya entlang und wird größtenteils vom Kantabrischen Gebirge geprägt, das im Grenzbereich zu Kantabrien in den **Picos de Europa** alpine Höhen erreicht. Die Bergzüge sind teils wild zerklüftet. Hohe Pässe führen nach Süden, etwa der 1379 m hohe Pajarespass, über den die Hauptstraße von Oviedo nach León führt, eine Verbindung also von Asturien nach Innerspanien. Das Kantabrische Gebirge hat die Funktion einer Klimascheide. Sie schirmt die Region von der sommertrockenen **Meseta** ab.

Im Zentrum von Asturien, dem das ozeanische Klima viel saftiges Grün verleiht, breitet sich das **Becken von Oviedo** aus, das sich als fruchtbare und hügelige Landschaft bis an die Küste erstreckt.

Größere Städte gibt es außer der Hauptstadt Oviedo, dem industriell geprägten Avilés und der Hafenstadt Gijón nicht, dafür zahlreiche kleine Fischerorte an der mit Recht so genannten **Costa Verde**, jenem malerischen, von tiefen Einschnitten, wilden Klippen und beschaulichen Strandbuchten geprägten Küstenabschnitt. Ganz im Westen gibt es die tief ins Land eindringende Ría de Ribadeo einen Vorgeschmack auf Galicien. Auch hier sorgen Wiesen und Weiden für erfrischendes Grün.

Asturien ist eine noch stark landwirtschaftlich geprägte Region. Eine große Rollen spielen der **Obstbau**, die Erzeugung von Apfelwein (»sidra«), die Rinderzucht und Schweinehaltung für die Milcherzeugung bzw. Fleischproduktion. Zentren der Schwerindustrie sind Gijón und Avilés. Ferner haben die **Steinkohle-, Zink- und Eisenerzvorkommen** im Landesinnern bis heute große wirtschaftliche Bedeutung.

Kastilien und León (Castilla y León) Diese größte historische Landschaft Spaniens reicht vom Kantabrischen Gebirge bis ins Zentrum Iberiens. Im vorliegenden Band findet lediglich ihr nördlicher Teil Beachtung mit den Provinzen León, Palencia und Burgos. Geprägt wird diese dünn besiedelte Region vom nördlichen Teil der **Meseta** (Große Tafel), also jener sich etwa 780 bis 900 m ü. d. M. ausbreitenden Hochebene, die weite Teile Zentralspaniens einnimmt. Diese Landschaft ist geprägt von einem Klima mit ausgesprochen kontinentalem Charakter: Im Winter ist es hier oft eiskalt und im Sommer nicht selten glutheiß. Dementsprechend schütter zeigt sich die Vegetation. Es gibt nur wenige Bäume, karge Schafweiden und steinige, schwer zu bearbeitende Felder. Eine künstliche Bewässerung der Felder wird durch den **Kastilien-Kanal** ermöglicht.

Die nordwestlichen Ausläufer der Meseta gehen bei Astorga über in den Landstrich namens Maragatería und die **Montes de León** mit dem berühmten Cruz de Ferro (1504 m). Etwa auf halber Strecke zwischen Ponferrada und Lugo folgt der Übergang ins Bergland Galiciens.

Galicien (Galicia)

Galicien reicht mit einer 1300 km langen Küstenzone, auf die annähernd 800 Strände in jedweden Größen entfallen, von Asturien bis zur portugiesischen Grenze.
Das aus einem uralten, stark erodierten Granitmassiv bestehende Bergland von Galicien nimmt die Nordwestecke der Iberischen Halbinsel ein. Obwohl es an einigen Stellen über 1000 m hoch ist und in der **Peña Trevinca** sogar 2124 m erreicht, ist es durchschnittlich 200 bis 500 m hoch und hat Mittelgebirgscharakter. Waldige Tallandschaften werden von Bergzügen umrahmt; dazwischen breiten sich Hochflächen aus, in die Flüsse enge und steile Täler gegraben haben. Der Fluss Miño/Minho durchmisst die breite, zwischen Gebirgsmassive eingetiefte mittelgalicische Grabenzone.
Seinen besonderen Charakter erhält Galicien durch die tief ins Land eindringenden Meeresbuchten der **Rías**. Dabei handelt es sich eigentlich um alte Flusstäler, die infolge Meeresspiegelanstiegs und/oder Landabsenkung vom Ozean überflutet worden sind. Diese Buchten, von denen einige vorzügliche Sandstrände aufweisen, sind Zufluchtsstätten an der oft sturmgepeitschten Küste und **geschützte Häfen**,

Heuernte in Galicien

so etwa im Falle von Vigo und La Coruña. Bei den galicischen Meeresarmen, den Rías Gallegas, gilt es, mehrere größere Bereiche zu unterscheiden: die Rías Altas zwischen der asturischen Grenze und La Coruña, die Meeresarme am Artabrischen Golf (La Coruña, El Ferrol), die Meeresarme der so genannten **Costa da Morte** (Todesküste) im Bereich um das Kap Fisterra sowie die **Rías Baixas** von der Todesküste bis hinunter zur Ría de Baiona. Es gibt vereinzelt auch Küstengebirge, so etwa die über 600 m hoch ansteigende **Serra da Capelada** nordöstlich von El Ferrol.

Ausgedehnte Wälder aus Kiefern, Kastanien, Eichen und wiederaufgeforstetem Eukalyptus, sattgrüne, oft von Brombeerhecken eingefasste Viehweiden und Maisfelder prägen eine weiterhin bedeutende **Kulturlandschaft**, deren Wahrzeichen die wie kleine Heiligtümer aussehenden Landwirtschaftsspeicher (»hórreos«) sind. In ihnen werden häufig Maiskolben und Kartoffeln eingelagert. Sieht man von den großen Hafenstädten und Fischereizentren La Coruña und Vigo ab, so ist eine gewisse wirtschaftliche Rückständigkeit unverkennbar. Dafür spielen die Erzeugung von Fleisch und Milch, der Weinbau sowie die Aquakultur und die Fischverarbeitung eine bedeutendere Rolle. An einigen Stellen wird auch noch Bergbau (Zinn, Wolfram) betrieben.

KLIMA

Feucht und grün

Zum spanischen Klima fallen den meisten Menschen wohl nur die Begriffe Sonne, Hitze und Trockenheit ein. Dass es aber auch das andere, das regenreiche und grüne Spanien gibt, ist weniger bekannt (▶Klimadiagramm, Baedeker Wissen S. 29). Grund für das feuchte Klima am Nordrand sind atlantische Tiefdruckgebiete, deren aus Nordwesten heranziehende Ausläufer sich an den Bergen Galiciens, Asturiens und des Baskenlandes sowie in den Pyrenäen abregnen. Der so entstehende Luv-Lee-Effekt bewirkt eine Klimascheide. Diese trennt die immerfeuchten Küstenprovinzen vom wechselfeuchten Klima der nördlichen Meseta und des Ebrobeckens. Anklänge an das Mittelmeerklima finden sich lediglich auf der nördlichen Meseta, wo es im Sommer wenig regnet und die Sonne generell sehr häufig scheint.

Niederschläge

Im Nordstau des Kantabrischen Gebirges fallen im Jahresmittel über 1500 l/m², im Hinterland von La Coruña sogar enorme 2500 l/m², wobei hier bis zu 140 Regentage im Jahr gezählt werden. Durch die abschirmende Wirkung der Berge nehmen die Niederschläge nach Süden und Südosten erheblich ab. Das 900 m ü. d. M. gelegene León erhält nur noch 560 l/m² an lediglich 78 Tagen. Juli und August sind die trockensten, Dezember und Januar die feuchtesten Monate (3 – 7 bzw. 9 – 16 Regentage). Schon Ende September weicht das Sommerwetter einer fast ununterbrochenen Folge von Regenfronten. Schwere Sturmtiefs laden im Herbst und Winter mit orkanartigen Winden besonders in Westgalicien sintflutartige Wassermengen ab. Örtlich können bis zu 200 l/m² binnen eines Tages zusammenkommen, wodurch mitunter katastrophale Überflutungen ausgelöst werden. Erst im Mai, wenn sich das Azorenhoch nach Nordosten ausdehnt, wird das Wetter wieder erträglicher.

Der mäßigende Einfluss des Atlantiks sorgt das ganze Jahr über für sehr ausgeglichene Temperaturen in Nordspanien. Durch die abschirmende Wirkung der Berge sind die Sommer auf der nördlichen Meseta wärmer und die Winter deutlich kühler als an der Küste. **Temperaturen**
Im Sommer, von **Juni bis September** erreichen die Tagestemperaturen bei fast ununterbrochen wehendem Seewind angenehme 23 – 25 °C, in den Tälern des Binnenlandes und auf der nördlichen Meseta um 27 °C. Nachts kühlt es auf 13 – 17 °C ab. Mit sommerlichen Hitzewellen ist an der Küste eigentlich nicht zu rechnen, im Binnenland Kastilien-Leóns schon. Eine Besonderheit des nordspanischen Sommers: An der Ostflanke des Azorenhochs weht oft tagelang ein strammer Nord- bis Nordostwind, der im Nordstau der Berge eine flache Bewölkung verursacht, aus der es anhaltend nieseln oder leicht regnen kann. Im Lee der Höhenzüge trocknen dann heiße Fallwinde mit stürmischen Böen und Temperaturen bis über 35 °C die Wälder aus, wodurch die Waldbrandgefahr stark zunimmt. In der Region Galicien gibt es immer wieder schwere Waldbrände.
Von **Ende September bis Mai** ist das Wetter unter häufigem Tiefdruckeinfluss oft unfreundlich. Bei viel Regen und Sturm, wenig Sonne, aber milden Temperaturen, fühlt sich das Wetter eher nach Irland als nach Spanien an. Selbst im kältesten Monat **Januar** erreichen die Tageswerte an der Küste noch 11 – 13 °C. Auf winterliche Verhältnisse trifft man erst in Höhenlagen ab etwa 1000 m ü. d. M. Frost und Schnee sind deshalb für die nördliche Meseta durchaus ein Thema. Zwischen Burgos und León werden an Januartagen 5 – 7 °C gemessen, während die Quecksilbersäule nachts oft in den leichten Minusbereich absinkt. Mit Schnee ist von **Anfang Dezember bis in den März hinein** zu rechnen, mit Nachtfrösten bis Anfang April. Das gilt auch für die niedrigeren Lagen der Pyrenäen.

Beim Sonnenschein ist die Region León mit über 2600 Stunden pro Jahr nordspanischer Spitzenreiter, das Baskenland zwischen San Sebastián und Bilbao mit nur 1600 Sonnenstunden pro Jahr Schlusslicht. Ansonsten werden verbreitet rund 1900 Stunden erreicht. Mit weit über 200 Stunden sind **Juli** und **August** die sonnigsten Monate, gefolgt vom Juni. Nur maximal 190 Stunden (August) erreicht das Baskenland. **Sonnenschein und Nebel**

Nebel tritt im Sommer und Herbst am häufigsten auf. An der Westküste verursacht der vorbeifließende kalte Portugalstrom oft Seenebel. Landeinwärts bilden aufliegende Wolken oft dichte Nebel. Besonders viele Nebeltage (85 – 97) werden rund um San Sebastián und in der Region Santiago de Compostela gezählt. Selbst im August gibt es hier ein 30-prozentiges Nebelrisiko.

PFLANZEN UND TIERE

Flora Üppige Niederschläge halten das Pflanzenkleid frisch. In den Pyrenäen und ihrem Vorland gibt es noch große **Laub-, Nadel- und Mischwaldbestände**. Außer Kiefern, Fichten, Buchen, Kastanien und Eichen (auch Stein- und Pyrenäeneichen) gedeihen hier Birken, Pappeln, Linden, Trauerweiden, Ahorn, Erlen, Wacholder und Buchsgewächse. Wegen ihrer Früchte sehr geschätzt sind Walnuss- und Granatapfelbäume. Vor allem in Galicien und Asturien wurden und werden große Flächen mit schnell wachsendem Eukalyptus aufgeforstet. Auf Plätzen in Städten und Dörfern lassen sich Einheimische besonders gern unter Schatten spendenden Platanen nieder.
Gelber und weißer **Ginster** sowie **Heidekrautgewächse** bringen ab dem Frühjahr Farbe in die Natur. Unter den Blütenpflanzen sind Narzissen und Orchideen zu erwähnen, die jedoch an immer weniger Standorten auftreten.

Fauna Von der einstmals starken Verbreitung der Braunbären im Norden Spaniens zeugen heute nur noch wenige Dutzend Exemplare im asturischen Naturpark Somiedo. Und ein Skelett im Naturwissenschaftlichen Museum der baskischen Hauptstadt Vitoria (Gasteiz) erinnert an jene Bären, die früher einmal im Gebiet um den Monte Gorbeia gelebt haben.
Während man Bären kaum noch zu Gesicht bekommt, kann man häufiger **Rotfüchse, Steinmarder, Luchse, Wildkatzen** und **Dachse** beobachten. Auch Rotwild und Wildschweine gibt es noch in größerer Zahl. In Hochgebirgsregionen leben noch einige Steinböcke, Gämsen und Murmeltiere. Auch Fischotter gibt es an einigen Wasserläufen. Mit etwas Glück bekommt man in den Buchten am Atlantik oder auch auf offener See Delfine zu Gesicht. Am Golf von Biskaya stranden – glücklicherweise selten – Wale. Die Küstengewässer sind eigentlich recht artenreich, nur inzwischen ziemlich leergefischt. Und doch kann man hier und da noch einen wilden Atlantiklachs oder einen Steinbutt angeln. Schon eher findet man allerlei Meeresfrüchte, so etwa **Miesmuscheln, Jakobsmuscheln, Herzmuscheln, Venusmuscheln** und **Austern**.
Im Gegensatz zu den Säugetieren zeigt sich die Vogelwelt äußerst artenreich. Dies gilt gleichermaßen für Küsten und Gebirge. Schutz-

Ginster und Heidekraut sind typisch für die Vegetation in Nordspanien.

gebiete wie der baskische Parque Natural Valderejo und Schluchten wie die Foz de Lumbier (Navarra) und die Garganta La Yecla (Kastilien und León) sind für ihre **Gänsegeier-Kolonien** bekannt. Für den ornithologischen Reichtum stehen außerdem Steinadler, Schwarzer und Roter Milan, Mäusebussard, Wanderfalke, Uhu, Grünspecht, Schwarzspecht und auch das Auerhuhn. In Feuchtgebieten lassen sich Blässhühner, Graureiher, Ringelgänse, Eisvögel, Haubentaucher, Eider-, Samt- und Kolbenenten beobachten. Felsige Küstenabschnitte sind Lebensräume u. a. von Sturmschwalben und zahlreichen verschiedenartigen Möwen.

Zur Welt der Amphibien und Reptilien gehören die bis zu 1 m lange und giftige Aspisviper sowie die zwar ungiftigen, aber dennoch beißfreudigen Schling- und Eidechsennattern, ferner die Erdkröte, der Feuersalamander, die Perleidechse und die Smaragdeidechse.

Bevölkerung · Politik · Wirtschaft

In ganz Spanien leben derzeit rund 46,3 Mio. Menschen. Bedingt durch wirtschaftliche Krisenzeiten und Abwanderungswellen ist die Bevölkerungszahl leicht rückläufig; davon betroffen sind auch die Nordregionen Asturien und Kastilien-León. Der Bevölkerungszug in größere Städte hält hingegen unvermindert an.

Bevölkerungsdichte und Ballungsräume

Im Norden Iberiens ist das **Baskenland** besonders dicht besiedelt, während sich Kantabrien, Asturien und Galicien deutlich unter dem Landesdurchschnitt halten. Noch weiter unter dem Durchschnitt liegen La Rioja und Navarra. Schlusslichter sind Aragonien und Kastilien-León.

Die baskische Handels- und Industriemetropole **Bilbao** ist Zentrum des bevölkerungsreichsten Ballungsraumes Nordspaniens, in dem rund 850 000 Menschen leben. Es folgt der Ballungsraum **Zaragoza** mit mehr als 700 000 Einwohnern.

Landflucht und Abwanderung

Die Verstädterung in Nordspanien hat stark zugenommen, was sich allein schon an den schnell hochgezogenen Neubauquartieren ablesen lässt, die heute viele Städte umringen. Der Zuzug in die städtischen Zentren wird verursacht durch die Landflucht aus strukturschwachen Regionen und durch die Einwanderung aus fernen Ländern. Auf der anderen Seite haben allerdings auch Abwanderungsbewegungen eingesetzt, denn die **Immobilienblase** ist geplatzt und Spanien schon länger kein gelobtes (Arbeits-)Land unter südlicher Sonne mehr. Viele Wohnungen in neuen Satellitenvierteln stehen mittlerweile leer und warten auf Neumieter bzw. Käufer. Grund ist die anhaltende Wirtschaftskrise, die mit extrem hoher Arbeitslosigkeit einhergeht. Entweder sind die Wohnungen von der Kreditbelastung her nicht mehr zu halten gewesen oder zwangsgeräumt worden. In jüngerer Vergangenheit sind landesweit hunderttausende Menschen von den berüchtigten polizeilich unterstützten **Zwangsräumungen** (»desahucios«) betroffen gewesen. Ausgangspunkte solch verhängnisvoller Verläufe waren Kredite, die auf viel zu wenig Eigenkapital und überhöhten Schätzungen beruhten. Heute sind selbst Wohnungen, die von öffentlicher Hand gefördert wurden, für die meisten unerschwinglich.

> **? BAEDEKER WISSEN**
>
> *Befreundete Städte*
>
> Einige Städte in Spanien und Deutschland tragen zur Völkerverständigung bei: Städtepartnerschaften haben Bilbao (Bilbo) und Duisburg, Gernika und Pforzheim, Oviedo und Bochum, Pamplona und Paderborn, San Sebastián (Donostia) und Wiesbaden sowie Santo Domingo de la Calzada und Winnenden.

Der Mercado del Sur in Gijón – frischer geht es nicht.

Was die **Abwanderungsbewegungen** betrifft, so zeigt der Blick ins Buch der Geschichte, dass eine Region wie Galicien noch vor wenigen Jahrzehnten zu den Armenhäusern Europas zählte und ihre »Gastarbeiter« u. a. nach Deutschland und in die Schweiz schickte. Nun hat von Spanien her – und da sind die Nordteile eingeschlossen – eine erneute Emigrantenwelle nach Mitteleuropa eingesetzt. Heute sind es allerdings keine einfachen, ungelernten Arbeiter vom Land mehr, sondern häufig sehr gut ausgebildete **Fachkräfte** (z. B. Ingenieure, Alten- und Krankenpflegepersonal), die angesichts einer Arbeitslosigkeit von 19,7 % und einer Jugendarbeitslosigkeit um 45 % ihre Chancen notgedrungen anderswo suchen. Die staatliche Unterstützung ist schlecht, es gibt nicht einmal Kindergeld – und das vor dem Hintergrund von durchaus »mitteleuropäischen« Lebenshaltungskosten. Pro Jahr wandern derzeit mehrere zehntausend Menschen aus den Altersklassen der 25- bis 44-Jährigen ab; bevorzugte Ziele sind Frankreich, Deutschland und Großbritannien.

Da sich in Spanien auch potenzielle Eltern von Armut bedroht fühlen, steckt auch die **Geburtenrate** im Keller (9,6 Geburten/1000 Einw.; 1,27 Geburten/Frau).

Mehrheitlich im Land geblieben sind vormalige **Zuwanderer** aus Schwarzafrika, Osteuropa und Lateinamerika, was auch im Straßenbild nordspanischer Städte zu sehen ist. An manchen **öffentlichen**

Nordspanien auf einen Blick

▶ Spanische Schreibweise:

Reino de España

Lage:
im äußersten Südwesten Europas

Einwohner:
ca. 46,3 Mio.
(gesamt Spanien)

Im Vergleich:
Deutschland 81,2 Mio.

Fläche:
Festland: **492 463 km²**
gesamtes Staatsgebiet
(inkl. Balearen, Kanaren
und nordafrikanische
Exklaven Ceuta und
Melilla): **504 782 km²**

Offizielle Sprachen:
Kastilisch (Hochspanisch), Katalanisch (Catalán, ca. 8%), Galicisch (Gallego, ca. 5%) und Baskisch (Euskera, ca. 1%) Sinti und Roma (span. Gitanos) sprechen eine Sondersprache (Caló).

©BAEDEKER

▶ Staat

Parlamentarische Monarchie
Staatsoberhaupt: König Felipe VI.

Volksvertretung: Cortes Generales, bestehend aus Abgeordnetenhaus und Senat

▶ Flagge

Die Flagge zeigt die mittelalterlichen spanischen Farben, das Wappen die Embleme von Kastilien, León, Aragonien, Navarra und Granada, flankiert von den »Säulen des Herkules«, den antiken Endpunkten der Welt (Meerenge von Gibraltar) mit dem Spruchband »Plus ultra« (»Immer weiter«).

▶ Autonome Gemeinschaften

Von Spaniens 17 Gemeinschaften sind folgende in diesem Buch beschrieben

A Galicien
Einwohner: 2 717 750

B Asturien
Einwohner: 1 042 400

C Kastilien und Leon
Einwohner: 2 445 800

D Kantabrien
Einwohner: 582 100

E Baskenland
Einwohner: 2 189 100

F La Rioja
Einwohner: 315 650

G Navarra
Einwohner: 640 300

H Aragonien
Einwohner: 1 307 450

▶ Wirtschaft

Wichtigste Handelspartner: EU-Mitgliedsstaaten, angeführt von Frankreich u. Deutschland

Einzelne Wirtschaftsbereiche:

- 23 % Industrie und Bauwirtschaft
- 3 Landwirtschaft
- 74 Dienstleistung

Wichtigste Wirtschaftszweige:
Tourismus, metallverarbeitende Industrie, chemische Industrie, Nahrungsmittel (u.a. Gemüse und Wein), Kommunikations- und Informationstechnik, Arzneimittel

BIP: **1116,3 Mrd. Euro** (2015)
Pro-Kopf-Einkommen:
24 100 Euro (2015)
Wirtschaftswachstum:
2,64 % (2015)
Inflationsrate: **-0,4 %** (2015)
Haushaltsdefizit:
3,4 % des BIP (2015)
Arbeitslosenquote: **19,7%** (2015)

▶ Klimastation
Santiago de Compostela

Durchschnittstemperaturen

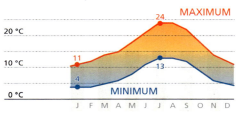

Niederschlag

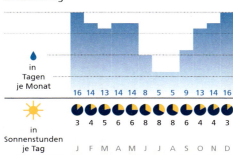

▶ Isolierte Sprachen

Baskisch zeigt keinerlei Verwandtschaft zu anderen Sprachen auf der Welt und gehört deshalb zu den sog. isolierten Sprachen. Einige Beispiele mit Zahl ihrer Sprecher:

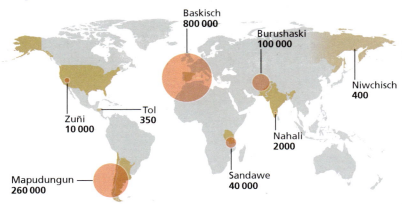

Willkommen im Alltag

Erleben Sie Nordspanien abseits der bekannten Pfade, werfen Sie einen Blick hinter die Kulissen, lernen Sie Leute »wie du und ich« kennen!

IM ZEICHEN DES APFELWEINS

In Asturien öffnen einige Produzenten des berühmten Apfelweins (»sidra«) ihre Tore, vor allem in und um Villaviciosa. Vor Ort wird erklärt, wie der Apfelwein produziert und gelagert wird. Eine Kostprobe darf dabei natürlich nicht fehlen. »Sidra Cortina« und »Sidra El Gaitero« bieten solche Art von Besuchen an, die unter ausländischen Gästen noch nicht allzu bekannt sind.
Sidra Cortina: www.sidracortina.com
Sidra El Gaitero: http://gaitero.com

DER »GREETER« HEISST SIE WILLKOMMEN

Die aus den USA gekommene Idee ist einfach und hat auch im Baskenland in Bilbao und San Sebastián Fuß gefasst: Ein »Greeter« zeigt Besuchern die Stadt auf seine Weise, mit viel Begeisterung – und kostenlos, so wie man es mit einem Freund machen würde. »Greeters« sind keine professionellen Touristenführer, sondern Leute mit Herzblut, die nicht auf Kommerz aus sind und auch keine Museen von innen zeigen. Dafür geht es eher in Insider-Kneipen zu Wein und Häppchen. Eine Buchung erfordert etwas zeitlichen Vorlauf und Planung.
Infos unter www.globalgreeter network.info; http://bilbaogreeters. com (Bilbao) und https://sansebastian donostiagreeters.wordpress.com (San Sebastián)

TREFFPUNKT »CASA DE LA CULTURA«

In Spanien gibt es zwar nicht den Typus der Volkshochschule, doch ein örtliches Kulturzentrum (Casa de la Cultura) ist stets ein guter Treffpunkt, um mit Einheimischen in Kontakt zu kommen. Manchmal gibt es Konzerte, manchmal werden mehrtägig oder an Wochenenden Workshops (»talleres«) angeboten, z. B. zu Fotografie, Computerprogrammen, Musik etc.

AUF DER COUCH DER ANDEREN

Zum Nulltarif übernachten, Einheimische kennenlernen. Das ist die Idee des »Couchsurfing«, die auch in Nordspanien mittlerweile viele Anhänger gefunden hat. Individualisten haben vielerorts die Möglichkeit, sich einzuquartieren: ob in der Pilgermetropole Santiago de Compostela oder in Küstenstädten wie Santander.

www.couchsurfing.org

IM »FEUCHTEN VIERTEL« VON LEÓN

Dass Kneipen tolle Treffpunkte sind, ist nicht neu – doch etwas abseits des touristischen Mainstreams sollten Sie das »Feuchte Viertel« (Barrio Húmedo) in León nicht verpassen. Rund um die Plaza de San Martín verdankt es seinen Namen der enormen Kneipendichte, wo sich eine ebenso enorme Zahl an Einheimischen einfindet.

AUF WERKSTOUR

»Volkswagen Navarra« mit Sitz am Stadtrand von Pamplona, wo der VW Polo gebaut wird, bietet Werksbesichtigungen (individuell oder für Gruppen) an. Dazu muss man sich im Internet einschreiben (http://vw-navarra.es/visita-la-fabrica/) und den Wunschtermin beantragen. Vorausgesetzt wird ein Mindestalter von 14 Jahren. Die Besuche starten im Regelfall um 10.30 Uhr und dauern zweieinhalb Stunden.

Schulen liegt der Anteil von Schülern mit Migrationshintergrund bereits bei 75 %, was auch in Spanien dazu führt, dass Einheimische ihre Kinder lieber auf Privatschulen schicken wollen. Dies wiederum hängt vom Budget ab. Alternativen sind »halbprivate« Schulen, die offiziell z. T. noch in Händen von religiösen Institutionen liegen und ein deutlich geringeres Schulgeld kosten.

Schätzungen sagen eine erhebliche Rückläufigkeit der spanischen Bevölkerung voraus, die sich bis etwa 2050 auf 41,5 Mio. Einwohner eingependelt haben könnte, also über 10 % weniger als gegenwärtig.

Religion — Obgleich die Glaubenspraxis gelitten hat, Kirchenbänke leer bleiben und auch Priestermangel herrscht, bekennt sich die Mehrheit offiziell zum **römisch-katholischen Glauben**. Im Norden des Landes gibt es noch eine erstaunlich große Zahl von Klöstern, die u. a. in den Händen von Benediktinern, Kartäusern und Zisterzienserinnen liegen. Die navarresische Hauptstadt Pamplona ist mit ihrer Privatuniversität ein Zentrum des umstrittenen Opus Dei.

Volksgruppen und Sprachgebiete — In Spanien leben heute Menschen aus rund 180 Ländern und Nationen. Der Ausländeranteil an der spanischen Gesamtbevölkerung liegt bei 12 %. Doch homogen ist die Bevölkerung der Iberischen Halbinsel ohnehin nie gewesen.

In Spaniens Norden nehmen von den alteingesessenen Volksgruppen die Basken und die Galicier Sonderstellungen ein. Sie pflegen ihre eigenen Traditionen und – zumindest zum Teil – ihre eigenen Sprachen: die **Basken** das Euskera (oder Euskara) und die **Galicier** das Galego. Parallel zum Hochspanisch (Castellano) sind Euskera und Galego als Amtssprachen – und nicht etwa nur als Dialekte – anerkannt. Während die Galicier moderater sind, wird der Gebrauch des Baskischen von radikaleren Flügeln oft politisch genutzt, um der regionalen Identität und einer angestrebten Selbstbestimmung mehr Nachdruck zu verleihen.

Das Galego der Galicier zählt zu den romanischen Sprachen und ist eng verwandt mit dem Portugiesischen. Das Euskera der Basken hingegen ist eine noch lebendige vorindogermanische Sprache. Der Gebrauch des Euskera reicht auch nach Frankreich hinüber. In beiden Sprachen, Euskera und Galego, gibt es eigene Publikationen (Bücher, Zeitungen) sowie Fernseh- und Radiosender.

POLITISCHE GLIEDERUNG

Parlamentarische Monarchie — Laut Verfassung ist Spanien eine **Erbmonarchie mit parlamentarisch-demokratischem Regierungssystem**. Der König wacht als Staatsoberhaupt über den Ablauf der Regierungsgeschäfte und repräsentiert das Land nach außen. Er ist außerdem Oberbefehlshaber

Provinzen

der Streitkräfte. Aufgrund diverser Eskapaden von Mitgliedern des spanischen Königshauses hat das Ansehen der »casa real« in jüngerer Vergangenheit schwer gelitten.

Das Land teilt sich in 17 Autonome Gemeinschaften (Comunidades Autónomas) auf, von denen Galicien, Asturien, Kantabrien, das Baskenland, Navarra, Aragonien, die Rioja und Kastilien-León Nordspanien bilden. Eine Autonome Gemeinschaft ist mit einem deutschen Bundesland vergleichbar. An ihrer Spitze steht ein Ministerpräsident.

Autonome Gemeinschaften

In **Galicien** spielt der Bloque Nacionalista Galego (BNG) eine gewisse Rolle. Im Baskenland bestimmt die **Baskische Nationalistische Partei** (Partido Nacionalista Vasco, PNV) weitgehend das Geschehen. Besorgniserregende Zuwächse verzeichnet jedoch die radikale baskische Partei **Bildu**, die ganz unverblümt mit dem Gedankengut der Terrororganisation ETA sympathisiert und dennoch bislang vom Verfassungsgericht unangetastet bleibt.
Ansonsten waren bisher auch in Nordspanien die einflussreichsten Parteien die beiden Großen: die linksgerichtete **Sozialistische Arbeiterpartei** (Partido Socialista Obrero Español, PSOE) und die rechtsgerichtete, konservative **Volkspartei** (Partido Popular, PP). Das änderte sich allerdings mit den spanischen Parlamentswahlen im Dezember 2015, deren Ergebnis als historisch bezeichnet wird, weil mit dem Einzug der linksorientierten **Podemos** (»Wir können«) und der liberalen **Ciudadanos** (»Bürger«) in die Cortes (Parlament) das bisherige Zwei-Parteien-System Spaniens durch ein Mehrparteiensystem abgelöst wurde.

Parteien

WIRTSCHAFTSLAGE

Krise mit Lichtblicken

Die nordspanische Wirtschaft liegt zwar nach wie vor über dem Durchschnitt, doch insgesamt hat sie sich dem Sog der Dauerkrise nicht entziehen können. Die Arbeitslosenquote liegt in manchen Städten »nur« bei um die 15 % und hebt sich zwar deutlich vom Landesdurchschnitt ab (19,7 %) – doch wegen der unzureichenden Sozialleistungen und den stark gefallenen Gehältern ist sie ein Problem. Dennoch gelten das Baskenland und Navarra nach der Metropolregion Madrid als die wohlhabendsten Regionen Spaniens.

Auch die landesweite Aufteilung nach Sektoren findet sich im Norden in vergleichbarer Form wieder: Über zwei Drittel der Beschäftigten arbeiten im Bereich Dienstleistungen, etwa ein Viertel in der Industrie und einige wenige Prozent in Land- und Forstwirtschaft sowie Fischerei.

Landwirtschaft

Der Agrarsektor hat in manchen Regionen noch ein sehr starkes Gewicht. Dies gilt insbesondere für den **Weinbau** in der Rioja sowie in einigen Gegenden Navarras und Galiciens, ebenso für den durch künstliche Bewässerung unterstützten **Getreideanbau** in Kastilien-León und die **Vieh- bzw. Milchwirtschaft** in den grünen und bergigen Regionen Kantabriens, Asturiens, Galiciens und Navarras. Im Einzugsbereich des Río Ebro (La Rioja, Navarra, Aragonien) wird **Gemüseanbau** (besonders Tomaten, Paprika, Spargel) für den heimischen Markt betrieben. In Asturien gedeiht viel **Obst** (vor allem Äpfel als Grundstoff für die berühmte »Sidra«).

Holzwirtschaft

Stark an Bedeutung gewonnen hat eine profitorientierte Waldwirtschaft. **Eukalyptus- und Nadelholz-Monokulturen** nehmen immer größere Flächen ein. Die Holzernte wandert zu einem beträchtlichen Teil in die Papier- und Zellstoffindustrie.

Das Holz des Eukalyptusbaumes wächst zwar schnell und ist auch einigermaßen hochwertig, doch wird von diesen Bäumen der Boden stark ausgelaugt. Außerdem erhöht sich aufgrund des hohen Ölgehalts des Eukalyptusholzes die Waldbrandgefahr enorm.

Fischfang, Aquakultur

Ein traditionell bedeutender Wirtschaftszweig an Nordspaniens Küsten ist der Fischfang. **Spaniens wichtigste Fischereihäfen** sind in den geschützten Meeresbuchten Galiciens anzutreffen. Allerdings haben die nordspanischen Fischer immer weniger Freude an ihrem Beruf, denn wegen **Überfischung** ihrer angestammten Gewässer und heftiger ausländischer Konkurrenz machen sie immer weniger Umsatz. Die Zahl der in diesem Wirtschaftsbereich Beschäftigten geht deutlich zurück.

Recht erfreulich entwickeln sich dagegen die **Aquakulturen**. Bereits seit 150 Jahren bringen galicische Fischer in geschützten Meeres-

Obwohl es immer weniger zu fangen gibt, spielt die Fischerei nach wie vor eine wichtige Rolle an Nordspaniens Küsten.

buchten Flöße und Plattformen aus Holz mit langen Seilen aus, an denen vor allem Miesmuscheln heranwachsen. Mittlerweile werden auf ähnliche Weise auch **Herz-, Venus- und Jakobsmuscheln** herangezogen. An manchen Stellen sieht man heute auch größere **Austernbänke**. In meerwassergespeisten Becken werden seit einiger Zeit auch **Lachs** und vor allem der **Steinbutt** als besondere Feinschmeckerfische aufgezogen.

Der Bergbau hat in Nordspanien eine lange Tradition. Schon in der Römerzeit wurde hier in größerem Stil nach Gold und anderen wertvollen Erzen gegraben. Und noch bis vor wenigen Jahrzehnten spielte der **Steinkohlen-, Eisenerz- und Zinkbergbau** für die nordspanische Schwerindustrie vor allem in Asturien und Kantabrien eine herausragende Rolle. Inzwischen ist der Bergbau jedoch in die Krise geraten. Angesichts billiger ausländischer Konkurrenz sind bereits zahlreiche Bergwerke in Nordspanien unrentabel geworden und von der Schließung betroffen.

Bergbau

Die Nachfrage nach Energie wird größtenteils durch **Kohle, Wasser- und einige wenige Atomkraftwerke** sowie durch Gas und

Energie

Die Rioja ist eines der berühmtesten Weinbaugebiete Spaniens und zieht auch viele Touristen an

Öl gedeckt. Aber auch die Windenergie wird immer stärker genutzt, worauf die zahlreichen **Windkraftparks** im spanischen Norden hinweisen.

Industrie
Die nordspanische **Schwerindustrie** sowie die **Metallverarbeitung** inklusive **Schiffbau** können auf eine lange Tradition zurückblicken. Allerdings ist bereits seit den 1970er-Jahren ein Strukturwandel im Gang. Besonders die Schwerindustrie ist von einem Schrumpfungsprozess betroffen – mit entsprechend negativen Auswirkungen auf den Arbeitsmarkt.

Noch gut zu tun haben jedoch die modernen **Autofabriken** in Aragoniens Hauptstadt Zaragoza (Opel) und Navarras Hauptstadt Pamplona (Volkswagen). In Navarra hat sich auch der **Maschinenbau** gut entwickelt. Turmdrehkrane und Betonmischer der Firma Liebherr sowie Geräte und Apparate der Weltfirma Bosch werden hier ebenso konstruiert wie Windkraftanlagen.

Große Werke der **chemischen Industrie** sind u. a. in Bilbao sowie in den Außenbezirken der kantabrischen Stadt Torrelavega (u. a. Solvay) angesiedelt.

Bevölkerung · Politik · Wirtschaft • HINTERGRUND

Eines der wichtigsten wirtschaftlichen Zentren der Iberischen Halbinsel ist der Großraum Bilbao, wo einige Schlüsselindustrien angesiedelt sind: Stahlindustrie, Energieerzeugung, Maschinenbau, Luft- und Raumfahrtindustrie, Elektronik und Informationstechnik (IT). Außerdem befindet sich hier der bedeutendste Hafen am Golf von Biskaya. In jüngerer Zeit hat sich Bilbao auch zu einem wichtigen Dienstleistungszentrum entwickelt. Es ist Sitz namhafter Großunternehmen und ein wichtiger Messeplatz.

Wirtschaftsbrennpunkt Bilbao

Im Vergleich zu den Kanaren, den Balearen und der Mittelmeerküste profitiert Nordspanien bislang in relativ bescheidenem Maße vom Tourismus, obwohl landschaftlich besonders reizvolle Bergregionen und Küstenabschnitte seit Langem von den Spaniern selbst als **Sommerfrische** geschätzt werden. Gegenwärtig kommen pro Jahr **rund 4 Mio. ausländische Urlauber** in Spaniens nördliche Regionen. Für Schubwirkungen gesorgt haben u. a. der Kultur- und der **Wallfahrtstourismus** auf dem Jakobsweg nach Santiago de Compostela sowie der auflebende **Natur- und Aktiv-Tourismus**, den Individualisten als Pluspunkt ansehen.

Tourismus

Geschichte

Imperium, Diktatur und Republik

Von den Höhlenmalern der Steinzeit über die Iberer, Basken, Römer, Westgoten und Mauren bis zum heutigen spanischen Königreich – Nordspanien gehört zu den Siedlungsräumen in Europa, die eine besonders lange Geschichte haben.

VON DER FRÜHZEIT ZU DEN GOTEN

1,3 Mio. v. Chr.	Nachweise der ältesten europäischen Hominiden bei Burgos
15 000 – 10 000 v. Chr.	Bedeutende Höhlenmalereien entstehen, darunter jene von Altamira.
218 – 201 v. Chr.	Zweiter Punischer Krieg und Beginn der römischen Herrschaft
5. Jh.	Zeit der Völkerwanderung
5. – 8. Jh.	Herrschaft der Westgoten

Ausgrabungen in der Sierra de Atapuerca östlich von Burgos haben Spuren eines menschenähnlichen Wesens zutage gefördert, das die Gegend vor etwa 800 000, aber auch schon vor 1,3 Mio. Jahren in kleinen Gruppen durchstreifte: der so genannte **Homo antecessor**, quasi ein Vorfahre des heutigen europäischen Menschen. Er soll in Gemeinschaften von mehreren Dutzend Individuen gelebt haben. Ob jedoch die Wurzeln des modernen europäischen Menschen wirklich in der Sierra de Atapuerca liegen, ist ebenso strittig wie die Frage nach der kultischen Bedeutung der **altsteinzeitlichen Höhlenmalereien** in Nordspanien (Altamira) und die Frage nach der Herkunft der **Basken**, einer Volksgruppe, deren Verbreitungsgebiet seit etwa 6000 v. Chr. dokumentiert ist. Ob die Basken einstmals aus dem östlichen Europa in den Pyrenäenraum einwanderten oder ob sie sich hier wirklich eigenständig entwickelten, weiß man nicht.

Fest steht, dass es immer wieder fremde Volksgruppen gab, die bereits in vorchristlicher Zeit auf die Iberische Halbinsel kamen. Im Norden waren es vor allem die keltischen Stämme, die etwa ab dem 6. Jh. v. Chr. vordrangen und sich mit den einheimischen **Iberern** zu den **Keltiberern** vermischten.

Vor- und Frühgeschichte

Nach dem Sieg der Römer über die Karthager im Zweiten Punischen Krieg (218 – 201 v. Chr.) drangen die neuen römischen Herrscher

Römerzeit

Castro de Baroña: Reste aus einer aus etwa 20 Rundhäusern bestehenden keltischen Siedlung aus dem 1. Jh. v. Chr.

bis in den Norden der Iberischen Halbinsel vor. Es entstand der römische Verwaltungsbezirk **Hispania citerior**. Allerdings schlug den neuen Herrschern zuweilen erbitterter Widerstand der alteingesessenen Volksgruppen entgegen, zuvorderst in Asturien, Kantabrien und im Baskenland. In der Römerzeit wurden wichtige Städte (u. a. Pamplona) gegründet, Heerstraßen und Handelshäfen (u. a. La Coruña mit seinem Herkulesturm) angelegt, der Bergbau (u. a. Gold-Förderung in Las Médulas) und die Landwirtschaft (Weinbau, Olivenanbau, Getreideanbau) vorangetrieben.

Völkerwanderung Nach dem Ende der römischen Herrschaft begann im 5. Jh. die Zeit der Völkerwanderung, die germanische Völker wie die **Sueben** bis in den Nordwesten Spaniens vorstoßen ließ. Kurz darauf folgten die **Westgoten** als einer der beiden großen Stämme der germanischen Goten. Die westgotische Herrschaft führte zur offiziellen Bestätigung des Christentums als Reichsreligion (589) und dauerte bis 711, dem Jahr, in dem die Mauren von Nordafrika her auf die Iberische Halbinsel vordrangen.

DIE MAUREN UND DIE RECONQUISTA

711	Landung der Mauren bei Gibraltar und anschließend Eroberung von weiten Teilen der Iberischen Halbinsel
722	Mutmaßliche Schlacht von Covadonga und Gründung des Königreichs Asturien; Beginn der Reconquista
um 813	Wiederentdeckung des Grabes von Apostel Jakobus in Santiago de Compostela
997	Zerstörungen durch den maurischen Heerführer Al Manzor
1118	Fall des maurischen Kleinkönigreiches von Zaragoza
1469	Vereinigung der beiden Königreiche Kastilien und Aragonien durch die Heirat von Isabella I. und Ferdinand II.
1492	Eroberung Granadas und Ende der maurischen Herrschaft

Das maurische Spanien Nach ihrer Landung 711 über die Straße von Gibraltar rückten die Mauren innerhalb weniger Jahre vom heutigen Andalusien bis in den Norden vor, sollen jedoch 722 bei der sagenumwobenen **Schlacht von Covadonga** im Gebirgsland Asturiens von den Truppen des vormaligen Westgotenfürsten **Pelayo** besiegt worden sein. Gleichzeitig war Pelayo Begründer des Königreichs Asturien, das anfänglich seinen Sitz in Cangas de Onís und später in Oviedo hatte. Geschichtlich ist die Auseinandersetzung von Covadonga nicht belegt, doch wird sie gemeinhin als Beginn der Reconquista angesehen, der Rückeroberung der von den Mauren besetzten Landstriche (▶Baedeker Wissen S. 42). Die Mauren vermochten sich bis 1492 in Spanien zu halten, doch nach der ersten Etappe, bei der sie vor allem dem Süden des Lan-

Nach seinem Sieg über die Mauren wird Pelayo zum König von Asturien ernannt (Gemälde in der Basilika von Covadonga).

des eine wirtschaftliche und kulturelle Blüte bescherten, begann die Macht zu bröckeln. Dies hing mit internen Streitigkeiten der verschiedenen Dynastien zusammen, wodurch das Emirat und spätere Kalifat von Córdoba (nach 929) ab dem 11. Jh. in kleine, unabhängige Teilstaaten (»taifas«) zerfielen. Zaragoza war Zentrum eines dieser Herrschaftsbereiche und fiel erst 1118 unter dem Ansturm von König Alfons I. dem Kämpfer zurück an die Christen. Zwischenzeitliche Invasionen und Zerstörungen der Mauren in Nordspanien, wie etwa 997 durch Almanzor, der auch in Santiago de Compostela eindrang, blieben insofern ohne Folgen, als dass sich die Mauren dort nicht längerfristig festsetzen konnten.

Gestärkt wurde die Reconquista durch die (vermeintliche) Wiederentdeckung des Grabes des heiligen Jakobus in der Zeit um 813 (manche Quellen datieren den Grabfund auch auf 829 oder 830). Die Überlieferung besagt, dass der 44 n. Chr. unter Herodes Agrippa I. enthauptete Jakobus von seinen Jüngern im Nordwesten Spaniens bestattet wurde. Dort nun erblickte ein Einsiedler im 9. Jh. eines Nachts mysteriöse Lichter über einem Waldstück – und das war genau die Stelle des über Jahrhunderte »vergessenen« Apostelgrabs. Die Stätte wurde zum Wallfahrtsziel Santiago de Compostela und half – unterstützt durch zahlreiche Neu- und Wiederbesiedlungsmaßnahmen –, den Norden gegen die Mauren zu sichern und die Kräfte gegen die muslimischen Glaubensfeinde weiter zu mobilisieren.

Wiederentdeckung des Grabes des hl. Jakobus

Außerdem wurde der hl. Jakobus zum Patron der Reconquista erhoben, die 1492 mit dem Fall Granadas – und damit dem Ende des letz-

Isabella I. und Ferdinand II.

Die Reconquista

Acht Jahrhunderte Kampf

Innerhalb von nur drei Jahren seit ihrer Ankunft erobern die muslimischen Heere fast die gesamte Iberische Halbinsel. Nur die Berge Asturiens, Galiciens und des Baskenlands bleiben unbesetzt. Von hier aus beginnt die christliche Rückeroberung Spaniens.

▶ **Jahrhundertelanger Krieg**
Beinahe 800 Jahre lang herrschte Krieg auf der Iberischen Halbinsel. Die Fronten verliefen nicht immer eindeutig: Christen stellten sich ebenso in den Dienst maurischer Fürsten wie muslimische Kämpfer in den spanischen Reihen zu finden waren. Das Ende der maurischen Ära bedeutete auch das Ende einer hoch entwickelten Kultur, die nachhaltigen Einfluss auf Europa hatte. Die Karte zeigt die wichtigsten Königreiche und Momentaufnahmen des Frontverlaufs.

▶ **Verlauf der Reconquista**

711
Der arabische Feldherr Tarik Ibn-Sijad überquert mit 7000 Mann die Meerenge von Gibraltar und schlägt das westgotische Heer bei **Jerez**.

722
In der Schlacht von **Covadonga** besiegen die von Pelayo geführten Westgoten erstmals die Mauren.

844
Unter Historikern umstritten ist, ob die Schlacht von **Clavijo** überhaupt stattgefunden hat. Sie ist aber fester Bestandteil des spanischen Nationalmythos: In ihr soll der Apostel Jakobus (Santiago) als Ritter auf einem weißen Schimmel die christlichen Truppen zum Sieg über die Mauren geführt haben. Seither ist er Nationalheiliger mit dem Beinamen »Matamoros« (Maurentöter).

المنصور بالله

al-Manşūr bi-llāh
(der mit Gott Siegreiche)

929 – 1032
Unter dem Kalifat von Córdoba und insbesondere unter Almansur (938 – 1002), Großwesir des Kalifen Hisham II., erlebt die Iberische Halbinsel die höchste militärische Machtentfaltung der Mauren: Er erobert nacheinander **Barcelona** (985), **León** (987), Coimbra (987) und Santiago de Compostela (997).

1086 – 1147
Nach dem Zerfall des Kalifats von **Córdoba** erobert Alfons VI. von Kastilien 1085 **Toledo** und bedroht Sevilla. Der dortige Emir ruft 1086 die nordafrikanischen Almoraviden zu Hilfe. Sie drängen die Christen zurück. Es ist die Ära von El Cid (Rodrigo Díaz de Vivar), Gefolgsmann von König Alfons VI. und von diesem 1081 verbannt. Er schloss sich dem Maurenfürsten von Zaragoza an, verweigerte aber den Feldzug gegen Alfons. Nach der Aussöhnung eroberte er 1094 **Valencia** und wurde als Symbolfigur der Reconquista zum Nationalhelden.

1147 – 1212
Die ebenfalls berberischen Almohaden erobern das Almoravidenreich. Sie erleiden 1212 bei **Navas de Tolosa** gegen die Heere von Kastilien, Aragón und Navarra eine schwere Niederlage, die die endgültige Rückeroberung einleitet.

1492
Isabella I. (1451 – 1504) und Ferdinand II. (1452 – 1516) beenden mit der Eroberung **Granadas** die maurische Herrschaft.

ten maurischen Kleinkönigreichs – unter den Herrschern Ferdinand II. von Aragonien und Isabella I. von Kastilien ihren Abschluss fand. Ferdinand und Isabella hatten sich 1469 vermählt und durch Zusammenführung von Aragonien und Kastilien den Grundstein für das spanische Großreich gelegt. Unliebsame Gegner wurden durch die eingeführte Inquisition ausgeschaltet, die bis zum Beginn des 19. Jh.s mehrere Zehntausend Menschenleben kostete und Hunderttausende in Kerkerhaft brachte.

AUFSTIEG UND FALL DER WELTMACHT

1492	Kolumbus landet in Westindien.
1580 – 1640	Vorherrschaft in Portugal
1588	Untergang der Armada
1659	Pyrenäenfrieden mit Frankreich
1701 – 1713	Spanischer Erbfolgekrieg

Kolumbus in Westindien Im selben Jahr, als Granada zurückerobert wurde, entdeckte Christoph Kolumbus im Auftrag der spanischen Krone Westindien. 1497, nach seiner zweiten Fahrt in die »Neue Welt«, empfingen die Katholischen Könige den Seefahrer in Burgos.

Karl V. 1516 wurde der Habsburger **Karl I. König von Kastilien und Aragonien**. Drei Jahre später wurde er zum **römisch-deutschen Kaiser Karl V.** gewählt. Damit stieg Spanien – zusammen mit seinem Kolonialbesitz sowie den habsburgischen Gebieten – zur beherrschenden Kontinental- und Seemacht auf. Als Spanien 1580 Portugal unterwarf, erreichte das Land zusammen mit dem portugiesischen Kolonialbesitz die größte Ausdehnung seines Territoriums, in dem die Sonne wahrlich nicht mehr unterging. Es war Spaniens »Goldenes Zeitalter«.

Ein erster Rückschlag war die verheerende **Niederlage der Armada** im Ärmelkanal, die **Philipp II.** 1588 gegen England ausgesandt hatte. In den Jahrzehnten nach Philipps Tod (1598) kam es zu ständigen Kriegen um den Erhalt der Macht sowie zur Loslösung Portugals (1640). Ein langer Konflikt mit Frankreich endete 1659 mit dem **Pyrenäenfrieden**, bei dem Spanien u. a. das Roussillon an den ungeliebten Nachbarn abtreten musste. 1678 verzichtete Spanien auf die von Frankreich eroberte Franche-Comté. Damit hatte Spanien seine Rolle als Hegemonialmacht endgültig an Frankreich verloren.

Spanischer Erbfolgekrieg Nachdem der letzte spanische Habsburger Karl II. kinderlos geblieben war, setzten die Bourbonen im Spanischen Erbfolgekrieg (1701 – 1713) ihre Machtansprüche erfolgreich durch. Der Krieg endete mit dem **Friedensschluss von Utrecht**.

In Anlehnung an den französischen Absolutismus vollendeten Philipp V. und seine Nachfolger Ferdinand VI. und Karl III. bis zum Ende des 18. Jh.s den Aufbau eines zentralistischen **spanischen Einheitsstaates** – ohne Rücksicht auf Randgebiete wie das Baskenland, die sich nicht als Teil eines einheitlichen Spaniens fühlten.

19. UND 20. JAHRHUNDERT

1808 – 1813	Kampf gegen die napoleonischen Invasoren
1895	Gründung der Baskischen Nationalistischen Partei
1898	Verlust der letzten wichtigen Überseekolonien
1923 – 1930	Diktatur von Miguel Primo de Rivera
1931 – 1936	Zweite Republik
1936 – 1939	Spanischer Bürgerkrieg, Beginn der Franco-Diktatur
1937	Luftangriff der Legion Condor auf Gernika
1959	Gründung der baskischen Untergrundorganisation ETA
1975	Francos Tod und Ende der Diktatur; Juan Carlos I. wird König von Spanien.

Ab 1808 sah sich Spanien zunächst von französischen Truppen überrollt, die in zahlreichen Klöstern und Kirchen des Nordens schwere Plünderungen vornahmen. Unterstützt von den Briten trug der spanische Befreiungskampf 1813 Früchte. Einer der Marksteine war die

Spanischer Befreiungskampf

Francisco de Goya: »Die Erschießung der Aufständischen am 2. Mai 1808«

siegreiche **Schlacht von Vitoria**. 1814 kehrte Ferdinand VII. auf den spanischen Thron zurück, doch kurz darauf setzte die große Loslösung der spanischen Kolonien ein. 1898 verlor das Land mit Kuba, Puerto Rico und den Philippinen seine letzten wichtigen Besitztümer in Übersee.

Nahezu gleichzeitig setzten auf nationaler Ebene erste **separatistische Bestrebungen** ein. 1895 gründete Sabino Arana die **Baskische Nationalistische Partei** (Partido Nacionalista Vasco), die für die Wiedereinführung der historisch angestammten Sonderrechte und eine umfassende Autonomie des Baskenlands plädierte.

Erster Weltkrieg und Diktatur

Nach dem Ersten Weltkrieg, in dem Spanien neutral geblieben war, billigte König Alfons XIII. eine **Militärdiktatur von General Miguel Primo de Rivera** (1923), um das Finanzwesen neu zu ordnen und das von ökonomischen und sozialen Krisen geschüttelte Land zu stabilisieren. Die Diktatur endete 1930.

Ein Jahr später verließ König Alfons XIII. das Land, nachdem die Gemeindewahlen zugunsten der Republikaner ausgegangen waren. Die **Zweite Republik** (1931 – 1936) mündete nach mancherlei Reformversuchen (Agrarreform, Regionalismusfrage), sozialen Ausschreitungen (Bergarbeiteraufstand 1934 in Asturien) und politischen Morden im Bürgerkrieg.

Spanischer Bürgerkrieg

Der Spanische Bürgerkrieg (1936 – 1939) begann mit einer Militärrevolte und brachte den aus dem galicischen El Ferrol gebürtigen **General Francisco Franco** (1892 – 1975) an die Macht. In Burgos wurde Franco zum Führer (»caudillo«) der spanischen Regierung ernannt. Italien und Deutschland sicherten Franco militärische Unterstützung zu, die im April 1937 in der Bombardierung der baskischen Stadt **Gernika** durch die deutsche **Legion Condor** einen traurigen Höhepunkt fand. Schätzungen zufolge starben während des Bürgerkriegs rund eine Million Menschen. Hunderttausende flüchteten ins Exil, große Teile des Landes lagen zerstört da.

Franco-Diktatur

Nach seinem Sieg über die Republikaner etablierte Franco ein autoritäres Regime, wobei ihm die Falange-Bewegung zur Sicherung seiner Macht diente. Im **Zweiten Weltkrieg** blieb Spanien trotz seiner Bindung an die Achse Berlin–Rom weitgehend neutral. Auf Drängen Hitlers schickte Franco jedoch die »Blaue Division« (ca. 18 000 Freiwillige) an die Ostfront.

Nach dem Ende des Bürgerkriegs folgten die »Jahre des Hungers« und eine **Isolierung Spaniens**, die in den 1950er-Jahren aber nach und nach aufgebrochen wurde – im Tausch gegen US-Militärbasen auf spanischem Territorium. 1955 trat das Land der UNO bei. Innenpolitisch bestand aber unverändert die Diktatur, die jedwede Auflehnung im Keim zu ersticken suchte und sich mittels **Landreformen** und **Industrialisierung** bemühte, soziale Spannungen abzubauen. Es herrschte Zensur und politische Parteien waren verboten.

In dem von Unterdrückung besonders betroffenen **Baskenland**, wo sogar der Gebrauch der eigenen Sprache untersagt war, regte sich ab 1959 mit der Gründung der Untergrundorganisation **»Euskadi ta Askatasuna« (ETA)** massiver Widerstand. Im Exil versuchten sich derweil Politiker wie die Baskin **Dolores Ibárruri Gómez** (1895 – 1989), Mitbegründerin der Kommunistischen Partei, über einen Kampf der Worte international Gehör zu verschaffen.

Liberalisierungsgesetze läuteten das spanische Wirtschaftswunder der 1960er-Jahre ein, das mit ausländischen Investitionen, fortschreitender Industrialisierung, beginnendem Massentourismus und den von den Gastarbeitern in die Heimat übersandten Devisen einherging. 1968 nahm die **ETA** ihren bewaffneten Kampf auf, der vornehmlich Politiker, Polizisten und Richter ins Visier nahm.

In der Hoffnung auf eine Fortsetzung eines strengen Systems setzte Diktator Franco den 1938 in Rom geborenen Enkel von König Alfons XIII., Prinz Juan Carlos, als seinen Nachfolger ein. Als Franco im November 1975 starb, wurde der Prinz als **Juan Carlos I.** zum König von Spanien proklamiert – die nachfolgende Hinwendung zur Demokratie war jedoch nicht im Sinnes des toten Diktators.

Bürgerkrieg in Spanien 1936–1939

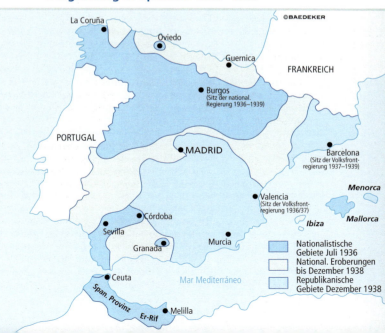

Das Baskenland und die ETA

Spaniens chronischer Konfliktherd

Die Basken haben es geschafft, ihre Kultur und ihre Sprache gegen alle Unterwerfungs- und Vereinnahmungsversuche zu verteidigen. Im Streben nach Autonomie beschritt die ETA den Weg der Gewalt. Noch heute hängen in den Städten des historischen Baskenlands unübersehbar an manchen Balkonen Transparente mit der Forderung: »Euskal Presoak – Euskal Herria« – »Baskische Gefangene zurück ins Baskenland«: deutliche öffentliche Bekenntnisse zur ETA.

Während der Franco-Zeit hatte sich die Unterdrückung alles Baskischen verstärkt, da sich die Basken im Bürgerkrieg auf die Seite der Republikaner geschlagen hatten. Straßen-, Orts-, und Personennamen mussten ins Spanische übersetzt, Baskisch durfte offiziell nicht mehr gesprochen werden, wirtschaftlich wurde die Region vernachlässigt. 1959 gründeten Studenten die **ETA** (»Euzkadi Ta Azkatasuna« – »Das Baskenland und seine Freiheit«), die einen unabhängigen Staat der Basken propagierte. Nachdem friedliche Aktionen erfolglos blieben, ging die ETA 1968 mit der Ermordung eines Mitglieds der Guardia Civil zur Gewalt über. Sie konnte sich der Unterstützung breiter Bevölkerungsschichten sicher sein. Ihre Anschläge trafen in erster Linie politische Repräsentanten des Franco-Regimes, Militärs und Polizisten, aber zunehmend auch Unbeteiligte – im Lauf der Jahre über 850 Menschen.

Nach dem Ende Francos verstärkte die ETA den Terror sogar noch. Daran änderte auch das **Autonomiestatut mit weitgehender Selbstständigkeit** nichts. Gestützt auf 150 000 Sympathisanten, verweigerte die ETA dem »Gernika-Statut« von 1979 die Anerkennung, sah sie darin doch nur die Zementierung der politischen Verhältnisse.

Spaltung der ETA

Doch auch unter den Etarras herrschte keineswegs Einigkeit. Bereits 1974 spaltete sich die Organisation in die **ETA político-militar**, die eine politisch-parlamentarische Lösung des Konflikts favorisierte, und in die **ETA militar** mit ihrem politischen Arm Herri Batasuna (»Einheit des Volkes«), die weiter auf Gewalt setzten.

Die Madrider Zentralregierung antwortete mit immer rigideren Maßnahmen: Die Polizei ging massiv gegen Demonstranten vor, Spezialeinheiten entführten, folterten und ermordeten mutmaßliche ETA-Terroristen, was die ETA in den 1980er- und 1990er-Jahren mit noch mehr Attentaten beantwortete. Doch immer mehr ihrer Landsleute sahen darin nur noch sinnloses Morden, zumal auch Basken, die ein Ende der Gewalt forderten, zu den Opfern gehörten und baskische Unternehmen zu einer »Revolutionssteuer« gepresst wurden. Zu Hunderttausenden wandten sich die Menschen in Demonstrationen nun gegen den Terror der Etarras.

Anti-ETA-Demonstration im Baskenland

ETA und BILDU

Viel hat sich getan im Baskenland. Zwar gibt es unverändert Befürworter einer radikalen Unabhängigkeitsbewegung, doch die gewaltbereiten Separatisten sind in den Hintergrund gerückt. Nach zahlreichen Verhaftungen dürfte der harte ETA-Kern nur noch aus einer Rumpftruppe bestehen Dafür sind Mitglieder und Sympathisanten der Radikalen mittlerweile in weiteren Parteien aufgegangen, zuvorderst im Wahlbündnis **»Bildu«**. Sie übernahmen u.a. bei den Kommunalwahlen 2015 in Navarras Hauptstadt Pamplona das Bürgermeisteramt, was nicht zuletzt dem Umstand geschuldet war, dass Spaniens große Parteien durch Korruptionsaffären und eine massive Selbstbedienungsmentalität stark an Glaubwürdigkeit verloren hatten.

»Bildu« ist daher auch attraktiv für Protestwähler geworden, die wohl nicht immer wissen, wen sie da gewählt haben, etwa wenn Protest- und Gedenkveranstaltungen für inhaftierte Terroristen veranstaltet werden. Staat und Polizei unternehmen trotz bestehender Gesetze nichts dagegen, dass ETA-Sympathisanten in Städten und Ortschaften noch immer die eingangs erwähnten Parolen an privaten Balkonen aufhängen: Man sieht es in den Altstädten von Bilbao und San Sebastián ebenso wie in Vitoria und Pamplona. Und was vielerorts von Politik und Volk gefordert worden ist, ist bis heute nicht eingetreten: die Auflösung der ETA und die Aufgabe ihres Waffenarsenals. Es mag heute friedlicher zugehen als noch vor einigen Jahren, doch Ruhe ist lange noch nicht eingekehrt im Baskenland!

DAS DEMOKRATISCHE SPANIEN BIS HEUTE

1977	Erste freie Parlamentswahlen
1981	Putschversuch im Parlament
1982 – 2015	Die Sozialistische Arbeiterpartei und die konservative Volkspartei wechseln sich an der Regierung ab
2004	Islamistisches Terrorattentat in Madrid
2015	Ende des Zweiparteiensystems in den Cortes
2016	Bei vorgezogenen Neuwahlen legen die Konservativen wieder leicht zu.

Transición Nach der 1975 erfolgten Proklamation von Juan Carlos I. zum König folgte der **Übergang** (»transición«) hin zum demokratischen Spanien. Im Jahre 1977 wurden die **ersten freien Parlamentswahlen seit 1936** durchgeführt, aus denen die Koalition der Union des Demokratischen Zentrums (Unión de Centro Democrático) unter **Adolfo Suárez** siegreich hervorging. Unter Suárez wurde 1978 die neue Verfassung angenommen. 1979 erhielt das Baskenland ein Autonomiestatut. Nach dem Rücktritt von Suárez im Jahre 1981 erfolgte ein **Putschversuch**, dem sich König Juan Carlos I. mit aller Macht entgegenstellte.

Ära González Außenpolitische Anerkennung erfuhr Spanien mit seinem **NATO-Beitritt** 1982 und seiner **Aufnahme in die Europäische Gemeinschaft** 1986. Zwischen 1982 und 1996 wurde Spanien von der Sozialistischen Arbeiterpartei (Partido Socialista Obrero Español) unter **Felipe González** regiert, zeitweilig in Minderheit und unterstützt von katalanischen und baskischen Regionalparteien.

Die Konservativen kommen an die Macht Die 1990er-Jahre waren von einer **Wirtschaftskrise** begleitet. Hohe Arbeitslosenzahlen, Korruptions- und Parteifinanzierungsskandale sowie ein rechtswidriges Vorgehen bei Strafverfolgungen schwächten die Sozialisten derart, dass sie 1996 die Wahlen gegen die konservative Volkspartei (Partido Popular) von **José María Aznar** verloren. Die Regierung Aznar setzte auf die Konsolidierung des Staatshaushaltes, zeigte eine harte Hand gegen den ETA-Terrorismus und profitierte von der landesweiten Aufbruchstimmung in der Wirtschaft, was ihr bei den Parlamentswahlen 2000 zur absoluten Mehrheit verhalf.

2. Legislaturperiode der Regierung Aznar In der zweiten Legislaturperiode Aznar (2000 – 2004) setzte sich der wirtschaftliche Höhenflug Spaniens fort. Die **Einführung des Euro** 2002 war allerdings mit einer Preisexplosion verbunden. Gegen Ende seiner Amtszeit brachten drei Vorfälle den von seinen Kritikern als selbstherrlich bezeichneten Aznar in Bedrängnis: die in ihrem Ausmaß heruntergespielte **Tankerkatastrophe** der »Prestige« vor der Küste Galiciens (2002), die **aktive Unterstützung der Alliierten im Irakkrieg** (2003) und im März 2004 – kurz vor dem für seine Partei bereits sicher geglaubten Sieg bei den Parlamentswahlen – die **Anschlagsserie islamistischer Extremisten auf Züge und Bahnhöfe in Madrid**. Das Attentat, das fast 200 Menschen in den Tod riss und 1500 Verletzte zur Folge hatte, richtete sich gegen die Irakpolitik der Regierung Aznar. Da die Wahlen kurz bevorstanden, setzte Aznar auf eine verschleiernde Informationspolitik und schob der ETA, entgegen der Beteuerungen der Untergrundorganisation, das Attentat in die Schuhe – bis die These in sich zusammenbrach.

Die Wahlen bescherten der Volkspartei eine nicht für möglich gehaltene Niederlage und brachte die Sozialistische Arbeiterpartei zurück an die Macht. Die Regierung bildete der Jurist **José Luis Rodríguez Zapatero**, der als Ministerpräsident bis 2011 an der Macht blieb. Brennende Themen blieben auch die mit dem Baskenland verbundenen Autonomiebestrebungen und der ETA-Terrorismus. Tatenlos und regelrecht lethargisch sah die Zapatero-Regierung bei Spaniens wirtschaftlichem Niedergang zu. Die vorgezogenen Parlamentswahlen 2011 brachten aufs Neue die konservative Volkspartei ans Ruder, angeführt von Mariano Rajoy, der es im nunmehr dritten Anlauf schaffte, Ministerpräsident zu werden.

<small>Sozialisten wieder an der Macht</small>

Der mit den Wahlen 2011 erhoffte Neubeginn unter der konservativen Rajoy-Regierung blieb aus: Die wirtschaftliche Talfahrt setzte sich ungebremst fort und erreichte 2014 Höchstmarken bei der Arbeitslosigkeit. Die rigorose Sparpolitik belastete die Mehrheit der Bevölkerung sehr. Über weitere Enthüllungen zu Korruption, Selbstbedienungsmentalität im Bankensektor und Kapitalflucht in Steuerparadiese hinaus kam ans Licht, wie sehr viele Lokalpolitiker auch in Nordspanien – mutmaßlich über Jahre hinweg – die eigenen Stadt- und Gemeindekassen über dubiose Auftragsvergaben an »Freunde« und falsche Abrechnungen geplündert haben. Dies führte zu vielen Demonstrationen und zur Gründung von verschiedenen Bürgerbewegungen und Bürgerparteien wie Podemos und Ciudadanos. Bei den Parlamentswahlen im Dezember 2015 wurden diese neuen Parteien in die Cortes gewählt. Damit hat das Zweiparteiensystem im spanischen Parlament (Konservative und Sozialisten) ausgedient. Doch das macht die Bildung einer neuen Regierung kompliziert. Zwar gewann die konservative Volkspartei (PP) von Ministerpräsident Mariano Rajoy die Wahl, allerdings verlor sie die absolute Mehrheit – und allein kann Rajoy nicht regieren. Da sich Spaniens Parteien im ersten Halbjahr 2016, wie erwartet, nicht auf Koalitionen einigen konnten, fanden am 26. Juni 2016 Neuwahlen statt. Auch diese Wahl brachte keine klaren Mehrheitsverhältnisse.

<small>Spanien heute</small>

Kunst und Kultur

Architektur und Bildende Kunst

Was versteht man unter »mozarabischem« und »mudejarem« Stil? Welche Besonderheiten zeichnen die präromanische Baukunst aus? Diese und weitere spannende Fragen werden auf den folgenden Seiten beantwortet.

FRÜHGESCHICHTE UND ALTERTUM

Spaniens älteste Künstler waren Menschen der Steinzeit, die ihre Felsmalereien in zahlreichen Grotten hinterließen. Bedeutendstes Beispiel ist die in Kantabrien bei Santillana del Mar gelegene **Höhle von Altamira**, wo die Menschen im Zeitalter des Magdalénien (15 000 – 10 000 v. Chr.) Wisente, Hirsche und Pferde an Höhlendecken und -wände malten. In Altamira hinterließen sie die »Sixtinische Kapelle der Steinzeit«, durchsetzt von Deckenfresken, die kräftige, bis zu 2,25 m große Tiere zeigen. Den Felsmalereien liegen eingeritzte Konturen zugrunde, die dann mit Kohle und mineralischen Substanzen koloriert wurden. Hände, Ziegen, mysteriöse Kohlezeichen und rote Flächen ergänzen die Motive. Auch in anderen Höhlen Nordspaniens wie der Cueva del Buxu bei Cangas de Onía (Asturien) blieben Pferde- und Hirschmotive erhalten, die mindestens 10 000 Jahre alt sein dürften. In der Reihe weiterer Höhlen mit prähistorischer Felsmalkunst stehen die Cueva de El Castillo (Kantabrien) und die Cueva Tito Bustillo (Asturien).

Prähistorische Kunst

In Nordspanien ist die Megalithbauweise zuvorderst in Form von **Megalithgräbern** (Dolmen) ab dem 4. Jt. v. Chr. nachgewiesen. Alleine über die baskische Provinz Álava verteilen sich heute etwa 100 Dolmen; einer der besterhaltenen ist der bei Laguardia aufragende Dolmen La Chabola de La Hechicera. Ebenfalls bei Laguardia sind die Reste der bronzezeitlichen Siedlung La Hoya zu finden, die aus dem 2. Jt. v. Chr. datiert.

Megalithkulturen und Bronzezeit

Die in Galicien entdeckte Keltensiedlung auf dem Monte Santa Tegra bei A Guarda dürfte ihren Ursprung Mitte des ersten vorchristlichen Jahrtausends gehabt haben und wurde nachfolgend von den Römern genutzt. Typisch für die keltische Siedlungsstruktur waren **strohgedeckte Rundbauten** (»pallozas«), wie sie im galicischen Jakobswegort O Cebreiro nachgebaut worden sind. Auf die Kel-

Keltenzeit

Die Bauweise der steinernen Hórreos (Voratsspeicher) auf Stelzen geht auf die Kelten zurück.

ten gehen auch die heute überwiegend mit Maiskolben gefüllten **Vorratsspeicher** (»hórreos«) zurück, die in Galicien und Asturien nach wie vor Wahrzeichen sind. Hórreos stehen auf Stützen aus Stein, haben Seitenwandschlitze zur Lüftung und sind von phallischen Fruchtbarkeitssymbolen gekrönt, die in christlicher Zeit durch Kreuze ergänzt wurden. Zwischen den Stützen und dem rechteckigen (Galicien) oder quadratischen (Asturien) Aufbau sind flache Steinscheiben geschoben, die das Eindringen von Mäusen unmöglich machen.

Römerzeit

Aus der römischen Zeit sind bemerkenswerte Baureste in La Coruña (Torre de Hércules), Lugo (Stadtmauern) und Astorga (Stadtmauern und Sklavengefängnis) erhalten. Fundstücke wie Münzen, Keramik und Mosaike sind in Regionalmuseen ausgestellt.

WESTGOTISCHE UND MAURISCHE KUNST

Westgotische Kunst

Zeugnisse der Westgoten (6. – 8. Jh.) sind Kirchen, in die sie Elemente vorrömischer und byzantinischer Architektur einfließen ließen. **Rosette, Kreis** und **Taufries** weisen auf die Verwendung germanischer Schmuckelemente hin. Ebenfalls verbreitet waren Hufeisenbögen, die man gemeinhin mit der späteren maurischen Epoche assoziiert.

Die Reste von einer der schönsten westgotischen Kirchen sind im Süden der Provinz Burgos bei Quintanilla de las Viñas zu sehen. Die dortige Ermita Visigótica (auch: Santa María de Lara) lässt das byzantinische Motiv der Weinranke erkennen, ebenso Blätter, Blüten und Muscheln. Die Kapitelle im Innern zeigen Sonne und Mond, möglicherweise als Symbole des Ewigen Reiches Gottes.

Präromanische Kirchen

Bezeichnend für das frühe Königreich Asturien sind die präromanischen Kirchen (9./10. Jh.), die als Weltkulturerbe der UNESCO unter Schutz stehen. Charakteristika waren die wie gedrechselt wirkenden **Steinsäulen**, die ornamentierten **Säulenkapitelle**, die **Rundbögen**, die **Steingitterfenster** sowie die **reliefierten Pfeiler** mit figürlichen Motiven. Charakteristische Beispiele finden sich in Oviedo mit der Iglesia de San Julián de los Prados und der in den Kathedralbau integrierten Cámara Santa sowie – am Abhang des Hausberges Monte Naranco – mit der einstigen Palastkapelle San Miguel de Lillo und der aus einem königlichen Palast erwachsenen Iglesia de Santa María del Naranco. Zu Zeiten der präromanischen Blüte unter Alfonso II., Ramiro I. und Alfonso III. waren es mutmaßlich dieselben Künstlerwerkstätten, die sich der Bauten, ihrer Dekorationen und – im Vorlauf des romanischen Stils – der neuartigen Überwölbungen der Kirchenschiffe annahmen. Infolgedessen schufen sie in ihrem klei-

Zaragoza: Die Aljafería ist das einzige erhaltene Bauwerk der Stadt aus maurischer Vergangenheit.

nen Königreich eine beispiellose ästhetische Einheit christlich-europäischer Baukunst. Ein weiteres prägnantes Beispiel bietet die Iglesia de San Salvador de Valdediós nahe Villaviciosa.

Da die Reconquista von Norden her begann und die Mauren nach und nach in den Süden zurückdrängte, gibt es kein maurisches Kulturerbe im Stile Andalusiens. Als Ausnahme lässt sich allenfalls Aragoniens Hauptstadt Zaragoza anführen, das erst 1118 von den christlichen Truppen zurückerobert wurde. Was im Laufe des Mittelalters aber sehr wohl um sich griff, waren der mozarabische und der mudejare Stil. Die »mozárabes« waren unter islamischer Herrschaft lebende Christen, die »mudéjares« unter christlicher Herrschaft lebende Mauren. Häufig flohen »mozárabes« aus dem maurisch besetzten Süden in den Norden, doch hatten sie die Augen offen gehalten und die Architektur bewundert. In neue Kirch- und Klosterbauten integrierten sie nun Elemente wie Hufeisenbögen. Gute Beispiele der Architektur liefern das riojanische Kloster von Suso (bei San Millán de la Cogolla), die Iglesia de San Miguel de Escalada in der Provinz León und die Kirche von Peñalba de Santiago bei Ponferrada. Während sich der mozarabische Stil mit der Ära der Vorromanik deckt, ist der mudejare Stil von der Spätromanik bis zur Spätgotik nachweisbar. So fanden **farbige Schmuckziegel** (»azu-

Mozarabischer und mudejarer Stil

Architektur

Designer-Bodegas

An den zeitgenössischen architektonischen Boom haben sich seit Beginn des 21. Jh.s Weinproduzenten angeschlossen und ihre Bodegas, vor allem in den Anbaugebieten La Rioja und Navarra, als regelrechte Aushängeschilder konzipieren lassen. Unter den Architekten ist vertreten, was international Rang und Namen hat: von Frank O. Gehry über Santiago Calatrava bis Zaha Hadid.

Statussymbol, Blickfang, Lockmittel. Wer im Weingeschäft Erfolg hat, zeigt das gerne auch nach außen. Ließ man sich früher trutzige Güter aus Stein errichten, so ist heute die Reihe an ausgefallenen Formen und Materialien. Nichts scheint zu teuer, nichts zu aufwendig. Weltbekannte Architekten haben neue Maßstäbe bei der Verbindung zwischen Wein und Baukunst gesetzt und die Auftraggeber wetteifern miteinander um den spektakulärsten Neubau. So sind Bodegas in Form von Megaskulpturen zu ganz besonderen touristischen Destinationen geraten.

Glanzvolle Beispiele

Als ein Prunkstück der Weinarchitektur sticht das gleißende Aluminiumdach der **Bodegas Ysios** hervor, das sich in der Rioja Alavesa über die Weingärten bei Laguardia wellt – ein Werk des Spaniers **Santiago Calatrava**. Etwas weniger bekannt ist dessen Landsmann Jesús Marino Pascual, auf den im Riojagebiet der Schachtelblockbau der (z.Zt. geschlossenen) **Bodegas Darien** östlich von Logroño, die Bodega Antion in Elciego und das Weinkulturmuseum Dinastía Vivanco in Briones zurückgehen.

Für die Weindynastie Chivite entwarf **Rafael Moneo**, der als Träger des renommierten Pritzker-Architekturpreises mit der Museumserweiterung des Prado in Madrid von sich reden gemacht hat, in Navarra die Strukturen des alten Weinguts Arínzano. Als »landschaftsplanerische Bodega« umriss Moneo sein

Die von Iñaki Aspiazu gestalteten Bodegas Baigorri im Baskenland

Der Weinshop der Bodegas López de Heredia, entworfen von Zaha Hadid

umfassendes Projekt in der Nähe des Jakobswegstädtchens Estella. Auch die Bodegas Julián Chivite in Cintruénigo, Navarra, konnten Moneo für ihr Projekt gewinnen. **Zaha Hadid** trat beim Pavillon der Bodegas López de Heredia in Haro, La Rioja, in Aktion.

Bei den Bodegas Baigorri in Samaniego verblüfft der von **Iñaki Azpiazu** kreierte Glasbauaufsatz, während der auf **Francisco Mangado** fußende Komplex der Bodegas Marco Real in Olite eher wie ein ernüchterndes Versatzstück im Gewerbegebiet wirkt. So bleibt das Phänomen der modernen Weinarchitektur nicht nur ein Sinnbild für Fortschritt, Pioniergeist und Innovation – sondern letztlich Geschmackssache. Dies gilt nicht zuletzt für den Ort Elciego, wo der Nordamerikaner **Frank O. Gehry**, Vater des Guggenheim-Museums in Bilbao, bei den Bodegas Marqués de Riscal weithin sichtbare Zeichen der Moderne gesetzt hat. Die titanverkleidete Dachkonstruktion strebt wie ein Guggenheim-Museum in Kleinformat blütengleich himmelwärts, wird durch Elemente der Weinfarbe Rot durchdrungen und scheint regelrecht zu schweben. Die Gebilde brechen komplett mit dem Ort und seiner Umgebung und regen zu Diskussionen an.

ADRESSEN
Bodegas López de Heredia/ Viña Tondonia
Avenida de Vizcaya, 3, Haro
Tel. 941 31 02 44
www.lopezdeheredia.com

Arínzano
Carretera Estella-Tafalla,
NA-132, Km 3,1, südöstlich von Estella
Señorío de Arínzano
Tel. 948 55 52 85, www.arinzano.com

Marqués de Riscal
Calle Torrea, 1, Elciego
Tel. 945 18 08 88 und 945 60 60 00
www.marquesderiscal.com
Führungen auch auf Deutsch

Bodegas Darien
Carretera Logroño-Zaragoza,
N-232, Km 7, bei Logroño
derzeit geschl., aber das Gebäude ist von außen zu besichtigen

Bodegas Ysios
Camino de la Hoya, Laguardia
Tel. 945 60 06 40
www.ysios.com

lejos«), **Kassettendecken** (»artesonados«) und **hufeisenförmige Fensterbögen** Verwendung. Im Kreuzgang des Klosters von Santo Domingo de Silos ist der Mudéjar-Stil ebenso nachzuweisen wie im Kloster Las Huelgas Reales in Burgos und an den Kirchen San Tirso und San Lorenzo im Jakobswegstädtchen Sahagún.

ROMANIK UND GOTIK

Romanik Französische Einflüsse wirkten in Nordspanien prägnant in Romanik und Gotik hinein. Bereits in den romanischen Kirchen fügten sich die deutlich voneinander abgegrenzten Teile zu einem harmonischen Ganzen. Ein gutes Beispiel bietet die Iglesia de San Martín im kastilisch-leonesischen Jakobswegort Frómista mit der **Doppelturmfassade**, dem **Vierungsturm**, dem **Dreiapsidenabschluss** und dem **Tonnengewölbe**. Hinzu kommen reliefartige **Steinschmuckbänder**, die das ganze Bauwerk zusammen mit mehr als 300 Konsolfiguren umziehen.

Santiago de Compostela: Einen Höhepunkt erreichte die romanische Bildhauerkunst im Pórtico de la Gloria der Kathedrale.

Der Typus des Steinschmuckbandes war ein besonderes Gestaltungselement an romanischen Kirchen am Jakobsweg durch Nordspanien. Man nennt es »Schachbrettmuster von Jaca« (»ajedrezado jaqués«), da es sich von der alten aragonesischen Hauptstadt Jaca aus weiterentwickelte. In Jaca selbst gilt die Catedral de San Pedro als erste romanische Kathedrale Spaniens. Romanischen Ursprungs ist auch die 1075 begonnene Pilgerbasilika in Santiago de Compostela, die mit dem Pórtico de la Gloria von Meister Mateo ebenso die Entwicklung der Bildhauerkunst vor Augen führt wie das Südportal der Iglesia de Santa María la Real in Sangüesa (Navarra). In der Reihe der schönsten romanischen **Kreuzgänge** in Nordspanien stehen jene des Klosters von Santo Domingo de Silos (Provinz Burgos) und der Stiftskirche in Santillana del Mar (Kantabrien). Ein einzigartiges Zeugnis der Malerei stellen die **Fresken** im königlichen Pantheon San Isidoro in León dar, wo biblische Motive ebenso zu sehen sind wie ein diesseitsorientierter Landwirtschaftskalender.

Ein neues Raumgefühl, verbunden mit dem symbolischen wie konkreten Streben nach Höhe, sowie die Verwendung von **Spitzbögen** und **Bündelpfeilern** zeichnet die gotische Baukunst aus. Nordspaniens gotische Prachtbauten par excellence sind die Kathedralen von Burgos und León, wobei die **Buntglasfenster** in León für eine neuartige Lichtführung sorgten. Französische und deutsche Meister nahmen maßgeblich Einfluss. Bei der Kathedrale von León dienten Reims, Amiens und Chartres als Vorbilder.

Gotik

Zu Zeiten der Spätgotik (Ende des 15. Jh.s) verband der platereske Stil maurische Einflüsse des mudejaren Stils (▶S. 55) mit Schmuckformen der Frührenaissance (16. Jh.). Plateresk leitet sich vom spanischen Wort für Silber ab (»plata«). Bei diesem Stil wurden **Ornamente und Schmuckformen** nachgeahmt, wie sie die Silberschmiede bei ihren Arbeiten verwendeten. Ein gutes Beispiel ist die Hauptfassade des Convento de San Marcos in León.

Platerasker Stil

VON DER RENAISSANCE BIS ZUM KLASSIZISMUS

Ein strenger, schmuckloser und vergleichweise nüchterner Baustil war das Merkmal der Renaissance (16. Jh.), die sich in Nordspanien u. a. im Kreuzgang der Kathedrale von Santiago de Compostela und im riojanischen Monasterio de Yuso zeigt.
Im 17. und 18. Jh. ließ die barocke Hinwendung zu **überbordendem Dekorationsreichtum** viele romanische und gotische Bauwerke andere Ausgestaltungen annehmen. Aus Spaniens Kolonien kamen Gold und Silber im Überfluss, was in vielen Orten in prunkvolle Retabel und Kapellen gesteckt wurde. In der Architektur entwarf Fern-

Renaissance, Barock und Klassizismus

ando de Casas y Novoa mit der 1738–1750 vor den romanischen Pórtico de la Gloria gesetzten Westfassade der Kathedrale von Santiago de Compostela die wohl bedeutendste Barockfassade Nordspaniens. In der Reihe barocker Profanbauten stehen Rathäuser wie jene von Astorga und Ponferrada.

Die Baufälligkeit von Altbauten brachte gegen Ende des 18. Jh.s neue Werke im wiederum nüchternen Stil des Klassizismus mit sich. Dazu zählen die Hauptfassade der Kathedrale von Pamplona und die Klosterkirche von Santo Domingo de Silos. Die Basílica de Nuestra Señora del Pilar in Zaragoza vereint Barock und Klassizismus. Mit Gewölbemalereien in der Basilika wurde u. a. der aus dem aragonesischen Fuendetodos stammende **Francisco de Goya y Lucientes** (1746–1828) beauftragt, der in seiner frühen Schaffensepoche auch Entwurfkartons mit volkstümlichen Szenen für die Madrider Teppichmanufaktur lieferte. Erst später profilierte er sich als königlicher Hofmaler und stellte die Menschen mit schonungsloser Offenheit dar.

VOM JUGENDSTIL BIS ZUR GEGENWART

19. Jh. bis heute Besonders hervorzuheben sind in Nordspanien drei Bauten des katalanischen Modernisme-Architekten **Antoni Gaudí** (1852–1926): die Casa de Botines in León, der Bischofspalast in Astorga und das Palais El Capricho im kantabrischen Küstenort Comillas. In mehrfacher Verbindung zu Nordspanien steht auch **Pablo Picasso** (1881–1973). 1891 zog Picassos Familie für einige Jahre nach La Coruña, wo der junge Pablo im Instituto Eusebio da Guarda Malunterricht erhielt. 1937 malte Picasso unter dem Eindruck des grausamen Bombardements der baskischen Stadt Gernika (span. Guernica) sein weltberühmtes Bild **»Guernica«**. Zum Leidwesen der Basken hängt dieses jedoch im Museum Reina Sofía in Madrid – und nicht im Guggenheim-Museum Bilbao, wo man für das großformatige Werk einen eigenen Saal vorgesehen hatte.

Zu den wichtigsten spanischen Malern der Moderne gehören **Ignacio Zuloaga y Zabaleta** (1870–1945) und **Gustavo de Maeztu y Whitney** (1887–1947). Zuloaga hielt häufig Szenen aus dem spanischen Volksleben fest und porträtierte nennenswerte Zeitgenossen, Maeztu tat sich gleichermaßen durch Porträts wie durch volkstümliche Szenen und soziale Anklagen (Spanischer Bürgerkrieg) hervor. Beiden sind eigene Museen gewidmet: Zuloaga im baskischen Zumaia und Maeztu im navarresischen Estella.

Den Traum von einer Werkschau erfüllte sich der baskische Bildhauer **Eduardo Chillida** (1924–2002) noch zu Lebzeiten: mit dem (leider inzwischen für die Öffentlichkeit geschlossenen) Museo Chillida-Leku bei San Sebastián. Bekannt sind auch seine eisernen »Windkämme« am Westende der La-Concha-Bucht in San Sebastián.

Picasso malte sein monumentales Werk »Guernica« 1937 als Reaktion auf die Zerstörung der baskischen Stadt.

Architektonisch sticht in Nordspanien das 1997 eröffnete Museo Guggenheim des Kanadiers **Frank O. Gehry** hervor, eine augenfällige Konstruktion aus Kalkstein, Stahl und Glas, der dünne Titanplatten wie Fischschuppen aufsitzen. Mit **Sir Norman Foster** (U-Bahn-Stationen), **César Pelli** (Torre Iberdrola), **Arata Isozaki** (Hochhausdoppel »Isozaki Atea« hinter der Zubizuri-Brücke über den Río Nervión) und **Santiago Calatrava** (Flughafengebäude, Zubizuri-Brücke) sind auch andere Stararchitekten in Bilbao vertreten. Auf **Zaha Hadid** geht der Brückenpavillon über den Ebro in Zaragoza zurück. Auch Kantabriens Hauptstadt Santander hat ihr auffälliges Stück moderne Architektur, gelegen nahe dem Fußballstadion: den multifunktionalen Sportpalast (Palacio de Deportes) von Julián Franco und José Manuel Palao. Das silbern glitzernde Bauwerk hat die Form eines Walfischs.

Polemisch, überproportioniert und aus Kostengründen nicht vollendet ist die Cidade da Cultura, die von **Peter Eisenman** konzipierte »Stadt der Kultur« auf einem Hügel bei Santiago de Compostela. Ein Baustopp wurde verhängt. Polemik mit sich brachten auch der Ausstellungs- und Kongresspalast von Santiago Calatrava in Oviedo sowie das Kulturzentrum Niemeyer des Brasilianers **Oskar Niemeyer** in Avilés.

Ein technisches Meisterwerk, das die Zeiten seit Ende des 19. Jh.s diskussions- und schadlos überdauert hat, schuf der aus dem französischen Baskenland stammende **Alberto de Palacio** (1856 – 1939): Es ist die auch Puente Bizkaia genannte **Puente Colgante** (Schwebebrücke; ▶Baedeker Wissen S. 62), eine markante Eisenkonstruktion im Nordwesten von Bilbao über den Nervión.

Puente Colgante in Bilbao

Schwebender Stahl

Die 1890 – 1893 nach Entwürfen des baskischen Ingenieurs Alberto de Palacio konstruierte Schwebebrücke nahe dem Hafen von Bilbao über den Río Nervión wurde von der UNESCO als Weltkulturerbe ausgewiesen und heißt auf Schildern vor Ort auch »Puente Bizkaia«. Wer von einem Flussufer zum anderen kommen möchte, kann entweder per Schwebeplattform übersetzen, die mit Seilen an einer Laufkatze hängt, oder sich zu Fuß zunächst per Aufzug und dann über den vergitterten, aber dennoch aussichtsreichen Steg (»pasarela«) hoch über dem Wasser auf den Weg machen.

❶ Ticketschalter
Hier gibt es die Tickets für Fährpassagiere und Aufzugsbenutzer.

❷ Stützmasten
Die Brückenkonstruktion wird von vier jeweils ungefähr 60 m hohen Stützmasten gehalten.

❸ Aufzug
Auf beiden Seiten des Flusses kommen Fußgänger per Aufzug zur Pasarela hinauf.

❹ Hochsteg (Pasarela)
Begehbare horizontale Gitterkonstruktion (45 m hoch, 160 m lang) mit Führungsschienen.

❺ Laufkatze
Bewegliches Bauteil auf Rollen, an dem die Schwebeplattform mit Seilen aufgehängt ist.

❻ Verspannung
Die gesamte Konstruktion wird von dicken Stahlseilen gehalten.

An diesem Schreibtisch hat Miguel de Unamuno gearbeitet.

Baroja (1872 – 1956) gehörte der »Generation von 98« an. Baroja war ein kritischer Geist und ein besessener Schreiber, der mehr als 70 Romane verfasste und immer wieder brennende soziale Probleme thematisierte. Ins Deutsche sind unter anderem »Der Baum der Erkenntnis« und »Shanti Andia, der Ruhelose« übersetzt worden.

Gesellschaftskritik mit realistischer Schilderung des Milieus zeichnet die Romane des Basken **Juan Antonio de Zunzunegui y Loredo** (1901 – 1982) aus, und ein ungeschönter, krasser Realismus ist Kennzeichen der Werke des 1989 mit dem Literatur-Nobelpreis bedachten **Camilo José Cela** (1916 – 2002, ▶Berühmte Persönlichkeiten).

Moderne

Einer der skurrilsten Literaten ist der im aragonesischen Quicena geborene **Javier Tomeo** (1932 – 2013), der zu Recht als Meister der Ironie und des Slapsticks gerühmt wird. Zu den auf Deutsch erschienenen Werken Tomeos zählen »Der Gesang der Schildkröten«, »Hotel der verlorenen Schritte« und »Die Silikonliebhaber«. Dem 1951 geborenen Basken **Bernardo Atxaga** ist es gelungen, mit Kinderbüchern wie »Memoiren einer baskischen Kuh« und mit kulturell-politisch geprägten Romanen auf sich aufmerksam zu machen. Mit seinem Roman »Der Sohn des Akkordeonspielers« hat sich Atxaga einmal mehr mit der ETA-Problematik auseinandergesetzt.

Ein scharfer Beobachter sowohl der jüngeren spanischen Geschichte als auch seiner Heimatregion León ist **Julio Llamazares**, Jahrgang 1955. In seinem Roman »Wolfsmond« hat er die Schrecken des Franco-Regimes lebendig werden lassen, »Der gelbe Regen« ist ein bedrückender Roman um den letzten verbliebenen Bewohner in einem nordspanischen Dorf.

Berühmte Persönlichkeiten

FERNANDO ALONSO (GEB. 1981)

Seine Welt sind die dröhnenden Motoren, die Boxengassen, die schnellsten Rundkurse in aller Welt. Fernando Alonso, aus der asturischen Hauptstadt Oviedo gebürtig, begann als Kind mit dem Kartsport. Als Sechsjähriger fuhr der junge Wilde seinen ersten Sieg ein, mit sieben war er asturischer Champ in seiner Altersklasse. Im Laufe der Jahre trug er sich national und international in die Siegerlisten ein und gewann 1996 die Kartweltmeisterschaft. Folgerichtig war sein Aufstieg in die Formel 1, wo er 2005 und 2006 zum Weltmeister gekürt wurde. Wenn er sich am Steuer dem Rausch der Geschwindigkeit hingibt, fühle er die »totale Freiheit, er selbst zu sein«, so Alonso. Im Formel-1-Zirkus fährt er alljährlich um den Titel mit.

Formel-1-Weltmeister 2005 und 2006

CESARE BORGIA (1475 – 1507)

Er entstammte dem berühmt-berüchtigten Geschlecht derer von Borgia, von denen es Rodrigo Borgia als Alexander VI. sogar bis auf den Papststuhl brachte. Rodrigos Sohn Cesare wurde bereits als 16-Jähriger zum Bischof von Pamplona und ein Jahr später zum Erzbischof von Valencia ernannt. Auch auf militärischem Gebiet war er ein **skrupelloser Machtmensch**, was ihm letztlich zum Verhängnis wurde. 1507, in Diensten des Königshauses von Navarra stehend, fand er den Tod im Kampf gegen kastilische Belagerer. Schauplatz war die Gegend um Viana, einer bekannten Station am Jakobsweg durch Navarra.

Renaissance-Fürst

ROSALÍA DE CASTRO (1837 – 1885)

Galiciens bekannteste Poetin war die Frucht eines priesterlichen Fehltritts und wurde unter dem Deckmantel der Verschwiegenheit in der Kapelle des Hostal de los Reyes Católicos in Santiago de Compostela getauft. Mit 20 Jahren veröffentlichte sie ihren ersten **Lyrikband »La flor«**, heiratete kurz darauf den Journalisten und Romancier Manuel Murguía und brachte sieben Kinder zur Welt. Ihre zum Teil sehr tiefsinnigen, schwermütigen, kraftvollen Gedichte umkreisen häufig ihre galicische Heimat. In ihren letzten Lebensjahren bewohnte sie das Landhaus »A Matanza« in Padrón, das als Museum eingerichtet worden ist. Begraben ist sie im »Pantheon der berühmten Galicier« (Panteón de Galegos Ilustres) in Santiago de Compostela. Ihr bekanntester Gedichtband heißt auf Deutsch: **»An den Ufern des Sar«**.

Dichterin

Rennfahrer Fernando Alonso stammt aus Oviedo in Asturien.

CAMILO JOSÉ CELA (1916 – 2002)

Schriftsteller und Literatur-Nobelpreisträger

Gebürtig aus dem galicischen Padrón (Iria Flavia), fühlte sich Cela nach einem abgebrochenen Medizinstudium schon früh zur Literatur hingezogen und bewegte sich in entsprechenden Zirkeln in Madrid. Nach dem Bürgerkrieg blieb er in Spanien, nahm in Madrid ein Jurastudium auf und veröffentlichte 1942 mit **»Pascual Duartes Familie«** einen seiner bekanntesten Romane, der durchsetzt ist von krassem Realismus. Ab 1943 widmete er sich vollständig seiner Arbeit als Schriftsteller und begann kurz darauf sein Monumentalwerk **»Der Bienenkorb«**, das 1951 in Argentinien erschien. 1957 wurde er in die Real Academia Española gewählt. 1987 erhielt er den Preis »Príncipe de Asturias«, 1989 den Nobelpreis für Literatur und 1995 den Cervantes-Preis. In der Begründung des Nobelpreis-Komitees hieß es: »Für seine reiche und eindringliche Prosakunst, die mit verhaltenem Mitgefühl eine herausfordernde Vision menschlichen Ausgesetztseins gestaltet.« Cela verfasste weiterhin Feuilletons und Reiseberichte. Er starb in Madrid, doch seine sterblichen Überreste wurden in seinem Geburtsort beigesetzt.

JUAN SEBASTIÁN ELCANO (UM 1486 – 1526)

Weltumsegler

Der bis heute **berühmteste baskische Seefahrer** stammte aus dem Küstenort Getaria, wo ein großes Monument an ihn erinnert. Elcano war Mitglied jener legendären Expedition zu den Gewürzinseln, die 1519 unter Fernando Magellan mit fünf Schiffen in Südspanien begann. Nach dem Tod Magellans 1521 auf einer Insel der Philippinen und einer Übergangszeit mit zwei glücklosen Kapitänen nahm Elcano im wahrsten Wortsinn das Ruder in die Hand und brachte 1522 die letzte verbliebene Karavelle, die »Victoria«, mit Gewürzen beladen in die Heimat zurück. Nur 18 der ursprünglich 237 Mann setzten wieder einen Fuß auf spanischen Boden. Damit ist Elcano als erster Weltumsegler in die Geschichte eingegangen. Wenige Jahre darauf verstarb er auf dem Pazifik, als er sich mit einer von García Jofre de Loaisa befehligten Expedition auf dem Weg zu den Molukken befand. Das heutige Schulschiff der spanischen Marine trägt seinen Namen.

EL CID (UM 1043 – 1099)

Ritter und Nationalheld

Geboren wurde er als Rodrigo Díaz de Vivar in Vivar bei Burgos (Kastilien-León), unsterblich gemacht hat ihn das Epos »Cantar de Mio Cid« (auch: »Cantar del Cid«). Jene Dichtung, Mitte des 12. Jh.s entstanden, stellt die **Tapferkeit und Ehre** des Helden her-

El-Cid-Statue in Burgos

aus, vor allem im Kampf gegen die Mauren. Rodrigo stand zunächst in Diensten der kastilischen Könige Sancho II. und Alfons VI., ehe Alfons ihn 1081 verbannte. Darauf unterstellte er sich den maurischen Glaubensfeinden und ging siegreich aus den Gefechten gegen Christentruppen hervor – bis zum erneuten Lagerwechsel und der Aussöhnung mit Alfons VI. Die Muslime nannten ihn erfurchtsvoll »sayyid« (Herr). Aus diesem Namen wurde El Cid, den der Hollywood-Haudegen Charlton Heston 1961 auf der Leinwand verkörperte. An der Seite seiner Gattin Jimena liegt El Cid in der Kathedrale von Burgos begraben (▶Baedeker Wissen S. 164).

FRANCISCO JAVIER (1506 – 1552)

1506 kam Francisco Javier (dt. Franz Xaver) als fünftes Kind von María de Azpilcueta und Juan de Jaso auf der Burg der wohlsituierten Familie in Javier, Navarra, zur Welt. Hier verbrachte er seine Kindheit und Jugend, doch musste er in politisch unruhigen Zeiten – Kastilien verleibte sich 1512 das eigenständige Königreich Navarra ein – den gesellschaftlichen Abstieg der Familie miterleben. Er genoss eine humanistische Bildung, schlug eine militärische Laufbahn aus und begab sich 1525 zum Studium nach Paris. In theologischen Kreisen traf er dort im Laufe der Jahre tiefgläubige Gesinnungsgenossen wie Ignatius von Loyola (▶S. 71), Diego Laínez (1512 – 1565) und Peter Faber (1506 – 1546). Im Jahre 1534 legten sie ein gemeinsames Glaubensgelübde auf dem Montmartre ab. Daraus ging der Jesuitenorden hervor, in dessen Diensten Francisco Javier als **Missionar im Fernen Osten** wirkte. 1542 begann er seine Mission im indischen Goa, ver-

Missionar

kündete die christliche Lehre in Malakka und auf den Molukken, gelangte nach Japan, kehrte nach Indien zurück und hatte als letztes großes Ziel China vor Augen. Auf dem Weg ins Reich der Mitte versagten ihm die Kräfte. Am 3. Dezember 1552 verstarb er auf der Insel Shangchuan. Der Leichnam wurde später nach Goa überführt und beigesetzt. In seiner Heimat Navarra ist er Schutzpatron. Sein Todestag ist regionaler Feiertag. Francisco Xavier wurde 1619 selig und **1622 heilig gesprochen.**

FRANCISCO FRANCO Y BAHAMONDE (1892 – 1975)

General und Diktator

Franco mag man eigentlich nicht als »Persönlichkeit«, sondern als unliebsame Gestalt der Geschichte skizzieren. Fast vierzig Jahre lang, von 1939 bis 1975, galt in Spanien nur der Wille eines Mannes, des »Caudillo« (»Führer«) Francisco Franco. Am 4. Dezember 1892 als Offizierssohn in El Ferrol geboren, verfolgte er zielstrebig eine militärische Karriere, bis er 1935 Chef des Generalstabs wurde. Die 1936 an die Macht gelangte Volksfrontregierung ahnte die Gefährlichkeit des Generals und schob ihn auf die Kanarischen Inseln ab.

Mit deutscher und italienischer Unterstützung bekämpfte er die Republik und eroberte große Gebiete in Spanien. Im September 1936 ernannte ihn eine Junta zum Generalíssimo und zum **»Haupt des Staates«**; er selbst reklamierte für sich den Titel »Caudillo«. 1937 übernahm er auch die Führung der faschistischen Falange. Nach dreijährigen Kämpfen war im März 1939 mit dem Fall Madrids der Bürgerkrieg beendet. Entgegen möglichen Hoffnungen seines Helfers Hitler, den er 1940 im französischen Grenzort Hendaye getroffen hat, gelang es Franco, Spanien aus dem Zweiten Weltkrieg herauszuhalten. Allerdings unterstützte er den deutschen Überfall auf die Sowjetunion durch die Entsendung der »Blauen Division« (ca. 18 000 Mann).

In Spanien errichtete Franco eine **diktatorische Herrschaft**, die durch die Armee, die Falange und die Guardia Civil jegliche oppositionelle Regung im Keim erstickte. Es gab weder Gewerkschaften noch politische Parteien, die Autonomiebestrebungen insbesondere in Katalonien und im Baskenland wurden unterdrückt, der Katholizismus zur Staatsreligion erklärt. 1947 wurde die Monarchie offiziell wieder errichtet, allerdings behielt sich Franco die Regentschaft auf Lebenszeit vor. 1969 designierte er Juan Carlos von Bourbon als »Prinz von Spanien« zu seinem Nachfolger, jedoch stellte Franco mit Carrero Blanco (1973 von der ETA ermordet) dem zukünftigen König einen franquistischen »Aufpasser« zur Seite. Als Franco am 20. November 1975 starb, begann unter Juan Carlos die Rückkehr Spaniens zur Demokratie.

IGNACIO DE LOYOLA (1491 – 1556)

Seine Heimat war das ziemlich raue baskische Hinterland, wo er bei Azpeitia auf der elterlichen Turmburg als letztes von 13 Kindern das Licht der Welt erblickte. Die Familie gehörte zum Landadel. Ignatius von Loyola hatte von früh an ritterlich-militärische Ideale im Sinn und wollte entsprechend Karriere machen. Ein tragisches Ereignis 1521 stoppte jäh den Aufstieg. In Pamplona zog er sich bei der Verteidigung der Zitadelle gegen die Franzosen schwere Verletzungen zu. Monatelang ans Krankenbett gefesselt, wandte er sich religiösen Schriften und Heiligenlegenden zu, die ihm zur Seelen- und Entscheidungshilfe wurde. Er **entdeckte einen neuen Lebenssinn im Zeichen des Kreuzes** und wollte Priester werden. Ignatius entsagte für immer den Waffen und gab sich im katalanischen Manresa aufopferungsvollen Bußübungen hin. Bereits jenseits der Dreißig, begann er seine Studien und nahm seelsorgerische Tätigkeiten auf. Dabei stellten ihm immer wieder die Schergen der spanischen Inquisition nach, die überall eine Unterwanderung ihrer Macht vermuteten. In Paris, wohin die Studien Ignatius schließlich führten, war er vor solchen Nachstellungen sicher. Dort bildete sich ein Freundeskreis von gläubigen Gefährten heraus (darunter Francisco Javier, ▶S. 69), die 1534 auf dem Montmartre gelobten, sich in Armut in die Dienste Gottes und der Nächsten zu stellen. Jahre später fassten sie ihre Ideale und Ziele zusammen und entschlossen sich zur **Gründung eines Ordens**, den Papst Paul III. 1540 offiziell anerkannte: die **Societas Jesu** (Gesellschaft Jesu), besser bekannt als Jesuiten. Ignatius von Loyola wurde 1541 dessen **Generaloberst**. Er starb 1556 in Rom und wurde 1622 heilig gesprochen. Weltweit pflegen heute noch etwa zwanzigtausend Jesuiten in über hundert Ländern das Erbe des Ignatius von Loyola und seinen Leitsatz, Gott zu dienen und den Menschen zu helfen. Auch der 2013 zum Papst Franziskus gewählte Argentinier Jorge Mario Bergoglio ist Jesuit.

Ordensgründer und Mystiker

> **BAEDEKER TIPP**
>
> ! *Leben des Ignatius von Loyola*
>
> »Bericht des Pilgers« heißt die Autobiografie des Ignatius von Loyola, die er im hohen Alter verfasste. Darin legt er Zeugnis ab von seiner Wandlung, aber auch von Inquisitionsprozessen und wochenlanger Untersuchungshaft.

MIGUEL INDURÁIN (GEB. 1964)

Zu einer Zeit, als Dopingkontrollen im Radsport eher schlecht als recht griffen, fuhr er allen davon und wurde zum Volkshelden: Miguel Induráin, gebürtig aus Pamplonas Vorstadt Villava. Ob er sich seine Bärenkräfte wirklich einzig und allein in den Bergen seiner Hei-

Radrennfahrer

mat Navarra antrainierte oder per Labor nachhalf, sei dahingestellt. Offiziell nachgewiesen wurde nichts. 1991 begann sein **Siegeszug bei der Tour de France**. Fünfmal hintereinander gewann Induráin die weltweit bedeutendste Radrundfahrt und krönte sein letztes, zuvor weniger erfolgreiches Profi-Jahr 1996 in Atlanta mit dem Gewinn der olympischen Goldmedaille im Einzelzeitfahren. Danach klang seine Karriere rasch aus, weshalb er seither Zeit für zahlreiche Repräsentationsaufgaben hat.

SEVERO OCHOA (1905 – 1993)

Biochemiker und Mediziner

Severo Ochoa ist der berühmteste Sohn des asturischen Küstenstädtchens Luarca. Nach seinem Medizinstudium in Madrid ging er eine Zeit lang nach Heidelberg, kam wieder nach Spanien und verließ sein Land im Jahr des einsetzenden Spanischen Bürgerkriegs. Letztendlich ließ er sich in den USA nieder und trieb seine biochemischen Forschungen voran.

Für seine erfolgreiche Forschung zur Rolle der Nukleinsäuren bei der Proteinsynthese wurde er im Jahre 1959 gemeinsam mit dem Forscher Arthur Kornberg mit dem **Medizin-Nobelpreis** ausgezeichnet. Er wirkte auch an der Entschlüsselung des genetischen Codes mit. Gegen Ende seines Lebens kehrte Severo Ochoa auf die Iberische Halbinsel zurück. Er verstarb hochbetagt in der spanischen Hauptstadt Madrid.

PELAYO

Heerführer

Der erste Nationalheld Spaniens und **Begründer eines Königreiches** auf dem Gebiet des heutigen Asturiens kam im späten 7. Jahrhundert vermutlich als Spross einer wohl im Norden der Iberischen Halbinsel sesshaften westgotischen Adelsfamilie zur Welt. Schon in jungen Jahren war er ein Getreuer von Roderich, dem letzten König der Westgoten. Nach der Machtübernahme der Mauren führte Pelayo den **Widerstand** gegen diese an. Im Jahre 716 oder 717 wurde der Aufbegehrende auf Veranlassung des in Gijón residierenden maurischen Gouverneurs gefangengenommen und nach Córdoba verbracht. Doch er konnte bereits wenig später fliehen und wurde im Jahre 718 von seinen westgotischen Landsleuten zum Anführer ernannt.

In der Zeit zwischen 721 und 725 – wahrscheinlich im Jahre 722 – besiegte er mit seinen Getreuen in der Schlacht von Covadonga in Asturien ein maurisches Heer. Dieser erste Sieg eines christlichen Heerführers nach der Eroberung der Iberischen Halbinsel durch die muslimischen Mauren sollte sich als **Beginn der Reconquista**

erweisen. In der Folgezeit führte Pelayo einen Zermürbungskrieg gegen die muslimischen Machthaber und konnte seine Position im Norden und Nordwesten Spaniens weiter ausbauen. Aufgrund seines **Sieges bei Covadonga** wurde Pelayo zum ersten König von Asturien erhoben.
Pelayo verstarb im Jahre 737. Seine sterblichen Überreste werden in der Höhle von Covadonga aufbewahrt.

LETIZIA ORTIZ ROCASOLANO (GEB. 1972)

Einem Millionenpublikum war sie längst als **Fernsehmoderatorin** aus den Nachrichten bekannt. 2003, nach ihrer letzten Sendung, platzte die Bombe: Die Asturierin Letizia Ortiz Rocasolano, aus bürgerlichem Hause stammend und in Oviedo geboren, sowie Spaniens Thronfolger Felipe, einer der begehrtesten Junggesellen des Landes, kündigten ihre Hochzeit an. Für ihn war es die erste, für sie bereits die zweite Ehe. *Königin von Spanien*

In einem Kompaktkurs lernte Spaniens kommende Königin, was es bedeuten würde, Hoheit zu sein und den Hofprotokollen zu folgen – alles andere als einfach für eine selbstbewusste Frau wie Letizia, die nach der Hochzeit 2004 den offiziellen Titel **Prinzessin von Asturien** trug. In Spanien selbst pflegte man das Image der beliebten Prinzessin Letizia mit allen gebotenen Mitteln. Nur in Publikationen der ausländischen Klatschpresse wurden Themen wie Depressionen und Magersucht ausgebreitet. Nicht verheimlichen ließ sich indes der Eingriff der Schönheitschirurgie im Gesicht.

Aus der Ehe sind zwei Kinder, die Infantinnen Leonor (2005) und Sofía (2007), hervorgegangen. Anfang Juni 2014 dankte König Juan Carlos als Monarch ab, und sein Sohn Felipe trat am 19. Juni 2014 dessen Nachfolge als König von Spanien an. Als Ehefrau des amtierenden Monarchen führt Letizia seither den Titel Königin von Spanien.

SANTIAGO RAMÓN Y CAJAL (1852 – 1934)

Ramón y Cajal stammte zwar aus Petilla de Aragón (Navarra), fühlte sich aber stets stärker mit Aragonien verbunden. In Ayerbe, wo ihm heute ein Museum gewidmet ist, verbrachte er seine Zeit zwischen dem 8. und 17. Lebensjahr. 1870 nahm er sein Medizinstudium in Zaragoza auf und avancierte zu einer Kapazität auf dem Gebiet der **Neuronenforschung**. 1906 wurde ihm, zusammen mit einem anderen großen Histologen, dem Italiener Camillo Golgi, der Medizin-Nobelpreis verliehen. Ramón y Cajal starb in Madrid. *Mediziner*

ERLEBEN UND GENIESSEN

Welche kulinarischen Spezialitäten zeichnen Nordspanien aus? Wo und wann kann ich besondere Volksfeste erleben? Welche Shoppingtipps gibt es? Nachfolgend finden Sie viel Wissenswertes für einen genuss- und abwechslungsreichen Urlaub.

Essen und Trinken

Nur mit der Ruhe!

Die Gaumenfreuden wollen in Spanien ausgekostet werden – dazu nimmt man sich Ruhe und Zeit. Gewöhnungsbedürftig sind die späten Essenszeiten, doch wer sie einmal verinnerlicht, hat sich der Kultur ein Stück angenähert. Kulinarische Traditionen pflegt man mit dem Verzehr von so genannten Häppchen, den Tapas. Und der Wein ist ohnehin ein Genuss!

Bei jedem Gast, der sich zur **Mittagszeit** zum Tagesmenü einfindet, läuft Kellner Francisco zur Hochform auf. Mühelos rattert er fünf Vorspeisen aus dem Gedächtnis, gefolgt von sechs Hauptgerichten: von grünen Bohnen mit Serrano-Schinken (»alubias verdes con jamón serrano«) bis zur panierten Seezunge (»lenguado rebozado«). Sie haben die Qual der Wahl. »Bei den Nachtischen sind Joghurtcreme und Creme caramel gerade hausgemacht, doch die nehme ich später auf«, sagt Francisco, schwebt mit der Bestellung von Vor- und Hauptgang davon und bringt kurz darauf Flaschen mit Wasser und Landwein. In Spaniens Gastronomie ist das mittägliche Tagesmenü (»menú del día«) ein Klassiker im Alltag geblieben und deutlich preiswerter als eine à la carte zusammengestellte Mahlzeit. Es ist auch in Krisenzeiten noch **erschwinglich**, denn die Gewinnspannen für die Gaststätten sind beim Tagesmenü nicht allzu groß. In einfachen Restaurants starten die Preise bei 9–10 € pro Person. **Drei Gänge** mit breit gefächerter Auswahl sind Standard, außerdem sind **Wasser**, **Wein** und **Brot** enthalten. In besseren Lokalen kann ein Tagesmenü ab 15 € kosten, wobei dann auch ein besserer Wein als der Haustropfen erwartet werden darf.

Der Klassiker: das Tagesmenü

Wer einmal eine **erlesenere Mahlzeit** austesten will und nicht auf den Euro zu achten braucht, findet in Restaurants der gehobenen Klasse oft – und bevorzugt am Abend – ein Degustations- bzw. Verköstigungsmenü (»menú de degustación«). Dann zeigt der Küchenchef in sechs bis acht kleineren Gängen, was in ihm steckt. Dafür bezahlt man ab 40–45 €. Getränke gehen meistens extra. In Degustationsmenüs vereinen sich traditionelle Zutaten und kreative Kraft, was sich dann in Gerichten wie frischen Saubohnen mit Blutwurst (»habitas frescas con morcilla«) und warmem Garnelensalat mit Gemüsecroutons (»ensalada tibia de langostinos con crujientes de verdura«)

Edle Moderne: das Degustationsmenü

Preiskategorien

Preis für ein Tages-/Hausmenü:
- €€€€ über 40 €
- €€€ 25–40 €
- €€ 15–25 €
- € unter 15 €

Gute Tropfen und leckere Tapas sind in Nordspanien nie weit entfernt.

widerspiegelt. Der Fantasie sind keine Grenzen gesetzt. Devise unter Genießern: einfach überraschen lassen! Was genau auf den Tisch kommt, ist kaum vorhersagbar, da Karten und Zusammenstellungen immer wieder wechseln. In manchen Restaurants setzt die Bestellung des Degustationsmenüs voraus, dass es für alle Esser, also für komplette Tische (»para mesas completas«), serviert wird.

Soziale Treffpunkte

Und solche »mesas completas« finden sich oft zu einem guten Essen ein. Im Norden Spaniens nimmt man sich Zeit und genießt alles in **Ruhe**. Beim Tafeln auf die Uhr zu sehen und sich ungeduldig zu fragen, wann endlich der nächste Menügang kommt, ist unter den Einheimischen unbekannt. Restaurants, Kneipen und Cafés dienen ihnen sowieso nicht einzig zur Nahrungsaufnahme. Für sie sind es soziale Treffpunkte und man lädt Freunde und Bekannte im Regelfall eher selten zu sich nach Hause ein. Dass im Hintergrund der Treffen in Kneipen oder Restaurants häufig der Fernseher dröhnt, gehört ebenfalls zur lieben Gewohnheit.

Frühstück

Der Tagesauftakt wird nicht mit einem ausgiebigen Frühstück zelebriert. Da geben sich Spanier mit einem Croissant (»cruasán«), Toast (»tostada«) oder Biskuit (»magdalena«) zufrieden – tendenziell wird fast immer **süß** gefrühstückt. Dazu gehört ein starker **Milchkaffee** (»café con leche«), ein kleiner Milchkaffee (»cortado«) oder ein Espresso (»café solo«). Tee (»te«) wird nur selten konsumiert. Man hört oft, Spanier würden in der Bar frühstücken. Das mag für Geschäftsleute und Junggesellen zutreffen, nicht aber für den Durchschnittsspanier mit Familie – was nichts daran ändert, dass das Frühstück recht spärlich ausfällt. Größere **Hotels** haben sich mit Frühstücksbuffets – oder zumindest mit einer etwas variationsreicheren Auswahl – auf die Bedürfnisse ihrer ausländischen Gäste eingestellt.

Wer Muscheln mag, ist an Spaniens Nordküste gut aufgehoben.

VORLIEBEN UND SPEZIALITÄTEN

Die Spanier lieben neben Knoblauch und Olivenöl, die in so ziemlich allen Gerichten vertreten sind, ihre ganz speziellen **regionalen Spezialitäten**, etwa Spargel (»espárragos«) aus Navarra, gemischter Fischtopf (»marmitako«) aus dem Baskenland, gekochter Vorderschinken mit kleinen Kartoffeln (»lacón con cachelos«) aus Galicien oder Lammrippchen (»chuletillas de cordero«) aus Kastilien-León. Ebenfalls typisch und weit verbreitet sind **Suppen** und **Eintöpfe**, z. B. der galicische Eintopf (»caldo gallego«), in den Kohl, weiße Bohnen und Kartoffeln gehören. Nicht zu vergessen: würzige **Käsesorten** wie der Cabrales aus Asturien (Blauschimmelkäse) und der Idiazábal (Hartkäse mit Schafsmilch) aus Navarra und dem Baskenland.

In **Galicien** mit seiner langen Küste führen Fisch und Meeresfrüchte jedweder Art die Beliebtheitsskala an, ob Seehecht (»merluza«) oder Miesmuscheln (»mejillones«). Deutlich edler und teurer sind große Garnelen (»langostinos«), Venusmuscheln (»almejas«) und Jakobsmuscheln (»vieiras«). Als erlesenste – und teuerste – Meeresfrüchte werden weithin die Entenmuscheln (»percebes«) gerühmt. Typisch in Galicien ist es, Oktopus bzw. Krake (»pulpo«) in großen Kupferkesseln zu kochen. Ist das Meerestier im noch heißen Wasser gut durchgezogen und hat die richtige (nicht übermäßig weiche) Konsistenz, wird es mit der Schere portionsweise in Stückchen zerteilt und auf einem Holzteller/-brettchen serviert. Das kleine Kunstwerk heißt »pulpo a feira« und ist erst richtig fertig, wenn es mit Olivenöl beträufelt, grobem Salz überrieben und Paprikapulver überpudert worden ist. Dazu kann man Weißbrot oder Kartoffeln essen.

Fisch und Meeresfrüchte

Ungewöhnlich aus Ausländersicht sind so manche kulinarischen Kombinationen in Nordspanien, doch vor Ort liebt man sie: Salatherzen (»cogollos«) werden mit Anchovis serviert, eine in der Grillpfanne zubereitete Forelle (»trucha«) kommt in Navarra und mitunter auch in der Rioja mit einer Scheibe luftgetrocknetem Serrano-Schinken auf den Tisch. Und zu einem Linseneintopf wird mancherorts ein Schälchen Peperoni gestellt.

Ungewöhnliche Kombinationen

In Nordspanien liebt man es süß. Das gilt nicht nur für das **Frühstück** und **Desserts** wie Eistorte (»tarta helada«), Milchreis (»arroz con leche«) oder Creme caramel (»flan«), sondern auch zwischendurch. Zwischen Mittag- und Abendessen schiebt man in Cafés gerne eine **Zwischenmahlzeit** bestehend aus einer Portion Fettkringel in Schokoladensauce (»churros con chocolate«) ein. Gesünder ist ein Schafsmilchjoghurt (»cuajada«), eine Spezialität aus dem Baskenland, die man gerne mit Honig oder Zucker süßt. »Kuchen des heiligen Jakobus« (»tarta de Santiago«) heißt ein trockener Mandelkuchen aus Galicien, auf den am Ende eine Schicht aus Puderzucker kommt; aus dem Puderzucker wiederum hebt sich das (per Schablone herausgestellte) Schwertkreuz der Jakobsritter ab.

Süße Sachen

Typische Gerichte

Von Paella bis Churros

Nordspanien macht Appetit auf Meer und mehr – der Überblick über typische Gerichte und Spezialitäten zeigt, was Sie je nach Region unbedingt einmal probiert haben sollten.

Chipirones en su tinta: Dieses Traditionsgericht ist vornehmlich im Baskenland zu finden: gekochte Tintenfische (bask. Schreibweise: »txipirones«) in der eigenen Tinte. Entsprechend schwarz ist die Soße, die meistens recht sämig ist, da reichlich pürierte Zwiebeln mitgekocht werden. In der Sauce finden sich die Tintenfischstücke, die bei der Zubereitung bereits mundgerecht zerkleinert worden sind. Dazu isst man Reis.

Pimientos de Padrón: Diese Zwerge unter den grünen Paprikaschoten stammen aus der galicischen Gegend um Padrón. Sie sind zwischen 5 und 10 cm lang. Der Geschmack ist intensiv, je nach Erzeuger kann im Schnitt jede zehnte oder auch jede vierte Schote scharf sein. Eine beliebte Vorspeise in Galicien ist ein Tellerchen in Olivenöl gebratener Pimientos, die mit grobem Salz bestreut werden.

Chorizo: Würzige Hartwurst, die quer durch den Norden verbreitet ist und oft nach Hausmacherart produziert wird. Chorizo findet sich in Eintöpfen ebenso wie als warmes Häppchen, kann aber auch roh und kalt gegessen werden. Chorizo gibt es in den Varianten scharf (»picante«) und edelsüß (»dulce«). Paprikapulver (»pimentón«) verleiht der Wurst die typische Farbe und einen rauchigen Geschmack, trefflich ergänzt durch Knoblauch.

Cocido maragato: Deftiger Eintopf aus dem Landstrich Maragatería in Kastilien-León. In einen Cocido maragato gehören diverse Fleisch- und Knochenstücke von Schwein und Rind (durchaus auch Schweinsfüßchen, Chorizo, Speck), Kartoffeln, Knoblauch, Weißkohl und Kichererbsen. Das Besondere ist, dass der Eintopf in drei Gängen auf den Tisch kommt: zuerst das Fleisch, dann das Gemüse und am Ende die Brühe!

Queixo tetilla: Der galicische »Brüstchenkäse« – so die Übersetzung – ist ein Käse, der seinen Namen der leicht erkennbaren Form verdankt. Grundlage ist Kuhmilch, im Innern ist der auch als »tetilla gallega« bekannte Käse leicht cremig und sehr sanft. Allerdings gibt es auch eine geräucherte Variante (»ahumado«), die deutlich härter ist. Marktübliche »Brüstchen« wiegen etwa 0,5 bis 1,5 kg.

Fabada asturiana: Typischer Bohneneintopf aus Asturien, basierend auf getrockneten und dann wieder gewässerten dicken weißen Bohnen. Eine Fabada muss lange kochen. Den Auftakt machen Olivenöl, Knoblauch und Zwiebeln, später folgen üppige Einlagen aus Speck und/oder Pökelfleisch, Chorizo und harter Blutwurst. Ein lang anhaltender Sattmacher!

Tapas

Nordspanische Appetithäppchen

Die landesweit als Tapas bekannten Appetithäppchen heißen im Baskenland Pinchos (baskische Schreibweise: »pintxos«) und lassen Kennern das Wasser im Munde zusammenlaufen.

Die Bandbreite der Tapas reicht von einem Tellerchen mit frittiertem Allerlei (»fritos«) wie Tintenfischringen oder Kartoffelbreibällchen über eine Portion Russischen Salat (»ensaladilla rusa«; aus Kartoffeln, Mayonnaise, Eiern, Erbsen und Möhrchen) bis hin zum winzigen Spieß mit mariniertem Fleisch nach maurischer Art (»pincho moruno«).

Meist in der Altstadt

Die meisten Bars und Tapas-Kneipen gibt es in den historischen Stadtvierteln. Sie sind entsprechend beliebt und belebt. In den alten Zentren von Städten wie San Sebastián (Donostia), Pamplona (Iruñea) usw. werden von Zeit zu Zeit »Tapas-Wochen« oder sogar regelrechte Tapas-Wettbewerbe veranstaltet, bei denen die besten Häppchen prämiert werden.

Generell fordern Tapas den **Einfallsreichtum** der Kneipenbesitzer, denn jeder weiß: Eine Bar ist nur so gut wie ihre Tapas. Wird sie von vielen Spaniern frequentiert und bürgt also für einen verlässlichen Standard, sind die Spuren auf dem Boden unübersehbar: ein Gemisch aus Servietten, Zahnstochern, Olivenkernen usw. Dank des wohlweislich ausgestreuten Sägemehls lässt sich alles besser auskehren …

Mittags und abends

Das Angebot richtet sich stets nach dem, was der ernte-, schlacht- und fangfrische Markt hergibt. Eine Speisekarte mit aufgeführten Häppchen wird man nur selten finden, dafür häufig eine überreiche Auswahl **auf dem Tresen**. Die behördlichen Verordnungen besagen zwar, dass man Speisen hygienisch geschützt unter Glas präsentieren muss, doch in der Praxis sieht das niemand so eng. Tapas – und dazu natürlich ein Glas Wein oder ein Bier – nimmt man im Regelfall im Stehen an der Theke ein.

Es gibt zwei klassische **Tapas-Zeiten**: einmal etwa ab 12.30 bzw. 13.00 Uhr vor dem Mittagessen und ab etwa 20.00 Uhr, also in der Zeit nach Geschäftsschluss und vor dem Abendessen. Manchmal lässt sich ein Abendessen durch einen Tapas-Streifzug von Kneipe zu Kneipe ersetzen, denn es macht

Tapas-Klassiker: Tortilla mit Kartoffeln und Wurst

In manchen Altstadtlokalen gibt es wahrlich opulente Tapas-Buffets.

einfach Spaß, all die Spezialitäten zu kosten.
Besonders nett ist ein Tapas-Bummel in der Stadt **León**. In etlichen Lokalen bekommt man die kleinen Köstlichkeiten unaufgefordert und gratis zum Getränk gereicht. Doch darf man in solchen Fällen keine großen Qualitätsansprüche stellen, auch wenn die Tapas recht schmackhaft sind. Heikle Esser aufgepasst: Kutteln (»tripas, callos«) können ebenso dabei sein wie gekochte Schweinsfüßchen (»manitas de cerdo«).

Bezahlmodus und Preise
Tapas und Getränke bezahlt man im Regelfall nicht sofort, sondern erst zum Schluss bzw. vor dem Gehen. Ist man in einer kleinen Gruppe unterwegs, sollte man **keine Einzelabrechung** verlangen, sondern es den Spaniern gleichtun. Jeder gibt vorher seinen Anteil in eine Gemeinschaftskasse, aus der dann bezahlt wird.

Apropos Geld: Je nach Region ist das **Preisniveau** für die Häppchen ganz unterschiedlich. In der riojanischen Hauptstadt **Logroño** sind die Tapas durchweg günstig (in der Calle del Laurel, der wichtigsten Kneipengasse, kosten sie um 1–1,50 €), in der baskischen Metropole **San Sebastián** (Donostia) sind sie am teuersten (bis 2,50 €). Für die persönliche Kalkulation setzt man am besten einen Durchschnittspreis von 1,50 € pro Tapa an. Oft haben Kneipen ein- oder zweimal wöchentlich »Tapas-Abende«, an denen eine Kombination aus Drink und Häppchen 2 € kostet. Solche Aktionen sind den anhaltenden Krisenzeiten in Spanien geschuldet: Sie sollen die Kneipenszene lebendig halten.

Tapas-Rezepte kostenlos
Eine Fülle an kostenlosen Rezepten findet sich auf der übersichtlichen deutschsprachigen Website **www.tapas.de**.

| Damit ist nicht zu rechnen | In Spanien überhaupt nicht üblich sind **größere Beilagen** zum Hauptgericht und die Verwendung von allzu viel **Salz**. Selbst ein gemischter Gemüseteller bzw. -topf (»menestra«) wird recht salzarm zubereitet. Wer im Restaurant einen gemischten Salat (»ensalada mixta«) bestellt, muss ihn im Regelfall mit Olivenöl, Essig und Salz selbst anmachen. Schwere, **sahnehaltige Salatsaucen** sind ebenso wenig verbreitet wie derlei Art von **Fleischsaucen**. |

GETRÄNKE

| Wasser | Während der Wein auf einem Sonderblatt steht (▶Baedeker Wissen S. 86), fungiert als täglicher Quell des Lebens natürlich Wasser. Spanier trinken es im Alltag bedenkenlos aus der Leitung. In einfachen Restaurants kommt es vor, dass solch ein »Kranenberger« zum Mittagsmenü auf den Tisch kommt; Spanier haben kein Problem damit, für Auswärtige erscheint das **Leitungswasser** gemeinhin zu stark gechlort. Alternative ist Mineralwasser (»agua mineral«), wobei die Einheimischen dann die Variante ohne Kohlensäure (»agua sin gas«) bevorzugen. Wer in der Kneipe oder im Restaurant **Sprudel** (»agua con gas«) haben will, muss dies bei der Wasserbestellung ausdrücklich ordern. |

| Bier | Bier (»cerveza«; frisch gezapft: »caña«) genießt einen durchaus ähnlichen Beliebtheitsgrad wie Wein. Bevorzugt getrunken werden helle Biere der **Pilsner Art**. Es gibt auch einen Mix aus Bier und heller Limonade (»cerveza con limón« bzw. »clara«). |

| Asturiens Apfelwein | Besonderheit in Asturien ist der Apfelwein (»sidra«), der – wie Spaniens Qualitätsweine – eine geschützte Herkunftbezeichnung trägt. Der **Einschank** ist mit einem besonderen Ritus verbunden: in hohem Bogen hinein ins Glas, um Sauerstoff zu binden und dem moussierenden Tropfen damit noch mehr Frische zu geben. Schon die Römer verkosteten Asturiens Apfelwein, der spritzig und mit einem **Alkoholgehalt** zwischen 4 und 6 Vol.-% federleicht daherkommt. Zwischen dem Beginn der Fermentation und der Abfüllung in die Flasche liegt etwa ein halbes Jahr. Sidra passt hervorragend zum Blauschimmelkäse Cabrales. Verlockend ist ein kühler Apfelwein vor allem im Sommer, doch Vorsicht – er steigt rasch zu Kopf. |

| Hochprozentiges | Schwerere alkoholische Geschütze fahren Asturien und Galicien mit dem **Tresterbranntwein** (»orujo«) auf, der mit einem Grappa vergleichbar ist. Abgemilderter kommen die süßen Kräuter- und Kaffeevarianten (»orujo de hierbas« bzw. »orujo de café«) daher. Deutlich sanfter ist der in Navarra produzierte **Schlehenlikör** (»pacharán«). **Sherry** und **Brandy** stammen aus Andalusien, sind in Nordspanien aber ebenfalls populär. |

PRAKTISCHE HINWEISE

Beim klassischen Tagesmenü macht sich in Nordspanien – angelehnt an Essenszeiten aus Mitteleuropa – niemand um Glockenschlag Zwölf über ein dampfendes Mittagsmahl her, denn es herrscht eine gewisse Zeitverschiebung nach hinten. Das **Frühstück** wird gegen 7.30/8.00 Uhr eingenommen, das **Mittagessen** frühestens um 13.30/14.00 Uhr und das **Abendessen** ab 21.00 Uhr. In touristischen Einrichtungen kann es sein, dass man diese Zeiten etwas vorverlegt – doch selbst dann ist es nach gewohntem Rhythmus eher spät.
Essenszeiten

Das Frühstück ist in spanischen Hotels häufig **nicht im Übernachtungspreis** enthalten; um Missverständnisse zu vermeiden, klärt man besser vorher, ob es inklusive ist (»desayuno incluido«) oder nicht (»desayuno no incluido«).
Hotelfrühstück

Ähnlich den Hotels werden gute Restaurants klassifiziert, allerdings nicht mit Sternen, sondern mit ein bis fünf **Gabeln** (»tenedores«) und ihren entsprechenden Symbolen.
Klassifizierung

In Restaurants kann es vorkommen, dass die Preise ohne die verminderte Mehrwertsteuer (IVA; 10 %) aufgeführt werden; der Hinweis, ob sie inklusive ist (»IVA incluido«) oder nicht (»IVA no incluido«), ist der Karte bzw. einem Aushang zu entnehmen.
Mehrwertsteuer

Restaurants haben erfahrungsgemäß einen Schließtag in der Woche, vielfach montags; außerdem halten sie häufig sonntags abends die Pforten geschlossen.
Ruhetag

So gesellig die Spanier sein mögen – wer sich in Kneipen oder Restaurants als Fremder zu ihnen an den Tisch setzt, weil noch ein Eckchen frei ist, irritiert sie. Auch mit einem freundlichen »Ist hier noch frei?« wissen sie nichts anzufangen. In Restaurants gilt es, solange zu warten, bis einem die Bedienung einen Tisch zuweist.
Freie Tische

Der Service in Bars, Restaurants und auf Freiluftterrassen ist oft nicht so flink, wie man es sich vielleicht erhofft. Es kann dauern, bis Bestellungen aufgenommen oder Getränke serviert werden. Man muss sich in Geduld üben. Sprachprobleme können für zusätzliche Verzögerungen sorgen.
Service

Vollste Zufriedenheit mit dem Service vorausgesetzt, ist in Restaurants ein Trinkgeld in Höhe von 5 % des Rechnungsbetrags angemessen. In Kneipen ist Trinkgeld unter Spaniern nicht üblich; allenfalls lässt man ein paar Münzen Wechselgeld liegen, doch erwartet wird das nicht.
Trinkgeld

Nordspanischer Wein

Spitzengewächse

Der Norden des Weinlands Spanien vereint gleich mehrere bekannte Anbaugebiete auf sich, angeführt von der Region La Rioja, aber auch Navarra und Galicien haben Spitzenweine zu bieten.

Der Rebenanbau und die Produktion der Weine werden stets von der **Weinaufsichtsbehörde** überwacht, dem Consejo Regulador, der rigide Maßstäbe ansetzt. Wichtig als Qualitätsnachweis der jeweiligen Anbauregion ist die geschützte Herkunftbezeichnung, die auf Spanisch **Denominación de Origen** heißt (abgekürzt: D.O.).

Sprache des Weinetiketts

Im Falle höherwertiger Weine weist das hintere Flaschenetikett die Denominación de Origen aus. Darüber hinaus zeigt das Etikett auch, ob es sich um einen einfachen, **jungen Tischwein** (»vino de mesa«) handelt oder um höherklassige, **gealterte Tropfen**, die eine gewisse Zeit im Eichenfass und in der Flasche gereift sein müssen. Die Vorgaben sehen vor, dass z. B. ein roter **Rioja-Crianza** zwei Jahre (davon mindestens eines im Eichenfass), ein **Reserva** drei Jahre (davon ebenfalls mindestens eines im Eichenfass) und ein **Gran Reserva** fünf Jahre (davon mindestens zwei im Eichenfass) reifen müssen. Für einen bedenkenlosen Genuss sind die edlen Tropfen im Übrigen nicht unbegrenzt haltbar; einen Crianza etwa sollte man spätestens fünf Jahre nach dem ausgewiesenen Lesejahr trinken.

Weine aus der Rioja

Für Tropfen mit starker Persönlichkeit steht unzweifelhaft die Rioja. Dank der Qualitätsweine, die sich optimal in Eichenfässern ausbauen lassen und ein ausgeprägtes Alterungspotenzial besitzen, genießt die Gegend Weltruf. **Vier rote Rebsorten** (Tempranillo, Graciano, Mazuelo, Garnacha) und **drei weiße** (Viura, Garnacha Blanca, Malvasia de Rioja) sind per Satzung der »Qualifizierten Herkunftbezeichnung Rioja« zugelassen. Maßgeblich für die gut 64 000 ha umspannenden Anbaugebiete ist der Oberlauf des **Río Ebro**. Beidseits der Flussufer breiten sich die Weinberge auf einem bis zu 40 km breiten und 100 km langen Korridor aus. Den östlichsten, zur Weinbauzone **Rioja Baja** (Untere Rioja) gehörigen Punkt markiert Alfaro, den westlichen in der **Rioja Alta** (Obere Rioja) das Städtchen Haro. Hinzu kommt die **Rioja Alavesa**, die so genannt wird, weil sie sich über Verwaltungsgrenzen hinwegsetzt und in die baskische Provinz Álava hineinreicht.

In der Rioja wachsen die Trauben in **Schwemmlandböden** sowie kalk- und eisenhaltiger Tonerde. Weiterer Erfolgsgarant der Natur ist das Zusammenspiel von atlantischem und mediterranem **Klima**, das milde Temperaturen und moderate Niederschlagsmengen bewirkt – doch all dies macht die Produktion nicht zum Selbstläufer. »Jedes Jahr ist ein neues mit strengen Kontrollen«, weiß Eusebio Santamaría, der in Laguardia mit der Bodega El Fabulista ein erfolgreiches, kleines Familienunternehmen betreibt. Die eigentlichen Weinlager befinden sich gut 7 m unter den Altstadtgassen: archaisch anmutende Höhlengänge, darin Eichenfässer, kühle Winkel, Spinnweben an den Wänden. Andere Rioja-Kellereien hingegen haben bereits überirdisch gigantische Ausmaße.

Weinregion Navarra

Ostwärts geht die Rioja ins D.O.-Gebiet Navarra über, aus dem exzellente **Roséweine** kommen. Die insgesamt fünf Weinbauzonen Navarras konzentrieren sich auf die Südhälfte der Region und nehmen etwa 18 000 ha ein. Die Rebflächen legen sich über Uferlandschaften, Hänge und Hochebenen. Die dominanten roten Rebsorten sind Garnacha und Tempranillo, in den 1980er-Jahren setzten die Einfuhren von Cabernet Sauvignon, Merlot und Chardonnay internationale Akzente. Die größten Weingebiete heißen **Ribera Baja** (um Tudela, Cintruénigo, Corella) und **Ribera Alta** (um Tafalla und Olite). Wie ein Zwerg nimmt sich dagegen der am Jakobsweg gelegene Landstrich **Valdizarbe** um Puente la Reina aus. Mit Mikroklimata um San Martín de Unx, Ujué, Sangüesa und Lumbier ist der Weinbaubereich **Baja Montaña** gesegnet. Und die fünfte Weinbauzone schließlich heißt **Tierra Estella** (um Estella).

Weitere Weinregionen

In **Kastilien-León** hat sich der D.O.-Bereich Ribera del Duero einen Spitzenplatz unter den anerkannt besten Rotweinen Spaniens erobert; maßgeblich ist der Lauf des Río Duero und ein Bereich, der sich von Osten her aus der Provinz Soria über den Südteil der Provinz Burgos (Aranda de Duero) bis in die Provinz Valladolid hinein erstreckt. Die kastilisch-leonesische Provinz León besitzt mit dem Bierzo um Villafranca del Bierzo einen kleinen, aber feinen D.O.-Bereich.

Granitböden und reiche Niederschläge herrschen in **Galicien** vor, einer Weißweinregion, in der die Albariño-Traube den besten Ruf genießt. Im Hinblick auf die Albariño ist Rias Baixas der wichtigste galicische D.O.-Bereich, der auf die Gegend der Unteren Meeresarme zwischen Cambados und dem portugiesischen Grenzfluss Miño weist. Ebenfalls zu beachten sind Ribeiro (um Ribadavia), Monterrei (Gebiet Verin) sowie Ribeira Sacra und Valdeorras (beide Provinz Ourense).

Besonders gute Bedingungen für den Weinbau bietet die Rioja.

Feiertage · Feste · Events

Vibrierende Fiestas

Ein schlauer Kopf hat einmal ausgerechnet, dass in Spanien im jährlichen Schnitt mindestens alle zwanzig Minuten ein Fest eröffnet wird. Und so misst man die Zahl der Festivitäten nicht in Dutzenden oder Hunderten, sondern in Tausenden. Die Traditionspflege spielt im Norden eine unverändert große Rolle.

Auch wenn es nicht mehr erzkatholisch zugehen mag wie einst – viele Feierlichkeiten in Nordspanien hängen mit der Heiligenverehrung zusammen und haben von ihrer Zugkraft nichts verloren. Wichtig im Jahreskalender sind die verschiedensten **Wallfahrten** (»romerías«) und **Patronatsfeste** (»fiestas patronales«), mit denen man den Heiligen eine besondere Ehrerbietung erweist. Das können zum einen Heilige sein, die eher regional bekannt sind, wie San Lesmes in Burgos (30. Januar), Santo Domingo de la Calzada im gleichnamigen riojanischen Städtchen Santo Domingo de la Calzada (12. Mai) und San Froilán in Lugo und León (5. Oktober). Überregional bedeutende Heilige wie die Apostel Andreas und Jakobus lässt man bei Wallfahrten (Andreas-Wallfahrt am 30. November ins galicische San Andrés de Teixido) und ausschweifenden Feierlichkeiten (Jakobus-Fest um den 25. Juli in Santiago de Compostela) hochleben. Und auch die Marienverehrung spielt eine ungebrochen große Rolle.

Religiös geprägt

Patronatsfeste bieten einen guten Anlass zum Feiern und sind zumeist keine Angelegenheit von einem Tag. In Pamplona etwa ist das Patronatsfest zu Ehren des heiligen Fermín zwischen dem 6. und 14. Juli mit gigantischen Open-air-Trinkgelagen verbunden, bei der die Ordnungshüter die Promille-Konsumenten weitgehend frei gewähren lassen. Das Fest dauert über 200 Stunden! Außerdem sind bei den Fiestas de San Fermín jeden Morgen Stierrennen (»encierros«) durch die Altstadt Pamplonas terminiert, die es auch andernorts gibt und bei denen tolldreiste Machos (und zunehmend mehr Frauen) vor den Stierhörnern wegzusprinten versuchen.

Tagelang

Ins Rahmenprogramm vieler Fiestas gehören die **Stierkämpfe** (»corridas de toros«), **Umzüge** mit Großkopfpuppen (»gigantes«, »cabezudos«), Feuerwerk, Konzerte, Sportveranstaltungen und **Jahrmärkte**. Überall auf Straßen und Plätzen, in Gassen und Kneipen wird ausschweifend gefeiert.

Ernsthaft und getragen geht es bei den Prozessionen zu. Das gilt nicht nur bei den Patronatsfesten, sondern vor allem für die Karwoche (**Se-**

Prozessionen

Karnevalsumzug in Zubieta in der Provinz Navarra

Spitzhauben-Prozession während der Semana Santa in Gijón

mana Santa), die in Städten wie Logroño und León ähnlich intensiv wie in Andalusien begangen wird. Dann sind die Mitglieder der Laienbruderschaften (»cofradías«, »hermandades«) in Büßergewändern unterwegs und tragen Aufbauten mit zum Teil tonnenschweren Heiligenbildern (»pasos«). Die vermummten Gesichter der Büßer, ihre spitzen Kapuzen und ihr langsam wiegender Schritt, die Traditionstrachten und die rundherum flackernden Kerzen – all das wirkt auf viele Zaungäste ergreifend. Manche Prozessionen ziehen sich über mehrere Stunden hin, wobei auch kleinere Orte wie Durango (Baskenland) und Corella (Navarra) große Traditionen pflegen.

Gastronomische Feste

Starken Aufwind erleben gastronomische Feste, um dem Tourismus weitere Impulse zu geben. Dann stehen ein Wochenende oder mehrere Tage lang die jeweiligen **lokalen Produkte** im Vordergrund, ob Paprikaschoten, Tintenfische oder Maronen. Kostproben und Musik gehören überall dazu. Während der Zeit der Traubenlese im September/Oktober steigen diverse **Weinfeste**.

Pelota und Landsport

Das **Baskenland** ist eine Region mit besonderer Traditionspflege. Neben Fußball wird mit Hingabe **Pelota** gespielt, ein Schlagballspiel mit einem Gummiball, für das es eigene Hallen und Freiluftfelder gibt. Schmerzvoll, aber wahr: Die Basken spielen Pelota am liebsten mit der blanken Hand! Auch der so genannte Landsport (»deporte rural«) ist im Baskenland populär und wartet mit den merkwürdigsten, archaischen Disziplinen auf, deren Ursprünge im Zeitvertreib auf dem Lande zu suchen sind. Da gibt es das **Steinestemmen** und

Feiertage · Feste · Events • ERLEBEN UND GENIESSEN

das **Wettsägen**, den **Milchkannenlauf** und das **Baumstammzerlegen**. An der Küste finden im Sommer **Ruderrennen** statt. All dies sind beliebte Zuschauersportarten!

Ihre eigenwilligen Traditionen pflegen auch die **Galicier**, die musikalisch mit den Dudelsäcken (»gaitas«) das keltische Erbe aufrecht erhalten. Wild und ungestüm geht es im Spätfrühjahr und Sommer zu, wenn in vielerlei Gegenden die Zeremonie des »rapa das bestas« ansteht. Dann werden halbwilde Pferde aus den Bergen hinab getrieben, um ihnen die Mähnen zu stutzen und den Fohlen die Brandzeichen aufs Fell zu brennen. Galicien ist ebenfalls bekannt wegen seiner Muñeira-Tänze, während in **Navarra** und **Aragonien** die Jota getanzt wird.

Dudelsäcke, Pferdeabtrieb, Tänze

Auf der Suche nach den kuriosesten Festen in Nordspanien führt kein Weg an der Rioja vorbei. Während der am 29. Juni bei Haro terminierten **Weinschlacht** (»Batalla del Vino«) werden Zehntausende Liter Flüssigmunition verpulvert. Und an **Ostern** kommt es im Örtchen San Vicente de la Sonsierra zu einem besonderen Schauspiel. Gründonnerstag und Karfreitag starten hier schaurige Prozessionen von Gläubigen, die vermummt daherziehen und sich die Rücken peitschen, bis sie blutunterlaufen aufquellen und aufgestochen werden müssen – das ist nichts für zarte Gemüter!

Kuriose Feste in der Rioja

Gesetzliche Feiertage

NATIONAL

1. Januar: Año Nuevo (Neujahr)
6. Januar: Reyes Magos (Dreikönigstag)
März/April: Viernes Santo (Karfreitag)
1. Mai: Día del Trabajo (Tag der Arbeit)
15. August: Asunción (Mariä Himmelfahrt)
12. Oktober: Día de la Hispanidad (Tag der Hispanität in Erinnerung an die Entdeckung Amerikas)
1. November: Todos los Santos (Allerheiligen)
6. Dezember: Día de la Constitución (Verfassungstag)
8. Dezember: Inmaculada Concepción (Mariä Empfängnis)
25. Dezember: Navidad (Weihnachten)

REGIONAL

19. März: Día de San José (St.-Josephstag)
März/April: Jueves Santo (Gründonnerstag)
Lunes de Pascua (Ostermontag)
Mai/Juni: Día del Corpus (Fronleichnam)
24. Juni: Día de San Juan (St.-Johannes-Tag)
29. Juni: San Pedro y San Pablo (St. Peter und St. Paul)
25. Juli: Día de Santiago (St.-Jakobustag)

ERLEBEN UND GENIESSEN • **Feiertage · Feste · Events**

Festkalender

JANUAR
Pamplona (Iruña, Iruñea)
Am Abend des 5. Januar, dem Vorabend des Dreikönigstages, großer Umzug durch die Innenstadt.

San Sebastián (Donostia)
Patronatsfest am 19./20. Januar mit Trommelparaden (Tamborradas), die vielerorts erschallen.

FEBRUAR/MÄRZ
Bilbao (Bilbo)/ Vitoria (Gasteiz)
Ausgelassene Karnevalsfeste mit buntem Treiben in den Städten, aber auch in kleineren Orten wie Markina und Zalduondo.

OSTERN
Während der Karwoche (Semana Santa) zahlreiche Prozessionen mit Standbildern, u. a. in Balmaseda, Burgos, Corella, Durango, Fisterra, Hondarribia, León, Lerma, Ponferrada, Segura und Zaragoza. An Gründonnerstag und Karfreitag Umzüge der Geißler in San Vicente de la Sonsierra.

MAI
Santo Domingo de la Calzada
Um den 12. Mai Patronatsfest mit Musik- und Trachtenumzügen.

JUNI
Puente de Órbigo
Meist zu Monatsbeginn Mittelaltermarkt und Ritterturnier.

Burgos
Stadtfest San Pedro y San Pablo am Monatsende.

Zu Ehren des hl. Fermín werden alljährlich im Juli in Pamplona die ebenso weltberühmten wie gefährlichen Stierläufe veranstaltet.

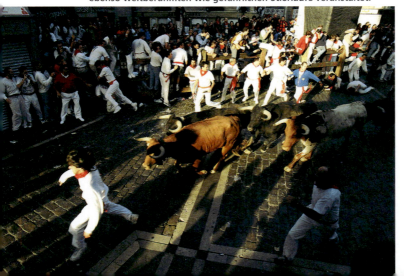

Feiertage · Feste · Events • ERLEBEN UND GENIESSEN

Haro
Am 29. Juni die wilde Weinschlacht (Batalla del Vino) bei Haro.

JULI
Santander
Mehrtägiges historisches »Badefest« (Baños de Ola), begleitet von Märkten, Konzerten, Regatta. Im Regelfall in der ersten Monatshälfte.

Pamplona (Iruña, Iruñea)
Fiesta de San Fermín mit morgendlichen Stierläufen (»encierros«) durch die Altstadt, von Ernest Hemingway eingehend beschrieben. Alkoholischer Massenrausch bis zum Umkippen, Stierkämpfe, Umzüge, Folklore und Feuerwerk (6.–14. Juli).

Santiago de Compostela
In der kompletten zweiten Julihälfte Patronatsfest zu Ehren des Apostels Jakobus (Fiestas del Apóstol); mit Messen, Folklore und bunten Kulturprogrammen.

AUGUST
Vitoria (Gasteiz)
Patronatsfest zu Ehren der »Weißen Jungfrau« (Virgen Blanca).

Olite
Mittelaltermarkt (Mercado Medieval).

San Sebastián (Donostia)
Große Festwoche (Semana Grande).

Bilbao (Bilbo)
Große Festwoche (Semana Grande).

SEPTEMBER
Hondarribia
Festumzug in historischen Trachten am 8. September.

O Cebreiro
Marienwallfahrt am 8. September.

Logroño
Weinlesefest (Fiestas de San Mateo) um den 20. September.

San Sebastián (Donostia)
Internationale Filmfestspiele.

OKTOBER
Zaragoza
Patronatsfest Virgen del Pilar um den 12. Oktober.

NOVEMBER
Gijón
Internationales Filmfestival (Festival Internacional de Cine).

DEZEMBER
San Sebastián (Donostia)/ Pamplona (Iruña, Iruñea)
Weihnachtsumzüge an Heiligabend.

Mit Kindern unterwegs

Höhlen, Haie und Urzeitviecher

Ob Geier in Naturparks, versteinerte Dinosaurierspuren, Haie in Aquarien – angesichts solcher Eindrücke fühlt sich auch der Nachwuchs in Spaniens Norden wohl. Für den Nachwuchs ist Spanien ohnehin ein echtes Paradies. Man geht nicht so früh ins Bett, darf morgens länger schlafen, über fröhliches Gekreische auf den immer zahlreicher gewordenen Spielplätzen regt sich niemand auf – selbst zu später Stunde nicht.

Vorrangige Anlaufstationen für Familien mit Kindern sind sicherlich Strände und Buchten, doch das **Klima** ist selbst im Sommer recht unbeständig und die Temperatur des Atlantiks nicht allzu hoch. Dafür findet man oft **leere Strände**, wo man im Familienverbund hervorragend zum »Beach Walking« aufbrechen kann. Wichtig ist es immer, sich rechtzeitig über die Gezeiten zu informieren! Größere Kinder können an der Küste z. B. an Surfkursen teilnehmen. — Kein klassischer Badeurlaub

Angesichts der **vielfältigen Vogelwelt** allein an der Küste empfiehlt es sich, ein Fernglas mitzubringen, doch auch landeinwärts hält die Natur allerlei Überraschungen bereit. Zwischen Frühjahr und Herbst lassen sich vielerorts Weißstörche nieder, z. B. in der Rioja, in Navarra und Kastilien-León. Größere Gänsegeier-Kolonien findet man im Naturpark Valderejo (Baskenland) und in der Schlucht von Lumbier (Navarra). — Störche und Geier

Die zerklüfteten Berglandschaften der Rioja sind Fundgebiete **versteinerter Fährten** von Dinosauriern. Die besten Stätten sind beschildert und liegen bei Munilla, Cornago und Enciso. In der Rioja gibt es ein Dinosaurier-Museum in Igea (**Museo Paleontológico**), ergänzt durch den »Dino-Park« **El Barranco Perdido** in Enciso mit Pool und Museum. In Asturien liegt bei Colunga ein ausgezeichnetes Dinosauriermuseum, das **Museo del Jurásico de Asturias** (▶S. 99). — Dinosaurier

In Kantabrien liegt bei Obregón der **Parque de la Naturaleza de Cabárceno** (Infos ▶S. 97). Für die Erkundung braucht man ein eigenes Fahrzeug und stoppt an verschiedenen Stationen und Aussichtspunkten. In diesem renaturierten und verkarsteten Bergwerksgelände lassen sich diverse Tierarten, darunter Löwen und Giraffen, beobachten. Besonders hervorzuheben ist die Bärenpopulation. — Ein besonderer Tierpark

Spanien ist ein echtes Burgenland mit einigen besuchbaren Anlagen. Dazu zählen Burgos und Ponferrada, wo das Kastell im Mittelalter in — Burgen

Spiel und Spaß – in vielen Hotelanlagen kommt keine Langeweile auf.

Tierische Bewohner im Parque de la Naturaleza de Cabárceno

den Händen der Tempelritter lag. Abseits ausgetretener Pfade liegen das Castillo de Loarre bei Loarre in Aragonien und die frei zugängliche Festung von Clavijo, ca. 15 km südlich von Logroño in der Rioja.

Bootstouren In den Sommermonaten stechen an verschiedenen Punkten in Galicien Ausflugsboote in See. Ab Muros und Cambados werden die Muschelzuchtinseln in den jeweiligen Meeresarmen, ab Vigo die vogelreichen Cíes-Inseln angesteuert. Nett und kurz sind die jahresdurchgängigen Überfahrten ab Hondarribia nach Hendaye (über den französisch-spanischen Grenzfluss Bidasoa).

Angebote für Kinder

AQUARIEN
Aquarium Finisterrae,
La Coruña (A Coruña)
Paseo Alcalde Francisco
Vázquez, 34

http://mc2coruna.org/aquarium
Mo.-Fr. 10.00 – 19.00,
Sa., So. 11.00 – 20.00 Uhr
Eintritt Erw. 10 €, Kind 4 €

Aquarium nahe dem berühmten Herkulesturm. Mit Seehunden und interaktiver Sektion.

Aquarium in San Sebastián (Donostia)
Plaza Carlos Blasco de Imaz, 1
www.aquariumss.com
Okt. – Ostern
Mo. – Fr. 10.00 – 19.00,
Sa., So. 10.00 – 20.00,
Ostern – Juni, Sept.
Mo. – Fr. 10.00 – 20.00,
Sa., So. 10.00 – 21.00,
Juli, Aug. tgl. 10.00 – 21.00 Uhr
Eintritt Erw. 13 €, Kind 6,50 €
Unter Haien, Rochen und Schildkröten. Höhepunkt ist der Glastunnel durch das 2,5 Mio. l fassende Hauptbassin.

Aquarium in Gijón
Playa de Poniente
http://acuario.gijon.es
Juli – Ende Aug.
tgl. 10.00 – 22.00,
sonst Mo. – Do. 10.00 – 19.00,
Fr. – So. 10.00 – 20.00 Uhr
Eintritt Erw. 15 €, Kind 7,50 €
Typische Bewohner der Kantabrischen See sind in diesem Acuario ebenso vertreten wie Fische aus dem entfernteren Atlantik und dem Roten Meer. Haie, Rochen und Schildkröten tummeln sich im Ozeanarium.

TIERPARKS
Parque de la Naturaleza de Cabárceno
http://cantur.com
Winter tgl. 10.00 – 17.00,
Sommer tgl. 9.30 – 18.00 (Juli, Aug. bis 19.00 Uhr
Eintritt Erw. ab 18 – 25 €,
Kind ab 12 – 15 €;

HÖHLEN
Cueva El Soplao
bei Rábago, Kantabrien
Tel. *902 82 02 82
www.elsoplao.es
Juli – Sept. tgl.,
Okt. – Juni Mo. geschl.
Eintritt Erw. 12 €, Kind 9,50 €
In der Cueva El Soplao gibt es faszinierende Formationen aus Tropfstein zu bestaunen, zudem taucht man in die alte Bergwerkindustrie ein – in einem nachgebauten Minenzug beginnt die etwa einstündige Führung.

Cueva de Valporquero
Bei Valporquero de Torío
www.cuevadevalporquero.es
Mai – Ende Sept.
tägl. 10.00 – 18.00,
März, April, Okt. – Dez.
Do. – So. 10.00 – 17.00 Uhr
Eintritt Erw. 8,50 €, Kind 6,50 €
Im Norden der Provinz León gelegene Tropfsteinhöhle.

Cuevas de Brujas
Zugarramurdi, ca. 500 m außerhalb des Ortskerns
Mitte Juli – Mitte Sept.
tägl. 10.30 – 20.00,
sonst Di. – Fr. 11.00 – 18.30,
Sa., So. 11.00 – 19.00 Uhr
Eintritt Erw. 4 €, Kind 2 €
Grusel inbegriffen: In den Pyrenäen Navarras gelegener Höhlentunnel und Überhänge, unter denen einst – so will es der Volksglaube – Hexenversammlungen stattfanden.

BERGBAHNEN
Bilbao (Bilbo)
Funicular de Artxanda
Plaza Funicular

Mit der Standseilbahn (»funicular«) auf den Artxanda, den Hausberg von Bilbao. Täglich viele Verbindungen.

San Sebastián (Donostia)
Funicular Monte Igueldo
Plaza Funicular
www.monteigueldo.es
Eine weitere Standseilbahn, diesmal auf den besten Aussichtsberg von San Sebastián (tgl., außer Mi. im Winter). Auf dem Gipfelplateau gibt es einen kleinen Vergnügungspark, dessen Öffnungszeiten allerdings stark schwanken.

Fuente Dé
Teleférico Fuente Dé
www.cantur.com

Mit der Seilbahn 753 m aus dem Tal von Fuente Dé hinauf in die Hochgebirgslandschaft der Picos de Europa; der Endpunkt liegt auf 1823 m. Bei starken Winden wird der Betrieb aus Sicherheitsgründen eingestellt.

DINOSAURIER
Museo Paleontológico Igea
Juni – Mitte Sept. Di. – Sa. 11.00 – 14.00, 17.00 – 20.00, Mitte Sept. – Mai Di. – Sa. 11.00 – 14.00, 15.30 – 18.30, So. jeweils 11.00 – 14.00 Uhr

El Barranco Perdido
www.barrancoperdido.com
April – Mitte Okt. Mi. – So. ab 11.00 Uhr, Juli, Aug. tgl. unterschiedliche Preise

Museo del Jurásico de Asturias – Lernerlebnis mit Aha-Effekt

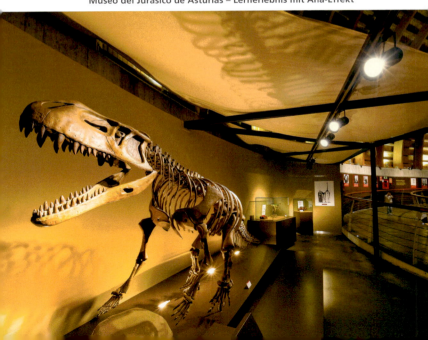

Museo del Jurásico de Asturias
www.museojurasicoasturias.com
Juli/Aug. tgl. 10.30 – 20.00,
sonst nur Mi. – Fr. 10.00-14.30,
15.30 – 18.00, Sa., So.
10.30 – 14.30, 16.00 – 19.00 Uhr
Eintritt Erw. 7,24 €, Kind 4,70 €

WISSENSCHAFT UND TECHNIK
Museo de la Evolución Humana
Burgos
Paseo Sierra de Atapuerca, s/n
www.museoevolucion
humana.com
Di. – Fr. 10.00 – 14.30,
16.30 – 20.00,
Sa., So. sowie Juli – Sept.
10.00 – 20.00 Uhr
Eintritt Erw. 6 €, Kind 4 €
Museum zur Entwicklung der Menschheitsgeschichte, ausgehend von Funden des Altmenschen in der nahen Sierra de Atapuerca.

Domus
La Coruña (A Coruña)
Calle Ángel Rebollo, 91
http://mc2coruna.org/domus
Mo. – Fr. 10.00 – 19.00,
Sa., So. 11.00 – 19.00,
Juli, Aug. tgl. 10.00 – 20.00 Uhr
Eintritt Erw. 2 €, Kind 1 €
Interaktives Museum zum Menschen.

Museo de la Minería y de la Industria
El Entrego
Calle El Trabanquín, s/n
www.mumi.es
Okt. – Juni Di. – So. 10.00 – 14.00,
16.00 – 19.00, Juli – Sept. Di. – So.
10.00 – 20.00 Uhr
Eintritt Erw. 6,50 €, Kind 4 €
Asturisches Bergbaumuseum mit unterirdischem Simulationsstollen.

Shopping

Echt spanisch

Folkloristisches Souvenir-Geklingel ist unbekannt in Nordspanien, vom geballten Pilgerkommerz in Santiago de Compostela einmal abgesehen. Seien Sie überall auf der »Einkaufshut« – und zwar im positiven Sinne! Denn plötzlich wird man auf Märkten oder in Klosterläden fündig …

Es sind prächtige Kulissen, die den **Mittwochs- und Samstagsmarkt in León** umrahmen: die Barockfront des alten Rathauses, dazu die Arkaden der Plaza Mayor. Oft hängt der für die Hochebene Kastilien-Leóns typische stahlblaue Himmel über dem Platz. Bis zur spanischen Mittagszeit gegen 14.00 Uhr herrscht buntes Treiben, bei so manch günstigen Preisen für Obst und Gemüse reibt man sich die Augen. Bis heute ist dieser Altstadtmarkt ländlich-bäuerlich geblieben. Fest installierte Stände wechseln sich mit provisorisch scheinenden »Verkaufstheken« aus aufgeschichteten Pappkartons und Plastikkisten ab. Darauf liegen Knoblauch, Tomaten, Bohnen, Zucchini, Salatköpfe, Äpfel, Orangen – ideal, um sich als Selbstversorger einzudecken. Oder schlendern Sie einfach umher und beobachten Sie typischen spanischen Alltag! Mitunter kommen sogar noch Handwagen zum Einsatz. Käse, Serrano-Schinken, Chorizo-Würste, Honiggläser, Päckchen aus getrockneten Bohnen – all dies komplettiert die Angebote. Und an einigen Ständen gibt es auch preiswerte Kleidungsstücke.

Spanier lieben ihre Wochenmärkte (»mercados«), die natürlich auch für Besucher stets eine gute Anlaufstelle sind. Der zweimal wöchentlich terminierte Markt von León ist ein Freiluftmarkt, besonders lebhafte Markthallen zeichnen Bilbao und Santiago de Compostela aus. **Kulinarische Mitbringsel** finden Sie darüber hinaus in Form von Wein und Süßwaren: in Weinkellereien direkt vom Erzeuger (vor allem in der Rioja) und vereinzelt in Klöstern (▶Baedeker Wissen S. 102). Auch **Allerleimärkte** (»mercadillos«) stehen bei den Einheimischen hoch im Kurs und sind mancherorts einmal wöchentlich angesetzt. Die Mixtur des Angebotenen beinhaltet dann u. a. Obst, Gemüse, Kleidung, Schuhe, Decken, Haushaltswaren.

Märkte

Im Vergleich zu anderen Regionen Spaniens ist das spanische Kunsthandwerk im Norden nicht so stark positioniert. In Regionen wie La Rioja, Navarra, Asturien und Aragonien sind Shops mit typischen Mitbringseln eher Mangelware. Trotzdem finden sich bei genauerem Hinsehen hier und da kleinere Geschäfte mit ledernen Weinbeuteln

Souvenirs

Einkaufen mit Flair – Shoppingmeile in Zaragoza

Klosterläden

Shopping an heiligen Stätten

Ob Kartäuser oder Benediktiner – in diversen Klöstern Nordspaniens sind sie unverändert ansässig und haben nicht nur den unbeirrbaren Glauben an Gott und regelmäßig wiederkehrende Gebetszeiten. Manchmal floriert in ihren Klosterläden auch das Geschäft.

Kartäuser leben nach strengen Ordensregeln, sie selbst bekommt man bei Besuchen ihrer Kartause am Stadtrand von Burgos nicht zu Gesicht – wohl aber ihre Produkte. Im Klostershop ihrer **Cartuja de Miraflores**, einem Juwel der späten Gotik, erwartet Besucher ein Unikat unter den Mitbringseln aus nordspanischen Klöstern. Es ist ein Rosenkranz (»rosario«), aber kein gewöhnlicher, sondern ein echtes Kunstwerk, das auch weniger Gläubige interessieren dürfte.

3000 Rosenblätter

Um die 3000 Rosenblätter werden für die Perlen eines jeden Rosenkranzes verarbeitet, dessen Kreuz aus sogenanntem Neusilber besteht. Die Rosen, das Basismaterial der Gebetsketten, kultivieren die Kartäuser in ihrer Anlage seit über 200 Jahren. Nach der Rosenblatt-Lese zu Sommerbeginn folgen lange, komplexe Prozesse des **Mahlens und Pressens**. In festen Formen bekommen die einzelnen Perlen ihre runde Form, ehe sie von den Mönchen – Stück für Stück – mit einer Nadel durchstochen und aufgereiht werden. Ein solcher Arbeitsablauf erfordert Geduld, Geschicklichkeit, Erfahrung und Zeit. »Es sind viele, viele Stunden, bis ein Rosenkranz fertig ist«, versichert man seitens des Klosters auf Anfrage. Der Preis für den Rosenkranz sei eher »symbolisch«, denn in Arbeitszeit könne man das Ganze nicht aufrechnen. Jeder Rosenkranz wird in einer kleinen Schatulle verkauft. Öffnet man sie, entsteigt dem Innern ein **betörender Rosenduft**. Je nach Lagerung kann sich der Wohlgeruch über Jahre erhalten. Manch einer hat schon einen Rosenkranz in der Hand gehabt, der nach drei Jahrzehnten immer noch duftete – aber eine Garantie darauf gibt man im Kloster nicht.

Blick auf das Monasterio de Leyre am Jakobsweg

Kerzen aus Bienenwachs

Rosenkränze sind nicht die einzigen Produkte im Klostershop der Cartuja de Miraflores. In unterschiedlichen Größen fertigen die Mönche auch Kerzen aus Bienenwachs (»velas de cera de abejas«), die beim Abbrennen angenehme Düfte abgeben; die Preise sind moderat. Darüber hinaus sind kleine **Mönchsfiguren** in den Modellen »kniend« und »stehend« im Angebot sowie das »Elixier des langen Lebens« und Kräuterliköre. Alles Flüssige stammt allerdings aus dem Mutterhaus des Kartäuserordens in Frankreich, der Grande Chartreuse.

Liköre, Honig, Musik

Kräuterlikör »homemade«, den gibt es im Klostershop des **Monasterio de Leyre** in Navarra, wo Benediktiner ihrer Ordensregel »Ora et labora« folgen und beim »Labora« die alkoholischen Sphären einbeziehen. Der im Kloster produzierte Likör hat 33 Volumenprozent und beinhaltet Extrakte aus annähernd drei Dutzend Kräutersorten, doch die genaue Zusammensetzung ist natürlich geheim! Benediktiner sind es auch, die im riojanischen Bergkloster **Nuestra Señora de Valvanera** den exzellenten, um drei Volumenprozent stärkeren Kräuterlikör »Valvanera« erzeugen. Hinein kommen u. a. Kamille, Zitronenverbene, Minze und Gewürznelken. Am Empfang sind Flaschen und überdies Honiggläser aus der Eigenproduktion vorrätig.

Honig gibt es auch in der Benediktinerabtei von **Santo Domingo de Silos** im Süden der Provinz Burgos, aber weitaus bekannter sind dort die im Klostershop angebotenen Tonträger mit den **gregorianischen Gesängen** der Mönche. Zur Auswahl stehen mehrere CD-Titel, darunter »Meisterwerke des gregorianischen Gesangs« (Obras Maestras del Canto Gregoriano).

Köstliches Gebäck

Andere Klöster in Nordspanien pflegen Backtraditionen und verkaufen Kuchen und Kekse. Ein Beispiel ist das Benediktinerinnenkloster **San Pelayo de Antealtares** in Santiago de Compostela. Der riesige Komplex beginnt gleich gegenüber der Ostfassade der Pilgerkathedrale, doch der Zugang zur Verkaufsstelle der hauseigenen Produkte liegt einen Block weiter an der Rückfront zu einer unscheinbaren Gasse hin, der Calle de San Pelayo de Antealtares. Ein Schild? Angeschlagene Öffnungszeiten? Oder gar ein Werbehinweis? Fehlanzeige. Von der Gasse aus betritt man durch ein Portal eine nüchterne Klostervorhalle und sieht links in der Ecke in etwa auf Bauchhöhe ein Gitter mit einem Drehkreuz dahinter und einem Klingelknopf daneben. Wird dieser betätigt, taucht irgendwann – mit Glück – eine der Schwestern hinter dem Drehkreuz auf. Auslagen der Produkte gibt es nicht. Wer zum Klostershopping hierher kommt, weiß vorab, was er will: entweder Gebäck (»pastas de té« bzw. die mit viel Mandeln hergestellten »almendradas«) oder Jakobuskuchen (»tarta de Santiago«). Das Preisniveau ist durchaus weltlich, die Präsentation von Kuchen und Gebäckpackungen professionell, die Qualität und Frische hervorragend.

(»botas de vino«), handgefertigten Skulpturen, handbemalter Keramik und schmiedeeisernen Waren. Aus Galicien stammen Spitzenklöppelarbeiten (»encajes«), aber auch Schmuckarbeiten aus Gagat (»azabache«), die sich in Santiago de Compostela wohltuend aus der Flut der Pilger-Andenken abheben. Wer Kunst liebt, sollte ansprechende Galerien aufsuchen, wie man sie in vielen Städten und auch kleineren Orten wie Hondarribia antrifft.

Am Jakobsweg trifft man immer wieder auf Geschäfte mit **Pilger-Andenken**. Das Ganze findet in Santiago de Compostela seine Krönung, wo man sich von einer wahren Pilger-Souvenirflut überschwemmt sieht. Da gibt es Schmuckkacheln, Pins, Sweat- und T-Shirts mit dem Muschelmotiv. Und Jakobsmuschelschalen samt Bändchen zum Umhängen. Und hölzerne Pilgerstäbe. Und noch viel mehr.

Guten Anklang bei der CD-Auswahl finden spanische Studentenkapellen (»tunas«) mit romantischen Themen. Schmusig-rockig wird es bei David Bisbal, poppig bei Alejandro Sanz und der Gruppe »La Oreja de van Gogh«. Für guten Folk empfehlen sich Tonträger der langjährigen Traditionsbands »Oskorri« (Baskenland) und »Milladoiro« (Galicien). Ein spanischer Liedermacher vom alten Schlag ist Joaquín Sabina. Wer CDs kaufen will, findet in der Kaufhauskette »El Corte Inglés« eine gut ausstaffierte Musikabteilung; ansonsten gibt es kleinere Läden.

Musik

Spanier schätzen die großen Einkaufszentren (»centros comerciales«) an den Stadträndern aus mehreren Gründen: wegen der längeren Öffnungszeiten, der reichlich vorhandenen Parkplätze, der breiten Auswahl, dem jeweils integrierten Großsupermarkt (»hipermercado«) und einem Freizeitangebot aus Kinosälen und Schnellrestaurants.

Einkaufszentren und Modeshops

Mode für Sie und Ihn, Sport- und Parfümerieabteilungen etc. bündelt unter einem Dach die Kaufhauskette »El Corte Inglés«, die in diversen Städten vertreten ist (u. a. León, Pamplona, Santiago de Compostela, Vitoria). Auch Modegeschäfte der Ketten »Desigual«, »Max Mara« und »Zara« finden sich in den Städten.

In Santiago de Compostela lassen sich auch ganz weltliche Designerartikel erwerben, so z. B. bei Andrómenas.

Übernachten

Eine Bleibe für jeden Geschmack

Atlantikblick oder Berge? Lieber feudal in einem alten Kastell, etwas einfacher in einem Landgasthof oder mitten in der City in einem Designerhotel am Puls des Lebens? Eine passende Bleibe findet sich in Spaniens Norden für jeden Geldbeutel und Geschmack.

Die mit Mini-Budgets verknüpften Unterkünfte der Jakobspilger stehen auf einem Extrablatt (▶ S. 117). Hier kann man sich in Genügsamkeit üben und sich erden. Aber die Pilgerherbergen sind kein Maßstab in einem Land, wo man durchaus auch höchsten Ansprüchen gerecht zu werden versteht!

Hotels

Offiziell sind Hotels (Symbol: H) von 1 Stern (niedrig) bis 5 Sterne (Spitzenkomfort) klassifiziert. Dies gibt deutlich die Tendenz vor, bedeutet aber nicht zwangsläufig, dass ein Drei-Sterne-Hotel schlechter und preiswerter sein muss als ein Vier-Sterne-Haus. Manche Sternevergaben in Spaniens Hotellandschaft sind nämlich ein Rätsel …
Vorzeigeobjekte der gehobenen Kategorie sind die **Paradores** (▶Baedeker Wissen S. 110): Hotels in historischen Gemäuern. In Städten wie Bilbao setzen **Boutiquehotels**, die von Designerhand geschmackvoll geplant worden sind, neue Maßstäbe. Auch im ländlichen Raum finden sich gelegentlich Hotels mit persönlichem Charakter und Charme, wofür sich in Spanien der Begriff »hoteles con encanto« eingebürgert hat; erfreulicherweise liegen die Häuser oft abseits lauter Straßen und ausgetretener Pfade. Ideale Refugien also für Ruhesuchende!

Andere Unterkünfte

Auf der Stufe unterhalb der Hotels steht der Typus des **Gasthofs** (»hostal«; Symbol: HS). Eine einfachere Bleibe ist die **Pension** (»pensión«; Symbol: P). Ähnlich schlicht, mitunter sogar noch merklich einfacher als eine Pension, ist ein **Gästehaus** (»casa de huéspedes«, Symbol: CH), wo man mitunter mit Gemeinschaftsbädern vorlieb nehmen muss. Während der Hochsaison findet man gelegentlich Hinweise auf die Vermietung von **Privatzimmern** (»habitaciones«). Klassische **Motels** sind in Nordspanien nicht relevant.

Agrotourismus

Wer den Urlaub in ländlicher Umgebung verbringen will und ein rustikales Quartier sucht, findet im Zielgebiet ein echtes Paradies vor. Der »ländliche Tourismus« (»turismo rural«), der auch gerne als »grüner Tourismus« (»turismo verde«) vermarktet wird, boomt. Über Nordspanien verteilen sich Tausende Quartiere in Landhäusern (»ca-

Farbenfroh – Fassade des Hespería-Hotels in Bilbao

sas rurales«, »casas de aldea«). Die Häuser sind oft vorbildlich renoviert. Ein Teil der Landhäuser richtet sich an **Selbstversorger** (inkl. Kochgelegenheit), andere bieten Frühstück oder **Halbpension**. Manche sind komplett mietbar (für ein Wochenende oder eine Woche), andere sind wie kleine Gasthöfe aufgezogen und bieten normale Zimmer mit Bad und zu günstigem Preis. Während der Hauptferienzeiten sollte man rechtzeitig **buchen**!

Camping und Caravaning
Wer mit dem Wohnmobil, dem Wohnwagen oder dem Zelt unterwegs ist, findet in Nordspanien eine Reihe von gut ausgestatteten Campingplätzen (»campings«). Die Plätze unterteilen sich in erste Kategorie (»primera categoría«; Spitzenplatz), zweite Kategorie (»segunda categoría«; Mittelklasse) und dritte Kategorie (»tercera categoría«; Basisausstattung). Vereinzelte Plätze öffnen ganzjährig, die meisten nur von etwa Ostern bis September/Oktober. Gelegentlich werden auf den Plätzen Häuschen (»bungalows«) oder fest installierte Mobilhomes (»mobil-homes«) vermietet. Wildes Campen ist offiziell verboten! Wohnmobil- und Wohnwagenfahrer müssen dringend auf Durchfahrt-Verbotsschilder achten, denn leider sind sie in manchen Gemeinden nicht mehr willkommen.

Herbergen
Mit dem internationalen Jugendherbergsausweis lassen sich in Nordspanien eine ganze Reihe von **Jugendherbergen** (»albergues juveniles«) nutzen. Sie stehen grundsätzlich allen Reisenden offen, bevorzugt aufgenommen werden aber Personen unter 26 Jahren.
Für die Benutzung der **Pilgerherbergen** brauchen Jakobspilger einen Pilgerausweis.

PRAKTISCHE HINWEISE

Buchung und Preise
Direkte **Online-Buchungen** mit »Bestpreis«-Garantie sind auf den Webseiten der Hotels und Gasthäuser verbreitet. Die Preise weichen oft erheblich von den »offiziellen Tarifen« ab, die man bezahlen muss, wenn man nicht im Voraus gebucht hat.

Die Online-Preise selbst können nicht nur saison-, sondern auch tageweise sehr stark schwanken. Das hängt nicht nur von örtlichen Anlässen (Messen, Stadtfeste etc.), sondern von der generellen Nachfrage ab. In der **Hauptsaison** im Juli und August, wenn auch die meisten Spanier unterwegs sind, sind die Tarife am höchsten; auf demselben Niveau liegen die Preise während der Karwoche und um Weihnachten/Neujahr.

Preiskategorien

Preis für ein Doppelzimmer in der Vor- und der Hauptsaison:
€ € € € über 180 €
€ € € 130–180 €
€ € 80–130 €
€ unter 80 €
Maßstab für die genannten Preiskategorien ist im Regelfall der Online-Tarif.

Übernachten • ERLEBEN UND GENIESSEN

Kontaktscheu sollte man nicht sein, wenn man sich für eine Pilgerherberge wie diese im Kloster Santa Maria de Oseira entscheidet.

Frühstück (»desayuno«) ist nicht automatisch enthalten, ebensowenig der **Mehrwertaufschlag** (IVA) in Höhe von 10 %.

Zusatzkosten

In ausnahmslos jedem Beherbungsbetrieb müssen vom Gesetz her **Reklamationsbücher bzw. -formulare** (»libros de reclamación« bzw. »hojas de reclamación«) vorrätig sein und dem Gast auf Verlangen ausgehändigt werden; dem darf sich niemand verweigern. Alleine der kenntnisreiche Hinweis auf ein Beschwerdeformular wirkt manchmal Wunder.

Beschwerden

Nützliche Adressen und Websites

CHARMANTE LANDHOTELS
Rusticae
www.rusticae.es

Hoteles con encanto
www.hotelesconencanto.com

BEWÄHRTE HOTELKETTEN
AC Hotels
www.espanol.marriott.com

Eurostars Hotels
www.eurostarshotels.com

Komfort und Spitzenküche

Flaggschiffe der spanischen Hotellerie sind die Paradores, die in einer landesweiten Kette zusammengefasst und zumeist in historisch wertvollen Gebäuden untergebracht sind. Dazu zählen Burgen, Paläste, vormalige Pilgerspitäler und Klöster.

Welch eine Auswahl! Über ein Viertel der knapp 100 Paradores des Landes entfallen auf Spaniens Norden und lassen sich gut als Stationen einer persönlichen Rundreise kombinieren. Im äußersten Nordostwinkel geht es an der spanisch-französischen Grenze in **Hondarribia** los, wo der Parador in einer Burg mit Wurzeln aus dem 10. Jh. untergebracht ist und die kleine Altstadt beherrscht.

Im Landesinnern stößt man im Mittelteil **Navarras** zum spätmittelalterlichen Burgpalais von Olite vor und hat im riojanischen Jakobswegstädtchen **Santo Domingo de la Calzada** gleich die Auswahl zwischen zwei stilvollen Häusern. Der Haupt-Parador liegt gegenüber der Kathedrale an der Stelle eines einstigen Pilgerspitals, der Parador Bernardo de Fresneda ist in einem früheren Franziskanerkloster eingerichtet.

Folgt man dem Jakobsweg westwärts, öffnen sich in **León** und **Santiago de Compostela** die Pforten zu zwei Häusern, die über fünf Sterne hinaus mit dem Zusatzprädikat »Gran Lujo« (Großer Luxus) ausgezeichnet worden sind. Der Parador in León ist aus einem Kloster und Ritterstammsitz, der Parador in Santiago de Compostela aus dem großen Pilgerspital am Kathedralplatz hervorgegangen. Allerdings: Gerade in diesen beiden Häusern muss man mitunter, was Komfort und

Altehrwürdig: der Parador von Santo Domingo de la Calzada

Lage der Zimmer angeht, Abstriche machen. Ein Zimmer mit Parkplatzblick (León) oder direkt zur Straße hinaus (Santiago) können die Atmosphäre empfindlich beeinträchtigen. Eindrucksvoll ist und bleibt hingegen der Zauber der Architektur, die sich im Falle Leóns an der plateresken Fassade und im Falle Santiagos an den vier Innenhöfen manifestiert, um die sich der Komplex gruppiert.
Tipp für die Küste Südgaliciens ist der Parador von **Baiona**, der seinen Ursprung als Festung hat und auf einer Landzunge hoch über dem Atlantik thront.

Eine moderne Idee

Den Paradores liegt geradezu eine Visionärkraft aus den 1920er-Jahren zu Grunde. Wie wäre es, so fragte der Königliche Kommissar für Tourismus den damals herrschenden Monarchen Alfons XIII., die rückständigen, aber landschaftlich und kulturell reizvollen Gegenden des Landes mit einem Programm staatlicher Hotels zu fördern? Derlei Hotels, so spann man die Gedankenfäden weiter, ließen sich idealerweise in architektonisch und geschichtlich wertvollen Gebäuden unterbringen.
Folgt man der offiziellen Version von heute, verstehen sich die exklusiven Hotels, die mehrheitlich vier Sterne tragen, als »Träger und Bewahrer der spanischen Kultur«. Allerdings gibt es auch **moderne Häuser** wie im Jakobswegstädtchen Villafranca del Bierzo, im Berghinterland Kantabriens in Fuente Dé und hoch über dem Meeresarm von Ribadeo, der Galicien von Asturien trennt.

Auf der Höhe der Zeit bewegen sich auch **Preiskampagnen**, die von einem »Special Zwei Nächte« über »Goldene Tage« (für über 55-jährige Gäste) bis zur »Karte für fünf Übernachtungen« reichen können.

Regionale Spezialiäten

Das spanische Wort »parador« leitet sich von »parar« ab, was »anhalten« oder »rasten« bedeutet. Keine Frage: In Parador-Hotels rastet man gerne und genießt in den hauseigenen Restaurants eine exzellente Kost, zubereitet aus regionalen Spezialiäten. Je nach Gegend kommen Pasteten, Rindersteaks, Lammrippchen, eingelegte Paprikaschoten, typische Eintöpfe oder Fisch und Meeresfrüchte jedweder Art auf den Tisch – begleitet von ausgewählten Weinen.

INFORMATIONEN
Central de Reservas
Calle José Abascal 2-4
28003 Madrid
Tel. *902 54 79 79
www.parador.es
Reservierungszentrale in Spanien

IHR Ibero Hotelreservierung
Immermann Str. 33
40210 Düsseldorf
Tel. 0211 8 64 15 20
www.paradores.de
Paradores-Buchungszentrale in Deutschland

Hotelplan Suisse MTCH AG
Sägereistrasse 20
8152 Glattbrugg
Tel. 043 2 11 88 85
www.hotelplan.ch
www.globusreisen.ch
in der Schweiz

Hesperia Hotels
www.hesperia.com

Husa Hotels
www.husa.es

NH Hotels
www.nh-hotels.com

Tryp Hotels
www.tryphotels.com

AGROTOURISMUS
Landesweite Vermittlung von Unterkünften
Asociación Española de Turismo Rural
www.ecoturismorural.com
Toprural
www.toprural.com

Aragonien
Aragón Turismo Rural
www.ecoturismoaragon.com

Asturien
Federación Asturiana de Turismo Rural
www.asturiasrural.com

Baskenland
Agroturismo y Casas Rurales de Euskadi
www.nekatur.net

Galicien
Turgalicia
www.turgalicia.es
Offizielles Tourismusportal von Galicien mit vielfältigen Suchmöglichkeiten nach Landhäusern

Atemberaubende Architektur von Frank O. Gehry bietet das Hotel des Weinguts Marques de Riscal bei Elciego in der Rioja.

Übernachten • ERLEBEN UND GENIESSEN

Kantabrien
Asociación de Turismo Rural de Cantabria
www.turismoruralcantabria.com

Kastilien-León
Federación de Turismo Rural de Castilla y León
www.ecoturismocastillayleon.com

Navarra
Casas Rurales de Navarra
www.casasruralesnavarra.com

La Rioja
Turismo Rural en La Rioja
www.lariojaturismorural.com

CAMPING
Federación Española de Empresarios de Camping y Parques de Vacaciones
www.fedcamping.com
Spanische Camping-Vereinigung

JUGENDHERBERGEN
Red Española de Albergues Juveniles (REAJ)
www.reaj.com
Spanischer Jugendherbergsverband

Deutsches Jugendherbergswerk
Leonardo-da-Vinci Weg 1
32756 Detmold
Tel. 05231 74 0 10
www.jugendherberge.de

Österreichischer Jugendherbergsverband
Zelinkagasse 12, 1010 Wien
Tel. 01 5 33 53 53
www.oejhv.at

Schweizer Jugendherbergen
Schaffhauserstr. 14
8042 Zürich
Tel. 044 3 60 14 14
www.youthhostel.ch

Urlaub aktiv

Urlaub aktiv • ERLEBEN UND GENIESSEN

Kontrastreich in Aktion

Die Natur erleben, sich auspowern – das können Sie in Nordspanien auf unterschiedlichste Art und Weise: an Stränden oder im Gebirge, auf Wander-, Rad- oder Reittouren.

Lust auf wilde Gebirgsromantik? Auf dramatische Kulissen in den Pyrenäen Aragoniens, wo eiszeitliche Gletscherströme U-förmige Täler wie das von Ordesa hinterließen? Dann auf in den Parque Nacional de Ordesa y Monte Perdido in die Gegend bei Torla! In langen Kehren steigt der Wanderpfad kontinuierlich bergan, vorbei an Hagebuttensträuchern, Buchsbäumen, moosüberzogenen Birkenstämmen und ersten kleineren Kaskaden. Hinter einem lichten Buchenforst spannen sich Felsüberhänge über den Pfad. Zwischen Abgrund und mächtigen Flanken geht es weiter und weiter aufwärts, folgt man unablässig den langen Schwüngen des Tals. Ein Ende ist nicht in Sicht, dafür ein Schild: 1650 m über dem Meeresspiegel…

Wasserfälle, Gebirgsriesen, die letzten Bestände an Braunbären – Naturfans geht in Nordspanien das Herz auf. Zu unterscheiden gilt es folgende Typen an Schutzgebieten: **Nationalpark** (Parque Nacional), Naturpark (Parque Natural, Espacio Natural), **Naturreservat** (Reserva Natural) und **geschütztes Biotop** (Biotopo Protegido). Zudem sind einige Gebiete als **Biosphärenreservate** (Reservas de la Biosfera) ausgewiesen worden.

Spielwiese für Aktive

Manche Parks haben ein bestens ausstaffiertes **Besucherzentrum** (Centro de Visitantes, Centro de Interpretación, Casa del Parque; Mo. oft Ruhetag) oder zumindest ein Haus des Naturparks (Caseta del Parque) und beschilderte Wanderwege (Rutas de Senderismo). Informationen zu den einzelnen Parks und Schutzgebieten ▶S. 123.

WANDERN

In Nordspanien ist die Wanderlust seit Längerem erwacht, verknüpft vor allem mit dem Jakobsweg (▶Baedeker Wissen S. 116 und 136). Für die alte, wiederentdeckte Pilgerstrecke gilt derselbe Hinweis wie für Wanderungen im Hochgebirge: Man braucht eine gute Fitness, und nichts ist ein Selbstläufer!

Kondition benötigt!

Am Atlantik entlang verläuft der **Küstenweg**, eine Variante des Jakobswegs, die es hinsichtlich der Infrastruktur allerdings nicht mit der

Wanderwege

Wanderer an der Brecha de Rolando in den Pyrenäen

Pilgern

Auf dem Jakobsweg

Der Weg ist das Ziel, so heißt es gemeinhin, und im Falle des Jakobswegs trifft die Redewendung besonders zu: Viele Pilger wollen sich selbst finden auf den Pfaden in die Apostelstadt Santiago de Compostela. Andere suchen auf dem Jakobsweg eine sportliche Herausforderung und dürften nicht enttäuscht werden! (s.a. Baedeker Wissen S. 136)

Die wiedererwachte Pilgerschaft nach Santiago de Compostela ist eines der erstaunlichsten Phänomene der Gegenwart. Immer mehr Menschen folgen dem inneren Ruf und Bedürfnis, nehmen sich eine längere Auszeit und finden auf dem Weg nach Santiago de Compostela zu sich selbst. **Medienwirksame Pilgerschaften** Prominenter – von Shirley MacLaine bis Hape Kerkeling – haben zusätzlich die Neugier geweckt und spornen zum Aufbruch an. Etliche Bücher unterfüttern die Nachfrage nach jenem Weg, der derzeit eine neue Blüte erlebt.

Wer genügend Zeit hat und körperlich fit ist, geht den Jakobsweg von daheim aus an. Manche Pilger legen 2500 km bis Santiago de Compostela zurück, ob zu Fuß oder mit dem Fahrrad. Es gibt vielfältige Wegstrecken, die durch halb Europa verlaufen.

Historische Wurzeln

Der Pilgerweg geht zurück auf die Entdeckung des Apostelgrabs in Galicien um das Jahr 813. Der Überlieferung nach soll Jakobus den Auftrag erhalten haben, **Hispanien zu missionieren**. Nach mehrjährigem Aufenthalt kehrte er nach Palästina zurück, wo ihn König Herodes Agrippa 44 n. Chr. ermorden ließ. Seine Anhänger brachten den Leichnam auf ein Schiff, das wiederum in Galicien landete. Dort wurde der Apostel begraben, sein Grab aber geriet in Vergessenheit. Ein Einsiedler bzw. der vom Eremiten verständigte Bischof entdeckte es wieder, woraufhin Alfons II. an dieser Stelle eine Kirche errichten ließ, um die schließlich die heutige Stadt entstand. In der Schlacht von Clavijo 844, so die Legende, tauchte der Apostel zu Pferde auf und führte die christlichen Heere zum Sieg gegen die Mauren. Seither trägt er den Beinamen »matamoros«, der Maurentöter, und wird als Ritter zu Pferde dargestellt.

Die ersten Pilger aus Mitteleuropa wanderten Mitte des 10. Jh.s von Frankreich über die Pyrenäen ans Jakobsgrab in Santiago de Compostela, unter ihnen sehr viele Franzosen, weshalb der Weg auch Camino Francés (Französischer Weg) genannt wird. Die erste **Blütezeit der Wallfahrt** fiel ins 11. Jh., als die heiligen Stätten Jerusalems wegen der moslemischen Herrschaft dort nicht zugänglich waren. Ab dem 15. Jh. versiegte der Pilgerstrom mehr und mehr. Als 1589 eine englische Flotte unter **Sir Francis Drake** vor der galicischen Küste auftauchte, brachte man die Reliquien aus Santiago de Compostela an einen Ort, der so sicher war, dass man ihn nicht mehr wiederfand. Erst 1879 wurden die Reliquien wiederentdeckt und es wurde zum Wallfahren aufgerufen.

Weg über Bergpässe

In Spanien, wo der Jakobsweg »Camino de Santiago« heißt, leiten zwei große Wegvarianten über die Pyrenäen. Der **Aragonesische Weg** (»Camino Aragonés«) führt zwischen Oloron-Sainte-Marie und Jaca über den Pass von Somport (1640 m), der **Französische Weg** (»Camino Francés«) zwischen Saint-Jean-Pied-de-Port und Pamplona über den Pass von Ibañeta (1057 m). Beide Wege finden in **Puente la Reina** zusammen und formen dann den großen Hauptweg bis Santiago de Compostela, der weiterhin als »Camino Francés« bekannt ist (▶Baedeker Wissen S. 136).

Wichtigste Stationen ab Puente la Reina sind Estella, Logroño, Nájera, Santo Domingo de la Calzada, Burgos, Frómista, Carrión de los Condes, León, Astorga, Ponferrada, Villafranca del Bierzo, O Cebreiro, Sarria und Portomarín. **Markante Höhen** unterwegs sind u. a. Cruz de Ferro (1504 m; zwischen Astorga und Ponferrada) und der Pass von O Cebreiro (1300 m; zwischen Villafranca del Bierzo und Samos).

Markierungen am Weg

Viele Pilger wählen Saint-Jean-Pied-de-Port oder das nahe dem Ibañeta-Pass gelegene Kloster von Roncesvalles als Ausgangspunkt, um von dort aus über 750 km bis Santiago de Compostela zurückzulegen. Der Wanderweg führt Richtung Westen und ist mit **gelben Pfeilen, Schildern und Pfeilern** durchgehend gut markiert. Nach kurzer Eingewöhnungszeit bekommt man einen Blick dafür, auch in kleineren Orten und großen Städten. Schilder und Pfeile zeigen das Symbol einer **stilisierten gelben Muschel** auf blauem Grund, ein Wegzeichen, das gleichlaufend an den Straßen für Radfahrer und Motorisierte zu sehen ist. Mit einem Mountainbike kann man weitestgehend den Weg benutzen. Die Alternative ist stets die Straße, wobei es auch unangenehme, vielbefahrene Strecken gibt, beispielsweise in Galicien und hinter León.

Der Pilgerausweis

Wanderer und Radler haben die Möglichkeit, am spanischen Jakobsweg in **Pilgerherbergen** (»albergues de peregrinos«, »refugios«) für etwa 5–8 € pro Nacht kostengünstig unterzukommen. Komfort darf man angesichts von Gemeinschaftszimmern oder Schlafsälen und Stockbetten nicht erwarten. Man benutzt den eigenen Schlafsack. Sind alle Plätze belegt, bleibt die eigene Isomatte als Ausweichlager. In vielen Herbergen gibt es eine Küche. Besser ausstaffiert sind private Herbergen.

Trophäensammlung mit praktischem Nutzen: der Pilgerausweis

Unweit von Burgos liegt Castrojeriz mit der Kirche Santa Maria del Manzano.

Für die Übernachtung in Pilgerherbergen braucht man einen Pilgerausweis (»credencial«), den man z. B. im Kloster von Roncesvalles (falls er dort nicht gerade ausgegangen ist!) oder im Vorfeld der Reise bei einer der **deutschsprachigen Jakobusgesellschaften** gegen ein kleines Entgelt bekommt (zumeist mit Online-Bestellung).

Den mehrseitigen Pilgerausweis lässt man sich unterwegs regelmäßig abstempeln (in Herbergen, Kirchen etc.) und mit dem aktuellen Datum versehen. Wer anhand der Stempel belegen kann, dass er die letzten 200 km vor Santiago de Compostela mit dem Rad gefahren bzw. die letzten 100 km zu Fuß gegangen ist, bekommt im dortigen Pilgerbüro die Pilgerurkunde (»Compostela« bzw. »Compostelana«).

ADRESSEN
Deutschland
Deutsche St.-Jakobus-Gesellschaft
Tempelhofer Str. 21
52068 Aachen
Tel. 0241 5 10 00 62
www.deutsche-jakobus-gesellschaft.de

Freundeskreis der Jakobuspilger
Busdorfmauer 33
33098 Paderborn
Tel. 0 5251 5 06 86 77
www.jakobusfreunde-paderborn.eu

Jakobusgemeinschaft Rohrdorf
St.-Jakobus-Platz 3, 83101 Rohrdorf
www.jakobusgemeinschaft.de

Österreich
Jakobusgemeinschaft Salzburg
Tegetthoffstr. 11
5071 Wals Bei Salzburg
www.jakobusgemeinschaft.at

Schweiz
Schweizerische Vereinigung der
Freunde des Jakobsweges
Schanzweg 5, 4132 Muttenz
www.pilgerweg.ch
www.jakobusweg.ch

WEBSITES
www.jakobus-info.de
www.pilgerforum.de

landeinwärts gelegenen Hauptroute von den Pyrenäen nach Santiago de Compostela aufnehmen kann. Und nicht nur in größeren Naturschutzgebieten wie **Ordesa** und **Picos de Europa** gibt es Wanderwege, sondern auch in kleineren Arealen wie den baskischen Parks **Izki** und **Valderejo**. In oder um Naturparks findet man häufig Unterkunft in Landhäusern. Mehr Informationen zu Naturschutzgebieten ▶S. 123.

RADFAHREN

Auch hier spielt der Jakobsweg eine große Rolle, obgleich es keinen separaten Radweg zur Pilgerroute gibt. Entweder man fährt auf dem echten Pilgerweg oder auf der Straße. Für Mountainbiker ist es unverändert eine Herausforderung. Diejenigen, die gemütliches Radwandern nach deutschem Stil erwarten, werden eher enttäuscht sein. — Jakobsweg

Interessant sind die so genannten Vías Verdes (»Grüne Wege«). Sie nutzen alte Strecken von Schmalspurbahnen, die von den Gleisen befreit worden und in radtaugliche Abschnitte durchs Grün verwandelt worden sind (www.viasverdes.com). — Vias Verdes

AM STRAND UND IM WASSER

Obgleich es an Spaniens nördlicher Atlantikküste zahlreiche Strände gibt und Santander sowie San Sebastián (Donostia) gerne als altherrschaftliche Seebäder gepriesen werden, entsprechen die hiesigen Verhältnisse im Gegensatz zum Mittelmeer und zu den Kanaren nicht den Vorstellungen von einem klassischen Badeurlaubsziel. Am Atlantik geht es in jederlei Hinsicht rauer zu, ob geografisch oder klimatisch. Im Hochsommer bewegen sich die Wassertemperaturen allenfalls um die 20-°C-Marke und das Wetter ist eher unbeständig. Bewachte Strände während der Saison darf man nicht überall erwarten. Wenn, dann sollte man die kleine Flaggenkunde beachten. Apropos Gefahr: Mit hohem Wellengang und Strömungen hat der Atlantik seine Tücken, die Unterschiede zwischen Ebbe und Flut betragen zuweilen bis zu 6 m. Kinder sollte man niemals unbeaufsichtigt baden lassen! — Am rauen Atlantik

Die **Wasserqualität** ist an vielen Stellen gut, weshalb zahlreiche Strände und Marinas alljährlich neu mit der begehrten Blauen Flagge

> **? BAEDEKER WISSEN** *Warnflaggen am Strand*
>
> - Grüne Flagge:
>   Baden uneingeschränkt erlaubt
>
> - Gelbe Flagge:
>   Baden gefährlich
>
> - Rote Flagge:
>   Baden verboten

Herrlich baden kann man an den Stränden von Santander.

ausgezeichnet werden. Die so ausgezeichneten Strände sind im Internet unter folgender Adresse aufgelistet: www.blueflag.global

Zergliederte Küste

Die Küste zeigt sich zumeist ziemlich zergliedert. Häufig drängen Bergvorsprünge bis ans Meer heran. Es gibt viele kleinere Strände, die mitunter eine längere Anfahrt erfordern. Dafür wird man mit purer Romantik belohnt.

Dass die nördlichen Regionen Spaniens nicht gerade Magneten für Massentourismus sind, zeigt sich u. a. daran, dass hier Bettenburgen im Mittelmeerstil weithin fehlen. Ausnahmen sind das kantabrische Ferienstädtchen Laredo sowie die zubetonierten Strandabschnitte in größeren Städten.

Baskische Küste

Die **Costa Vasca** (baskische Küste) steht für ein kontrastreiches Miteinander aus Buchten, Klippen und Flussmündungstrichtern. Im Hinterland werfen sich fast durchgehend Bergflanken auf. Der längste Sandstrand des Baskenlands liegt in **Zarautz** und ist auch unter Surfern beliebt. Die Muschelbucht von **San Sebastián (Donostia)** bietet mit La Concha und Ondarreta zwei der schönsten Stadtstrände Nordspaniens. Kleinere beliebte Strände finden sich u. a. im grenznahen Urlaubsort **Hondarribia**, in **Orio**, **Zumaia**, **Lekeitio** und **Bakio**. Etwas abgelegener sind zwei besonders schöne Strände zu finden: die **Playa de Laida** im östlichen Teil der **Ría de Mundaka** sowie die **Playa de Laga** nahe dem **Cabo Ogoño**.

Urlaub aktiv • ERLEBEN UND GENIESSEN

Wegen bedenklicher Wasserqualität sollte man sich von den Stränden im Großraum Bilbao mit dem am Ausgang der Ría de Bilbao gelegenen Handelshafen eher fernhalten.

Im landschaftlich abwechslungsreichen Kantabrien gibt es ca. 70 Strände. Der mit etwa 5 km längste heißt **Playa de la Salve** und liegt bei **Laredo**, ehe westwärts Richtung Santander kleinere und manchmal recht versteckt gelegene Strände anzutreffen sind. Dazu zählen **Berria**, **Noja**, **Ris**, **Arena** und **Galizano**. Aushängeschild von **Santander** ist der herrliche Stadtstrand namens Sardinero, weiter westlich liegen schöne Strandabschnitte beim Naturschutzgebiet **Dunas de Liencres**, **Comillas** und **San Vicente de la Barquera**. Von den Stränden in San Vicente de la Barquera blickt man bereits zu den gewaltigen Ausläufern der Kantabrischen Kordillere hinauf.

Kantabrische Küste

Costa Verde, »grüne Küste«, wird die ausgedehnte Küstenlandschaft zwischen Kantabrien und Galicien genannt. Hauptmerkmal der asturischen Küste ist einmal mehr das Miteinander aus Atlantik und sattgrünen Bergen, aus Klippen und kleineren Stränden. In Orten wie **Ribadesella** liegen die Strände direkt vor der Haustür, andere halten sich eher versteckt und verlangen nach einer längeren Anfahrt (z. B. Isla, Lastres, Rodiles). Wegen der Nähe zu Hafen- und Industrieanlagen ist von den Stadtstränden in Gijón abzuraten. Auch von der Ría de Avilés sollte man sich wegen Umweltbedenken fernhalten. Zwischen **Cudillero** und der **Ría de Ribadeo** gibt es wieder zahlreiche kleinere und manchmal recht versteckt gelegene Strände, die nicht allzu überlaufen sind.

Asturische Küste

Der äußerste Nordwesten der Iberischen Halbinsel zeichnet sich durch traumhafte, zum Teil menschenleere Strände aus. Sandstrände wechseln sich mit schroffen Abschnitten und besonders tief ins Land eindringenden Meeresarmen ab. Ausgesprochen schön und wildromantisch sind die **Ría de Viveiro**, die **Ría de Ortigueira** und die **Ría de Cedeira** im Norden. **La Coruña** wartet mit den sehr ansehnlichen Stadtstränden Orzán und Riazor auf. In Ferrol kann man wegen militärischer Anlagen nicht baden. Liebhaber einsamer Strände kommen an der **Ría de Corme e Laxe** und der **Ría de Camariñas** auf ihre Kosten. In der Hochsaison stark frequentiert sind die Strände und Buchten zwischen Kap Fisterra (Finisterre) und der portugiesischen Grenze, ange-

Galicische Küste

> **BAEDEKER TIPP** !
>
> *Der »Kathedralenstrand«*
>
> Einer der schönsten Strände des Landes ist die zwischen Ribadeo und Foz gelegene Praia das Catedrais, der »Kathedralenstrand«, so genannt, weil bei Ebbe gewaltige Steinformationen begehbar sind (s. S. 292). Allerdings ist hier, vor allem bei Flut, wegen starken Wellengangs und gefährlichen Strömungen höchste Vorsicht geboten.

führt von den Feriengebieten um **O Grove**, **Cambados**, **Sanxenxo** und **Baiona**.

Wassersport — Die für Wassersport maßgebliche Saison ist recht kurz und dauert von etwa Mai/Juli bis September. Dann kann man sich in den Küstenorten an Agenturen wenden, die Material verleihen und/oder Kurse in **Surfen** (»surf«) und **Tauchen** (»buceo«) anbieten. In den Häfen findet man Charterunternehmen, die **Jachten** mit oder ohne Skipper vermieten.

ANDERE AKTIVITÄTEN

Abenteuersport — Bei den Erlebnissen mit Abenteuercharakter reicht die Spanne von **Canyoning** (»descenso en cañones«) über **Paragliding** (»parapente«) bis zu begleiteten **Höhlentrips** (»espeleología«). Vereinzelt werden auch **Ballonflüge** (»vuelos en globo«) angeboten.

Reiten — In Nordspanien gibt es **Reitcenter** (»centro de equitación«, »club hípico«), die zum Teil sehr versteckt gelegen und nicht einfach zu erreichen sind.

Wintersport — Wintersport ist in den **Pyrenäen** möglich. In Aragonien gibt es mehrere Ski-alpin-Gebiete, Navarra eignet sich eher für Skilangläufer. Skistationen gibt es auch in der Rioja (Valdezcaray) und Kantabrien (Alto Campoo).

ZUSCHAUERSPORT

Ballsport — **Fußball** ist auch in Nordspanien die unangefochtene Königsdisziplin. Hier sind Traditionsclubs wie Athletic Bilbao, Deportivo La Coruña, Real Sociedad (San Sebastián) und Osasuna (Pamplona) ansässig. Im Baskenland ist das in großen Hallen oder auf Freiluftfeldern ausgetragene **Pelotaspiel** ein beliebter Zuschauersport (▶ S. 90).

SPRACHKURSE

Deutliches Spanisch — Das Flair der Universitätsstädte und die deutliche spanische Aussprache machen Nordspanien für Sprachschüler attraktiv. Es gibt eine ganze Reihe von Instituten, deren Angebote sich sowohl an Anfänger als auch an Fortgeschrittene richten. Die Kursdauer variiert zwischen zwei Wochen und mehreren Monaten. Mitunter gibt es auch Sommerkurse. Meist liegt das Mindestalter der Teilnehmer bei 18 Jahren. Auf Wunsch werden Unterkünfte vermittelt. Wichtiges

Qualitätsmerkmal der Schulen ist die Aufführung in der Datenbank des spanischen **Cervantes-Instituts** (Instituto Cervantes). Auf dessen offizieller, auch auf Deutsch aufrufbarer Homepage (http://eee.cervantes.es) gibt es den besten Überblick und gute Suchmöglichkeiten nach Schulen in Nordspanien.

Wichtige National- und Naturparks

Parque Nacional Maritimo-Terrestre de las Islas Atlánticas de Galicia
Fläche: 8480 ha
Lage: Inseln und Inselgruppen vor der Atlantikküste Galiciens
Zahlreiche Seevögel; begrenzte Besuchsmöglichkeiten

Parque Nacional Ordesa y Monte Perdido
Fläche: 15 608 ha
Lage: Provinz Huesca, Aragonien
Waldreiche Pyrenäentäler und schroffe Hochgebirgswelt rund um den Monte Perdido, Flüsse, Wasserfälle, Wege und Hütten für Bergwanderer

Parque Nacional Picos de Europa
Fläche: 64 660 ha
Lage: Kantabrische Kordillere, Provinzen Kantabrien, Asturien und León
Hochgebirgslandschaft mit vielfältiger Flora und Fauna, Gletscherseen, Tälern und Schluchten; Wege und Hütten für Bergwanderer

Mit der Seilbahn geht es von Fuente Dé hinauf zum Aussichtspunkt in über 1800 m Höhe.

ERLEBEN UND GENIESSEN • Urlaub aktiv

Parque Natural Bardenas Reales
Fläche: 41 845 ha
Lage: Süden von Navarra, zwischen Carcastillo und Arguedas
Halbwüstenlandschaft mit schroffen Felsen; leider gibt es noch einen Teil militärisches Sperrgebiet

Parque Natural Complexo Dunar de Corrubedo e Lagoas de Carregal e Vixán
Fläche: 996 ha
Lage: Im Südwesten Galiciens auf der Halbinsel von Barbanza
Dünen, Sümpfe, Lagunen, reiche Vogelwelt

Parque Natural Dunas de Liencres
Fläche: 257 ha
Lage: Kantabrische Küste bei Liencres
Dünen

Parque Natural Fragas do Eume
Fläche: 9126 ha
Lage: Nördliches Galicien, südwestlich von As Pontes de García Rodríguez
Flusstäler und Waldlandschaften

Parque Natural Fuentes de Narcea, Degaña e Ibias
Fläche: 47 589 ha
Lage: Südwesten von Asturien
Flüsse, Seen, Eichen- und Buchenwälder, Braunbären

Parque Natural Gorbeia
Fläche: 20 016 ha
Lage: Baskische Provinzen Álava und Vizcaya, nordwestlich von Vitoria
Gipfel des Gorbeia (1482 m), Wanderwege

Parque Natural Izki
Fläche: 9143 ha
Lage: Im Südosten der baskischen Provinz Álava
Pyrenäeneichenbestände, Wanderwege

Parque Natural Baixa Limia-Serra do Xurés
Fläche: 29 345 ha
Lage: Südosten der galicischen Provinz Ourense
Berge und Wälder nahe der portugiesischen Grenze, durchzogen vom Río Limia

Parque Natural de las Marismas de Santoña, Victoria y Joyel
Fläche: 6907 ha
Lage: Kantabrische Küste, Mündungsgebiet des Río Asón
Marschland, Rastfläche für Zugvögel

Parque Natural Monte Aloia
Fläche: 783 ha
Lage: Südwestliches Galicien, nördlich des Städtchens Tui
Berg Aloia (629 m), Ausblicke auf den Río Miño, Wanderwege

Parque Natural Oyambre
Fläche: 5758 ha
Lage: Kantabrische Küste zwischen Comillas und San Vicente de la Barquera
Strand- und Dünenzonen

Parque Natural Ponga
Fläche: 20 533 ha
Lage: äußerster Südosten von Asturien

Hochgebirgsszenerie in der Kantabrischen Kordillere, Übergang zu den Picos de Europa

Parque Natural Redes
Fläche: 37 803 ha
Lage: Südosten von Asturien
Berggebiet in der Kantabrischen Kordillere, Buchenwälder

Parque Natural Saja-Besaya
Fläche: 24 500 ha
Lage: Kantabrisches Hinterland südlich von Cabezón de la Sal
Waldreiche Berge und Flusstäler, Auerhühner, Rot- und Schwarzwild, Wanderwege

Parque Natural Señorío de Bértiz
Fläche: 2040 ha
Lage: Norden von Navarra bei Oronoz-Mugairi
Mittelgebirgslandschaft, Eichen- und Buchenwälder, Wanderwege

Parque Natural Sierra Cebollera
Fläche: 23 640 ha
Lage: Im Süden der Rioja
Sierra Cebollera mit Höhen bis zu 2164 m, Flüsse, Buchen- und Kiefernwälder

Parque Natural Somiedo
Fläche: 29 100 ha
Lage: Süden von Asturien
Berglandschaften der Kantabrischen Kordillere, eines der letzten Refugien von Braunbären auf der Iberischen Halbinsel

Parque Natural Valderejo
Fläche: 3419 ha
Lage: Im Westen der baskischen Provinz Álava
Gänsegeierkolonie, Schlucht des Río Purón, Wanderwege

TOUREN

An der Atlantikküste entlang oder hinauf zu den Picos de Europa?
In die Museumsmetropole Bilbao oder in die Fiestastadt
Pamplona? Oder doch lieber den Jakobsweg entlang bis nach
Santiago de Compostela – hier auf dem Foto?

Touren durch Nordspanien

Sie wissen noch nicht, wohin die Reise genau gehen soll? Wir stellen Ihnen besonders schöne Strecken vor, sei es entlang der abwechslungsreichen Küsten oder durch das bergige Hinterland mit seinen alten Klöstern und romantischen Burgen. Einzelne Touren können auch gut miteinander kombiniert werden.

Tour 1 Der Jakobsweg

Diese Tour ist der Klassiker und in Europa quasi die »Mutter aller Routen«. Sie verläuft quer durch den Norden Spaniens und folgt der traditionellen Pilgerroute des Jakobswegs. Für diesen Roadtrip sollte man inklusive kleinerer Abstecher mindestens eine Woche veranschlagen.
▶ Seite 133

Tour 2 Die große Atlantikroute

Gut eine Woche sollte man einplanen, um am Golf von Biskaya die herbe Atlantikluft zu schnuppern. Unterwegs lernt man nicht nur interessante Städte und

Touren durch Nordspanien • TOUREN

Dörfer sowie herrliche Gebirgsregionen kennen, sondern kann auch genießen, was Meer und Berge kulinarisch zu bieten haben.
▶Seite 138

Tour 3 **Baskenland, La Rioja und Navarra**
»Städte und Weine« – so lautet das Motto für diese Rundfahrt ab und bis Bilbao. Sie führt durch Orte mit langer Geschichte und durch einige der berühmtesten Weingegenden Spaniens.
Seite 140

Tour 4 **Pyrenäen und Ebro-Becken**
Auf dieser Route entdeckt man imposante Bergmassive, geschichtsträchtige Klöster und Kastelle sowie Aragoniens Hauptstadt Zaragoza samt ihrer schönen Altstadt der und Basilika.
▶Seite 142

Tour 5 **Die südlichen Rías Gallegas**
Diese Runde erschließt einige der schönsten Meeresbuchten Galiciens mit zauberhaften Stränden und malerischen Fischerhäfen.
▶Seite 144

Unterwegs in Nordspanien

Ganzheitliches Erleben

Fernab von altbekannten Spanien-Klischees und Ballermann-Trubel bietet der Norden der Iberischen Halbinsel Faszination und Abwechslung, die (noch) **nicht vom Massentourismus erdrückt** worden ist. Hier zeigt sich über weite Strecken noch ein unverfälschtes Stück Spanien mit freundlichen Fischerdörfern und zauberhaften Meeresbuchten, schönen Stränden und bekannten Weingebieten, berühmten Kirchen und Kapellen sowie stolzen Burganlagen. Kunsthistorisch Interessierten wird das Herz ebenso aufgehen wie begeisterten Naturliebhabern und Fans exquisiter Kochkunst. Nordspanien wartet mit einer Überraschung nach der nächsten auf und bürgt mit all seinen Schätzen aus Kultur und Natur für ein ganzheitliches Reiseerlebnis. Vormittags der Besuch einer **Stadt** samt historischem Viertel und Kathedrale, nachmittags eine Wanderung in überwältigender **Natur**, abends pulsierendes spanisches Leben mit **Wein und Tapas**. Es kommt nur darauf an, sich zur richtigen Zeit am richtigen Ort niederzulassen.

Jakobsweg

Schon lange zieht der Jakobsweg (Camino de Santiago; ▸Baedeker Wissen S. 116 und 136) Besucher aus aller Herren Länder an. Auf ihm zu pilgern ist in den letzten beiden Jahrzehnten zum **neuerlichen Massenphänomen** geworden. PR-Kampagnen des spanischen Fremdenverkehrsamtes sowie eine Vielzahl von Publikationen, darunter auch etliche Erfahrungs- und Erlebnisberichte, machen auf den Jakobsweg neugierig.

Die knapp 800 km lange Hauptroute (für Wanderer etwas kürzer) führt von den Pyrenäen bis nach Santiago de Compostela, wo der heilige Apostel Jakobus begraben sein soll. Der Wanderpfad und die ebenfalls als »Camino de Santiago« markierten Straßen verlaufen mehr oder minder parallel und führen von Ost nach West zu wichtigen Stationen der Pilgerschaft und der Sakralbaukunst. Dazu gehören die Kathedralen von **Pamplona** und **Logroño**, die Klosterkirchen von **Nájera** und **San Juan de Ortega**, die Kathedralen von Burgos und **León**, die Altstädte von **Astorga** und **Ponferrada**. Und dazwischen liegen immer wieder typische Pilgerorte, wahre Sinfonien in Stein, wie Castrillo de los Polvazares und O Cebreiro. Stilistisch sind die zahlreichen Monumente hauptsächlich von Romanik und Gotik geprägt.

UNESCO-Welterbe

Die UNESCO hat historisch und kulturell besonders bemerkenswerte Stätten zum **Weltkulturerbe** erhoben. Dazu gehören in Nordspanien der gesamte Jakobsweg, die gesondert hervorgehobene Kathedrale von Burgos sowie die Altstadt von Santiago de Compostela, die beiden riojanischen Klöster Suso und Yuso bei San Millán

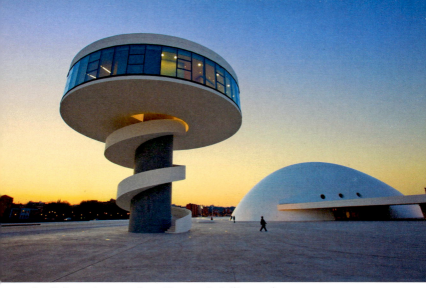

Das Kulturzentrum von Oscar Niemeyer in Avilés – moderne Architektur ist nicht nur in Bilbao anzutreffen.

de la Cogolla, die Stadtmauern von Lugo, der Herkulesturm von La Coruña und die präromanischen Kirchen in Asturien. Ein technisches Denkmal von Weltrang ist die »Schwebebrücke« (Puente Colgante) bei Bilbao.

Zum **UNESCO-Weltnaturerbe** zählt überdies der galicische Nationalpark, der die Atlantischen Inseln (Islas Atlánticas) und den zugehörigen Küstenabschnitt schützt.

Eine archäologische UNESCO-Welterbestätte ist die für Besucher nicht mehr zugängliche Höhle von Altamira (im benachbarten Museum befindet sich ein Nachbau). Auch die östlich von Burgos gelegene Fundstelle Atapuerca, wo Überreste eines »Altmenschen« entdeckt worden sind, ist UNESCO-Welterbestätte. Dies gilt auch für das einstige Goldabbaugebiet Las Médulas südwestlich von Ponferrada, wo die alten Römer mit kühlem Kalkül ganze Berge durchspülten und die Reichtümer abtrugen.

Kunst und Architektur

Kunst und Architektur treten in Nordspanien in vielerlei Facetten hervor. In Bilbao hat das **Guggenheim-Museum** für moderne und zeitgenössische Kunst europaweit Akzente gesetzt. An einigen Orten Nordspaniens – u. a. in Comillas, Astorga und León – hat Jugendstil-Baumeister **Antoni Gaudí** sehenswerte Schöpfungen hinterlassen. Arata Isozaki hat das Domus (Haus) in der galicischen Hafenstadt La Coruña geschaffen. Unter die Rubrik Geheimtipps fallen Ziele wie das Museum Jorge Oteiza bei Pamplona und das Museum Ignacio

Zuloaga in Zumaia. Auch die Museen der Schönen Künste in San Sebastián und Vitoria bergen wunderbare Schätze. Eine weitere Besonderheit ist die Rioja Alavesa, die sich mit spektakulären **Kellereibauten** von Frank O. Gehry und Santiago Calatrava schmückt (▶Baedeker Wissen S. 56).

Das »grüne Spanien«
Mit seinen wildromantischen **Meeresarmen**, sattgrünen **Wiesen** und Weiden sowie imposanten Hochgebirgsmassiven wie den Picos de Europa präsentiert sich der iberische Norden tatsächlich als das »grüne Spanien«. Wer Nordspanien besucht, sollte wetterfest sein (die Region eignet sich nicht zum klassischen Badeurlaub! ▶S. 95) und sich auf die Lebensart der Bewohner einlassen können. An festliche Ausschweifungen ist man hier zwar gewöhnt, nicht jedoch an internationales Party-Nachtleben, wie man es etwa von der Mittelmeerküste kennt. Dafür findet man im Norden Spaniens – von wenigen Ausnahmen abgesehen – weder Hotelhochbauten noch Apartmentanlagen, in denen nur Deutsch und Englisch gesprochen wird.

Mobilität
Mit Bahnen und Bussen kommt man in der Regel problemlos von einer Stadt in die nächste und auch zu manchen touristisch interessanten Plätzen. Doch viele kleinere Dörfer, Sehenswürdigkeiten und Unterkünfte liegen oftmals recht abgeschieden. Ohne **eigenen Pkw** oder Mietwagen würde man eine ganze Menge verpassen.

Reisedauer und Touren
Wer viel von Nordspanien sehen will, sollte sich Zeit nehmen. Die vorgeschlagenen **Touren 1, 2 und 3** lassen sich gut zu einer etwa dreiwöchigen Rundreise kombinieren. Ob man dabei die Schwerpunkte auf Kultur oder Natur legt oder auf eine ausgewogene Mischung setzt, bleibt natürlich jedem selbst überlassen. **Tour 3** richtet sich an jene, die in Bilbao ankommen, etwa fünf Tage Zeit haben und sich dabei interessante Städte, ein Stück Jakobsweg und das berühmte Weinbaugebiet der Rioja ansehen möchten. **Tour 4** ist für die Reisenden gedacht, die auf weniger ausgetretenen Pfaden die Berge und Täler in den Pyrenäen sowie ein Stück Ebro-Becken erkunden möchten. **Tour 5** ist ein Vorschlag für alle, die ab und bis Santiago de Compostela eine einwöchige Rundreise durch Galicien unternehmen möchten und den Schwerpunkt auf Strände, Fischerdörfer und Meeresarme legen.

Auch andere Möglichkeiten kommen in Betracht, wenn man von einem anderen Flughafen wieder abfliegt, als man angekommen ist. Man kann nach Bilbao fliegen, wo man südlich Anbindung an den Jakobsweg hat, auf diesem nach Santiago de Compostela (▶Tour 1) fahren und von dort zurückfliegen. Oder man kommt in Santiago de Compostela an, nimmt die große Atlantikroute (▶Tour 2) nach Bilbao und fliegt von dort zurück nach Hause.

Der Jakobsweg

Tour 1

Start: Roncesvalles
Ziel: Santiago de Compostela
Dauer: 1 Woche
Strecke: ca. 800 km plus Abstecher

Der Jakobsweg ist die Hauptreiseroute in Nordspanien. Der nachstehende Tourenvorschlag ist jedoch nicht als Pilgerreise von Kirche zu Kirche für gläubige Christen konzipiert. Monumentale Prachtbauten wechseln sich mit urigen Dörfern und erstaunlich vielgesichtigen Landschaften ab. Man startet in den Pyrenäen und erreicht am Ende Santiago de Compostela.

Man reist von der französischen Atlantikküste über Bayonne und Saint-Jean-Pied-de-Port nach Spanien ein. Dort fängt die eigentliche 800-km-Route an. Die Grenze verläuft zwischen Saint-Jean-Pied-de-Port und Arneguy. Auf der N-135 geht es nun in langen Kehren aufwärts zum legendären Pyrenäenpass von Ibañeta (1057 m) und ein Stück abwärts zum Kloster von ❶ ***Roncesvalles** (Orreaga), eine der schönsten Pilgerstätten am Jakobsweg. Rundherum genießt man die Bergszenerie.

Ab Roncesvalles geht es weiter nach ❷ ****Pamplona** (Iruña, Iruñea), wobei der Pilgerpfad einige Male an der Straße entlangführt bzw. diese kreuzt. In Pamplona, der Hauptstadt der Region Navarra, verdienen die Altstadt mit dem Rathaus, der Plaza del Castillo, den Stadtmauern und der Kathedrale einen Besuch. Südwestlich von Pamplona geht es ein Stück auf der Autobahn Richtung Logroño, wobei man sich kurz vor Puente la Reina für einen Abstecher (4 km) zum romanischen Kirchlein ****Santa María de Eunate** entscheiden sollte.

In ❸ ****Puente la Reina** (Gares) erwartet einen die berühmte **romanische Brücke**. Danach geht es durch fruchtbare Weingärten bis **Estella** (Lizarra), der »Stadt der Kirchen«. Auf der N-111 erreicht man über Los Arcos und Torres del Río das Städtchen Viana. Dann geht die Region Navarra in die Weinbauregion La Rioja über.

Berglandschaft und Weingärten

Erste Station in der Rioja ist deren Hauptstadt ❹ ****Logroño**, die sich im weiten Becken des Río Ebro breitmacht und Besucher mit ihrer Kirchturm-Silhouette empfängt. In der Altstadt sollte man sich die Kathedrale, die einschiffige Iglesia de Santiago, die Kneipengasse Calle del Laurel und den Paseo del Espolón vormerken. Weingärten säumen den Weg südwestlich von Logroño, wobei man die Rioja-Metropole zwangsweise auf der Autobahn verlässt und dieser zunächst ein Stück Richtung Burgos folgt.

Der nächste wichtige Halt ist ***Nájera** mit dem Kloster Santa María la Real, gefolgt von ❺ ****Santo Domingo de la Calzada** mit seiner Kathedrale, in der es einen Hühnerstall zu bestaunen gibt.

Städte und Klöster

Ein Ausflug führt ab Nájera oder Santo Domingo de la Calzada etwa 20 km weit nach San Millán de la Cogolla, wo man gleich zwei Weltkulturerbe-Klöster besuchen kann: das kleinere Bergkloster Suso und das größere Talkloster Yuso. Die An- oder Abfahrt nach bzw. von San Millán de la Cogolla lässt sich überdies mit einem Besuch des Klosters **Cañas** kombinieren, in dem Kirche, Kreuzgang und Schatzkammer sehenswert sind.

Weiter westlich von Santo Domingo de la Calzada, hinter Grañón, geht die Rioja in die zu Kastilien-León gehörige Provinz Burgos über. Auf halbem Weg zwischen Villafranca Montes de Oca und Burgos gibt es eine ausgeschilderte Abzweigung ins ca. 5 km entfernte Dorf **San Juan de Ortega** mit seiner Klosterkirche. Es ist seit alters her eine wichtige Station am Jakobsweg.

Zurückgekehrt auf die N-120, geht es geradewegs bis ❻∗∗**Burgos**. In der Provinzhauptstadt kann man schön auf der Promenade am Fluss flanieren. Die Kathedrale markiert einen der kunsthistorischen Höhepunkte in ganz Spanien.

Ca. 55 km südöstlich von Burgos liegt das sehenswerte Benediktinerkloster **Santo Domingo de Silos**, das sich für einen Abstecher lohnt. Hier gibt es einen romanischen Kreuzgang mit reich verzierten Kapitellen und eine kleine Schatzkammer. In der Klosterkirche tragen die Mönche gelegentlich gregorianische Gesänge vor.

Auf Nebensträßchen Ab Burgos führt der Jakobsweg für Motorisierte westwärts auf der N-120 bis zum Ort **Olmillos de Sasamón**, wo man genau auf eine unscheinbare Links-Abzweigung mit dem Hinweis »Camino de Santiago« achten muss. Nun beginnt eine Etappe der Nebensträßchen, die am Pilgerort Hontanas vorbei und durch den Torbogen des einstigen ∗**Klosters San Antón** nach ❼∗**Castrojeriz** führt. Dort lohnt ein Blick auf die Stiftskirche Virgen del Manzano, ehe das jetzt deutlicher ausgeschilderte Sträßchen durch die typisch ländliche Gegend Kastiliens nach **Frómista** führt. Hier zieht die romanische Kirche San Martín Besucher in ihren Bann. Knapp 15 km weiter lenkt die Kirche

Santa María la Blanca in **Villalcázar de Sirga** alle Blicke auf sich. In **Carrión de los Condes** findet sich ein kleiner historischer Altstadtkern. Außerhalb liegt das Kloster San Zoilo. Auf der N-120 oder der Autobahn geht es weiter nach **Sahagún**. Die dortige Kirche des Benediktinerinnenklosters Santa Cruz birgt das Grabmal von König Alfons VI. Mangels Sehenswürdigkeiten empfiehlt es sich, hinter Sahagún ein Stück der Autobahn A-231 zu folgen, bis eine Rechts-Abzweigung auf die N-601 Richtung Mansilla de las Mulas und León weist.

Im alten Marktort **Mansilla de las Mulas** geht es recht gemächlich zu. Dagegen wartet ❽**León** wieder mit städtischem Flair sowie herausragenden Kulturstätten auf. Zu erwähnen sind die gotische Kathedrale, das an die Stiftskirche San Isidoro stoßende Pantheon der Könige sowie der einstige Rittersitz San Marcos (heute Parador). Südwestlich von León sind es knapp 50 km auf der N-120 bis Astorga, wobei unterwegs das moderne Marienheiligtum in Virgen del Camino und die mittelalterliche Brücke von **Puente de Órbigo** beachtenswert sind. ❾**Astorga** erwartet Besucher mit seiner Kathedrale, dem Gaudí-Palais (heute Jakobsweg-Museum) und Stadtmauern, deren älteste Teile aus der Römerzeit stammen. Westlich von Astorga verlaufen Wanderpfad und Nebensträßchen auf einer besonders schönen Strecke häufig parallel. Am Weg liegen die idyllischen Dörfer **Castrillo de los Polvazares** und **Rabanal del Camino**, ehe die Straße auf das »Dach des Jakobsweges« ansteigt: zum 1504 m hoch gelegenen **Cruz de Ferro**, dem Eisernen Kreuz. Über El Acebo und Molinaseca windet sich das kurvenreiche Sträßchen bis ❿**Ponferrada** hinunter, das bekannt ist für seine Templerburg und die Renaissance-Basilika Virgen de la Encina.

Ab Ponferrada kann man zwei lohnende Abstecher unternehmen, und zwar zum knapp 20 km südlich gelegenen **Peñalba de Santiago** mit seiner mozarabischen Kirche und – etwa 25 km südwestlich – zum alten römischen Goldbergbaugebiet **Las Médulas**.

León und idyllische Dörfer

Hinter Ponferrada beherrschen Weingärten den Landstrich des Bierzo und die nächste nennenswerte Station **Villafranca del Bierzo**, ehe die N-VI bzw. die moderne Schnellstraße A-6 Anbindung an Pedrafita do Cebreiro schafft, wo der Jakobsweg für Motorisierte wieder in die Einsamkeit führt. Nach einigen Kilometern erreicht man das

Wieder in die Einsamkeit

Der Jakobsweg

Alle wollen nach Santiago

Was im Mittelalter Christenpflicht und eine nicht ungefährliche Angelegenheit wa[r], ist spätestens seit Hape Kerkelings »Ich bin dann mal weg« für viele ein Selbstfindungstrip, den man gerne auch per Fahrrad oder all inclusive mit Gepäckbeförderung im vorausfahrenden Kleinbus bewältigt: Der Jakobsweg boomt, und nicht immer ist man allein unterwegs.

▶ **Pilger gestern und heute**

- breitkrempiger Hut mit Jakobsmuschel
- Ledertasche und Kürbisflasche
- Stab
- Sandalen
- Sonnenschutz
- Rucksack mit kompletter Ausrüstung
- Wanderstock
- festes Schuhw[erk]

▶ **Die drei wichtigsten Jakobsrouten durch Nordspanien**

Camino francés
1. Saint-Jean Pied-de-Port (F)
2. Roncevalles
3. Pamplona
4. Puente la Reina
5. Logroño
6. Burgos
7. León
8. Astorga
9. Ponferrada
10. Ruitelan
11. Palas de Rei
12. Santiago de C.
13. Finisterre

Camino del norte
14. Irún
15. Bilbao
16. Santander
17. Oviedo

Camino aragones
18. Oloron (F)
19. Jaca

▶ **Die Zahl der Pilger wächst stetig**

	registrierte Pilger		davon aus Deutschland
	145 877	2009	14 789
Heiliges Jahr 2010	272 135	2010	14 503
	183 366	2011	16 596
	192 488	2012	15 620
	215 880	2013	16 203
	237 385	2014	16 345
	262 458	2015	18 855

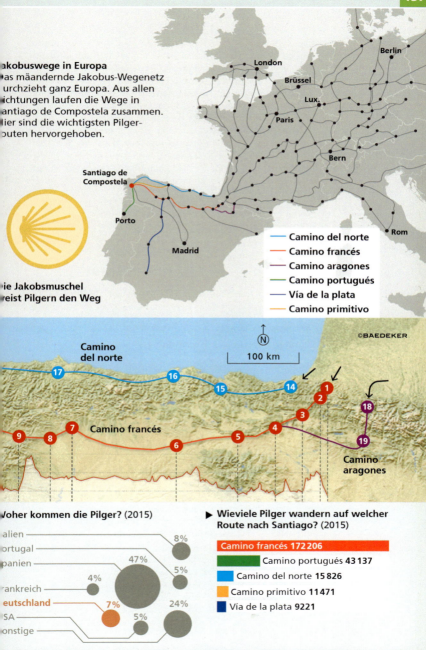

reizvoll auf einer Passhöhe gelegene Dorf ⑪***O Cebreiro** mit seiner Pilgerkirche. Von dort geht es über Berge und durch Täler hinunter nach Triacastela. Dann fährt man weiter nach Samos mit seinem **Benediktinerkloster** und durch Sarria. Schließlich erreicht man das hoch über den Ufern des Belesar-Stausees gelegene **Portomarin**. Dann geht es ein Stück auf der N-540 und später auf der N-547 weiter durch die Ortschaften Palas de Rei, Melide und Arzúa nach ⑫**Santiago de Compostela**, dem Ziel aller Jakobspilger.
*****Kap Fisterra**, das tief in den Atlantik stoßende »Ende der Welt«, ist ein lohnendes Ausflugsziel ab Santiago de Compostela. Die schönste Station unterwegs ist das Fischerstädtchen **Muros**, doch auch einige Strände sind sehr attraktiv und verlocken zu Stopps.

Tour 2 Die große Atlantikroute

Start: Santiago de Compostela **Dauer:** min. 7 Tage
Ziel: Bilbao **Strecke:** ca. 800 km

Wer den rauen Atlantik liebt und die Reise überdies mit kulturellen Sehenswürdigkeiten bereichern will, dem sei diese Route empfohlen. Die Tour beginnt in Santiago de Compostela und endet in Bilbao. Da Meer und Berge unterwegs nicht weit voneinander entfernt sind, dürfen sich Naturliebhaber besonders freuen.

Auf in den Norden

Auf der N-550 (oder der gebührenpflichtigen Autobahn) sind es ab ❶**Santiago de Compostela** rund 70 km bis zur galicischen Hafenstadt ❷*****La Coruña** mit ihren verglasten Galerien und ihrem als Landmarke weithin sichtbaren Herkules-Leuchtturm, der ein Erbe der Römerzeit ist. Danach folgt der interessanteste Teil Nordgaliciens, der allerdings etwas mehr Zeit erfordert. Denn die Sträßchen nördlich von **El Ferrol** legen sich oft in weiten Schleifen um die Buchten der oberen Rías Gallegas, der sogenannten ❸**Rías Altas**. Der Aufwand lohnt sich, denn die Rías von **Cedeira** und **Ortigueira** zählen zum Schönsten, was die Atlantikküste zu bieten hat. Auch der Meeresarm von **Viveiro** ist ausgesprochen malerisch, erst hinter Burela haben die kurvigen Abschnitte mit der Rückkehr auf die N-642 ein Ende. Nicht versäumen sollte man zwischen Foz und Ribadeo einen kurzen Abstecher an die ausgeschilderte ❹**Praia das Catedrais**, den wegen seiner bei Ebbe hervortretenden Felsformationen so genannten »Strand der Kathedralen«.

Im Ortskern des Fischerstädtchens **Cedeira** ist ein 12 km langer Abstecher nach **San Andrés de Teixido** ausgewiesen, ein schön gelegenes Dorf zwischen dem Atlantik und den Abhängen der Serra da

Tour 2 • TOUREN **139**

Capelada. Im Zentrum steht das Heiligtum, in dem Gläubige eine Reliquie des heiligen Andreas verehren.

Östlich von Ribadeo erstreckt sich die ❺**Costa Verde**, Asturiens »grüne Küste«, die mit Wiesen, Weiden, Buchten und kleinen Stränden ein buntes Wechselspiel von Landschaftsbildern zu bieten hat. Fast durchgängig fertiggestellt ist die küstennah verlaufende Autobahn. Immer wieder lohnen sich kurze Abstecher, ob ins winzige **Puerto de Vega** oder zum malerischen Fischerhafen von ❻**Luarca**. Mit einem Schlenker geht es ins Landesinnere – ❼**Oviedo** heißt das Ziel. Die asturische Hauptstadt besticht mit einer freundlichen und recht geschäftigen Altstadt. Außerhalb der Stadt gibt es sehenswerte **präromanische Kirchen**, die zum Weltkulturerbe der UNESCO zählen. Die Autobahn führt wieder an die Küste und erreicht die lebhafte Hafenstadt **Gijón**. Hier lohnt sich kein längerer Aufenthalt und es bleibt mehr Zeit für den landschaftlich reizvollen Küstenabschnitt um **Villaviciosa**, ❽**Ribadesella** und **Llanes**.
Im nahen Hinterland der asturischen bzw. kantabrischen Küste ragt das Hochgebirgsmassiv der **Picos de Europa** auf. Von Westen her eignet sich Cangas de Onís als Ausgangspunkt für einen Abstecher. Von Osten kommend geht es über Panes und Potes tief hinein in die Bergwelt bis zur Seilbahnstation in **Fuente Dé**.

Entlang der »grünen Küste«

❾**San Vicente de la Barquera** ist die erste nennenswerte Station in Asturiens Nachbarregion Kantabrien. Die schönsten Strände liegen östlich der Ría de San Vicente. Während die Autobahn weiter im Landesinnern verläuft, geht es an der Küste entlang auf freundlichen Nebensträßchen über **Comillas** nach ❿**Santillana del Mar**, das vor allem wegen seines mittelalterlichen Stadtbildes besucht wird. Etwas außerhalb liegen die Höhlen von Altamira und deren für Besucher zugängliche Nachbildung in einem Museum. Rund 30 km weiter nordöstlich zeigt Kantabriens Hauptstadt ⓫**Santander** ein ganz anderes Gepräge. Sie liegt wunderschön an einer Bucht und

Durch Kantabrien ins Baskenland

verfügt über tolle Strände. Im Osten der Bucht von Santander empfiehlt sich ein Schlenker auf Nebenstraßen durch die kleine Strand- und Ferienregion um Ajo und Noja. Hinter dem Feuchtgebiet von Santoña erreicht man wieder die A-8.

Nächste Stationen sind die Strandorte **Laredo** und **Castro-Urdiales**. Dann geht es von Kantabrien hinüber ins Baskenland. Endpunkt ist die baskische Metropole ⑫**Bilbao** (Bilbo), die über das Guggenheim-Museum hinaus weitere Museen, eine überraschend attraktive Altstadt und die spektakuläre Puente Colgante zu bieten hat.

Tour 3 Baskenland, La Rioja und Navarra

Start und Ziel: Bilbao
Länge: ca. 550 km   **Dauer:** min. 5 Tage

Diese Tour schafft den richtigen Ausgleich zwischen Stadtkultur und gebirgiger Naturlandschaft. Von den Weingärten Navarras und der Rioja geht es zu den Stränden des Baskenlandes und an die herrliche Bucht von San Sebastián.

Von Bilbao in die berühmte Weingegend

Die lebhafte baskische Metropole ①**Bilbao** kann mit interessanten Museen (u. a. Guggenheim-Museum) und technischen Wunderwerken (Puente Colgante) ebenso aufwarten wie mit einer von hübschen Gassen und Plätzen geprägten Altstadt. Von Bilbao schlängelt sich die N-240 zwischen den Nationalparks von Gorbea und Urkiola als landschaftlich reizvolle Strecke über das Gebirge nach ②*Vitoria (Gasteiz), die besuchenswerte Hauptstadt des Baskenlandes.

Rund 50 km südwestlich von Vitoria ist der äußerste Zipfel der weltberühmten Weinbauregion ③**La Rioja** erreicht. Eine bedeutende »Stadt des Weines« ist **Haro**, wo man bereits erste Bodegas besuchen kann, z. B. die Bodegas Muga. Im weiten Becken des Río Ebro kommt man so recht auf den Rioja-Geschmack. Dies gilt auch für kleinere Orte weiter östlich, vor allem für **Briones** mit seinem imposanten Weinbaumuseum. Weingärten säumen den Weg über Cenicero nach Fuenmayor, wo eine kleine Landstraße knapp 10 km nordwärts führt in den malerischen Ort **Laguardia** mit romantischen Gassen, Plätzen und Kirchen. Dazu kontrastieren die etwas außerhalb gelegenen topmodernen Bodegas Ysios, die Spaniens Stararchitekt Santiago Calatrava entworfen hat. Eine reizvolle Kulisse bilden die Berge des Umlandes.

Stolze Altstädte

Südöstlich von Laguardia liegt ④**Logroño**, die Hauptstadt der Rioja und wichtige Station am Jakobsweg, dem man etwa 90 km lang folgt, wie unter Tour 1 beschrieben, allerdings in umgekehrter Richtung. Die Strecke führt über **Viana**, ❺ ***Estella** (Lizarra) sowie über **Puente la Reina** (Gares) nach ❻ ****Pamplona** (Iruña, Iruñea), wo man gemütlich durch die Altstadt schlendern und der Kathedrale einen Besuch abstatten kann. Pamplona ist auch Ausgangs- und Endpunkt der Tour 4, die in die Pyrenäen hineinführt.

Nördlich der Stadt Pamplona säumen Berge, Wälder und Weiden die N-121-A. Diese Achse verbindet Navarra mit dem Baskenland. Sie durchmisst die beiden Tunnels von Velate (Belate) und zieht an Oronoz-Mugairi sowie Bera de Bidasoa vorbei.

Der erste freundliche Küstenort am Atlantik heißt ❼ ***Hondarribia** und hat mit seiner Altstadt, dem Hafen, dem Strand und allerlei Einkehrmöglichkeiten einiges für Touristen zu bieten. Aber deutlich ele-

Ins Baskenland

ganter geht es an den Promenaden des 20 km weiter westlich gelegenen alten Seebades ❽**San Sebastián** (Donostia) zu, das sein besonderes Flair bis heute erhalten konnte. Das historische Viertel ist eines der stimmungsvollsten in Nordspanien. Die Stadtstrände locken Surfer, Sonnenanbeter, Jogger und Spaziergänger gleichermaßen an.

Wer es eilig hat, legt die 120 km von San Sebastián (Donostia) nach Bilbao auf der Autobahn A-8 zurück. Geruhsamere entscheiden sich für die Nationalstraße N-634 und machen Station in den Küstenorten **Zarautz** (langer Sand- und Surferstrand), **Getaria** (Jacht- und Fischerhafen) und **Zumaia** (Strände, Kunstmuseum Zuloaga). Hinter Deba führt eine bergige und kurvenreiche Strecke über **Lekeitio** (Hafen) nach ❾*Gernika, der »heiligen Stadt der Basken«, die im Spanischen Bürgerkrieg schwer zerstört wurde. Statt ab Gernika den direkten Weg nach Bilbao zu nehmen, lohnt sich auch hier eine weitere Schleife über **Bermeo**, **San Juan de Gaztelugatxe** (Felsenheiligtum) und **Bakio** (schöner Strand). Erst südlich von Mungia geht es dann zurück nach Bilbao.

Tour 4 Pyrenäen und Ebro-Becken

Start und Ziel: Pamplona
Länge: ca. 500 km   **Dauer:** min. 4 Tage

Ausgesprochen abwechslungsreich ist auch diese Route ab und bis Pamplona, die zwar nicht den ausgefahrenen Touristenpfaden folgt, aber dennoch keinen Höhepunkt auslässt. Dazu zählen die Bergklöster Leyre und San Juan de la Peña, die Burgen von Javier und Loarre sowie die Städte Jaca und Zaragoza. Grandios präsentiert sich auch die Kulisse der Pyrenäen.

Bauhistorische Highlights

Über die neue Autobahn Richtung Jaca sind es von ❶**Pamplona** flotte 45 km bis ❷*Sangüesa, einem Städtchen am Aragonesischen Jakobsweg, wo sich alle Blicke auf das prächtige **Figurenportal** der Kirche Santa María la Real richten. Eine Nebenstraße führt von Sangüesa südostwärts zum Felsenkastell von **Javier**, auf dem der heilige Franz Xaver 1506 das Licht der Welt erblickte. Der nächste Höhepunkt ist nicht weit und über den Ort Yesa rasch erreichbar: das ❸**Monasterio de Leyre** mit seiner Benediktinergemeinschaft und der einzigartigen romanischen Krypta. Danach geht es ein kleines Stück zurück nach Yesa und weiter an den Ufern des gleichnamigen Stausees entlang, der auch die Grenze zwischen den Regionen Navarra und Aragonien markiert. Zwischen Puente la Reina de Jaca und Jaca führt ein ausgeschilderter Abstecher ein Stück hinauf ins Gebirge zum Felsenkloster von ❹**San Juan de la Peña**. Ebenso eindrucksvoll wie die Anlage selbst sind unterwegs die Ausblicke auf die Pyrenäengipfel. Danach lockt ⑤ *Jaca** mit seiner Altstadt und der Kathedrale.

Knapp 30 km nördlich von Jaca erreicht man auf einem Abstecher den seit alters her genutzten **Pyrenäenpass von Somport**, den auch viele Jakobspilger passieren. Am Ortsrand von Candanchú erinnert

TOUREN • **Tour 5**

ein kleines Ruinenfeld des Hospitals Santa Cristina an die Versorgung der Pilger im Mittelalter. Im Winter tummeln sich in Candanchú die Skiläufer.

Aragonien und zwei Provinzhauptstädte

Ab Jaca führt die Route südwärts über den **Pass von Oroel** durch ein wenig frequentiertes Stück Aragonien. Von **Ayerbe** geht es in ländliche Abgeschiedenheit zur spektakulären Felsenburg ❻**Castillo de Loarre**. Dann folgen zwei Provinzhauptstädte, zunächst das beschauliche ❼**Huesca** und 72 km weiter südwestlich die Ebro-Metropole ❽**Zaragoza** mit ihren eindrucksvollen Kirchen und Museen. Ab Zaragoza kehrt man auf der N-232 oder der AP-68 nach Navarra zurück, kann einen Zwischenstopp in ❾**Tudela** (Kathedrale, Plaza de los Fueros) einlegen und streift auf der Höhe von **Arguedas** und Valtierra das unter Naturschutz gestellte Halbwüstengebiet **Bardenas Reales**. Urzeitfans werden die Route westlich von Tudela über Cintruénigo und Fitero in die Rioja hinein ausdehnen. Bei **Igea** und **Cornago** finden sich versteinerte **Dinosaurierspuren**, ebenso weiter nordwestlich bei Enciso und Munilla. Letzter Höhepunkt ist ❿**Olite** mit seinem Königsschloss. Teile des Gebäudekomplexes werden als Parador genutzt. Schließlich erreicht man nach weiteren 42 km wieder **Pamplona**.

Tour 5 Die südlichen Rías Gallegas

Start und Ziel: Santiago de Compostela

Länge: ca. 400 km
Dauer: min. 4 Tage

Diese Route ab und bis Santiago de Compostela führt an die schönsten Meeresarme im Süden Galiciens heran – eine Augenweide aus Blau und Grün, sofern das Wetter in Spaniens regenreichster Region mitspielt. Auch die Städte Pontevedra, Baiona und Tui haben ihre besonderen Reize.

Zu einer der schönsten Buchten Galiciens

Die N-550 führt von ❶**Santiago de Compostela** zunächst südwestlich nach **Padrón**, einem eher unscheinbaren Städtchen, wo aber in der Jakobuskirche unter dem Hochaltar der berühmte Jakobusstein zu sehen ist und wo die Museen für die Literaten Rosalía de Castro und Camilo José Cela Beachtung verdienen. Ab Padrón geht es parallel zum Río Ulla über **Catoira** (Reste mittelalterlicher Wehrtürme) in das Hafenstädtchen **Vilagarcía de Arousa**. Es liegt an der ❷**Ría de Arousa**, einem der schönsten vom Meer überfluteten Flusstäler Galiciens. Hinter Vilanova de Arousa lohnt sich der Abstecher über eine Brücke auf die mitten in der Bucht aus dem Wasser ragende Insel **Illa de Arousa**. Danach geht es auf dem Festland weiter nach **Cambados**, das als »Hauptstadt des Albariñoweins« bekannt ist. Eine kleine Schleife führt südwestlich nach **O Grove**, der »Hauptstadt der Miesmuschelzucht«. Hier kann man einen Ausflug auf die kleine **Illa A Toxa** unternehmen. Die vielen Unterkünfte hier und weiter südöstlich in ❸ **Sanxenxo** weisen auf die Bedeutung dieser Gegend als Sommerfrische hin. Zwischen O Grove und Sanxenxo erstreckt sich mit der *****Praia da Lanzada** ein ausgesprochen schöner Strand.

Von Sanxenxo geht es weiter zur ❹*****Ría de Pontevedra**. Nach Stopps in **Combarro** (schöne Maisspeicher) und **Poio** (Klosteranlage) erreicht man die freundliche Provinzhauptstadt **Pontevedra** mit ihren lauschigen Plätzen und Gassen. Ab dort lohnt sich der Weg an der Südseite der Ría de Pontevedra entlang, über **Marín** und **Bueu**. In **Cangas** ist der nächste Meeresarm erreicht, die **Ría de Vigo**. Die dynamische Hafenstadt ❺ **Vigo** liegt auf der anderen Seite. Gemessen an der Größe der Stadt ist die Zahl der Sehenswürdigkeiten eher bescheiden. Was sich in den Sommermonaten aber lohnt, ist ein Bootsausflug zu den **Illas Cíes** (Vogelinseln). Weiter südwestlich ist das von einer Burg bewachte Hafenstädtchen ❻*****Baiona** ein weiterer Glanzpunkt, ehe es auf einer landschaftlich reizvollen Strecke am Meer entlang bis **A Guarda** weitergeht. Sehenswert ist hier der **Monte Santa Tegra** (Monte Santa Tecla) mit dem Ruinenfeld einer großen keltischen Siedlung. Parallel zum Río Miño und zur spanisch-portugiesischen Grenze geht es nun nordostwärts in die alte Bischofsstadt ❼*****Tui** mit ihrer trutzigen Wehrkathedrale. Da man nun alles Wichtige gesehen hat, kann man ruhig die schnelle Autobahn zurück nach **Santiago de Compostela** nehmen.

REISEZIELE VON A BIS Z

Grüne Hügel reichen bis an die wilden Steilküsten und die schönen, oft einsamen Strände. Ein Abstecher von der Küste führt in die herrliche Bergwelt der Picos de Europa. Aber auch Städte wie Santiago de Compostela, Bilbao, Pamplona oder Jaca – hier ein Ausschnitt des Monasterio de San Juan de la Peña – bestechen durch ihr einmaliges Ambiente.

* Astorga

G 5

Provinz: León
Region: Kastilien-León (Castilla y León)
Höhe: 869 m ü. d. M.   **Einwohnerzahl:** 12 000

Astorga bewahrt ein reiches kulturelles Erbe: Während der römischen Herrschaftszeiten trafen sich in dem netten Städtchen wichtige Wege, im Mittelalter war es eine der maßgeblichen Durchgangsstationen für Jakobspilger.

Geschichte und Gegenwart

Asturica Augusta nannten die Römer den mutmaßlich um 15 v. Chr. gegründeten Ort, in dem sich bald wichtige Handelswege und Heeresstraßen kreuzten. Nicht minder wichtig waren Schutz und Kontrolle über die Goldgewinnung in einem weiten Einzugsgebiet aus Minen. Im Mittelalter gelangte Astorga im Zuge des Jakobswegbooms zu erneuter Bedeutung, denn vor der kräftezehrenden Passage in die Montes de León fanden die Pilger hier in gut zwei Dutzend Spitälern Unterschlupf. Im heutigen Astorga geht das Leben einen beschaulichen Gang; es ist Zentrum des Landstrichs Maragatería.

> **! BAEDEKER TIPP**
>
> *Süßes aus Astorga*
>
> Astorgas Konditoreien fahren eine verführerische Auswahl an Leckereien auf und locken mit Wohlgerüchen. Die Schilder sind unübersehbar! Hoch im Kurs stehen Geschenkkartons mit Schmalzplätzchen (»mantecadas«) und Blätterteiggebäck (»hojaldres«).

SEHENSWERTES IN ASTORGA

*Murallas und Parque El Melgar

Die Murallas, die **Stadtmauern**, gehen auf die Römer zurück und sind im Laufe der Jahrhunderte mehrfach modifiziert worden. Den schönsten Blick auf die Wallreste mit dem darüberliegenden Bischofspalast und der Kathedrale hat man vom kleinen Parque El Melgar aus, der an der Avenida de las Murallas liegt.

*Catedral de Santa María und Museo Catedralicio

1471 wurde der Bau der heutigen Catedral de Santa María begonnen, die den romanischen Vorgänger ersetzte, abgeschlossen wurde das doppeltürmige Projekt erst im 18. Jahrhundert. Das erklärt die stilistische Vermischung aus **Spätgotik**, **Renaissance** und **Barock**. Das prächtige Hauptretabel geht auf Gaspar Becerra zurück, der ab 1558 daran arbeitete; polychromiert wurde es 1570 – 1575 von Gaspar de Hoyos und Gaspar de Palencia. Beachtung verdienen auch das spätgotische Sterngewölbe und das 97-sitzige Chorgestühl aus Nussbaumholz.

Astorga • ZIELE

Astorga erleben

AUSKUNFT
Oficina de Turismo
Plaza de Eduardo de Castro, 5
Tel. 987 61 82 22
www.aytoastorga.es

VERANSTALTUNGEN
Bedeutend sind die Prozessionen während der Karwoche. Meist ist am letzten Wochenende im Juli das »Asturer- und Römerfest« (Astures y Romanos) terminiert. In der zweiten Augusthälfte stehen die ca. zehntägigen Fiestas Patronales de Santa Marta an, die von Umzügen und reichlich Musik begleitet werden.

ESSEN
Cervecería Restaurante Plaza Mayor €€
Plaza de España, 2; Tel. 987 61 76 65
Rustikale Kneipe im Hotel Asturplaza am Hauptplatz mit schöner Außenterrasse.

ÜBERNACHTEN
Hotel Ciudad de Astorga €€
Calle de los Sitios, 7
Tel. 987 60 30 01
www.hotelciuddadeastorga.com
Wunderschöne Jugendstilvilla in der Nähe des Bischofspalastes. Schön speisen lässt es sich auf der Terrasse des Hauses.

Ein gesonderter Eingang neben der barocken Hauptfassade (im Bogenfeld über dem Portal schönes Motiv der Kreuzabnahme Christi) führt ins **Museo Catedralicio**, das weitläufige Kathedralmuseum mit einer Fülle an kostbaren Arbeiten, darunter Altarbildtafeln, Heiligenskulpturen und die Arqueta de San Genadio.

Kathedrale: direkter Zugang nur während der Andachts- und Gottesdienstzeiten, meist Mo.–Sa. 9.00–10.30, So. 11.00–13.00 Uhr, ansonsten nur durch das Museo Catedralicio

Museo Catedralicio: Mai–Sept. Di.–Sa. 10.00–14.00, 16.00–20.00, So. 10.00–14.00, während des übrigen Jahres Di.–Sa. 11.00–14.00, 16.00–18.00, So. 11.00–14.00 Uhr; Eintritt 4 € (Kombiticket mit Palacio Episcopal 6 €)

Bischof Juan Bautista Grau war Katalane und auch der Jugendstilarchitekt Antoni Gaudí war Katalane – so ergab sich eine Verbindung, die ab 1889 zum Bau des Bischofspalastes, Palacio Episcopal, führte. Warum das Vorhaben von gewaltiger Polemik begleitet wurde, ist bereits in der Außenansicht zu erahnen. Gaudí ließ seiner Fantasie freien Lauf und konzipierte ein tollkühnes Schnörkelwerk aus Granit – doch das gefiel dem Bischofsnachfolger Graus nicht. Es kam zum Zerwürfnis mit Gaudí, dessen Arbeit Ricardo García Guereta bis 1913 in moderaterem Stil fortsetzte.

Heute beherbergt der Bischofspalast, in dem nie ein Kirchenfürst residiert hat, das Museo de los Caminos. Dieses **»Museum der Wege«** legt nur einen seiner Schwerpunkte auf den Jakobsweg, samt interessantem Skulpturenwerk aus Romanik und Gotik, das den heiligen

*Palacio Episcopal und Museo de los Caminos

Stadtmauer, Bischofspalast und Kathedrale von Astorga

Jakobus einmal mehr als »Maurentöter« zeigt. Kurios ist der »Thronsaal« des Bischofs. Im Oberbereich ist zeitgenössische leonesische Kunst zu sehen, im Untergeschoss die archäologisch-historische Abteilung untergebracht.

❶ im Sommer Di.–Sa. 10.00–14.00, 16.00–20.00, So. 10.00–14.00, sonst Di.–Sa. 11.00–14.00, 16.00–18.00, So. 11.00–14.00 Uhr; Eintritt 4 € (Kombiticket mit Museo Catedralico 6 €)

*Plaza Mayor Die Plaza Mayor ist der freundliche, geschäftige Hauptplatz mit dem 1683–1704 unter Francisco de Lastra erbauten barocken Rathaus. An der Fassade fällt das Glockenspiel mit zwei Figürchen (1748) in der ländlichen Tracht der Maragatería auf.

Museo Romano An der zentralen Plaza de San Bartolomé, nicht weit von der Plaza Mayor entfernt, nimmt sich das Museo Romano der römischen Vergangenheit an. Heimstatt des Römischen Museums ist das einstige Sklavengefängnis.

❶ Plaza San Bartolomé; Juli–Sept. Di.–Sa. 10.30–14.00, 17.00–19.00, So. 10.30–14.00, Okt.–Mai Di.–Sa. 10.30–14.00, 16.00–18.00, So. 10.30–14.00; Eintritt 4 €

Museo del Chocolate Eine Besonderheit ist das kleine Museo del Chocolate in der Calle José María Goy. Das Museum erinnert daran, dass die Schokoladenproduktion im 18./19. Jh. ein wesentlicher Wirtschaftsfaktor in Astorga war.

❶ Avda. de la Estación, 16; Di.–Sa. 10.30–14.00, 16.30–19.00, So. 10.30–14.00 Uhr; Eintritt 2,50 €

Astorgas Stadtpark weist mit seinen Namen Jardín de la Sinagoga auf die Lage des mittelalterlichen Judenviertels mit seiner Synagoge hin. Die Anlage ist klein und gepflegt und gibt Blicke ins Umland frei.

Jardín de la Sinagoga

DER JAKOBSWEG VON ASTORGA BIS PONFERRADA

Der 55-km-Abschnitt von Astorga nach Ponferrada ist einer der schönsten und idyllischsten des gesamten Jakobsweges, da sich Wanderer und Motorisierte hier abseits großer Straßen bewegen und die herrliche Bergwelt der Montes de León passieren. 5 km hinter Astorga liegt zunächst das rote Steindorf Castrillo de los Polvazares mit seiner kleinen Kirche (Storchennester!) und dem Ortsdurchgang aus Bruchsteinbelag. In den örtlichen Restaurants lässt sich der deftige Maragatería-Eintopf (»cocido maragato«; ▶S. 81) kosten; der Ort bietet auch nette Übernachtungsmöglichkeiten (Casas rurales).

Hinter Castrillo de los Polvazares laufen Pilgerpfad und Sträßchen weitgehend parallel durch eine dünn besiedelte Vorgebirgslandschaft aus Steineichen, Ginstersträuchern und Erika. In **Santa Catalina de Somoza** und **El Ganso** herrscht eine unverfälschte dörfliche Stimmung. Im Kirchenort **Rabanal del Camino** (1150 m ü.d.M.) sollen im Mittelalter die Tempelritter mit dem Schutz des Jakobsweges beauftragt gewesen sein.

*Castrillo de los Polvazares

Ab Rabanal del Camino geht es kontinuierlich bergauf, bis zunächst der früher verfallene, nun teils wiederaufgebaute Ort **Foncebadón** und einige Kilometer weiter ein merkwürdiges Objekt erreicht ist: das Cruz de Ferro (Kreuz aus Eisen). Das kleine schlichte Kreuz sitzt auf einem mehrere Meter hohen abgerindeten Baumstamm, der seinerseits aus einem Hügel aus aufgeschütteter Erde, Steinen und Felsbrocken ragt. Traditionsgemäß legt jeder Pilger, der hier vorbeikommt, einen Stein zu den anderen Steinen, viele Gläubige sprechen leise ein Gebet. Das Cruz de Ferro ist nicht nur **einer der spirituellsten und ergreifendsten Punkte am Jakobsweg**, sondern auch der höchste außerhalb der Pyrenäen: 1504 m.

*Cruz de Ferro

Weitere Stationen sind der verlassene Ort **Manjarín** mit Hausruinen und einer einsamen Herberge sowie das von schiefergedeckten Bauten geprägte **El Acebo**. Unterwegs bieten sich herrliche Ausblicke ins Gebirge. In **Molinaseca** haben die Bergpassagen ein Ende, idyllisch liegt die Pilgerbrücke über den Río Meruelo; ab Molinaseca sind es 8 km bis ▶Ponferrada.

Weg nach Ponferrada

✶✶ Bilbao · Bilbo

Provinz: Vizcaya (Bizkaia)
Region: Baskenland (Euskadi)
Höhe: 19 m ü. d. M.

Einwohnerzahl: 345 000
(Großraum: 900 000)

Getreu dem Motto »Stillstand bedeutet Rückschritt« ist Bilbao, baskisch Bilbo, immer für eine Überraschung, stets für einen avantgardistischen Höhenflug gut. Der Bau des weltberühmten Guggenheim-Museums hat den Imagewandel von einer verschandelten Industriestadt hin zu einer modernen Metropole eingeleitet – und der Stadt ein echtes Kunststück beschert.

Essen
① Zortziko
② Restaurante Lasa
③ Café Iruña
④ Café La Granja

Übernachten
① Hotel Carlton
② Hotel Conde Duque
③ Hostal San Mamés

Bilbao • ZIELE

Das 1993–1997 nach Plänen des nordamerikanischen Stararchitekten **Frank O. Gehry** erbaute Museo Guggenheim ist aus heutiger Sicht ein stadtplanerisches Meisterstück, das nicht nur mit unansehnlichen Zonen an den Ufern des Río Nervión aufräumte, sondern auch mit dem Vorurteil, die Hauptstadt der Provinz Vizcaya habe außer Fabrikhallen nichts zu bieten. Auf der touristischen Landkarte wurde aus einem weißen Fleck innerhalb kürzester Zeit eine Pflichtstation, kometenhaft begleitet von einem umfangreichen Facelifting. Was nicht heißt, dass Bilbao seinen **industriellen Charakter** damit abgestreift hat. Noch immer dampfen in den Außenbezirken die Schlote, noch immer ist der Hafen an der etwa 10 km entfernten Mündung des Río Nervión einer der wichtigsten an der ganzen Nordküste.

Der **Handel** lag den einheimischen »bilbaínos« schon immer im Blut. Keimzelle war eine Siedlung an den Ufern des Flusses, die der Feudalherr von Vizcaya, Diego López de Haro, 1300 offiziell begründete. Ab dem Mittelalter boomte der Seehandel, im 19. Jh. setzte die Industrialisierung mit der Verhüttung von Eisenerz ein. Zwischen 1936 und 1939 bremste der Spanische Bürgerkrieg die Entwicklung, die in den darauffolgenden Jahrzehnten einen erneuten Aufschwung nahm. Die Schwerindustrie stand auch hier wieder an erster Stelle, bis sie in den 1980er-Jahren in die Krise geriet und die Stadtväter und -mütter zu neuen Strategien animierte.

Davon ausgehend hat sich Bilbao bis heute in ein **topmodernes Banken-, Kultur- und Verwaltungszentrum** verwandelt. Die Rundum-Modernisierung hat auch die Flussuferpromenaden (mit **Santiago Calatravas** »weißer Brücke« Zubizuri) und die Verkehrs-

Geschichte und Gegenwart

Bilbao erleben

AUSKUNFT
Oficina de Turismo
Plaza Circular, 1
Tel. 944 79 57 60
www.bilbaoturismo.net
Weitere Büros befinden sich vor dem Guggenheim-Museum (Alameda Mazarredo, 66) und vor dem Ankunft-Terminal des internationalen Flughafens.

VERKEHRSMITTEL
Bilbao Bizkaia Card
Mit der Bilbao Bizkaia Card lässt sich die Stadt besser erkunden. Sie ist in den lokalen Tourismusbüros in drei Preisklassen erhältlich: für 1, 2 oder 3 Tage. Damit gibt es preisreduzierte Tickets für den öffentlichen Personennahverkehr sowie Nachlässe in Museen.

VERANSTALTUNGEN
Bilbao – Guía
http://guia-bilbao.net (auf Spanisch)
Einen guten Überblick über das laufende Kulturprogramm gibt Bilbao – Guía, eine etwa 70-seitige Broschüre, die regelmäßig erscheint und kostenlos in den Touristenbüros erhältlich ist.

Konzerte
Konzertadressen ersten Ranges sind das Teatro Arriaga (Plaza Arriaga, Tel. 944 16 35 33, www.teatroarriaga.com) und der Musikpalast Euskalduna (Avenida Abandoibarra 4, Tel. 944 03 50 00, www.euskalduna.eus).

Feste
Ausgiebig gefeiert wird in Bilbao der Karneval, in der zweiten Augusthälfte steht die Große Festwoche (Semana Grande) an.

ESSEN
❶ *Zortziko* €€€€
Alameda de Mazarredo, 17
Tel. 944 23 97 43, www.zortziko.es
Tafeln wie Gott im Baskenland – Daniel García und sein Team pflegen kreative Kochkunst erster Güte. Sonntags und Montagabends ist geschlossen.

❷ *Restaurante Lasa* €€
Calle Diputación, 3
Tel. 944 24 01 03
www.restaurantelasa.net
In einer Seitengasse der Gran Vía gelegen, gut für die kulinarische Erholung während des Shoppings. Abwechslungsreiche Karte, auch Menüs (entweder das Tagesmenü oder das gehobenere »Menú ejecutivo«). Sonntags ist geschlossen.

❸ *Café Iruña* €€
Jardines de Albia
Tel. 944 23 70 21
www.cafeirunabilbao.net
Hier gibt es nicht nur Kaffee, wie der Name verheißt, sondern auch schmackhafte Häppchen (bask.: »pintxos«) und Tagesmenüs, das Ganze umgeben von maurisch inspirierten Dekorationen.

! BAEDEKER TIPP

Cafés in Bilbao

Die geschichtsträchtigen Kaffeehäuser in Bilbao sind eine Klasse für sich. Im Café Boulevard (Arenal 3, Tel. 946 08 46 69) verwöhnt man die Gäste seit 1871. An der Plaza Circular ist das Café La Granja (Tel. 944 23 08 13) seit 1926 als Treff von Einheimischen und Besuchern bekannt.

❹ Café La Granja €€
Plaza Circular 3, Tel. 944 23 08 13
www.cafelagranja.net
Historisches Kaffeehaus, das seit 1926 ein Treff von Einheimischen und Besuchern ist. Es liegt an einem der markantesten Plätze. Montags bis freitags gibt es ein Tagesmenü, das samstags etwas teurer ist. Sonntag ist Ruhetag.

ÜBERNACHTEN
❶ Hotel Carlton €€€€
Plaza de Federico Moyúa, 2
Tel. 944 16 22 00
www.hotelcarlton.es
Vorzeigehaus, in dem Service und Zimmerausstattung nichts zu wünschen übrig lassen. Fünf Sterne, Innenstadtlage.

❷ Hotel Conde Duque €€
Paseo Campo de Volantín, 22
Tel. 944 45 60 00
www.hotelcondeduque.com
Strategisch günstige Lage im Zentrum, da von hier aus alle Sehenswürdigkeiten ohne Probleme zu Fuß zu erreichen sind. Drei Sterne, gehört zur Hotelkette »Best Western«. Gute Preise bei Online-Reservierungen.

❸ Hostal San Mamés €
Luis Briñas, 15
Tel. 944 41 79 00
www.sanmames.net
Etwas versteckt gelegene 30-Zimmer-Pension, gut für Busreisende (Nähe Busbahnhof). Das Haus bietet ein faires Preis-Leistungs-Verhältnis.

mittel einbezogen. Unterirdisch verkehrt die Metro, oberirdisch die neue Straßenbahn. Das Gebäude des Flughafens ist ebenfalls ein Kunstwerk von Calatrava. In der Nähe des Guggenheim-Museums erhebt sich seit wenigen Jahren der 165 m hohe Iberdrola-Turm von César Pelli.

SEHENSWERTES IN BILBAO

Kunst ist nicht nur das, was das Guggenheim-Museum in seinen 20 Ausstellungsgalerien zeigt. Das Bauwerk selbst, das mit hauchdünnen Titanplatten verkleidet ist und mit seinen organischen Formen in den Himmel zu wachsen scheint, wirkt wie eine gigantische Skulptur. Urheber war **Stararchitekt Frank O. Gehry**, der Anfang der 1990er-Jahre einen städtischen Wettbewerb gewann.
Zentrale Schnittstelle im Museumsinnern ist das Atrium, dessen verglaste Fronten die Sicht auf die Wassergärten und auf den Río Nervión freigeben. Der ganze Komplex bezieht eine historische Flussbrücke mit ein, die Puente de la Salve. Statt einer ständigen Sammlung – sieht man von Ausnahmen wie Richard Serras Skulpturen aus gewalztem Stahl ab – zeigt das Museum wechselnde Austellungen.
Auf der stadtwärts gerichteten Esplanade ist Jeff Koons' **Blumenhund »Puppy«** (1992) zu sehen, an der Flusspromenade die Bronzespinnenskulptur »Maman« von Louise Bourgeois (1999). Auch der zur

**Museo Guggenheim

Guggenheim-Museum

✲✲ *Architektur der Superlative*

Das Gebäude bzw. die dafür verwendeten Materialien des Museo Guggenheim haben Symbolkraft: Metall (das Museum trägt eine »Haut« aus Titanplatten), Stein und Wasser stehen für Stärke, die Unabhängigkeit und die industrielle Tradition des Baskenlands. Auf einer Gesamtfläche von 24 000 km² bieten 20 Galerien Platz für Ausstellungen und Installationen.

❶ Große Galerie
In der größten Galerie, die über 130 m lang ist und bis unter den Puente de la Salve reicht, sind in einer Dauerausstellung Werke von Richard Serra zu sehen: Riesenskulpturen aus Stahl.

❷ Rotunde
Um die Rotunde herum gruppieren sich die weiteren Galerien, die Wechselausstellungen vorbehalten bleiben.

❸ Restaurant
Auch im Museumsrestaurant »Nerua« dürfen hohe Maßstäbe angelegt werden – ans Design und an die Küche (www.neruaguggenheimbilbao.com).

❹ Auditorium
Das Auditorium des Museums, das Platz für 300 Personen bietet, wird für pädagogische Aktivitäten und für Kulturevents genutzt.

Außenansicht des Museumsbaus mit der Skulptur »Maman« von Louise Bourgeois. Weitere Ausfertigungen dieser Skulptur stehen u. a. vor der Eremitage in St. Petersburg und dem Mori Art Museum in Tokyo. Das Original ist im Besitz der Tate Modern in London.

❶ Muelle Ramón de la Sota, 1; im Sommer Di. – So. 10.00 – 20.00, im Winter Di. – Fr. 10.00 – 18.00, Sa., So. 10.00 – 20.00 Uhr; Eintritt 6 €; www.museomaritimobilbao.org

*Altstadt

Die Puente del Arenal schafft von der Seite der Gran Vía her nicht nur die Verbindung mit zwei Prachtprojekten aus dem 19. Jh., dem Teatro Arriaga und der von Arkaden umzogenen Plaza Nueva, sondern auch mit der Altstadt. Kernbereiche sind die sogenannten **Siete Calles**, »Sieben Gassen«, in denen einst die Krämer (Calle Tendería) und die Fleischer (Calle Carnicería Vieja) ihrer Arbeit nachgingen. Heute geht es hier nach wie vor geschäftig zu, kleine Bars und Restaurants verlocken zur Einkehr.

> **BAEDEKER WISSEN**
>
> **? Orte der Religion …**
>
> In Bilbao gibt es eine zweite »Kathedrale« – so zumindest will es der Volksmund. Die Anhänger des traditionsreichen Fußballklubs Athletic de Bilbao nennen ihr Stadion San Mamés schlichtweg »catedral« – die Kathedrale des Fußballs.

Mitten im Altstadtviertel liegt die **Catedral de Santiago**, die dem heiligen Apostel Jakobus geweiht ist und daran erinnert, dass Bilbao auf dem Küstenweg nach Santiago de Compostela liegt. Der Kirchenbau wurde im 14. Jh. begonnen, Portikus und Kreuzgang datieren aus dem 16. Jahrhundert.

Museo Vasco

Untergebracht in einem einstigen Jesuitenkloster in der Altstadt an der Plaza Miguel Unamuno, konzentriert sich das Museo Vasco auf Vorgeschichte und Volkskunde.
❶ Plaza de Miguel de Unamuno, 4; Mo., Mi. – Fr. 10.00 – 19.00, Sa. 10.00 bis 13.30, 16.00 – 19.00, So. 10.00 – 14.00 Uhr; Eintritt 3 €; www.euskal-museoa.org

Mercado de la Ribera

»Ufermarkt«, so ist der zwischen Nervión und Altstadt gelegene Mercado de la Ribera zu übersetzen. In der in mehrere Abteilungen gegliederten Markthalle blüht seit 1929 der Handel mit Obst, Gemüse, Fleisch, Käse und Würsten. Besuchen sollte man unbedingt die **Fischabteilung**, eine der am besten sortierten in Nordspanien.
❶ Mo. – Fr. 8.00 – 14.00, 16.30 – 19.00, Sa. 8.30 – 14.30 Uhr

Basílica de Begoña

Oberhalb der Altstadt lockt die Basílica de Begoña (16. Jh.) die Gläubigen an, die hier ein Marienbildnis, »Amatxo« genannt, verehren. Zu Beginn des 16. Jh.s soll hier die heilige Jungfrau erschienen sein.

Funicular de Artxanda

Eine gute Gesamtansicht von Bilbao bietet sich vom Hausberg Artxanda aus. Hinauf geht es am besten mit dem Funicular de Artxanda, einer Standseilbahn, die an der Plaza Funicular startet und täglich verkehrt.

Ungelöster Konflikt: ETA-Parolen an den Häuserwänden

**Puente Colgante

Die »Schwebebrücke«, Puente Colgante (▶Baedeker Wissen S. 62), auch Puente de Bizkaia genannt, verbindet die beiden nordwestlichen Vorstädte Portugalete und Las Arenas miteinander und gehört zum **Weltkulturerbe der UNESCO**. Wie viele Millionen Fahrzeuge und Passagiere seit Ende des 19. Jh.s von einer Seite zur anderen transportiert worden sind, ist kaum zu sagen. Fest steht, dass die Puente Colgante ein architektonisches Unikat der Stahlbautechnik ist und 1890 – 1893 nach Plänen von Alberto de Palacio erbaut wurde. Während die Plattform für Passagiere und Fahrzeuge wenige Meter über dem Fluss schwebt, verläuft in luftiger Höhe von 45 m ein vergitterter Aussichtssteg für Fußgänger (»pasarela«). Auf- und abwärts geht es dorthin per Panoramalift.

❶ Fährbetrieb rund um die Uhr, Aussichtssteg tgl. 10.00 – 19.00, im Sommer und vor Feiertagen bis 20.00 Uhr; Eintritt 7 €, mit Audioguide 9 €; www.puente-colgante.com

** Burgos

M 5

Provinz: Burgos
Region: Kastilien-León (Castilla y León)
Höhe: 860 m ü. d. M. **Einwohnerzahl:** 177 000

Burgos, Hauptstadt der gleichnamigen Provinz, ist Pflichtstation aller Jakobspilger, ihre Kathedrale eine der prunkvollsten Spaniens. Mitten in der Stadt lässt es sich am Río Arlanzón schön promenieren, in unmittelbarer Nachbarschaft beginnt die stimmungsvolle Altstadt.

Geschichte und Gegenwart

Die Reconquista gab den Ausschlag, im Norden Kastiliens ein weiteres Bollwerk gegen die Mauren zu errichten. 884 wurde Burgos von Graf Diego Porcelos begründet, stieg im 11. Jh. zur Hauptstadt Kastilien-Leóns auf und avancierte im Laufe des Mittelalters zu einer der wichtigsten Stationen für Jakobspilger. Hier fanden sie in über 30 Spitälern Aufnahme, angeführt vom Königsspital, dem Hospital del Rey. Pilgertum und Wollhandel waren wichtige Wirtschaftsfaktoren im Mittelalter. Kurz nach dem Tod von Alfonso VIII. (1214) war es 1221 an König Fernando III. und Bischof Mauricio, den Bau eines prächtigen neuen Gotteshauses in die Wege zu leiten: die Catedral de Santa María, die erst nach jahrhundertelanger Bauzeit vollendet wurde. Heute ist sie **Weltkulturerbe der UNSCO** und ein Magnet für Besucher aus dem In- und Ausland. Die Industrien an den Stadträndern (Chemie, Nahrungsmittel, Textil, Autozulieferer) mögen unansehnlich sein, sorgen aber in der ansonsten strukturschwachen Region für Arbeitsplätze. In der Provinzhauptstadt fällt auch dem Dienstleistungssektor eine wichtige Rolle zu.

> **? BAEDEKER WISSEN**
>
> *Zwischen den Extremen*
>
> Burgos gilt wegen seiner Temperaturschwankungen als eine der klimatisch ungemütlichsten Städte in Spanien. Das Sprichwort »Nueve meses invierno, tres meses infierno« (»Neun Monate Winter, drei Monate Hölle«) trifft den Kern: mal bittere Kälte weit unter 0 °C, mal Sommerglut um 40 °C.

SEHENSWERTES IN BURGOS UND UMGEBUNG

**Catedral de Santa María

Zwischen dem eingefassten Lauf des Río Arlanzón und dem Burghügel hebt sich unübersehbar das **Wahrzeichen von Burgos** ab: die Catedral de Santa María, die alleine durch ihre Maße beeindruckt und eines der größten Gotteshäuser im Land ist. Die Kathedrale ist 108 m lang, 61 m breit und erreicht mit ihren gotischen Turmhelmen 84 m Höhe. Dank umfangreicher Restaurierungsarbeiten leuchten Türme, Kalkstein und Portale wieder in hellem Glanz.

Nach der **Grundsteinlegung 1221** zogen sich die Arbeiten im Wesentlichen bis ins 16./17. Jh. hin. Während der ersten Bauetappe wurden die Portale beendet und die Arbeiten am Kreuzgang begonnen, die Türme enstanden im 15./16. Jahrhundert. In ihrer Gesamtheit ist die Kathedrale ein Werk internationaler Baumeister, an dem zunächst Spanier mitwirkten, ehe Künstler wie Felipe de Vigarny aus Burgund, Hans von Köln (Juan de Colonia) und Simon aus Köln (Simón de Colonia) umfangreiche Auftragsarbeiten erhielten. Die von Hans von Köln errichtete Vierungskuppel wurde nach ihrem Einsturz 1539 von Juan de Vallejo in platereskem Stil wieder errichtet. Auch die gotischen Turmhelme der Hauptfassade gehen auf Hans

Burgos erleben

AUSKUNFT
Oficina de Turismo
Calle Nuño Rasura, 7
Tel. 947 28 88 74, www.aytoburgos.es
Die Oficina Municipal de Turismo de Burgos befindet sich im Gebäude CITUR (Centro de Recepcion de Turistas). Bis auf Weiteres geöffnet ist überdies ein regionales Auskunftbüro an der Plaza Alonso Martínez 7.

SHOPPING
Die Altstadt mit ihrer weitläufigen Fußgängerzone um die Plaza Mayor und die Calle de la Paloma ist ein Shoppingparadies, in dem sich viele Boutiquen, Schuhgeschäfte und auch gute Feinkostläden mit Schinken und Wein finden.

VERANSTALTUNGEN
Aus dem festlichen Jahresreigen stechen die Patronatsfeierlichkeiten zu Ehren des heiligen Lesmes (30. Januar), die Kar- und Fronleichnamsprozessionen sowie das große Stadtfest Ende Juni (Fiestas de San Pedro y San Pablo) hervor.

ESSEN
❶ *El 24 de la Paloma* €€€€
Calle de la Paloma, 24, Tel. 947 20 86 08
www.restauranteel24delapaloma.com
In der Fußgängerzone gelegen, gut geführt und spezialisiert auf die Küche Kastiliens. Beliebt ist zum einen das Kastilische Menü (»menú castellano«), zum anderen das Degustationsmenü (»menú de degustación«) Sonntags abends und montags ist geschlossen.

❷ *Taberna La Vieja Castilla* €€
Calle El Carmen, 6
Tel. 947 20 11 49
Werktags recht günstige Tagesmenüs, am Wochenende teurere Spezialmenüs.

❸ *Mesón La Amarilla* €
Calle San Lorenzo, 26, Tel. 947 20 59 36
www.mesonrestaurantelaamarilla.com
Etwas versteckt nahe der Plaza Mayor gelegen. Gute Mittagsmenüs. Wenn es hier zu voll ist, findet man im selben Gassenbereich weitere Auswahl.

ÜBERNACHTEN
❶ *Hotel Corona de Castilla* €€
Calle Madrid, 15, Tel. 947 26 21 42
www.hotelcoronadecastilla.com
Verlässliche Vier-Sterne-Qualität, 87 Zimmer, WLAN ist kostenlos. Die City und die Kathedrale sind problemlos zu Fuß zu erreichen. Mit Restaurant.

❷ *Hotel Norte y Londres* €
Plaza Alonso Martínez, 10
Tel. 947 26 41 25
www.hotelnorteylondres.com
1904 gegründet, funktional und preisgünstig (vor allem in der Nebensaison), aber etwas altmodisch wirkendes Haus mit 50 Zimmern, zwei Sterne. Durch die Lage am Rand der Altstadt kann man alles Wichtige zu Fuß erkunden.

❸ *Camping Fuentes Blancas* €
Carretera Fuentes Blancas, km 3
Tel. 947 48 60 16
www.campingburgos.com
Weitläufiger Campingplatz an der östlichen Stadtgrenze. Hier kann man auch kleine Bungalows für bis zu fünf Personen mieten. Auch die Zweier-Unterkunft (»Bungalow-hotel 2 personas«) ist für Gäste interessant. Mit Sommerpool und ganzjährig geöffnetem Restaurant.

von Köln zurück. Das Hauptportal gestattet heute lediglich den Eintritt in die Capilla del Santísimo Cristo, eine Kapelle, in der die Gläubigen ein Bildnis des Gekreuzigten aus dem 14. Jh. verehren: den von Büffelhaut überzogenen Cristo de Burgos (dt. Christus von Burgos). Kurios in diesem Bereich ist außerdem eine Uhr mit dem sogenannten **»Papamoscas«**, dem »Fliegenvater« oder »Fliegenschnapper«, der bei den Glockenschlägen zu jeder vollen Stunde den Mund öffnet und schließt.

Die **Hauptfassade** mit ihrem Portal Santa María weist nach Westen zur Plaza de Santa María. In der Galerie über der Fensterrose sind acht Könige von Kastilien-León zu sehen, darunter Fernando I. und Alfonso IX. Am nördlichen (allerdings stets verschlossenen) Portal

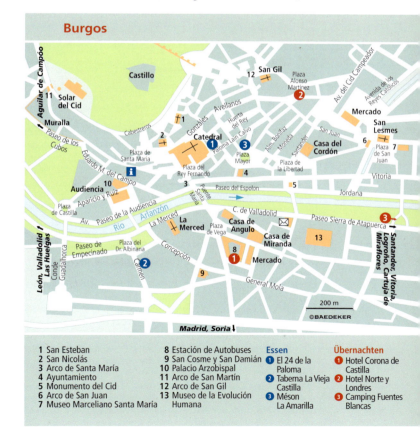

1 San Esteban	8 Estación de Autobuses
2 San Nicolás	9 San Cosme y San Damián
3 Arco de Santa María	10 Palacio Arzobispal
4 Ayuntamiento	11 Arco de San Martín
5 Monumento del Cid	12 Arco de San Gil
6 Arco de San Juan	13 Museo de la Evolución Humana
7 Museo Marceliano Santa María	

Essen
① El 24 de la Paloma
② Taberna La Vieja Castilla
③ Mesón La Amarilla

Übernachten
① Hotel Corona de Castilla
② Hotel Norte y Londres
③ Camping Fuentes Blancas

Catedral de Burgos

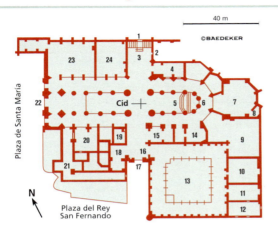

1 Puerta de la Coronería
2 Puerta de la Pellejería
3 Escalera Dorada
4 Capilla de la Natividad
5 Capilla Mayor
6 Trassagrario
7 Capilla del Condestable
8 Sacristía
9 Capilla de Santiago
10 Capilla de Santa Catalina
11 Capilla del Corpus Christi
12 Sala Capitular
13 Claustro
14 Sacristía Nueva
15 Capilla de San Enrique
16 Puerta del Claustro
17 Puerta del Sarmental
18 Capilla de la Visitación
19 Relicario
20 Capilla de la Presentación
21 Capilla del Santísimo Cristo
22 Puerta Principal
23 Capilla de Santa Tecla
24 Capilla de Santa Ana

Coronería läuft direkt der Jakobsweg vorbei, während für Besucher der Eintritt heute am südlichen Portal Sarmental und somit ab der Plaza de San Fernando beginnt. Das stark restaurierte Südportal wurde um 1240 abgeschlossen. Im Tympanon thront Christus Pantokrator, umgeben von den vier Evangelisten an ihren Schreibpulten. Auf der mittleren Säule heißt eine Skulptur von Bischof Mauricio, 1221 zusammen mit Fernando III. Mitbegründer der Kathedrale, die Besucher willkommen.

Das majestätische **Innere** wird vom Chorraum durchbrochen, das 103-sitzige Gestühl ist aus Nuss- und Buchsbaumholz gearbeitet. Genau vor dem Chorraumgitter liegen **Nationalheld El Cid** und seine Gemahlin Jimena begraben. An dieser Stelle bietet sich die beste Perspektive, um das sternförmig gestaltete Kuppelgewölbe und den Hochaltar (16. Jh.) mit dem zentralen Bildnis der heiligen Maria in aller Ruhe zu betrachten. In Prunk und Ausführung steht das Retabel in der Capilla Inmaculada Concepción dem Hochaltar in nichts nach; es ist spätgotischen Stils und wurde Ende des 15. Jh.s vom Bildhauer Gil de Siloé geschaffen und von Diego de la Cruz bemalt. Zum nördlichen Portal Coronería führt im Innern die um 1520 erbaute Vergoldete Treppe (Escalera Dorada) von Diego de Siloé.

Die bedeutendste Kapelle zweigt vom Altarumlauf ab und wirkt mit ihrem überwältigenden Kunstreichtum wie eine eigene Kirche: die ****Capilla del Condestable**. Es ist die Totenkapelle zu Ehren des kastilischen Kronfeldherrnpaares Pedro Fernández de Velasco und

Mencía de Mendoza. Die unter Simon von Köln und Franz von Köln errichtete Kapelle wird durch den Kuppelstern und die Glasfenster erhellt, die Marmorskulpturen des Paares ruhen auf einem Block aus rötlicher Jade. Das Retabel in der Kapelle geht auf Diego de Siloé und Felipe de Vigarny zurück (1523 – 1526); das Ölgemälde der Maria Magdalena stammt aus der Schule Leonardo da Vincis.

Vorbei an der Hauptsakristei mit ihrem Rokokomobiliar geht es in den oberen Teil des Kreuzgangs. Auf die umliegenden Kapellen und Räumlichkeiten verteilt sich der Domschatz, zu dem eine kuriose **Truhe des Cid** (Cofre de El Cid) gehört, die er – einer Legende zufolge – einst mit Sand und Steinen füllte, um sich eine Anleihe zu erschleichen. Das Geld gab er dann, ganz Ehrenmann, später auf Heller und Pfennig zurück. Weitere wichtige Exponate des Museums sind der dramatisch wirkende Christus an der Säule von Renaissancemeister Diego de Siloé und das dahinterliegende Retabel mit dem heiligen Jakobus als Maurentöter. Über den unteren Teil des Kreuzgangs (Informationen u. a. zur Baugeschichte der Kathedrale) und durch den Souvenirshop kehren Sie auf den Kathedralvorplatz zurück.

❶ Mitte März – Okt. tgl. 9.30 – 19.30, sonst tgl. 10.00 – 19.00 Uhr; Eintritt 7 € inkl. Audioguide (auch auf Deutsch); www.catedraldeburgos.es

Paseo del Espolón heißt Burgos' wichtigste **Flanierpromenade**, die parallel zu den Ufern des Río Arlanzón verläuft und die Altstadt zum Fluss hin abgrenzt. Im Sommer spenden die Platanenreihen reichlich Schatten. Der Paseo del Espolón ist etwa 500 m lang und erstreckt sich von der Plaza del Cid (Stadttheater) bis zum ***Arco de Santa María** (▶Abb. S. 168), einem Stadttor aus dem 16. Jh., durch das es auf den Vorplatz der **Catedral de Santa María** geht. In den zur Flussseite hin ausgerichteten Bildnisnischen des Arco de Santa María sind wichtige Persönlichkeiten wie Stadtgründer Diego Porcelos und El Cid zu sehen. Etwa auf halbem Weg zwischen der Plaza del Cid und dem Arco de Santa María führt ein Zugang auf den von Arkaden umzogenen Hauptplatz, die ***Plaza Mayor**. An der Südseite des Platzes ist das Rathaus (18. Jh.) untergebracht. In den Arkaden zum Paseo del Espolón hin sind in Rot zwei historische Hochwassermarken zu sehen.

*Paseo del Espolón

> **BAEDEKER TIPP**
>
> ### Auf den Spuren von El Cid
>
> In Burgos ist El Cid nicht nur mit seinem Grab in der Kathedrale und der legendären »Truhe« im Dommuseum präsent. Das im Arco de Santa María untergebrachte Museo de Farmacia (So. nachm. und Mo. geschl.) zeigt ein Stück vom Armknochen des Helden, den »Hueso del Cid«, samt Echtheitszertifikat. Imposant kommt der Cid auf dem Theaterplatz, der Plaza del Cid, daher: hoch zu Pferd, mit Schwert und Rauschebart. Das Denkmal schuf der Bildhauer Juan Cristóbal im Jahr 1954.

Berühmte Nordspanier

Helden und Heilige

Die lange Liste reicht vom heiligen Apostel Jakobus über den Markgrafen Roland und den Ritter El Cid bis zum Jesuitengründer Ignatius von Loyola – die Lebensfäden von vielen Heiligen und Helden sind eng mit Spaniens Norden verwoben.

Stellt man als erstes Beispiel Burgos heraus, lässt sich bereits erahnen, welch eine Fülle von Geschichten und Geschichte mit Helden und Heiligen in Nordspanien verbunden ist. An erster Stelle ist der Ritter und Nationalheld **El Cid** (um 1043–1099) zu nennen, der eigentlich Rodrigo Díaz de Vivar hieß und aus Vivar del Cid stammte, einem 8 km nördlich von Burgos gelegenen Örtchen. Rodrigo stand in Diensten des kastilischen Monarchen Sancho II., bis dieser 1072 durch Verrat zu Tode kam. Sanchos Bruder Alfonso VI. trat die Nachfolge an und Rodrigo profilierte sich als tapferer »Kämpfer«, Campeador, gegen die Mauren. Rodrigo ehelichte Jimena, eine Verwandte Alfonsos, doch das Verhältnis zwischen ihm und dem Herrscher geriet zunehmend in die Krise. 1081 sprach Alfonso die Verbannung Rodrigos aus, was diesen auf die Gegenseite trieb. Im Namen des maurischen Herrschers kämpfte Rodrigo nun vorübergehend gegen die Christen. Ehrfürchtig nannten ihn die Muselmanen »sayyid«, Herr, ein Name, von dem sich später El Cid ableitete. Nach der Aussöhnung mit Alfonso VI. gelang dem Cid die Rückeroberung von Valencia. Im 12. Jh. setzte ihm das von einem Anonymus verfasste Epos »Poema de mío Cid« ein überhöhtes literarisches Denkmal. 1921 wurde das Grab des Cid und seiner Gemahlin Jimena vom Kloster San Pedro de Cardeña in die Kathedrale von Burgos verlegt und ist dort noch heute unter der Vierungskuppel zu sehen. Ein großes Reiterdenkmal des Helden steht auf der Plaza del Cid.

Burgos ist auch eine Stadt der Heiligen. Als Patron wird **San Lesmes** (etwa 1035 bis 1097) verehrt, eine Lichtgestalt des christlichen Glaubens. Er stammte ursprünglich aus dem französischen Poitou, war Abt im Benediktinerkloster La Chaise-Dieu, kam nach Kastilien an den Hof von Alfonso VI. und ging im letzten Teil seines Lebens – vermutlich ab 1085 – im Dienst an den Jakobspilgern auf. Er spendete den Pilgern Trost und heilte sie von vielerlei Gebrechen. Begraben liegt er in der Iglesia de San Lesmes, direkt am Pilgerweg durch Burgos. Am westlichen Ende der Stadt fand ein anderer Heiliger aus Frankreich, **San Amaro**, seine letzte Ruhe. Auch er half im Spätmittelalter Jakobspilgern und versorgte sie in Burgos im Königsspital.

Wer war der hl. Jakob?

Der gesamte Jakobskult fußt auf Santiago, dem heiligen Apostel **Jakobus**, dessen Grab der Ursprung von Santiago de Compostela ist. Besser gesagt, sein vermeintliches Grab, denn zwischen Geschichte und Legende ist schwer zu trennen. Während Skeptiker das im

9. Jh. auf wundervolle Weise wieder aufgefundene Apostelgrab für eine Erfindung von Klerus und Königshaus im Sinne der Reconquista halten, besteht für gläubige Christen nicht der geringste Zweifel. Die Überlieferung besagt, dass Jakobus zunächst auf Mission in Spanien war und nach seinem Martyrium von seinen getreuen Jüngern und mit Hilfe eines »Engelsschiffes« nach Galicien gebracht wurde. Dort erhielt er seine letzte Ruhe in einem Waldstück, bis ein Einsiedler viele Jahrhunderte später durch Lichterscheinungen auf die vergessene Grabstätte aufmerksam wurde. Im Dienste der Reconquista, deren Schutzpatron er war, wurde Jakobus mit Skulpturen und Reliefs oft als »Maurentöter« verfremdet.

Roland und San Fermín

Auf dem Pyrenäenpass von Ibañeta erinnert ein Denkmal an **Roland**, einen Gefolgsmann von Karl dem Großen, der 778 bei der Schlacht von Roncesvalles in einen tödlichen Hinterhalt geriet und bis zum letzten Atemzug gegen die feindliche Übermacht der Mauren kämpfte. In Pamplona hält sich die Erinnerung an einen Märtyrer aus römischen Zeiten, **San Fermín**, durch die von Hemingway eingehend beschriebene Fiesta de San Fermín im Juli wach. Der Gedenktag des Heiligen ist der 7. Juli, die Fermín-Kapelle in der Iglesia de San Lorenzo bewahrt seinen Reliquienschrein.

Die Jesuiten

50 km südöstlich von Pamplona erhebt sich die Felsenburg von Javier, Geburtsort von **San Francisco Javier** (hl. Franz Xaver; 1506–1552). Er verbrachte seine Kindheit und Jugend auf der Burg, brach zum Studium nach Paris auf, traf dort mit Ignatius von Loyola zusammen und legte mit ihm sowie einigen weiteren Glaubensgenossen den Grundstein zur Gründung des Jesuitenordens. San Francisco Javier starb als Jesuitenmissionar vor den Toren Chinas, seine Heimatregion Navarra hat ihn zum Schutzpatron erhoben.

Sein Weggefährte **Ignatio de Loyola** (1491–1556, ▶Berühmte Persönlichkeiten), ein kerniger Baske, stammte aus dem Ort Loiola und war nach seiner schweren Verletzung in Pamplona später die treibende Kraft der Jesuiten. In Loiola steht ein Turmhaus für Besucher offen, wo man das Geburtszimmer des Heiligen betritt; eine Skulptur von Lorenzo Coullaut Valera führt die innere Wende des Ignatius vom machtbesessenen Militär hin zum gläubigen Christen vor Augen.

Noch mehr Heilige

Aus **Caleruega**, Provinz Burgos, stammte der heilige Dominikus, spanisch **Santo Domingo Guzmán** (um 1170–1221), der Stifter des Dominikanerordens. Im riojanischen San Millán de la Cogolla führte der hl. **Aemilianus von Cogolla** (473–574) das Bergkloster Suso als geistiges und wissenschaftliches Zentrum zur Blüte. Ebenfalls in der Rioja, in der nach ihm benannten Ortschaft, versorgte **Santo Domingo de la Calzada** (1019–1109) die Jakobspilger und ist überdies als Held des Hühnerwunders (▶S. 331) in die Geschichte eingegangen.

Der Jakobsweg durch Burgos

Am Jakobsweg durch Burgos liegen weitere interessante Bauten, beginnend mit der *Iglesia de San Lesmes (15. Jh.) an der Plaza de San Lesmes. Im Mittelschiff der Kirche ist das Grabmal des heiligen Lesmes zu sehen, Patron von Burgos. Der Kirchenvorplatz zeigt ein Reiterdenkmal von Stadtgründer Diego Porcelos, dahinter liegen die Ruinen des Klosters und Spitals San Juan, verbunden mit einem **Museum** für den lokalen Maler Marceliano Santa María (1866 – 1952).

Im Zentrum führt der Jakobsweg an der Nordfassade der Kathedrale und direkt dahinter an der *Iglesia de San Nicolás de Bari vorbei. Diese gotische Kirche zu Ehren des heiligen Nikolaus zeigt ein beeindruckendes Steinretabel, das Franz von Köln und Simon von Köln um 1505 im Auftrag reicher Kaufleute aus Burgos schufen. In der nahen Iglesia de San Esteban ist das **Retabelmuseum** (**Museo del Retablo**) zu sehen. Im westlichen Teil der Altstadt passiert der Jakobsweg die Reste der Stadtmauer, den Río Arlanzón und den Stadtpark. Ans Ende des Stadtparks schließt sich das *Hospital del Rey an, das König Alfonso VIII. 1195 stiftete und das heute zum Universitätsgelände gehört. Im zentralen Innenhof ist über dem Eingang zur Kirche ein Relief von Jakobus als Maurentöter zu sehen.

Museo de Pintura Marceliano Santamaría: Di. – Sa. 11.00 – 13.50, 17.00 – 20.50, So. 11.00 – 13.50 Uhr; Eintritt frei

Museo del Retablo: Calle de San Esteban, 1; Juli – Mitte Sept. Di. – So. 11.00 – 14.00, 17.00 – 20.00 Uhr

Am Arco de Santa Maria beginnt der Paseo del Espolón.

Die Casa del Cordón wurde Ende des 15. Jh.s als Sitz für die kastilischen Kronfeldherrn erbaut. Der Name des Palastes gründet sich auf die Gürtelschnur (»cordón«) der Franziskaner. Sie ist hier wunderbar in Stein gearbeitet und wendet sich zusammen mit der breiten Fassadenfront zur Plaza de la Libertad hin. Das Palais ist äußerst geschichtsträchtig. Eine Erinnerungstafel verweist darauf, dass die Katholischen Könige im April 1497 hier **Christoph Kolumbus** nach dessen zweiter Entdeckungsfahrt in die Neue Welt empfingen. Im Jahr 1506 verstarb Philipp der Schöne in dem Palais – er war mutmaßlich vergiftet worden. Seine Witwe Johanna, so sagt man, versank danach in geistiger Umnachtung und erhielt den Beinamen »la Loca«, »die Wahnsinnige«. Das Innere der Casa del Cordón ist umfangreich restauriert, gehört heute einem Finanzinstitut und ist im Rahmen von Wechselaustellungen geöffnet.

*Casa del Cordón

Das Castillo, gegründet im 9. Jh., bildet den Ursprung von Burgos und musste im Laufe seiner langen Geschichte zahlreiche Umbauten und Zerstörungen (darunter von den napoleonischen Truppen 1813) hinnehmen. Sehr schön ist der Blick über Stadt und Umland.

*Castillo

❶ im Sommer tgl. 11.00–20.00, April–Juni Sa., So. 11.00–14.00, 16.00–19.00, Okt.–März Sa., So. 11.00–14.00 Uhr; Eintritt 3,70 €

Markant zeichnet sich auf der vom Theaterplatz aus gegenüberliegenden Flussseite am Paseo Sierra de Atapuerca ein moderner Komplex ab, der sich aus dem Kongresspalast und dem touristisch relevanten **Museo de la Evolución Humana** zusammensetzt. Das Museum steht im Zeichen der Menschheitsgeschichte, ausgehend von Funden des Altmenschen in der nahen Sierra de Atapuerca. Zu sehen gibt es u. a. menschliche Knochenreste, Höhlen- und Grabungsfunde von Tieren sowie eine anschauliche Galerie zur Entwicklung unserer Vorfahren.

Museo de la Evolución Humana

❶ Paseo Sierra de Atapuerca; Di.–Fr. 10.00–14.30, 16.30–20.00, Sa., So. und im Juli, Aug. und Sept. 10.00–20.00 Uhr; Eintritt 6 €; www.museoevolucionhumana.com

Knapp 2 km südwestlich der Innenstadt liegt das Monasterio de las Huelgas, ein nach wie vor von Zisterzienserinnen geleitetes Kloster, dessen Stifter Ende des 12. Jh.s König Alfonso VIII. und seine Gemahlin Leonor de Inglaterra (Eleonore von England) waren. Das Gründerpaar liegt in prunkvollen Grabstätten in der Kirche begraben. Im seitlichen Kirchenschiff, der Nave de Santa Catalina, sind weitere **Sarkophage** von Mitgliedern der königlichen Familie zu sehen, die napoleonische Truppen allerdings im 19. Jh. plünderten. Nur einer der Grabmäler, nämlich das des 1275 verstorbenen Infanten Fernando de la Cerda, blieb wegen seiner versteckten Lage ungeschändet. Die wertvollen Grabbeigaben und Kleidungsstücke sind

**Monasterio de las Huelgas (Las Huelgas Reales)

heute in dem ins Kloster integrierten Museum zu sehen (**Museo de Telas Medievales**).

Weitere Höhepunkte sind der Kapitelsaal mit einer Standarte aus der Schlacht von Navas de Tolosa (1212), die beiden Kreuzgänge San Fernando und Las Claustrillas sowie die Capilla de Santiago mit ihrer mudejaren Ausgestaltung und einem kuriosen Bildnis des heiligen Jakobus: Der **bewegliche rechte Arm** mit dem Schwert in der Hand gestattete es einst, dass sich die Könige gleichsam vom Heiligen selber zum Ritter schlagen ließen. Im Kloster ist die Teilnahme an Führungen obligatorisch.

❶ Der Museumsbereich ist in die Klosteranlage integriert, für deren Besuch man sich einer organisierten Führung anschließen muss. Di.–Sa. 10.00–13.00, 16.00–17.30, So. 10.30–14.00 Uhr; Eintritt 6 ; www.monasteriodelashuelgas.org

**Cartuja de Miraflores

Die Cartuja de Miraflores, ein nach wie vor bewohntes Kartäuserkloster, liegt etwa 4 km südöstlich des Stadtkerns von Burgos. Die Anfahrt ist beschildert. In der Kartause geht es durch den kleinen

Grabmal des Infanten Alfonso in der Cartuja de Miraflores

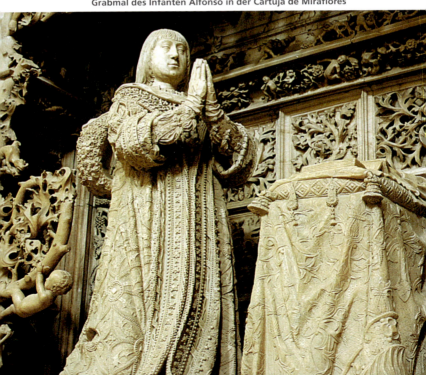

Kreuzgang in die mit 56 m extrem lang gestreckte, einschiffige Kirche (15. Jh.) hinein, die das prunkvolle Grabmal der Eltern der Katholischen Königin Isabella birgt. Das Alabastergrabmal des Königspaares wurde 1489 – 1493 von Gil de Siloé geschaffen, das Retabel angeblich mit dem ersten Gold aus der Neuen Welt überzogen. Der Rundgang durch den Museumsbereich führt an wertvollen Skulpturen, Gemälden, Wand- und Deckenmalereien vorbei.

Im kleinen Verkaufsbereich der Cartuja gibt es nicht nur Postkarten, sondern auch **von den Mönchen hergestellte Rosenkränze** (»rosarios«). Eingearbeitet sind getrocknete, handgedrehte Rosenblätter, die einen intensiven Duft verströmen.

❶ Da das Kloster unverändert von Kartäusern bewohnt wird, sind die zugänglichen Teile begrenzt. Mo. – Sa. 10.15 – 15.00, 16.00 – 18.00, So. 11.00 – 15.00, 16.00 – 18.00 Uhr; Eintritt frei; www.cartuja.org

In dem etwa 10 km südöstlich der Stadt gelegenen Monasterio de San Pedro de Cardeña lagen einst El Cid und seine Frau Jimena begraben. Das heutige Zisterzienserkloster wurde ursprünglich in romanischem Stil erbaut, was die Torre Cidiana und der Claustro de los Mártires belegen. Im 17./18. Jh. kam es zu umfangreichen Umgestaltungen.

Monasterio de San Pedro de Cardeña

❶ Teilnahme an Führungen Mo. – Sa. 10.00 – 13.00, 16.00 – 18.00, So. 12.15 – 13.00, 16.15 – 18.00 Uhr; www.cardena.org

SÜDLICHE PROVINZ BURGOS

Eine schöne Rundfahrt durch den südlichen Teil der Provinz Burgos führt zunächst auf der N-I Richtung Madrid 37 km nach Lerma (840 m ü.d.M., 2700 Einw.), das hoch über den Ufern des Río Arlanzón liegt. Lerma nennt sich »villa ducal«, Herzogsstadt. Der Herzog von Lerma und Günstling von Spaniens König Philipp III. Francisco Gómez de Sandoval y Rojas ließ sich zwischen 1601 und 1617 einen prächtigen Palast erbauen, der heute als **Parador** dient und weithin sichtbar ist. Die umliegende kleine Altstadt lädt zu einem Bummel ein.

***Lerma**

Südöstlich von Lerma führt die Landstraße BU-900 durch ländliches, dünn besiedeltes Gebiet rund 25 km weiter nach **Santo Domingo de Silos**. Das Örtchen liegt im Tal von Tabladillo und trägt den Namen eines wundertätigen Heiligen (um 1000 – 1073). Dieser stand dem lokalen Benediktinerkloster, dem heutigen Monasterio de Santo Domingo de Silos, bis zum Ende seines Lebens vor und soll sich selber um den Fortgang der Arbeiten an dem wunderschönen romanischen Kreuzgang gekümmert haben. Der Kreuzgang ist doppelstöckig, die Säulenkapitelle mit Motiven wie Löwen und monströsen Vögeln sind

****Monasterio de Santo Domingo de Silos**

meisterhaft gearbeitet. Zu beachten sind auch die doppelten Basreliefs an den vier Ecken, die u. a. den ungläubigen Thomas und Jesus mit den Emmaus-Jüngern zeigen. Besonderheit dort: **Jesus ist als Jakobspilger mit muschelverzierter Tasche** dargestellt. Der untere Teil des Kreuzgangs wird von einer mudejaren Kassettendecke aus dem 14. Jh. überspannt. Vom Kreuzgang gibt es einen Zugang in die historische Apotheke des Klosters, in die kleine Bibliothek und in ein **Museum** mit Exponaten sakraler Kunst. Das Grabmal des heiligen Domingo de Silos ist in einer Kapelle der klassizistischen Klosterkirche zu sehen. Bekannt ist die Kirche auch als Schauplatz der regelmäßigen **gregorianischen Gesänge der Mönche**, die es zu internationaler Berühmtheit gebracht haben. Mit dem höheren Alter haben die Stimmen jedoch an Strahlkraft verloren.

❶ Der Klosterkomplex ist – samt Museum – nur im Rahmen von Führungen zugänglich: Di. – Sa. 10.00 – 13.00, 16.30 – 18.00, So. 12.00 – 13.00, 16.00 – 18.00 Uhr; Eintritt 3,50 €; gregorianische Gesänge: u. a. tgl. 19.00, im Sommer Do. 20.00 Uhr; www.abadiadesilos.es

Umgebung von Santo Domingo de Silos

Ab Santo Domingo de Silos kann man einen vom Kloster aus einsehbaren Kreuzweg bis zu einer Kapelle ansteigen und die Aussicht genießen. Lohnend ist auch (motorisiert) ein ausgeschilderter Abstecher zur 3 km entfernten ***Garganta La Yecla**, eine kurze Klamm, durch die ein begehbarer Betonsteg verläuft. In diesem Gebiet sind besonders viele Gänsegeier heimisch, die sich mit dem Fernglas gut beobachten lassen. Die Klamm La Yecla liegt an der Landstraße BU-910, die weiter südlich nach **Caleruega** führt. Caleruega ist der Geburtsort des heiligen Dominikus (1170 – 1221), Stifter des Dominikanerordens und in Spanien als Santo Domingo de Guzmán bekannt; der örtliche Festungsturm Torreón de los Guzmán gehörte einst zum Besitz der Familie des Heiligen. Im Ortskern erhebt sich ein Monument für den berühmtesten Sohn. Besuchenswert ist das heutige Dominikanerinnenkloster (**Monasterio Madres Dominicas**) mit Museum, Kirche und der Geburtsstätte des Heiligen, markiert durch einen Brunnen; die Schwestern verkaufen Gebäck aus der Eigenproduktion.
Knapp 25 km südwestlich von Caleruega liegt **Aranda de Duero** (798 m ü.d.M., 32 000 Einw.). Zu sehen gibt es dort die Iglesia de Santa María la Real mit ihrem isabellinischen Portal und – im nahen **Sinovas** – die wegen ihrer polychromen Deckentäfelung im Mudéjar-Stil zum Nationalmonument erklärte ***Iglesia de San Nicolás de Bari**.

Monasterio Madres Dominicas: tgl. 10.00 – 15.00, 17.00 – 19.00 Uhr

***Covarrubias**

Fährt man von Santo Domingo de Silos in nordwestliche Richtung über die Berge, ist nach 17 km das am Río Arlanzón gelegene Covarrubias (880 m ü.d.M., 600 Einw.) erreicht. Das Miteinander aus Stadtmauerresten, Gassen, Plätzen und balkongestützten Fachwerk-

Im Kreuzgang des Monasterio de Santo Domingo de Silos: die gedrehte Säule als Unterschrift des Meisters

häusern machen das Örtchen ausgesprochen sehenswert. Hier steht, so will es die Geschichte, die **»Wiege Kastiliens«**. Das hat mit den Aufständen zu tun, die Rädelsführer Fernán González im 10. Jh. gegen Asturien-León anzettelte. Daraus entstand zunächst die Grafschaft, später das Königreich Kastilien. Fernán González liegt in der örtlichen Stiftskirche **San Cosme y San Damián** begraben. Außerdem sind dort weitere Adelsgräber, der Kreuzgang mit dem Grab der Infantin Kristina von Norwegen und ein erstaunlich weitläufiges Museum mit Exponaten sakraler Kunst zu sehen, darunter ein Flügelaltar aus dem 16. Jh. mit dem Motiv der Heiligen Drei Könige. Wer einkehren oder übernachten möchte, findet in Covarrubias einige Restaurants und Landhäuser.

Ab Covarrubias führt die BU-905 nach Hortigüela, vorbei an dem teils in Ruinen liegenden **Monasterio de San Pedro de Arlanza** (11. Jh.). Ab Hortigüela nimmt man die N-234 Richtung Burgos, sollte jedoch auf halbem Weg nach Cuevas de San Clemente nicht den kurzen Abstecher nach **Quintanilla de las Viñas** auslassen. Außerhalb des Ortes liegen die Reste der einsamen *****Ermita Visigótica** (auch: Santa María de Lara), einer westgotischen Kapelle aus dem 7./8. Jh. mit einzigartiger Reliefornamentik in Außen- und Innenansicht. Zurück nach Burgos verbleiben etwa 30 km.

Monasterio de San Pedro de Arlanza: Mo., Di., erstes Wochenende im Monat geschl., sonst Mai–Sept. 11.00–14.00, 16.00–20.00, Okt.–April 10.30–17.00 Uhr
Ermita Visigótica: wie Monasterio

WEITERE AUSFLÜGE AB BURGOS

*Palencia 86 km südwestlich von Burgos liegt mit Palencia (740 m ü.d.M., 80 000 Einw.) eine der am wenigsten bekannten Provinzhauptstädte in Spanien. Palencia war bereits zu römischen Zeiten bekannt und erhielt im 13. Jh. eine Universität. Ein Bummel durch die hübsche Altstadt führt durch die Calle Mayor und auf die Plaza Mayor mit dem Rathaus. Wahrzeichen Palencias ist die Kathedrale, deren Bau 1322 begonnen wurde; die Gläubigen verehren dort die Reliquien des Stadtheiligen Antolín. Am Nordrand der Stadt ragt eine monumentale Christusstatue empor, der Cristo del Otero, ein Werk des Bildhauers Victorio Macho.

*Abstecher an den Embalse del Ebro Auf dem Weg an den Embalse del Ebro wählt man nordwestlich von Burgos zunächst die N-627, die ins 72 km entfernte **Aguilar de Campóo** (895 m ü.d.M., 7000 Einw.) führt. Das monumentale Gepräge setzt sich aus Adelshäusern, Burg- und Stadtmauerresten sowie interessanten Kirchen (Colegiata de San Miguel, Ermita de Santa Cecilia) zusammen. Etwas außerhalb liegt das Monasterio de Santa María la Real mit seinem romanischen Kreuzgang. Einen würdigen Rahmen hat das Kulturerbe in der schönen Natur, insbesondere, wo diese über die Regionalgrenzen hinweg von Kastilien-León nach Kantabrien hineingeht.

Blick über den Ebro-Stausee bei Reinosa

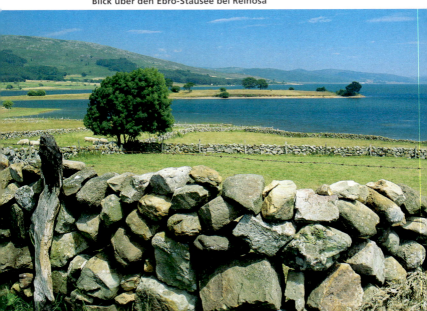

Rund 30 km nördlich von Aguilar de Campóo liegt **Reinosa** (850 m ü.d.M., 9600 Einw.), der ideale Startpunkt für Entdeckungen rund um den *****Embalse del Ebro**. Der ins Hochland und weite Grasländer eingebettete **Stausee** umfasst ein Gebiet von 7700 ha; als man ihn in den 1940er-Jahren angelegt hat, wurden mehrere Dörfer geflutet. Der See liegt idyllisch und ist Heimat zahlreicher Vogelarten. Westlich von Reinosa befindet sich bei Fontibre die **Ebro-Quelle** (Nacimiento del Río Ebro). Skifreunde zieht es im Winter zur **Estación Alto Campóo**, einem rund 25 km westlich von Reinosa gelegenen Skigebiet.

DER JAKOBSWEG VON BURGOS NACH LEÓN

Knapp 200 km sind es auf dem auch für Autofahrer gut beschilderten Jakobsweg von Burgos nach León. Die Strecke verläuft über die Meseta und bewegt sich durchgängig auf Höhen um 780 – 900 m ü. d. M., was wiederum bedeutet: schrundige Weiten mit vereinzelten Taleinschnitten, Getreidefelder mit ausgeklügelten Bewässerungssystemen, urige Dörfer mit Lehm- und Bruchsteinbauten, dünne Besiedlung. Im Winter kann es klirrend kalt, im Sommer drückend heiß sein – und das ist für all jene Pilger, die zu Fuß oder mit dem Fahrrad unterwegs sind, eine besondere Herausforderung.

Westlich von Burgos zieht sich die N-120 (oder ersatzweise die A-231) durch ländliches, höhepunktloses Gebiet nach **Olmillos de Sasamón**, dessen lokales Schlösschen in ein Hotel verwandelt worden ist. In Olmillos de Sasamón zweigt der Jakobsweg für Motorisierte nach *****Convento de San Antón** links ab, bis man bei **Hontanas** wieder die richtige Pilgerroute erreicht hat. Am Ortsrand kreuzen sich Straße und Pilgerpfad. Wenige Kilometer dahinter ist **eine der kuriosesten Stationen am Jakobsweg** erreicht. Mitten durch den Torbogen des gotischen Convento de San Antón, im Mittelalter ein von den Antonitermönchen betriebenes Kloster und Pilgerspital, führt die Straße hindurch! Eine Biegung weiter – und schon gerät **Castrojeriz** in Sicht, das von deutschsprachigen Wallfahrern vormals »Kastell Fritz« genannt wurde. Das mittelalterliche Kastell beherrscht den Ort, liegt in Ruinen und erinnert an die kriegerischen Konflikte zwischen Christen und Mauren im 9./10. Jahrhundert. 974 erwirkte Graf Fernández das »Sonderrecht von Castrojeriz«, durch das die Wiederbesiedlung des rückeroberten Landstrichs ermöglicht wurde. Besuchen sollte man die 1214 begonnene und im Laufe der Zeiten vielfach umgestaltete *****Colegiata Virgen del Manzano**, heute Museum für sakrale Kunst. Besonders schön: das Retabel mit dem polychromierten gotischen Bildnis der Virgen del Manzano und Jakobus als Pilger. Leider sind die Öffnungszeiten unzuverlässig.

Von Olmillos de Sasamón nach Castrojeriz

Nach Frómista

Hinter Castrojeriz trennen sich wieder die Wege: Der Pilgerpfad läuft über den einem Tafelberg gleichenden Mostelares, die Straße BU-400 (später BU-403) zieht sich in einem weiten Bogen über **Castrillo de Matajudíos** um den Berg herum. Pilger und Motorisierte kommen auf Höhe der Puente der Itero zusammen, einer historischen Brücke, die ursprünglich König Alfons VI. gegen Ende des 11. Jh.s im Zuge des Wallfahrerbooms erbauen ließ. Die Brücke führt über den Río Pisuerga, der die Provinzgrenze zwischen Burgos und Palencia markiert. **Tierra de Campos**, »Land der Felder«, heißt die hiesige Gegend. Und so säumen weite Getreidefelder den Weg, der über **Boadilla del Camino** (Lehmhäuser, interessante steinerne Gerichtssäule aus dem 15. Jh.) nach **Frómista** (780 m ü.d.M., 800 Einw.) führt. Kurz vor Frómista kreuzt man den bereits im 18. Jh. angelegten ***Canal de Castilla**, mit dessen Hilfe die Gegend bewässert wird; für Jakobspilger führt zwischen Boadilla del Camino und Frómista ein schönes, kilometerlanges Stück an den Kanalufern entlang.. Ein außergewöhnliches Bauwerk in Frómista ist die romanische ***Iglesia de San Martín**, die um 1066 von der navarresischen Königswitwe Doña Mayor gestiftet und zwischen 1896 und 1904 restauriert wurde. Erhalten geblieben sind die beiden zylinderförmigen Fassadentürme, die Vierungskuppel und vor allem die schmuckvollen Rollenfriese und über 300 Konsolfiguren. Im Innern wirken die Kapitelle allzu stark restauriert; im Altarbereich sind Figuren des gekreuzigten Christus (13. Jh.), des heiligen Martin (14. Jh.) und des Jakobus (16. Jh.) zu sehen. Nahe der Iglesia de San Pedro (15./16. Jh.) erinnert ein Denkmal an den berühmtesten Sohn des Ortes: den Dominikaner und Wanderprediger San Telmo (um 1180 – 1246).

Nach León

Nächster wichtiger Punkt ist **Villalcázar de Sirga** mit der im Übergangsstil zwischen Romanik und Gotik erbauten ***Iglesia de Santa María la Blanca**, die auf die Templer zurückgeht. Ihr Name gründet sich auf die »Weiße Jungfrau«, Virgen Blanca, deren Figur im Hauptretabel (16. Jh.) verehrt wird. Auch im bildreichen Südportal ist sie zu sehen; neben ihr kniet König Alfons X. der Weise, der ihren Ruf im 13. Jh. mit den Lobgesängen »Cántigas de Santa María« verstärkte. **Carrión de los Condes** (840 m ü.d.M., 2200 Einw.) wurde im mittelalterlichen Pilgerführer Codex Calixtinus als »wohlhabende und vortreffliche Stadt« beschrieben, doch im Vergleich zu damals hat die Bedeutung etwas nachgelassen. Zum örtlichen Kulturerbe gehören der Convento de Santa Clara (13. Jh., mit kleinem Sakralmuseum), die Iglesia de Santa María del Camino (12. Jh.) und die Iglesia de Santiago mit ihrem sehenswerten romanischen Skulpturenfries. Größtes Bauwerk ist das am Ortausgang liegende ***Monasterio de San Zoilo**, dessen Ursprung mutmaßlich ins 10. Jh. reicht. Interessant sind die Klosterkirche und der platereske Kreuzgang (16. Jh.). Letzte größere Station vor León ist **Sahagún** (829 m ü.d.M.,

2700 Einw.), wo den Überlieferungen nach das Heer Karls des Großen gegen die Mauren gekämpft haben soll. Von der großen mittelalterlichen Abtei Facundo y Primitivo ist bis auf Ruinen nichts geblieben. Interessanter sind da schon die Backsteinkirchen San Tirso und San Lorenzo im romanisch-mudejarischen Stil sowie die Kirche des Monasterio de Santa Cruz mit den Grabmälern von König Alfons VI. und seinen Ehefrauen. Etwas abseits steht das Heiligtum Santuario de la Peregrina (14. Jh.). Hinter dem historischen Viehmarktort **Mansilla de las Mulas** ist es mit der Beschaulichkeit vorbei – nach so viel ländlichen Eindrücken wirkt ▶León wie eine Großstadt.

> **BAEDEKER TIPP**
>
> **Speis', Trank und Unterkunft**
>
> In Villacázar de Sirga lädt das Mesón Los Templarios (Plaza Mayor, Tel. 979 88 80 22; www.mesondevillasirga.com) zur urigen Einkehr ein. Eine ansprechende Drei-Sterne-Unterkunft findet man in Carrión de los Condes im Hotel Real Monasterio de San Zoilo, das dem gleichnamigen Kloster angegliedert ist (Tel. 979 88 00 49, http://sanzoilo.com).

Calahorra

✧ Q 5

Provinz: La Rioja
Region: : La Rioja (Autonome Gemeinschaft)
Höhe: 358 m ü. d. M.
Einwohnerzahl: 24 000

Die zweitgrößte Stadt der Rioja fußt auf römischen Wurzeln; interessant ist das kleine historische Viertel mit seiner Kathedrale. Die strategisch günstige Lage erlaubt Ausflüge zu versteinerten Dinosaurierspuren und in das nahe Gebirge.

In der Eisenzeit soll es an dieser Stelle bereits einen Siedlungsplatz gegeben haben, den sich später die Keltiberer und dann die Römer zunutze machten. Zu römischen Zeiten kam dem damaligen **Calagurris** große Bedeutung zu. Hier erblickten der berühmte Redner und Schreiber Marcus Fabius Quintilianus (besser bekannt als Quintilian, um 30 – 96 n. Chr.) sowie der Dichter Aurelius Prudentius Clemens (um 348 – 405) das Licht der Welt. Eine kuriose Legende dreht sich um das Brüderpaar Emeterius und Celedonius, Söhne eines römischen Befehlshabers, die nach einiger Zeit in militärischen Diensten glaubensabtrünnig wurden. Bei einem Aufmarsch in Calahorra bekannten sie sich öffentlich zu Jesus Christus, was zu ihrer Enthauptung führte. Ihre Köpfe, so ist überliefert, warf man achtlos in den Río Cidacos, worauf sie flussabwärts trieben, schließlich ins Meer geschwemmt und von der Strömung rund um die Iberische Halb-

Geschichte und Gegenwart

Calahorra erleben

AUSKUNFT
Oficina de Turismo
Plaza del Raso
Tel. 941 10 50 61
www.ayto-calahorra.es

VERANSTALTUNGEN
Die beiden Stadtpatrone Emeterius und Celedonius lässt man beim großen Stadtfest Ende August so richtig hochleben. Während der Osterwoche ist alljährlich eine sehenswerte Prozession am Karfreitag angesetzt.

ESSEN
Restaurante-Casa Mateo €€
Plaza de Quintiliano, 15
Tel. 941 13 00 09
http://restaurantecasamateo.com
Hier wird die Speisetradition seit 1921 gepflegt. Gute Fleischgerichte und Gemüse aus dem Umland, dienstags bis freitags empfiehlt sich das Mittagsmenü. Montag ist Ruhetag.

ÜBERNACHTEN
Parador de Calahorra €€
Paseo Mercadal, s/n
Tel. 941 13 03 58
www.parador.es
Ansprechendes Vier-Sterne-Haus mit Restaurant der beliebten Paradores-Kette.

Hotel Ciudad de Calahorra €
Maestro Falla, 1
Tel. 941 14 74 34
www.ciudaddecalahorra.com
Freundliche, solide Unterkunft (zwei Sterne); mit Restaurant. 25 Zimmer.

---

insel bis nach Santander getrieben wurden. Das erklärt, warum sich Santander und Calahorra die Reliquien der beiden Heiligen teilen. An der Stelle des Martyriums von Emeterius und Celedonius erhebt sich nunmehr die Kathedrale Santa María. Im Mittelalter stand Calahorra vorübergehend unter islamischer Herrschaft, was die Landwirtschaft von neuen Bewässerungstechniken profitieren ließ.
Dank der Lage im fruchtbaren Gebiet des Ebro und des Cidacos hat sich rundherum das **landwirtschaftliche Gepräge** bis heute erhalten. Das riojanische Weinbaugebiet reicht weiter südostwärts bis in den äußersten Zipfel der Region nach Alfaro.

SEHENSWERTES IN CALAHORRA

Altstadt Das verwinkelte historische Viertel wird von den beiden Plätzen Plaza del Mercado (mit kleiner Markthalle) und Plaza de Quintiliano (nach wie vor auch als Plaza del Raso bekannt) mit der Iglesia de San Andrés (16. – 18. Jh.) bestimmt. Im Innern dieser Kirche sticht das Rokokoretabel hervor, das der einheimische Künstler Manuel Adán an Vorlagen von Diego Camporredondo anlehnte. Etwa 100 m entfernt gibt ein Stadtmuseum, das **Museo de la Romanización**, einen

Abriss zur frühen Geschichte der Gegend. In der Calle Cuesta de la Catedral gibt es überdies das auf die regionale Landwirtschaft ausgerichtete Gemüsemuseum, **Museo de la Verdura**.
Museo de la Romanización: Calle Ángel Oliván, 8; Di. – Fr. 11.00 – 13.30, 18.00 – 20.30, Sa. 11.00 – 14.00, 18.00 – 20.30, So. 12.00 – 14.00 Uhr
Museo de la Verdura: Calle Cuesta de la Catedral, 5; Do. – Sa. 11.00 – 13.00, 17.00 – 19.00, So. 11.00 – 14.00 Uhr; Eintritt 3 €

Im unteren Teil der Altstadt wendet sich die Catedral de Santa María den grünen Uferzonen am Río Cidacos zu. In die mehrfach erneuerte Baustruktur flossen Elemente aus Gotik, Renaissance, Barock und sogar Neoklassizismus ein. Die Kapelle San Pedro besitzt einen platteresken Alabasteraltar, die Sakristei wird wegen ihrer 41 Spiegel gern »kleiner Spiegelsaal« (Pequeño Salón de los Espejos) genannt. In den Hochaltar sind die Reliquienschreine der heiligen Emeterius und Celedonius eingefasst. Der plattereske Kreuzgang wird als **Diözesanmuseum**, Museo Diocesano, genutzt. Neben der Kathedrale liegt der zwischen dem 16. und 18. Jh. erbaute Bischofspalast.

*Kathedrale

🕐 tgl. 9.00 – 13.00, 16.00 – 18.30, im Sommer tgl. 9.00 – 13.00, 17.00 – 19.30 Uhr; Eintrittt 2 €; www.catedralcalahorra.org

UMGEBUNG VON CALAHORRA

Ein kleiner Abstecher südostwärts durch das Ebro-Becken nach Alfaro (302 m ü.d.M., 9000 Einw.) lohnt sich in erster Linie für Vogelbeobachter. Die Konzentration an **Weißstörchen** ist eine der höchsten in ganz Spanien. Wichtigstes Bauwerk ist die zum Nationaldenkmal erhobene *Colegiata de San Miguel (17. Jh.) mit ihren 50 m hohen Doppeltürmen. Ist man zur Osterzeit in der Gegend unterwegs, sollte man sich einen Zusatzabstecher ins weiter südwestlich gelegene Corella vormerken, das bekannt ist für seine Prozessionen am Palmsonntag und Karfreitag.

*Ebro-Becken

Das südlich von Calahorra beginnende **Tal des Río Cidacos** wird um Autol und Quel herum wegen seiner rötlich schimmernden Wildwestkulissen und seiner Felsformationen so richtig spannend. Arnedo (550 m ü.d.M.; www.arnedo.com), mit rund 14 000 Einwohnern das Zentrum der Gegend, ist bekannt

> **BAEDEKER TIPP** ❗
>
> *Entspannung pur*
>
> In der östlichen Rioja und im benachbarten Navarra ziehen die beiden Thermalhotels von Arnedillo westlich von Arnedo (Hotel Spa Arnedillo ❹❸❷❶, Paseo Joaquín Velasco, Tel. 941 39 44 05, www.balnearioarnedillo.com) und Fitero östlich von Igea (Hotel Balneario Gustavo Adolfo Bécquer ❷❶, Baños de Fitero, Tel. 948 77 61 00, www.balneariodefitero.es) viele Besucher an, die sich gerne ein paar Tage entspannen wollen.

Arnedillo ist Saurierland.

wegen seiner Schuhproduktion, seiner in den Sandstein getriebenen Höhlen und der Burgruinen. Über Besuche der sogenannten »Höhle der hundert Pfeiler« (Cueva de los Cien Pilares) auf dem Cerro de San Miguel und eines nahen Klosters aus dem Mittelalter, Monasterio de Vico, informiert das **Touristenbüro**. Interessant sind auch Outlet-Verkäufe von Schuhen und Outdoor-Kleidung in den Gewerbegebieten (»polígonos«) El Campillo und El Raposal.

Touristenbüro: Paseo de la Constitución 62, Tel. 941 38 39 88

** AUF DEN SPUREN DER DINOSAURIER

Arnedo und Arnedillo

Arnedo dient als Sprungbrett für das eigentliche Ziel dieses Ausflugs: die versteinerten Spuren von Dinosauriern. Folgt man der Landstraße LR-115 westwärts weiter dem Tal des Río Cidacos, kommt man über den Thermalort Arnedillo nach Munilla. Am Dorfrand von Munilla führt eine einsame Schotterpiste hinauf in die kahle Bergwelt – und mitten hinein in die Urzeit! Hinter einigen Wegbiegungen, etwa 2 km entfernt, bäumen sich ein paar Giganten auf – originalgetreue Dino-Nachbildungen aus Metall und Kunststoff. Sie zeigen die Fundstellen versteinerter Spuren (»huellas«) an, die sowohl über den dahinterliegenden Hügelkamm als auch ein Stück tiefer in der trockenen Schlucht verlaufen.

Die Dino-Spuren in der Rioja sind **einzigartig in Europa** und für Abenteuer- und Urzeitfans allein schon die Tour in Spaniens Norden wert. Tausende Abdrücke sind bis heute entdeckt, deren Alter Paläontologen mit über 100 Mio. Jahren angeben. Manche der Abdrücke sind bis zu 40 cm lang und 25 cm breit. Wie die Spuren erhalten geblieben sind, ist leicht zu erklären: Die Dinosaurier liefen durch ein sumpfiges Gebiet, in dem die Abdrücke aushärteten und von anderen Materialien und Schichten überlagert wurden – ehe sie Jahrmillionen später durch Erosion wieder freigelegt wurden. Wer in den Bergen der Rioja steht, wie hier über Munilla, kann seine Fantasie schweifen lassen und sich vorstellen, wie die tonnenschweren und bis zu 35 m langen Drachenechsen über die Höhen stapften.

In der Nähe liegen weitere bedeutende Spurenfelder bei Enciso, das nach der Rückkehr auf die LR-115 rasch erreicht ist. Die wichtigsten Fundstellen (»yacimientos«) bei Enciso heißen Valdecevillo, El Villar, Virgen del Campo, La Senoba und La Cuesta. In Enciso gibt es auch einen Freizeitpark, **El Barranco Perdido**, mit dem Dino-Leitmotiv (▶S. 98).

Enciso und Umgebung

Die Fährte anderer Dinosaurierspuren nimmt man bei Cornago und Igea auf, wozu man die Anfahrt auf der Landstraße LR-123 ab Arnedo wählt. Die Fundstelle fossiler Urzeitspuren bei Cornago heißt Los Cayos; über dem Örtchen erhebt sich eine mittelalterliche Burg. In Igea gibt es ein das **Museo Paleontológico** (▶S. 98).

Weitere Spuren

✱ La Coruña · A Coruña

✦ C 3

Provinz: La Coruña
Region: Galicien (Galicia)
Höhe: Meereshöhe
Einwohnerzahl: 244 000

»Ciudad cristal« nennt man sie gern, »Stadt aus Glas«. Man verbindet mit La Coruña, galicisch A Coruña, die Glasveranden der Häuser sowie die schönen Meeresansichten. Die Stadt hat vieles zu bieten: Stadtstrände, eine freundliche Altstadt sowie den berühmten Herkulesturm, Welterbe der UNESCO.

Auf die keltische Küstensiedlung Castro de Elviña folgte die Ära der Römer, die hier einen bedeutenden Hafen und auf der äußersten Spitze der Halbinsel jenen Leuchtturm anlegten, der noch heute städtisches Wahrzeichen ist: die **Torre de Hércules**, den Herkulesturm. Die Lage am Meer und der in einer geschützten Bucht gelegene Hafen haben die Geschichte wesentlich mitbestimmt. Hier sahen sich die Einheimischen den räuberischen Invasionen der Normannen ausgeliefert (9. Jh.), hier lief 1588 die so genannte »Unbesiegbare Armada« aus – und wurde vernichtend geschlagen. Ein Jahr darauf, 1589, bliesen die Engländer unter Francis Drake zur Attacke auf La Coruña, doch schlug ihnen heftiger Widerstand entgegen. Bei der Verteidigung soll sich eine gewisse **María Pita** besonders hervorge-

Geschichte und Gegenwart

tan haben, die nun als Volksheldin verehrt wird. 1809 bekriegten sich bei der Schlacht von Elviña Franzosen und Engländer.

La Coruña ist Hauptstadt der gleichnamigen Provinz und nach Vigo Galiciens zweitgrößte Stadt. Gelegentlich machen Kreuzfahrtschiffe fest, für Besteiger kleinerer Seegefährte werden im Sommer Bootstouren durch die Ría angeboten. Der stetige Zuzug hat gesichtslose Satellitenviertel, Industrie- und Arbeitersiedlungen mit sich gebracht. Am stadtnahen Handelshafen geht es äußerst geschäftig zu. Markante Kontraste setzen die beiden schönen, großen Stadtstrände Playa de Orzán und Playa de Riazor sowie die weit ausgreifende und mit dem Herkulesturm besetzte Halbinsel, die sich per Auto, Straßenbahn oder Fahrrad problemlos umrunden lässt.

La Coruña erleben

AUSKUNFT
Oficina de Turismo
Praza de María Pita, 6
Tel. 981 92 30 93
www.turismocoruna.com

VERANSTALTUNGEN
Johannisfeuer (Hogueras de San Juan) vom 23. auf den 24. Juni, der August ist im Regelfall ein kompletter Festmonat mit zahlreichen Veranstaltungen, um den 7. Oktober Fiestas del Rosario.

ESSEN
❶ *Alborada* ●●●●
Paseo Marítimo Alcalde
Francisco Vázquez, 25
Tel. 981 92 92 01
www.restaurante-alborada.com
Galicische Feinschmeckerküche mit innovativen Noten, im Dekor wie auch gastronomisch. Sonntag ist Ruhetag, Mo.–Mi. ist jeweils abends geschl.

❷ *Taberna da Penela* ●●
Plaza de María Pita, 9
Tel. 981 20 19 69
Altstadtrestaurant, das auch gerne von Einheimischen aufgesucht wird.

Galicische Küche, das Hausomelette (»Tortilla de Betanzos«) ist ein unverwüstlicher Klassiker.

ÜBERNACHTEN
❶ *Hotel NH Hespería Finisterre* ●●●
Paseo del Parrote, 2–4
Tel. 981 20 54 00
www.nh-hoteles.es
Fünf-Sterne-Haus mit adäquatem Konfort. Je nach Saison günstiger. Für Gäste kostenlose Benutzung eines nahen Sportzentrums.

❷ *Hotel NH Atlántico* ●●
Jardines de Méndez Núñez, 2
Tel. 981 22 65 00
www.nh-hoteles.es
Ansprechendes Vier-Sterne-Haus in zentraler Lage, saisonal stark schwankende Tarife.

❸ *Hotel Avenida* ●●
Ronda de Outeiro, 99 bis
Tel. 981 24 94 66
www.hotelavenida.com
Funktionale Unterkunft mit zwei Sternen und Restaurant. 82 Zimmer.

SEHENSWERTES IN LA CORUÑA

Wer sich der Innenstadt von Süden her nähert, bekommt zunächst die Jardines de Méndez Núñez zu Gesicht, den kleinen Stadtpark, der sich hinter den großen Molen anschließt. Ein Monument erinnert an die einheimische Dichterin **Emilia Pardo Bazán** (1851 – 1921). An

Jardines de Méndez Núñez

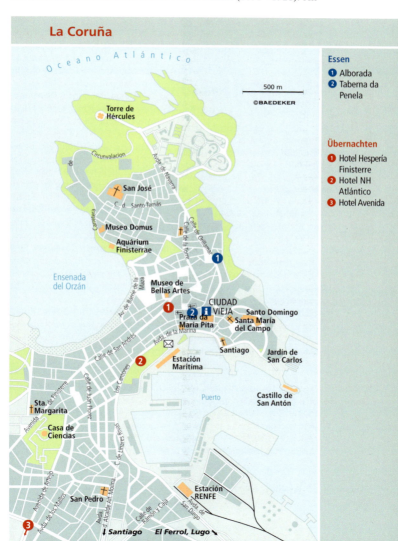

La Coruña

Essen
1. Alborada
2. Taberna da Penela

Übernachten
1. Hotel Hesperia Finisterre
2. Hotel NH Atlántico
3. Hotel Avenida

*Altstadt

die Grünanlagen schließt sich die ***Avenida de la Marina** mit ihren ausgesprochen schönen Glasveranden an, die mehrheitlich auf das 19. Jh. zurückgehen.

Ausgangspunkt in die Altstadt ist die 112 × 99,5 m große Praza de María Pita, die den Namen der legendären Volksheldin trägt und an der sich der Anfang des 20. Jh.s nach Plänen von Pedro Ramiro Mariño erbaute Palacio Municipal erhebt. Die Altstadt dehnt sich südostwärts Richtung Küstenlinie aus, lädt mit Kneipen und Cafés zum Verweilen ein und bündelt auf überschaubarem Raum einige nennenswerte Stationen: die Praza General Azcárraga, die romanisch-gotische Iglesia de Santiago und die in typisch galicischem Barock erbaute **Iglesia de Santo Domingo**. In der Nachbarschaft der letztgenannten Kirche liegt der Convento de Santa Bárbara (15. – 18. Jh.), an dem die beiden fein gearbeiteten Reliefs mit dem Jüngsten Gericht und der Jungfrau mit dem Kind auffallen. Auf dem höchsten Teil der Altstadt erhebt sich die **Iglesia de Santa María del Campo** (12. – 15. Jh.), deren Hauptfassade eine große Rosette und im Tympanon ein Relief mit den Heiligen Drei Königen zeigt. In der Calle Herrerías 28 hat die Volksheldin María Pita mit dem **Museo de María Pita** ein eigenes Museum, das in breiterer thematischer Vorgabe die Lokalgeschichte des 16./17. Jh.s beleuchtet (So. nachm. und Mo. geschlossen).

Küstenwärts schließen der **Jardín de San Carlos** (mit einem Monument zu Ehren des 1809 gefallenen Generals John Moore) und die Reales Jardines de la Maestranza mit schönen Ausblicken die Altstadt ab.

Museo de María Pita: Calle de las Herrerías, 28; Di. – Sa. 10.30 – 14.00, 17.30 – 20.00, So. 10.30 – 14.00 Uhr

> **?** *Picasso in La Coruña*
>
> **BAEDEKER WISSEN**
>
> Der Künstler Pablo Picasso (1881 – 1973) hat in La Coruña seine Spuren hinterlassen. 1891 zog seine Familie hierher und wohnte fast vier Jahre lang in der Calle Payo Gómez, 14. Dort zeigt das kleine Museo Picasso (Mi.–Sa. 10.30–14.00, 17.30 bis 20.00, So. 10.30–14.00 Uhr) Reproduktionen und originales Mobiliar.

*Castillo de San Antón

Das im 16. Jh. erbaute Castillo de San Antón liegt sich über einer schmalen Landzunge zwischen Sport- und Haupthafen. Einst zum Schutz der Hafenanlagen errichtet, diente es später als Gefängnis und Marinelazarett und beherbergt heute das archäologisch-historische Museum (**Museo Arqueológico e Histórico**).

Museo Arqueológico e Histórico: Juli, Aug. Di. – Sa. 10.00 – 21.00, So. 10 – 15.00, Sept – Juni Di. – Sa. 10.00 – 19.30, So. 10 – 14.30 Uhr; Eintritt 2 €

Museo de Bellas Artes

In der Rúa Zalaeta liegt das Museo de Bellas Artes, das einen Schwerpunkt auf regionale Meister aus Galicien legt. Es gibt religiöse Ma-

lerei aus dem 16./17. Jh., aber auch Keramik aus der Königlichen Fabrik von Sargadelos. Zu den interessantesten Exponaten zählen verschiedene Druckserien von Goya.
● Calle Zalaeta; Di.–Fr. 10.00–20.00, Sa. 10.00–14.00, 16.30–20.00, So. 10.00–14.00 Uhr; Eintritt 2,40 €; http://museobelasartescoruna.xunta.es

Die 59 m hohe Torre de Hércules wurde im 2. Jh. n. Chr. als römischer Leuchtturm errichtet und im 18. Jh. verändert. Er gehört zum **Welterbe der UNESCO** und »ist er der einzige Leuchtturm aus der Antike, der heute noch in Betrieb ist«, heißt auf den vor Ort ausgegebenen Unterlagen. Der Turm erhebt sich auf einem von Grünzonen eingefassten Plateau, auf das vom Parkplatz her eine langgestreckte, breite Fußgängerrampe hinaufführt. Rundherum bieten sich herrliche Panoramablicke über die See und auf die Klippen – besonders schön natürlich von ganz oben. Über Wendeltreppen führen annähernd 250 Stufen auf den täglich geöffneten Turm. Der Zugang beginnt in der archäologischen Fundstätte unterhalb der Turmplattform – da müssen größere Besucher ein wenig den Kopf einziehen!

*Torre de Hércules

● Juni–Sept. tgl. 10.00–21.00, Okt.–Mai 10.00–18.00 Uhr; Eintritt 3 €; www.torredeherculesacoruna.com

Das Wahrzeichen von La Coruña: der Herkulesturm

Seezeichen

BAEDEKER WISSEN

Die schönsten Leuchttürme

Über 180 große und Hunderte kleine Leuchtfeuer sichern die 4964 km lange spanische Küstenlinie – die meisten davon die wilden Nord- und Nordwestküsten vom Baskenland bis nach Galicien. Denn hier sind die Klippen am höchsten und die Untiefen, Gezeitenströme und Hafenzufahrten am gefährlichsten.

Wie groß das Risiko des Schiffbruchs, besonders an der oft von schwerem Wetter und zähem Nebel über der heimgesuchten Nordwestecke Spaniens ist, zeigt die Bezeichnung **Costa da Morte**, Todesküste, die sich um das sagenhafte Kap Fisterra erstreckt. Doch auch andernorts ist es gefährlich! Von wilden Felsen, unvorhersehbaren Strömungen und wechselnden Winden künden die Dorfchroniken, und die Seemannsfriedhöfe an den Ufern legen Zeugnis von unzähligen Schiffsunglücken ab. Im Mittelalter bauten die Spanier eher Wach- und Festungstürme zum Schutz gegen Piratenangriffe, als Leuchtfeuer für sichere Seewege. Später brannten bestenfalls kleine Hafenfeuer. Deshalb begann die Geschichte der spanischen Leuchttürme erst vor knapp 200 Jahren, sieht man vom Torre de Hércules in La Coruña, dem Leuchtturm aus dem 2. Jh. n. Chr., einmal ab. Hintergrund war die Industrialisierung, die im frühen 19. Jh. dem Seehandel zwischen Europa und Amerika enormen Auftrieb gab. Damit nahm auch der Schiffsverkehr entlang der spanischen und portugiesischen Küste zu den aufstrebenden Seehäfen La Coruña, Vigo und Villagarcia erheblich zu. Eine Sicherung der gefahrvollen Seewege wurde deshalb immer dringlicher. Nach einem ersten Bauabschnitt (1813–1820), in dem die Leuchttürme von Tarifa und Málaga entstanden, errichtete man in einer zweiten, intensiveren Phase (1840–1870) die nordspanische Feuerkette. Modernisierungen und Ergänzungen folgten Anfang des 20. Jh.s bis zum Ausbruch des spanischen Bürgerkrieges 1936. Seit 1980 ersetzt man ältere Leuchtfeuer durch neue bzw. verdichtet das Netz weiter.

Kleine Leuchtturmkunde

Die großen spanischen Leuchtfeuer haben unverwechselbare Merkmale. In der Regel bestehen die Türme aus Naturstein mit einem achteckigen oder runden Querschnitt. Die oft mehrstöckigen Dienst- und Nebengebäude bilden mit den Türmen eine bauliche Einheit, wobei sich ihr gelbbrauner Farbton markant vom Weiß der Nebengebäude abhebt. Typisch für die großen Landkennungsfeuer (**Landfall**) sind stattliche Türme mit Laternenhäusern ganz aus Glas oder mit einer silbergrauen Eisenhaube. Kleinere Anlagen gibt es in verschiedenen Varianten: ältere mit einstöckigem Wärterhaus und aufgesetzter Laterne (Cabo Busto, Asturien) oder jüngere, die als runde Beton- und Eisentürme ausgeführt sind (Cabo Lastres und Cabo San Agustín, Asturien). Vereinzelt wurden auch historische Wachtür-

Ein eher kleinerer Vertreter seiner Zunft ist der Leuchtturm auf dem Monte Igledo bei San Sebastián.

me und Festungsanlagen als Trägerbauwerke benutzt (Castro-Urdiales, Kantabrien) Bis auf wenige Ausnahmen sind die Seezeichen automatisiert und unbemannt.

Standardleuchtsystem ist auch heute noch die **Fresneloptik**, die der französische Physiker und Erfinder Augustin J. Fresnel 1822 erstmals zum Einsatz brachte. Das Prinzip: eine zentrale Linse, die von konzentrisch angeordneten Linsenringen umgeben ist. An ihren prismenartig gekrümmten Außenseiten brechen sich die Strahlen der zentralen Lichtquelle, die hier gebündelt in eine horizontale Ebene umgelenkt werden. Je nach Brennweite gibt es Fresneloptiken verschiedener Größenordnung.

Kurzporträts

Ein **Muss nicht nur für Leuchtturm-Liebhaber** sind die großen Landfall-Leuchtfeuer Cabo Higuer/Higer, Cabo Peñas, Punta de la Estaca de Bares, Cabo Fisterra/Finisterre und natürlich die mächtige Torre de Hércules von La Coruña. Bei gutem Wetter sind atemberaubende Ausblicke garantiert, weshalb die Leuchttürme auch beliebte Ausflugsziele sind. Leider können nur die Torre de Hércules und die Nebengebäude von Cabo de Peñas (Museo Marítimo) besichtigt werden. Über die Küstenstraße sind alle gut erreichbar, wobei man der Beschilderung »Faro«, in Galicien auch »Farol«, folgt.

Cabo Higuer/Higer, Baskenland: Der östlichste Leuchtturm der spanischen Atlantikküste (Position 43°23,6'N 1°47,4' W) ist in mancher Hinsicht untypisch. Die Architektur erinnert an einen französischen Leuchtturm; es handelt sich um eine symmetrische Anlage, die nach der Zerstörung des Vorgängers 1855 entstand, mit eingeschossigem Dienst- und Wohngebäude. Den zentral angesetzten Turm mit quadratischem Unterbau und oktagonalem Aufsatz krönt ein gläsernes Laternenhaus. Bemerkenswert ist die rote Farbe. Die Turmhöhe beträgt 21 m, die Feuerhöhe (Abstand zwischen der Lichtquelle und dem Meeresspiegel) 65 m und die Reichweite 23 sm;

Die schönsten Leuchttürme

kein Nebelsignal. Man erreicht ihn über die Autobahn A7, Ausfahrt 1, bzw. die N1, Ausfahrt 2, hinter der französischen Grenze.

Cabo de Peñas, Asturien: Neben Cabo Matxitxako/Machichaco und Punta de la Estaca de Bares ist Cabo de Peñas eines der drei Kaps, die in die Bucht von Biscaya ragen und von einem typischen Landfall-Leuchtfeuer 1. Ordnung markiert werden (Pos. 43°39,3' N 5°50,9' W). Man erreicht ihn über die Autovía Avilés, Ausfahrt Richtung Luanco, dann Richtung Ferrero. Er ersetzt seit 1929 seinen Vorgänger von 1852 und ist heute das lichtstärkste spanische Leuchtfeuer. Es handelt sich um ein großes Laternenhaus mit silbergrauer Metallkuppel; zur symmetrischen Anlage gehört ein zweistöckiges Nebengebäude mit Meeresmuseum. Der Turm ist äußerlich oktagonal und innen kreisförmig, mit frei hängendem historischen Antriebsgewicht der Fresneloptik. Die Paraffinbehälter der ursprünglichen Glühlichtlampe sind noch vorhanden. Turmhöhe 18 m, Feuerhöhe 117 m, Reichweite 35 sm, Nebelsignal: Sirene.

Punta de la Estaca de Bares, Galicien: Entlang der nördlichen Küstenstraße über Ortigueira bzw. Viveiro bis Porto do Barqueiro, dann Richtung Porto de Bares, gelangt man zu einem der ältesten Landfall-Leuchtfeuer der Atlantikküste und einem der schönsten Seezeichen Spaniens (Pos. 43°47,5' N 7°41,1' W). An der Seeseite des Gebäudekomplexes ist der achteckigen Leuchtturm aus Granit in die weitläufige Anlage integriert. Die Antriebsgewichte wurden in einem Schacht an der Außenmauer herabgeführt. Typisch spanisch ist der modernere Kopf des Turmes mit der gläsernen Laterne und der Fresneloptik 3. Ordnung. Er ist 10 m hoch, Feuerhöhe 101 m, Tragweite 25 sm, Signal: Sirenen.

Cabo Finisterre: Der viel besuchte Aussichtspunkt (Pos. 42°52,9' N 9°16,3' W) liegt auf einem schmalen Landvorsprung mit spektakulärem Blick auf den Atlantik. An den oktagonalen Turm (1853) aus Naturstein mit silbergrauem Laternenhaus und Galerie ist ein weißes Nebengebäude direkt angefügt. Er ist 17 m hoch, die Feuerhöhe beträgt 143 m und die Reichweite 23 sm. Nebelsignal: Sirene. Zufahrt: über Corcubión und Fisterra auf AC 445 bis zum Straßenende.

Torre de Hércules: Um zum ältesten noch in Betrieb befindlichen Leuchtturm der Welt, der zum Weltkulturerbe zählt, zu gelangen, muss man vom Stadtzentrum La Coruñas nur der Beschilderung folgen. Das beeindruckende Bauwerk (43°23,2' N 8°24,3' W) wurde unter dem römischen Kaiser Trajan im 2. Jh. errichtet. Seit dem 5. Jh. verfiel er, 1785 wurde der Wiederaufbau im Auftrag gegeben. In den Folgejahren wurde der römische Kern mit Granit ummantelt und erhöht. Seit 1790 ist der Bau mit Ausnahme der Leuchtfeuertechnik unverändert (Fresneloptik 4. Ordnung). Freigelegte römische Gebäudereste kann man im inneren Eingangsbereich besichtigen. Über 234 Stufen ist der Turm bis zur Aussichtsgalerie unterhalb des Laternenhauses zugänglich. Turmhöhe: 49 m; Feuerhöhe 101 m; Tragweite: 23 sm; Nebelsignal: Sirenen.

Nahe der Torre de Hércules macht das Aquarium Finisterrae vornehmlich mit dem Reichtum der galicischen Meeresfauna vertraut. Es gibt aber auch Haie und Seelöwen, bei denen regelmäßig die Fütterungszeiten anstehen.

Aquarium Finisterrae

❶ Paseo Alcalde Francisco Vázquez, 34; Mo.–Fr. 10.00–19.00, Sa., So. 11.00–20.00, Juli, Aug. tgl. 10.00–21.00 Uhr; Eintritt 10 €; http://mc2coruna.org/gl/aquarium.html

Wenn man sich zur Orzán-Bucht und zum Paseo Marítimo hinwendet, gelangt man zum Domus – Casa del Hombre, dem »Haus des Menschen«, das sich dem Homo sapiens in verschiedensten interaktiven Ansätzen nähert: von der Entwicklungsgeschichte bis hin zu den Organen. Der Museumsbau aus Granit und Schiefer geht auf **Arata Isozaki** zurück, einen japanischen Architekten von Weltrang.

*Domus – Casa del Hombre

❶ Calle Ángel Rebollo, 91; Mo.–Fr. 10.00–19.00, Sa., So. 11.00–19.00, Juli, Aug. tgl. 10.00–20.00 Uhr; Eintritt 2 €; http://mc2coruna.org

Die Casaciencias, das Haus der Wissenschaften, liegt westlich der Innenstadt im Parque de Santa Margarita. Zu sehen gibt es eine Kombination aus ständiger und temporärer Ausstellung sowie ein Planetarium.

Casaciencias

❶ Mo.–Fr. 10.00–19.00, Sa., So. 11.00–19.00 Uhr; Eintritt 2 €, Planetarium 2 €; http://mc2coruna.org

UMGEBUNG VON LA CORUÑA

Im 12 km südöstlich gelegenen Cambre gibt es die bemerkenswerte romanische Iglesia de Santa María mit ihren fünf halbrunden Apsiden zu sehen.

Cambre

18 km östlich von La Coruña schmiegt sich das freundliche Hafenstädtchen Sada (9000 Einw.) an die Westseite der Ría de Betanzos. Im Sommer finden sich viele Urlauber am Strand, in Restaurants und Cafés ein. Am 18. August findet hier alljährlich die beliebte **Sardiñada** statt, ein Sardinengrillen mit großer Verkostung.

Sada

* DIE SÜDWESTLICHEN RÍAS

Zwischen La Coruña und der Costa da Morte mit dem Cabo Fisterra (▶Ausflüge ab Santiago de Compostela) liegt ein recht abgeschiedenes Gebiet weiterer Meeresarme. Eine durchgehende Küstenstraße gibt es nicht, stattdessen führen immer wieder Abzweigungen und eine nicht selten verzwackte Verkehrsführung an die Rías heran – aber die Wege und Umwege lohnen sich!

Felsenkirche Nosa Señora de Barca bei Muxia

*Ría de Corme, Ría de Camariñas
Erster Höhepunkt ist die trichterförmige Ría de Corme e Laxe mit ihren gleichnamigen Fischerhäfen. Weiter südwestlich beginnt, hinter dem leuchtturmbesetzten Cabo Vilano, die ebenfalls schöne Ría de Camariñas mit ihren Häfen Camariñas und *Muxía. Über die Fischerei hinaus haben auch die Klöppelspitzenarbeiten in der Gegend Tradition, speziell in Vimianzo und Camariñas.

*Santuario de Nosa Señora da Barca
Etwas außerhalb von Muxía ist das Santuario de Nosa Señora da Barca ausgewiesen, ein von den Seeleuten verehrtes Heiligtum direkt an der Küste. Eine Legende besagt, dass es an jener Stelle steht, an der die heilige Jungfrau Maria mit einem Boot anlandete und Apostel Jakobus bei seinen schwierigen Missionierungsbemühungen in Galicien Mut zusprach.

Cabo Touriñán
Südwestlich von Muxía sticht das Cabo Touriñán ins Meer. Dahinter geht es durch kleinbäuerliches Gebiet weiter in den Doppelort **Cée-Corcubión**, wo man die Strecke von Santiago de Compostela an die Costa da Morte und ans Cabo Fisterra erreicht (▶Ausflüge ab Santiago de Compostela).

Costa de Cantabria

L – N 2/3

Provinz: Kantabrien (Cantabria)
Region: Kantabrien
(Autonome Gemeinschaft)

Zwischen der baskischen Küste (▶Costa Vasca) im Osten und der asturischen Küste (▶Costa Verde) im Westen liegt die zergliederte Costa de Cantabria, an der sich lange Badestrände und winzige Buchten abwechseln. Die beliebtesten Ferien- und Ausflugsorte sind Laredo, Castro-Urdiales, Comillas und San Vicente de la Barquera. Einzeln aufgeführt sind Kantabriens Hauptstadt ▶Santander und das malerische, ein Stück im Küstenhinterland gelegene ▶Santillana del Mar.

DIE ÖSTLICHE COSTA DE CANTABRIA

Östliches Tor zur Küste ist Castro-Urdiales (31 000 Einw.), wo in umliegenden Höhlen wie der Cueva del Cuco und der Cueva de la Lastrilla Menschen der Steinzeit ihre Spuren hinterlassen haben. Die eigentliche Geschichte von Castro-Urdiales begann 1163 mit einem von König Alfonso VIII. erlassenen Sonderrecht, das zahlreiche Privilegien und den Bau der Templerburg (heute mit integriertem Leuchtturm) und der gotischen Iglesia de Santa María (13. Jh.) mit sich brachte. Nett und geschäftig geht es rund um den Hafen zu. An den beiden **Stadtstränden**, der Playa de Ostende im Norden und der Playa de Brazomar im Süden, tobt im Sommer das Leben.

*Castro-Urdiales

Um den Meeresarm von Oriñón geht es westwärts weiter nach **Laredo** (12 000 Einw.), das mit der kilometerlangen Playa de La Salvé glänzt. **Kantabriens ausgedehntester Sandstrand** ist während der Saison heiß begehrt, hat aber in seinem Rücken auch eine nahezu flächendeckende Bebauung mit sich gebracht. Im Sommer herrscht Highlife, die kleine Altstadt hat in der gotischen Iglesia de Nuestra Señora de la Asunción ihr bedeutendstes Bauwerk.

*Playa de La Salvé

Im Landesinnern führt ein Abstecher nach **Limpias** mit einigen Herrenhäusern und dem Santuario del Cristo de la Agonía; das im 17. Jh. in Andalusien gefertigte Christusbildnis soll einer Legende zufolge 1919 geschwitzt und geweint haben.

Zwischen Santoña und Laredo breitet sich auf einer Fläche von 38 km² der Parque Natural Marismas de Santoña aus. In der **Marschlandschaft** finden Fisch- und Seidenreiher, Große Brachvögel, Austernfischer und Bekassine ein Refugium. Fernglas nicht vergessen!

*Parque Natural Marismas de Santoña

Costa de Cantabria erleben

AUSKUNFT
Oficina de Turismo
Avenida de la Constitución, Parque Amestoy
Castro-Urdiales, Tel. 942 87 15 12
www.castro-urdiales.net

Alameda de Miramar, s/n
Laredo, Tel. 942 61 10 96
www.laredo.es

Avenida de los Soportales, 20
San Vicente de la Barquera
Tel. 942 71 07 97
www.sanvicentedelabarquera.es

VERANSTALTUNGEN
In Castro-Urdiales haben Karneval, die Karfreitagsprozession, das Stadtfest Ende Juni, die Fiestas de Coso Blanco am ersten Freitag im Juli (nächtlicher Wagenumzug) sowie die Meeresprozession am 16. Juli Tradition. Am letzten Freitag im August setzt sich bei der Batalla de Flores in Laredo ein Umzug mit blumengeschmückten Wagen in Bewegung. Santoña begeht ausgiebig den Karneval und die Fiestas de la Virgen del Puerto in der ersten Septemberhälfte, in Comillas sind die Fiestas del Santo Cristo del Amparo (16. Juli) das wichtigste Fest. Um den 8. September kommt San Vicente de la Barquera seiner Marienverehrung mit den Fiestas de la Barquera nach.

ESSEN
Restaurante Plaza €€€
Calle Comandante Villar, 7
Laredo, Tel. 942 61 19 42
www.elrestauranteplaza.com
Gute Adresse für Meeresfrüchtefans. Von Seehecht (»merluza«) bis zum Seeteufelfilet (»solomillo de rape«). Kleine Portionen für zwischendurch im Gastro- und Barbereich.

Mesón Marinero €€
Calle Correría, s/n
39700 Castro-Urdiales
Tel. 942 86 00 05
www.mesonmarinero.com
In der Nähe des Hafens werden Meeresfrüchte aller Art aufgetischt. Falls es zu voll ist, findet man einige Alternativen rundum.

ÜBERNACHTEN
Hotel Las Rocas €€
Calle Flaviobriga, 1, Castro-Urdiales
Tel. 942 86 04 00
www.lasrocashotel.com
Freundliches Vier-Sterne-Haus mit Restaurant.

Hotel Miramar €€
Alto de Laredo, s/n, Laredo
Tel. 942 61 03 67
www.hotelmiramarlaredo.es
Gepflegtes Haus in den Höhen über Laredo, drei Sterne, reizvolles Stadt- und Buchtpanorama, Sommerpool. Deutlich günstigere Preise in der Nebensaison.

Hotel Josein €€
Calle Manuel Noriega, 27, Comillas
Tel. 942 72 02 25
www.hoteljosein.com
Moderner Block mit einem großen Vorteil: direkt über dem südöstlichen Ende des Strandes von Comillas gelegen. Zu dem Zwei-Sterne-Hotel gehört ein Restaurant, in dem das Essen mit schönen Meerblicken durch die Fensterfront begleitet wird.

Ab Laredo führt eine Straße – Alternative: sommerliche Bootstour – um die Bucht von Santoña mit dem Parque Natural Marismas de Santoña ins Hafenstädtchen Santoña (11 000 Einw.). Wichtigstes Baudenkmal ist die **Iglesia de Santa María del Puerto**, mit deren Bau bereits im 9. Jh. begonnen wurde. Die Burgreste des Fuerte de San Martín und des Fuerte de San Carlos erinnern an die Angst vor feindlichen Übergriffen von Engländern, Holländern und Franzosen im 17. Jahrhundert.

Santoña

Auf kulinarischem Gebiet genießt Santoña mit seinen Sardellen (»anchoas«) einen regional bedeutsamen Ruf. Nordwestlich von Santoña beginnt ein weitläufiges Miteinander aus kleinbäuerlich geprägtem Wiesen- und Weideland, Felsenküste und kleinen Sandstränden. Beliebte Urlaubsorte sind **Noja**, **Isla** und **Ajo**, angeführt von Stränden wie der Playa de Noja, der Playa de Ris, der Playa de la Arena, der Playa de Galizano und der Playa de Langre. Ebenfalls hoch im Kurs steht das Gebiet um **Somo** und **Pedreña**, das sich mit seinen Stränden und Dünen der Bucht von ▶Santander zuwendet.

> **BAEDEKER WISSEN**
>
> ? *Local Hero*
>
> Der Seefahrer Juan de la Cosa (um 1460 – 1510) war der berühmteste Sohn Santoñas. Er begleitete Kolumbus bei den ersten beiden Reisen und erstellte das erste detaillierte Kartenwerk Amerikas. In seinem Heimatort ist Juan de la Cosa ein 1949 errichtetes Monument von Ángel Fernández Morales gewidmet.

DIE WESTLICHE COSTA DE CANTABRIA

Westlich von Santander setzt sich das zergliederte Küstengepräge fort. Interessant sind der kleine Parque Natural Dunas de Liencres (Dünen), die Strände um Suances (8000 Einw.) und das pittoreske ▶Santillana del Mar.

*P. N. Dunas de Liencres

Ab Santillana del Mar zieht sich die Landstraße durchs Hinterland über Cóbreces (moderne Zisterzienserabtei Santa María de Viaceli) bis nach Comillas (2000 Einw.), einen netten Hafen- und Fischerort mit erstaunlichen Monumenten: in Küstennähe die Ruinen einer gotischen **Klosteranlage** und der Friedhof mit der leuchtend weißen Engelsskulptur von Joseph Llimona, in unterschiedlichen Bereichen oberhalb der Altstadt die beiden neogotischen Komplexe der **Universidad Pontificia** und des **Palacio de Sobrellano** (markgräfliches Palais, 19. Jh.). Für eine zusätzliche Überraschung sorgt der von Jugendstilmeister Antoni Gaudí mit Keramikdekoration fantasiereich verzierte Pavillon *****Pavillon Capricho** (▶Abb. S. 194). Freundlich geht es im Ortskern um die Plaza del Corro de Campíos und die Plaza de los Tres Caños (mit einem sehenswerten Brunnen von Ju-

*Comillas

Gaudís Capricho-Palast in Comillas – ein ungewöhnlicher Anblick

gendstilarchitekt Lluís Doménech i Montaner) zu; in dieser Gegend finden sich einige Möglichkeiten zur Einkehr.

Westlich von Comillas setzt Mutter Natur mit dem **Parque Natural Oyambre** (schönes Strand-, Sumpf- und Dünengebiet) und der Ría de San Vicente de la Barquera Kontraste. Kurz bevor man die vielbogige Brücke über den Meeresarm von San Vicente de la Barquera erreicht, führt eine Abzweigung nach rechts an den schönsten Strand: die lang gestreckte **Playa de Merón**, die sich zum offenen Meer öffnet und bei klarer Sicht den Fernblick bis zu den Ausläufern der ▶Picos de Europa erlaubt.

El Capricho: Barrio de Sabrellano; tgl. 10.30 – 17.30, im Sommer bis 21.00 Uhr; Eintritt 5 €; www.elcaprichodegaudi.com

*San Vicente de la Barquera

In San Vicente de la Barquera (5000 Einw.), dem letzten nennenswerten Küstenstädtchen Kantabriens, hat die neue, landeinwärts verlaufende Autobahn den Durchgangsverkehr entschärft. So kann man sich in aller Ruhe der Promenade zuwenden, dem Fischerhafen, dem Santuario de la Barquera (15. Jh.; mit Marienbildnis), dem Altstadthügel mit seinen Burgresten und der Iglesia de Nuestra Señora de los Ángeles (13. – 16. Jh.). Zahlreiche Restaurants tischen frische Meeresfrüchte auf, Thunfisch ist der Hauptbestandteil des typischen Seemannsgerichtes »sorropotún«.

AUSFLÜGE VON DER COSTA DE CANTABRIA

Höhlen im Hinterland

Südlich von Laredo führt ein erster Ausflug zu den Höhlen im Hinterland über die N-629 ins etwa 20 km entfernte **Ramales de la Victoria** (84 m ü.d.M., 2000 Einw.). In der Nähe liegt die *Cueva de

Covalanas, die vor allem wegen ihrer **prähistorischen Felszeichnungen** mit den Motiven roter Hirschkühe bekannt ist. Der Zugang ist strikt reglementiert, die Gruppengröße bei Führungen auf 7–8 Personen begrenzt.

Auf der Höhe von Santander führt die N-623 ins 28 km südwestlich der kantabrischen Hauptstadt gelegene **Puente Viesgo** (71 m ü.d.M., 3000 Einw.). Hier kann man die ***Cuevas del Monte El Castillo** mit prähistorischen Felsmalereienbesichtigen besichtigen: Hirschkuh- und Wisentmotive, geheimnisvolle Hände und Reihen rötlicher Punkte. Die Gruppen bei den Führungen dürfen maximal 15 Personen groß sein. Dazu gehört die **Las Monedas**.

Südlich von Puente Viesgo zieht sich die N-623 weiter durch das grüne, ländliche Tal des Río Pas, das für seine Käseproduktion bekannt ist. Weiter südlich erreicht man den Ebro-Stausee (Abstecher an den Embalse del Ebro unter ▶Burgos).

Im Hinterland der westlichen Costa de Cantabria geht es über Rábago zu der 20 km südlich von San Vicente de la Barquera gelegenen ***Cueva El Soplao** mit ihren faszinierenden Tropfsteinformationen. Die Besuche sind recht touristisch aufgezogen, samt Einfahrt im Minenzug, und die Gruppen recht groß (bis zu 47 Personen).

Alle Höhlen außer El Soplao: unterschiedliche Öffnungszeiten, Eintritt jeweils 3 €; http://cuevas.culturadecantabria.com
Cueva El Soplao: Juli–Sept. tgl., sonst Di.–So.; Eintritt 12 €; www.elsoplao.es

* Costa Vasca

O–Q 3

Provinzen: Guipuzcoa (Gipuzkoa), Vizcaya (Bizkaia)   **Region:** Baskenland (Euskadi)

Das Miteinander von Meer und grüner Bergwelt macht den Reiz der Costa Vasca aus, jener stark zergliederten baskischen Küste, die zwischen Kantabrien und der Grenze zu Frankreich liegt. Fischerhäfen sorgen für Abwechslung, kleine Abstecher führen ins Inland. Einige Strände liegen lang und breit da, andere winzig klein und versteckt.

SEHENSWERTES AN DER COSTA VASCA

Westlich von San Sebastián stimmt der nette Strand von Orio auf die abwechslungsreiche baskische Küste ein, deren längster Sandstrand in **Zarautz** liegt. Der Strand des Ferienstädtchens (22 000 Einw.) ist mehr als 2 km lang und insbesondere unter Surfern beliebt; wegen

*Strände von Orio und Zarautz

Costa Vasca erleben

AUSKUNFT
Oficina de Turismo
Nafarroa kalea, 3, Zarautz
Tel. 943 83 09 90
www.turismozarautz.com

Kantauri Plaza, 13
Zumaia
Tel. 943 14 33 96
http://zumaia.eus
www.geozumaia.net

Independentzia enparantza, s/n
Lekeitio
Tel. 946 84 40 17
www.lekeitio.org

Artekalea, 8, Gernika
Tel. 946 25 58 92
www.gernika-lumo.net

ESSEN
Restaurante Karlos Arguiñano €€€€
Mendilauta, 13, Zarautz
Tel. 943 13 00 00
www.hotelka.com
Spitzenrestaurant, dem gleichnamigen Hotel angeschlossen und von TV-Koch Karlos Arguiñano begründet. Jedes Gericht wird als innovative Kreation präsentiert, bei der sich Tradition und Moderne mischen. Liegt gleich hinter dem Strand von Zarautz.

Restaurante Itxas-Etxe €€€
Portua, 1, Getaria
Tel. 943 14 00 21
Typisches Meeresfrüchte-Restaurant am Hafen von Getaria. Für den kleinen Hunger eignen sich diverse Häppchen. Mit Terrasse. Der Preis des Menüs hängt vom Fisch und vom Wochentag ab (am Wochenende stets etwas teurer).

Restaurante Marina Berri €€
Barrio Santiago, 1
Zumaia, Tel. 943 86 56 17
www.restaurantemarinaberri.com
Gepflegtes Tafeln an der Marina, Fisch und Meeresfrüchte geben den Ton an. Auch Reisgerichte und Salate.

ÜBERNACHTEN
Castillo Arteaga €€€€
Gaztelubide, 7
Gautegiz-Arteaga
Tel. 946 24 00 12
www.castillodearteaga.com
Wohnen wie ein Schlossherr – auf diesem Kastell 5 km nördlich von Gernika. Zur Auswahl stehen 13 feudale Zimmer. Das angeschlossene Restaurant verspricht exquisiten Speisegenuss.

Aisia Lekeitio €€
Avenida Santa Elena, s/n
Lekeitio
Tel. 946 84 26 55
www.aisiahoteles.com
Angenehmes Drei-Sterne-Haus am Strand. Wer ein paar Euro mehr investieren will, bucht ein Zimmer mit Meerblick (»habitación vistas mar«). Dem Hotel sind ein Restaurant und eine Cafeteria mit großer Terrasse angeschlossen.

Pensión Txiki-Polit €€
Musika Plaza, s/n, Zarautz
Tel. 943 83 53 57
www.txikipolit.com
Solide Bleibe in der Altstadt von Zarautz. Im angeschlossenen Restaurant kann man gut und recht günstig essen.

unberechenbarer Strömungen und Wellen sollten Badende vorsichtig sein. Parallel zum Strand verläuft eine breite, angenehme Promenade mit reichlich Restaurants und Cafés.

Wichtigstes Bauwerk ist die gotische **Iglesia de Santa María la Real** am westlichen Ortsende, auch ein kleiner Streifzug durch die Altstadtgassen und über den Zentralplatz (Musika Plaza) lohnt sich. Das Preisniveau in Zarautz ist gehoben, da sich hier gerne betuchte baskische Städter einfinden.

Wanderer fahren ein Stück ins Inland in den kleinen **Parque Natural de Pagoeta** (2860 ha), dessen Namensgeber, der Monte Pagoeta, 678 m hoch ansteigt. Der Park ist ein Refugium für vom Aussterben bedrohte Tiere, darunter Pottok-Pferde. Es gibt den **Jardín Botánico Iturraran** und einen Komplex aus historischer Eisenschmiede und Mühle, die **Ferrería y Molinos de Agorregi**. Das Besucherzentrum befindet sich in einem Landhaus (Caserío) aus dem 18. Jh. und ist mit »**Iturraran Parketxea**« ausgeschildert.

Jardín Botánico Iturraran: tgl. 9.00 – 19.00 Uhr; http://iturraran.blogspot.de
Ferrería y Molinos de Agorregi: unregelmäßig; Eintritt 5 €
Iturraran Parketxea: Di. – So. 10.00 – 14.00 Uhr; www.aiapagoeta.com

Zwischen Zarautz und dem 4 km entfernten Nachbarort Getaria (span.: Guetaria; 3000 Einw.) verläuft eine sehenswerte Küstenstrecke. Gleich am Ortsanfang ist dem berühmtesten Sohn ein großes Denkmal gewidmet: **Juan Sebastián Elcano** (um 1486 – 1526, ▶Berühmte Persönlichkeiten), der die legendäre Weltumseglung 1519 – 1522 nach dem Tod Magellans vollendete. Elcano war nicht der einzige wagemutige Seefahrer aus Getaria. Vor Jahrhunderten hatte der Walfang Tradition; noch heute ziert ein Wal das Ortswappen. Zwischen der Durchgangsstraße und dem Hafen liegt die kleine Altstadt, aus der die gotische Iglesia de San Salvador ragt. Der Sport- und Fischerhafen ist einer der größten an der baskischen Küste, zur Altstadtseite hin reihen sich Fischrestaurants auf. Natürliches Wahrzeichen ist der Monte San Antón, den man auch Mausfelsen (Ratón) nennt. Ein kleiner geschützter Strand wendet sich zur Ostseite hin. Ein Besuchsziel neueren Datums ist das **Museoa Balenciaga**, das ganz im Zeichen des aus Getaria gebürtigen Modeschöpfers Cristóbal Balenciaga (1895 – 1972) steht.

*Getaria

Museo Balenciaga: Aldamar Kalea, 6; März – Mai, Okt. Di. – Fr. 10.00 bis 17.00, Sa., So. 10.00 – 19.00, Juni – Sept. tgl. 10.00 – 19.00, Nov. – Feb. Di. – Fr. 10.00 – 15.00, Sa., So. 10.00 – 19.00 Uhr; Eintritt 10 €; www.cristobalbalenciagamuseoa.com

Die Küstenstraße setzt sich zwischen Getaria und Zumaia fort und gibt schöne Blicke aufs Meer frei. An einem weit eingreifenden Buchteinschnitt mit der Mündung des Río Urola gerät die Playa de Santiago in Sicht, der erste Strand von Zumaia (9000 Einw.). Be-

*Zumaia

vor der Ort erreicht ist, liegt rechter Hand ein eher unscheinbares Landhaus in einer Grünanlage. Hier hatte der baskische Maler Ignacio Zuloaga y Zabaleta (1870 – 1945) lange Zeit sein Atelier, heute beherbergt das Anwesen den *Espacio Cultural Ignacio Zuloaga, eine museal aufbereitete Kultureinrichtung, in der man sich mit dem Werk des Künstlers vertraut machen kann. Es gibt mehrere Bauten, darunter eine Kapelle, die einen von Zuloaga polychromierten Christus zeigt. Zu sehen sind auch Werke anderer Künstler, die Zuloaga sammelte, u. a. von Auguste Rodin.

Sieht man einmal von einem kleinen Werft- und Industriesektor ab, bietet das weit auseinandergerissene Zumaia weitere interessante Ansichten: die Marina, den Flusshafen mit Bötchen in den verschiedensten Farben, die wehrhafte gotische **Iglesia de San Pedro** und den hübsch hergerichteten Hauptplatz (Amaia Plaza). An der Küste wenden sich bizarre Felsformationen (Flysch) ebenso nach Westen hin wie Zumaias zweiter Strand, die Playa de Itzurun, ein schmales Band, das unmittelbar an den Klippen verläuft. Weit draußen flitzen Surfer über die Wellen. Ab Zumaia verläuft ein schöner Abschnitt des Küstenjakobswegs Richtung Deba.

Espacio Cultural Ignacio Zuloaga: meist nur Ende März – Ende Sept. Fr., Sa. bzw. nur Sa. (u.a. Sept.) 16.00 – 20.00 Uhr; Eintritt 5 €; vorab empfiehlt sich der telefonische Kontakt über Handy 677 07 84 45; www.espaciozuloaga.com

> **BAEDEKER WISSEN**
>
> **? Heilige Stätten**
>
> Der Jesuitengründer Ignatius von Loyola (1491 – 1556) stammte aus dem Küstenhinterland von Zumaia. 20 km südlich kann man in Loiola (Loyola, 1500 Einw.) das Geburtshaus des Heiligen, die Santa Casa, besuchen (tgl. 10.00 bis 13.00, 15.30 – 19.00 Uhr, Eintritt frei; Tel. 943 02 50 00, www.santuariodeloyola.org). Gleich daneben erhebt sich die barocke Wallfahrtsbasilika, zu der eine breite Freitreppe hinaufführt. Blickfang ist die 65 m hohe Kuppel.

*Lekeitio Westlich von Zumaia windet sich die N-634 über den **Pass von Itziar** mit einem wunderbaren Küstenblick in den Hafenort Deba, bevor es auf der GI-638 so richtig in ländliche Gefilde geht. Die kurvenreiche Strecke führt durch mit Kiefern bestandene Gebiete und zwei weitere Hafenorte, **Mutriku** und **Ondarroa**. Wesentlich attraktiver ist der Fischerhafen von Lekeitio (8000 Einw.), dessen Geschichte bis ins 14. Jh. zurückreicht. Zu einem schönen Tag gehören Spaziergänge rund um den Hafen und durch die kleine Altstadt. Bemerkenswertester Bau ist die spätgotische Iglesia de Nuestra Señora de Asuncion mit ihrem Hauptretabel (16. Jh.). In Lekeitio stehen zwei Strände zur Wahl: die städtische Playa Isuntza und – jenseits der Mündung des Río Lea – die längere und ursprünglichere Playa Karraspio.

Costa Vasca • ZIELE

Ab Lekeitio führt die BI-638 auf direktem Weg nach Gernika, doch wesentlich schöner ist es, sich auf abgeschiedenen Nebensträßchen in Küstennähe zu halten. Kiefern und Farnhaine säumen die Strecke über Ispaster und Ea, an manchen Häusern hängen Paprikasträcke zum Trocknen aus. Bei Ibarranguelua führt ein Abstecher nach Elantxobe mit seinem winzigen Fischerhafen. Westlich des Kap Ogoño ist mit der Playa de Laga einer der attraktivsten baskischen Strände erreicht. Die bizarren Felskulissen sorgen für eine wildromantische Stimmung.

*Elantxobe und Playa de Laga

Das nächste Highlight, obgleich von ganz anderer Prägung, lässt nicht lange auf sich warten: die Playa de Laida. Dieser Strand, verbunden mit einem Dünensystem, wendet sich der Ría de Mundaka zu; auf der anderen Seite schweift der Blick hinüber nach Bermeo. Die Ría de Mundaka formt einen 12 km tiefen Einschnitt, in dem sich das Salz- mit dem Süßwasser des **Río Oca** mischt und als größtes Feuchtgebiet im Baskenland unter Schutz steht (bekannter Name: **Urdaibai**). Bezeichnend sind die Sandbänke und der Vogelreichtum.

*Playa de Laida und Ría de Mundaka

An der Straße zwischen der Playa de Laida und Gernika führt bei Gautegiz-Arteaga linker Hand eine Abzweigung zur **Cueva de Santimamiñe**, obgleich dort in der Höhle die prähistorischen Malereien nicht mehr für die Öffentlichkeit zugänglich sind. Führungen gehen

*Bosque Pintado

Vogelparadies: das Mündungsgebiet des Río Oca

nur in den Höhlenvorbereich, der Rest ist eine audiovisuelle Vorführung. Interessanter: Nahe dem Höhlenparkplatz führt eine Schotterpiste, die später in einen schmalen Waldweg übergeht, zum 3 km entfernten Bosque Pintado, dem »Bemalten Wald«. Er hält, was er verspricht: Der zeitgenössische baskische Künstler **Agustín Ibarrola** (geb. 1930) hat hier in teils leuchtenden Farben die verschiedensten Kompositionen auf die Baumstämme aufgetragen. Da Ibarrola erklärter Gegner nationalistischer Regionalgewalt ist, kommt es in diesem einsamen Wald leider immer wieder zu nächtlichem Vandalismus. Für den größten Teil der Strecke zum Bosque Pintado (bekannt auch als Bosque de Oma) benötigt man ein geländegängiges Fahrzeug. Am besten ist, man wandert dorthin.
Cueva de Santimamiñe: tgl.; Voranmeldung unter Tel. 944 65 16 57 oder 944 65 16 60; Eintritt 5 €; www.santimamiñe.com

Gernika Zu trauriger Berühmtheit gelangte Gernika (Guernica, Gernika-Lumo, 16 000 Einw.) während des Spanischen Bürgerkrieges, als die deutsche Legion Condor im April 1937 zur Unterstützung Francos einen Luftangriff startete und die Stadt mit ihren Bomben in Schutt und Asche legte. Annähernd 2000 unschuldige Menschen fanden den Tod. Unter dem Eindruck der verheerenden Zerstörungen schuf Pablo Picasso sein **Monumentalgemälde »Guernica«** (▶Abb. S. 61), das viele Basken gerne im Guggenheim-Museum in Bilbao sehen würden; ausgestellt ist und bleibt es im Kunstmuseum Reina Sofía in Madrid.

Schon lange ist das südlich der Ría de Mundaka gelegene Gernika bekannt als **»heilige Stadt der Basken«**. Bereits im Mittelalter fanden sich die abgesandten Vertreter aller Gemeindebezirke unter einer großen Eiche zu ihren allgemeinen Versammlungen (Juntas Generales) ein, um Probleme und Lösungen im Herrschaftsgebiet von Vizcaya zu debattieren; später gelobten die wechselnden Landesherrn unter der Eiche, die angestammten Sonderrechte zu achten. Neben dem Landtag von Vizcaya, der Casa de Juntas, ist die **Eiche Gernikas** gleich doppelt zu sehen: der historische Stumpf in einem kleinen Ehrentempel und ein Ableger aus dem 19. Jh. als großer, stattlicher Baum. Das der Öffentlichkeit zugängliche Innere des Provinzparlaments, der **Casa de Juntas**, ist mit Gemälden dekoriert, die historische Szenen und Porträts der Herren von Vizcaya zeigen. Nicht weit entfernt liegt das aufschlussreiche ***Museo Euskal Herria**, das Museum des Baskenlands, in den Räumlichkeiten eines Barockpalastes – es macht eingehend mit baskischer Geschichte und Volkskunde vertraut. Hinter dem Museumsbau schließt sich der **Parque de los Pueblos de Europa** an. Der städtische Park (Allendesalazar, 5) besitzt Monumentalskulpturen von Henry Moore (»Large figure in a shelter«) und Eduardo Chillida (»La casa de nuestros padres«).

Erst nach 231 Stufen erreicht man San Juan de Gaztelugatxe.

Casa de Juntas: Calle Allende Salazar s/n; tgl. Okt. – Juni 10.00 – 14.00, 16.00 – 18.00, Juli – Sept. 10.00 – 14.00, 16.00 – 19.00, Eintritt frei
Museo Euskal Herria: Calle Allende Salazar, 5; Di. – Sa. 10.00 – 14.00, 16.00 – 19.00, So. 10.30 – 14.30, Juli., Aug. auch So. 16.00 – 19.30 Uhr; Eintritt 3 €

Nördlich von Gernika führt die Fahrt auf der BI-635 an der Westseite der Ría de Mundaka entlang. Erste Station ist der nette kleine Hafenort **Mundaka**, wesentlich geschäftiger geht es in Bermeo (17 000 Einw.) zu. Auch dort gibt es einen Hafen und überdies das Turmhaus Ercilla mit dem Fischermuseum (**Museo del Pescador)**. ***Bermeo**
Museo del Pescador: Calle de Torrontero; Di. – Sa. 10.00 – 14.00, 16.00 – 19.00, So. 10.00 – 14.00 Uhr; Eintritt 3 €

Nordwestlich von Bermeo sticht das Kap von Matxitxako in die See, ehe ein markanter Küstenfelsen mit der alten Seefahrerkapelle San Juan de Gaztelugatxe hervorragt. 231 Steinstufen führen spektakulär hinauf. Das Heiligtum steht vor allem am 24. Juni und 29. Au- ***San Juan de Gaztelugatxe** gust im Zeichen zweier Wallfahrtsfeste. Der Ausblick auf die wilde Küste ist grandios. Letzte interessante Küstenstation ist **Bakio** mit seinem schönen Sandstrand, ehe es landeinwärts über Mungia nach ▸Bilbao geht.

** Costa Verde

G–J 2

Provinz: Asturien (Asturias)
Region: Asturien (Asturias; Autonome Gemeinschaft)

Asturiens zergliederte »Grüne Küste« macht ihrem Namen alle Ehre. Sie breitet sich zwischen den galicischen ▸Rías Altas und der ▸Costa de Cantabria aus. Westlichster Punkt ist die Ría de Ribadeo, östlichster Punkt die bei Unquera gelegene Ría de Tina Mayor. In den Küstenorten locken Bars und Restaurants mit einem durchweg reichen Angebot an Meeresfrüchten.

DIE WESTLICHE COSTA VERDE

Ría de Ribadeo   Hinter dem tiefen Einschnitt der Ría de Ribadeo geht es auf der Autobahn mit schöner Aussicht von der Brücke nach Asturien hinein, das sich auf dem ersten Teilstück als kleinparzelliges Küstenflachland mit Wiesen und Eukalyptushainen zeigt. Die Hügelketten ziehen sich zunächst weit ins Inland zurück, während die Gegend um **Tapia de Casariego** (4000 Einw.) zu ersten Strandabstechern verlockt; im Sommer herrscht reges Treiben. Bei der Weiterfahrt Richtung Navia sieht man Maisfelder und asturische Speicherbauten, die voluminöser wirken als die galicischen und in Quadratform gebaut sind. Bereits im Mittelalter wurde die Küstenstrecke von all jenen Jakobspilgern genutzt, die in Avilés von Bord gegangen waren und sich nun bis Galicien parallel zum Atlantik hielten.

Navia   Navia (9000 Einw.) liegt an der schmalen Ría de Navia und zeigt sich mit seinem Flusshafen und den Altstadtgassen als lebhafte Kleinstadt. Ab Navia führt ein interessanter Abstecher etwa 5 km landeinwärts zum *Castro de Coaña, einem gut erhaltenen **Dorf aus der Keltenzeit**. Zwischen Navia und Luarca empfiehlt sich ein Küstenschlenker über **Puerto de Vega**, wobei man typisches Wiesenland mit verstreut liegenden Gehöften und Villen durchfährt. In Puerto de Vega gibt es einen kleinen Fischerhafen und die barocke Iglesia de Santa Marina.
Castro de Coaña: Okt.–März Mi.–So. 10.30–15.30, April–Sept. Di.–So. bis 17.30 Uhr; Eintritt 3,13 €

Costa Verde erleben

AUSKUNFT
Oficina de Turismo
Puerto del Oeste s/n, Cudillero
Tel. 985 59 13 77
www.cudillero.es

Calle Agua, 29
Villaviciosa, Tel. 985 89 17 59
www.turismovillaviciosa.es

Paseo Princesa Letizia, s/n, Ribadesella
Tel. 985 86 00 38, www.ribadesella.es

VERANSTALTUNGEN
Am ersten Samstag im August nehmen Tausende Kanuten den Descenso del Sella in Angriff, eine etwa 20 km lange Flussabfahrt von Arriondas nach Ribadesella. Die Traditionsveranstaltung wird von zahlreichen Sportfans verfolgt.

ÜBERNACHTEN · ESSEN
La Huertona €€€€
Carretera de la Piconera, La Güertona
33560 Ribadesella
Tel. 985 86 05 53
www.restaurantelahuertona.com
Steht in der Spitzengruppe der besten Restaurants in Asturien und liegt etwa 2 km außerhalb von Ribadesella etwas unscheinbar an der Straße. Kreative Speisekunst, exzellentes Degustationsmenü. Reservierung empfohlen!

Hotel Spa La Hacienda de Don Juan €€€
Calle La Concepción, 5, Llanes
Tel. 985 40 35 58
www.haciendadedonjuan.com
Geschmackvoll aufbereitetes Wellnesshotel, vier Sterne. Mit Restaurant »El Cenador de la Hacienda«.

Casona de la Paca €€
El Pito, Cudillero
Tel. 985 59 13 03
www.casonadelapaca.com
Familiär betriebenes Herrenhaus aus dem 19. Jh., freundliche Dekoration (Dez. – Febr. geschl.). Alternative zu den Zimmern sind die für 2–4 Personen ausgestatteten Apartments.

Hotel Villa Rosario €€
Paseo de la Playa / Dionisio Ruisánchez, 3-6
Ribadesella
Tel. 985 86 00 90
www.hotelvillarosario.com
Direkt an die Strandpromenade stößt dieses schmucke Haus, ursprünglich ein Palais aus dem Jahre 1914. Ein zweites Gebäude unter selber Leitung ist das günstigere Edificio Nuevo Villa Rosario.

Camping Ribadesella €€/€
Sebreño, s/n
Ribadesella
Tel. 985 85 82 93
www.camping-ribadesella.com
Gut ausstaffierter Campingplatz, der Pool ist von März bis September geöffnet. Über die üblichen Stellplätze hinaus gibt es Bungalows für 2–6 Personen.

Luarca (5000 Einw.) ist das vielleicht **malerischste Küstenstädtchen in Asturien**, da das Hafenbecken hier von schroffen Felshängen und hübschen Häuserzeilen umschlossen wird und sich nur mit einer schmalen Öffnung zum Meer hin wendet. Einst stachen von

*Luarca

Besonders malerisch: Luarcas Hafen

hier aus Walfangflotten in See. Ein Hafenbummel gehört einfach dazu. Vom oberen Teil des Ortes bietet sich – auf dem Weg zum Friedhof – eine schöne Aussicht.

Beachtung verdienen auch verschiedene Herrenhäuser der so genannten »indianos«. So wurden jene genannt, die als gemachte Leute aus den Kolonien in ihre Heimat zurückkehrten und sich mit dem angehäuften Geld Paläste errichten ließen.

*Cudillero Eukalyptus und Kieferngebiete, Wiesen und schiefergedeckte Häuser sind Wegbegleiter in das Fischerstädtchen Cudillero (5000 Einw.), das sich weit über die grünen Hänge oberhalb des Hafens ausbreitet. Östlich von Cudillero geht es über die Mündung des Río Nalón in die einstige Schwerindustriestadt **Avilés** (85 000 Einw.). Heute versucht man hier, neue Industrien anzusiedeln, also alternative Arbeitsplätze zu schaffen, denn als Bergbauregion hat Asturien keine Zukunft mehr. Sehenswert ist die futuristische kurvige Stahlbetonkonstruktion an der Ría, das Kulturzentrum **Centro Niemeyer**, das der brasilianische Jahrhundertarchitekt Oscar Niemeyer (1907 – 2012) wenige Jahre vor seinem Tod konzipierte. Es gibt zahlreiche Veranstaltungen und die Möglichkeit, an geführten Rundgängen teilzunehmen.

Nächste Stadtziele auf der Weiterfahrt sind: ▶Oviedo oder ▶Gijón, wobei Gijón entweder direkt über die Autobahn oder in einem weiten Bogen an der Küste entlang erreichbar ist. Wer sich für die Küstenvariante entscheidet, kehrt bald in idyllischeres Gelände mit grünen Hügeln, Wiesen und Wäldern zurück.

Centro Niemeyer: Voranmeldung unter Tel. 984 83 50 31; www.niemeyercenter.org

Das unter Naturschutz stehende Cabo de Peñas markiert den nördlichsten Punkt Asturiens und ist einen Abstecher wert; rundherum brechen sich die Wellen an Steilwänden und schroffen Felsnasen. An der Ostseite der Halbinsel dient das Hafen- und Strandstädtchen **Luanco** (11 000 Einw.) gestressten Städtern als Refugium, es ist allerdings nicht frei von Bausünden der Moderne. Zu den historischen Baudenkmälern gehören die Iglesia de Santa María (18. Jh.), der Palacio de Menéndez Pola (17./18. Jh.) und der um 1705 errichtete Uhrturm an der Plaza del Reloj. Das **Museo Marítimo de Asturias** beschäftigt sich mit der Geschichte der Seefahrt und dem Fischfang.

*Cabo de Peñas

Zwischen Luanco und ▶Gijón liegen knapp 15 km; eine nennenswerte Ortschaft, die unterwegs einen kleinen Abstecher erfordert, ist **Candás**, wo die Seeleute in der Kirche ein angeblich aus Irland stammendes Christusbildnis verehren, El Cristo de Candás. Am Hafen und in der kleinen Altstadt findet man reichlich Auswahl zur Einkehr, der Hauptstrand wird bei Flut überspült.

Museo Marítimo de Asturias: Calle Gijón, 6; Di. – Sa. 11.00 – 14.00, 17.00 – 20.00, So. 11.00 – 14.00 Uhr; Eintritt 2,80 €; www.museomaritimodeasturias.com

DIE ÖSTLICHE COSTA VERDE

Östlich von ▶Gijón führen Autobahn und N-632 von der Küstenlinie weg und durch typisch asturisches Wiesen- und Waldland an die Ría de Villaviciosa, die extrem stark vom Tidenhub betroffen ist.

*Ría de Villaviciosa

Am Ende der Ría lohnt sich ein Abstecher ins pittoreske Fischer- und Stranddorf ***Tazones**; auch ein Schlenker um die Ostseite der Ría herum zur wildromantischen **Playa de Rodiles** lohnt sich. Der Küstenstrich rühmt sich, ein paar Brosamen spanischer Geschichte abbekommen zu haben, da hier im September 1517 das Schiff mit König Karl I. irrtümlich anlandete und der aus Gent stammende Herrscher erstmals spanischen Boden unter die Füße bekam.

Das Städtchen Villaviciosa (15 000 Einw.) ist als regionales Produktionszentrum von Apfelwein (»sidra«) bekannt. Landeinwärts breiten sich die entsprechenden Obstwiesen aus, in den örtlichen Kneipen lässt sich die »sidra« perlfrisch kosten. Über die Altstadt von Villaviciosa verteilen sich einige verwinkelte Gassen und wappengeschmückte Häuser, ebenso die Iglesia de Santa María de la Oliva (12./13. Jh.) mit ihrem reich verzierten Portal. Hinter dem Rathaus breitet sich ein netter Platz mit Grünanlagen aus.

Villaviciosa und Umgebung

Knapp 10 km südwestlich (ausgeschilderte Abzweigung an der AS-113) erhebt sich die 893 geweihte ***Iglesia de San Salvador de Valdediós** aus dem einsamen Wiesengrün – der Sakralbau ist eines der besten Beispiele asturischer Präromanik und zählt zum Verbund der von der UNESCO zum Weltkulturerbe ernannten Kirchen Asturiens. Östlich von Villaviciosa verhindern Klippen eine durchgängige Küstenstraße, sodass sich die Autobahn bzw. die N-632 durchs Landesinnere nach Colunga zieht.

Lastres
Von dort führt ein Küstenabstecher in den netten Fischerort Lastres, der einst bekannt war für seine Walfänger. Die Erinnerung an anderes Getier wird auf einer Anhöhe nahe der Straße Colunga-Lastres lebendig: Dinosaurier. Im einsam gelegenen, äußerst aufschlussreichen *Museo Jurásico de Asturias** dreht sich alles rund um die Riesenechsen, die auch in Asturien lebten. Ein weiterer Ausflug ab Colunga führt über 500 m hinauf zum **Mirador de Fito**, einem Aussichtspunkt mit Blick auf die ▶Picos de Europa.

Museo Jurásico de Asturias: Juli, Aug. tgl. 10.30 – 20.00, sonst Mi. – Fr. 10.00 – 14.30, 15.30 – 18.00, Sa., So. 10.30 – 14.30, 16.00 – 19.00 Uhr; Eintritt 7,24 €; www.museojurasicoasturias.com

*Ribadesella
Nächstes Küstenziel östlich von Colunga ist das freundliche Ribadesella (6000 Einw.). Die Geografie gibt dem Städtchen ein besonderes Gepräge. Die Mündung des Río Sella verläuft in Zickzackform und trennt Ribadesella in zwei Teile. Auf der Ostseite liegen die Altstadt und ein schroffer Küstenhügel, der Monte Corberu, der dem Hafen und Flussauslauf Schutz gibt. Auf der Westseite schließt sich die Bucht mit dem sichelförmig geschwungenen Hauptstrand an, der eigentlich Santa Marina heißt, aber gerne als »Strand der Picos de Europa« bezeichnet wird. Die Gebirgsausläufer liegen in Sicht. Das beste Panorama bietet sich um eine Kapelle, die Ermita de Guía. Angenehm sticht die durchweg flache Bebauung von Ribadesella ins Auge.

»Schatz des Paläolithikums« nennt sich die etwas außerhalb gelegene ***Cueva Tito Bustillo**, ein Höhlensystem mit unterschiedlich datierten Felsmalereien, die Tiermotive zeigen. Zur Höhle gehört ein modernes, ganzjährig geöffnetes Zentrum Prähistorischer Kunst (Centro de Arte Rupestre).

Kontraste zu Höhlen- und Küstenansichten bietet die grandiose Bergwelt der ▶Picos de Europa, die sich südwestlich von Ribadesella gut über Arriondas und Cangas de Onís ansteuern lässt.

Cueva Tito Bustillo: Höhle Ende März – Ende Okt., Centro Juli, Aug. Mi. – So. 10.00 – 19.00, sonst Mi. – Fr. 10.00 – 14.30, 15.30 – 18.00, Sa., So. 10.00 – 14.30, 16.00 – 19.00 Uhr; Eintritt Centro 5,30 €, mit Höhle 7,34 €, Reservierung empfehlenswert; Tel. *902 30 66 00; www.centrotitobustillo.com

Llanes und Umgebung
Bleibt man an der Küste, bieten sich zwischen Ribadesella und Llanes immer wieder Strandabstecher an. Auch Felsküstenabschnitte sind reizvoll. Bei Garaña liegt eine Klippenlandschaft mit den Bufones

de Pría, Felskanäle, durch die bei schwerer See das Wasser schießt und Geysiren gleich in einer Höhe von gut 20 m zerstäubt. Bei den Stränden sind vor allem der nette kleine Sandstrand Playa de Barro und die bereits zu Llanes gehörige Playa Sablón zu nennen. Im Rücken von **Llanes** (13 000 Einw.) steigt die Sierra de Cuera bis zu 1315 m hoch an, das Städtchen selbst hat maritimes Flair. Nicht nur die Stadtmauerreste und die Iglesia de Santa María (13. Jh.) locken die Besucher an, sondern auch der Wellenbrecher mit seinen farbig bemalten Steinblöcken, bekannt als Cubos de la Memoria. Es handelt sich um ein Werk des baskischen Künstlers Agustín Ibarrola.

Zwischen Llanes und dem natürlichen östlichen Grenze Asturiens, der malerischen ***Ría de Tina Mayor**, liegen vereinzelte Strände wie die **Playa de Vidiago**. Unterhalb des Bauernortes Pimiango liegt der Zugang zur **Cueva del Pindal** mit prähistorischen Tierbildern. Bei Unquera bietet sich eine erneute Gelegenheit, in die Bergwelt der ▶Picos de Europa zu fahren.

Cueva del Pindal: Mi. – So. 10.00 – 17.00 Uhr; Eintritt 3,13 €, Tel. 608 17 52 84

* Estella · Lizarra

P 4

Provinz: Navarra
Region: Navarra (Autonome Gemeinschaft)
Höhe: 452 m ü. d. M.
Einwohnerzahl: 14 000

Estella sticht als größte Jakobspilgerstation im westlichen Navarra hervor. Dank der vielen Monumente trägt das Städtchen im Volksmund den Beinamen »la bella«, »die Schöne«.

Estella erleben

AUSKUNFT
Oficina de Turismo
Calle San Nicolás, 3, Tel. 948 55 63 01
www.estellaturismo.com

ESSEN
La Cepa €€
Plaza de los Fueros 15, 1°
Tel. 948 55 00 32
www.restaurantecepa.com
Traditionsrestaurant am Hauptplatz mit Navarra-Küche, zu der auch gegrillte Lammrippchen (»costillicas de cordero«) zählen. Gutes Mittagsmenü.

ÜBERNACHTEN
Hotel Yerri €
Avenida Yerri, 35
Tel. 948 54 60 34, www.hotelyerri.es
Solide, schnörkellose Zwei-Sterne-Unterkunft nicht weit von der Stierkampfarena entfernt. Parkplatz und Restaurant.

ZIELE • Estella

Geschichte und Gegenwart

Estella, das auf einer kleinen baskischen Ansiedlung namens Lizarra fußt und diesen zweiten Namen noch heute trägt, erlebte seine offizielle Geburt Ende des 11. Jh.s als Gründung des navarresischen Königs Sancho Ramírez. Dieser kam der Notwendigkeit nach, zwischen Pamplona und Logroño eine Durchgangs- und Beherbergungsstation für Jakobspilger ins Leben zu rufen. Zahlreiche Zuzügler ließen die Siedlung beständig anwachsen, die es bis zum Ende des Mittelalters auf eine Rekordzahl von 21 Kirchen brachte. Das monumentale Gepräge drückt dem Städtchen noch heute seinen Stempel auf; dazu gehört auch die Pilgerbrücke über den Río Ega. Im Zentrum schlägt das Herz um die Plaza de los Fueros mit einladenden Terrassencafés.

SEHENSWERTES IN ESTELLA

*Iglesia de Santo Sepulcro

Die Iglesia de Santo Sepulcro, die Kirche des Heiligen Grabes (12. – 14. Jh.), ist die erste im Stadtgebiet, die die Pilger von der Puente la Reina her erreichen. Die Hauptfassade zeigt die Reihe der Apostel, das Portal ist von einer Bischofs- und einer Pilgerskulptur eingerahmt. Das Tympanon zeigt als minutiöse bildhauerische Arbeit das Letzte Abendmahl, die Komposition ist vollkommen symmetrisch herausgearbeitet. Zu besichtigen ist die Kirche nicht.

Über die Pilgerbrücke am Río Ega und durch Estella mussten alle Pilger auf dem Landweg nach Santiago de Compostela.

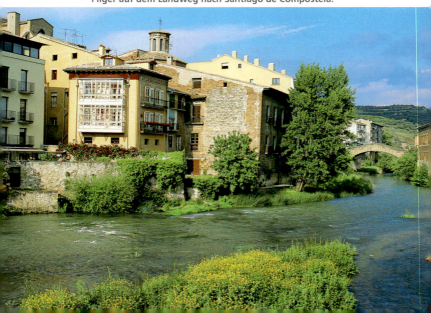

*Iglesia de San Pedro de la Rúa

Oberhalb der Pilgergasse liegt die Kirche San Pedro de la Rúa (13. Jh.) mit mudejarem Dekor im Portal, zu dem eine breite Treppe hinaufführt, und einem hohen Wehrturm. Im Innern sind Skulpturen des Gekreuzigten (14. Jh.) und des heiligen Petrus (17. Jh.) zu sehen, doch interessanter ist der in Teilen erhaltene romanische Kreuzgang mit der aus vier schmalen Einzelsäulen verflochtenen Säule. Kunstvolle Kapitele zeigen u. a. die Martyrien des heiligen Andreas und des heiligen Lorenz.

❶ Die Kirche ist nur unregelmäßig zugänglich, Infos hat das direkt darunter liegende Touristenbüro.

*Palacio de los Reyes de Navarra

Der Palacio de los Reyes de Navarra ist seit alters her das wichtigste Zivilgebäude der Stadt, ein romanischer Bau, der den Königen von Navarra im Mittelalter als Palast diente und in Sichtweite der Iglesia de San Pedro de la Rúa liegt. An der Fassade sind zwei Kapitele hervorzuheben: Eines zeigt den Kampf zwischen dem Helden Roland und dem Riesen Ferragut, ein anderes weiter oben Teufelsfiguren, die auf zwei Geizhälse warten.
Von Mitte des 19. Jh.s bis 1951 diente das Gebäude als Gefängnis. 1991 ist im Innern die einstige königliche Pracht durch ein interessantes Museum abgelöst worden, das eine umfassende Werkschau des baskischen Malers **Gustavo de Maeztu y Whitney** (1887 bis 1947) beherbergt.

❶ Di. – Fr. 9.30 – 13.00, Sa., So. 11.00 – 14.00 Uhr; Eintritt frei; www.museogustavodemaeztu.com

*Iglesia de San Miguel

Diese Wehrkirche liegt oberhalb des Altstadtviertels und wurde im 12. Jh. begründet. Der Besuch lohnt sich gleich doppelt: wegen des verglasten romanischen Figurenportals an der Südseite und des Wehrumlaufs mit schönem Ausblick auf der Nordseite.

UMGEBUNG VON ESTELLA

Monasterio de Santa María de Iranzu

Etwa 10 km nördlich liegt das Monasterio de Santa María de Iranzu, zu dem die Anfahrt ab Abárzuza über ein schmales Sträßchen durch das Tal des Río Iranzu führt. Die Anlage zählte zum Verbund der mittelalterlichen Zisterzienserklöster Navarras und wurde 1176 gegründet. Sehenswert sind die Kirche und insbesondere der Kreuzgang (12. – 14. Jh.).

❶ tgl. 10.00 – 14.00, 16.00 – 18.00, im Sommer bis 20.00 Uhr; Eintritt 2,50 €

Der Jakobsweg von Estella nach Logroño

Südwestlich von Estella führt der Jakobsweg beim Monasterio de Irache an die berühmte ***Fuente del Vino** heran, die »Quelle des Weins«. Hier gibt es von den Bodegas Irache für Pilger und alle anderen Vorbeikommenden im »Hahnumdrehen« ein kostenloses

Schlückchen Wein zum Selbstabzapfen, sofern das Depot noch gefüllt ist – da besteht keine Gewähr! Weitere interessante Anblicke bis Viana bieten der Burgberg von **Villamayor de Monjardín** und die romanische Templerkirche in **Torres del Río**.

Viana besitzt eine charmante kleine Altstadt um das Rathaus und die Kirche Santa María, vor der eine Grabplatte an den Renaissancefürsten Cesare Borgia (1475 – 1507) erinnert. In den Bäckereien gibt es schmackhaftes Schmalzgebäck aus lokaler Produktion. Hinter Viana geht es geradewegs in die Rioja hinein und auf die nächste bedeutende Stadt ▸Logroño zu.

Gijón

H 2

Provinz: Asturien
Region: Asturien (Asturias; Autonome Gemeinschaft)

Höhe: Meereshöhe
Einwohnerzahl: 277 000

Bereits zu vorrömischen Zeiten bekannt und unter den Römern stark befestigt, hat sich die größte Stadt Asturiens zur regional maßgeblichen Industrie- und Hafenmetropole entwickelt und setzt einen starken Akzent an der ▸Costa Verde. Das städtische Miteinander von Stränden, Kohlehafen, Vorortsiedlungen sowie Eisen- und Stahlindustrien wirkt mitunter befremdlich und macht Gijón nicht gerade zur Schönheit. Die Stadt wurde im Spanischen Bürgerkrieg stark zerstört. Trotzdem sollte man einige Sehenswürdigkeiten nicht verpassen.

Gijón breitet sich kilometerlang am Atlantik aus. Die Küstenlinie wird vom Cerro de Santa Catalina mit dem Altstadtviertel Cimadevilla zerteilt. Westlich davon liegen der große Freizeithafen und die Playa de Poniente, dahinter beginnt die unansehnliche Zone der Werften und Industrien. Östlich des Cerro de Santa Catalina schließt sich die attraktive Bucht San Lorenzo mit der Playa de San Lorenzo und der Mündung des Río Piles an. Nordöstlich des Río Piles liegen mit der Playa de los Mayanes und der Playa del Cervigón zwei kleinere Strände.

SEHENSWERTES IN GIJÓN UND UMGEBUNG

*Cimadevilla   Cimadevilla heißt das einstige Viertel der Fischer und Seeleute, in dem sich Gijón seinen ursprünglichsten Charakter bewahrt hat. Dieses Altstadtviertel liegt auf der zentralen städtischen Landzunge,

Gijón erleben

AUSKUNFT
Oficina de Turismo
Espigón Central de Fomento
Calle Rodríguez San Pedro
Tel. 985 34 17 71, www.gijon.info
Hier ist die »Gijón Card« erhältlich, die hilft, die Stadt kostengünstiger zu entdecken; es gibt Varianten für 1–3 Tage.

VERANSTALTUNGEN
Gijóns größtes Stadtfest ist die Semana Grande in der ersten Augusthälfte.

ESSEN
Restaurante Casa Zabala €€€
Vizconde de Campo Grande, 2
Tel. 985 34 17 31; www.casazabala.com
Einer der Klassiker der Meeresfrüchteküche in Gijón. Lage im historischen Cimadevilla-Viertel. Im Sommer mit Terrasse.

Parrilla El Sueve €€
Calle Domingo García de la Fuente, 12
Tel. 985 14 57 03
Das Restaurant ist spezialisiert auf Grillfleisch und tischt passable Portionen auf.

ÜBERNACHTEN
Parador de Gijón €€€
Parque Isabel la Católica, Avda. Torcuato Fernández Miranda, 15
Tel. 985 37 05 11, www.parador.es
Hergerichtetes altes Mühlengelände in einem Park, vier Sterne. Mit hervorragendem Restaurant.

Hotel La Ermita de Deva €€
Camino del Valliquín, 432
Tel. 985 33 34 22, www.laermitadeva.com
Geschmackvolle Landhaus-Unterkunft nur wenige Kilometer südöstlich der City – ein Kleinod mit nur sieben Zimmern.

Keltische Tradition: Dudelsackspiel

die zum strategisch wichtigen Festungshügel Cerro Santa Catalina (auch: Atalaya) hin ansteigt.
Wichtigste Plätze sind die ***Plaza Mayor** mit dem 1861 – 1865 erbauten Rathaus und die **Plaza Jovellanos**, die den Namen des berühmtesten Sohnes der Stadt trägt: Gaspar Melchor de Jovellanos (1744 – 1811), Politiker und Dichter. In seinem Geburtshaus an der Plaza de Jovellanos ist das **Museo de Jovellanos** untergebracht, ein Kunstmuseum, das seine Schwerpunkte auf asturische Meister aus dem 19. und 20. Jh. legt. Der römischen Vergangenheit spürt

Am Sporthafen von Gijón geht es auch mal gemächlich zu.

man in den **Termas Romanas** (1. – 4. Jh.) am Campo Valdés nach. Zur Westseite hin endet das Cimadevilla-Viertel mit der Plaza del Marqués, an der sich neben der Colegiata de San Juan Bautista der sehenswerte ***Palacio de Revillagigedo** (18. Jh., heute Centro Cultural) erhebt. Dahinter beginnt der hübsche **Puerto Deportivo**, der Sporthafen.

Museo de Jovellanos: Di. – Fr. 9.30 – 14.00, 17.00 – 19.30, Sa., So. ab 10.00 Uhr; Eintritt frei

Termas Romanas: Di. – Fr. 9.30 – 14.00, 17.00 – 19.30, Sa., So. ab 10.00 Uhr; Eintritt 2,50 €

Palacio de Revillagigedo: Di. – Sa. 11.30 – 13.30, 17.00 – 20.00 (Sommer 16.00 – 21.00), So. 12.00 – 14.30 Uhr

*Pueblu d´Asturies Im östlichen Stadtbereich liegt das volkskundliche Freilichtmuseum Pueblo de Asturias, in der asturischen Regionalsprache als Pueblu d'Asturies bekannt, zu dem mehrere Speicherbauten und ländliche Häuser gehören. Eine gesonderte Erwähnung verdient das **Museo de la Gaita** mit seiner Dudelsack-Kollektion.

❶ Paseo del Doctor Fleming, 877; Okt. – März Di. – Fr. 9.30 – 18.30, Sa., So. 10.00 – 18.30, April – Sept. Di. – Fr. 10.00 – 19.00, Sa., So. 10.30 – 19.00 Uhr; Eintritt 2,50 €

Östliches Gijón An den östlichen Ausläufern von Gijón liegen der **Botanische Garten** und die vormalige, aus der Franco-Ära datierende Universidad Laboral, die als Kulturstadt **Laboral Ciudad de Cultura** mit diversen Aktivitäten wiederbelebt worden ist.

Jardín Botánico Atlántico: Di. – So. 10.00 – 18.00, im Sommer bis 21.00 Uhr; Eintritt 2,90 €; http://botanico.gijon.es

Laboral Ciudad de Cultura: www.laboralciudaddelacultura.com

Im Nordwesten von Gijón schiebt sich das Cabo de Torres zwischen das erweiterte Stadtgebiet und die kleine Ría de Aboño. Vom Kap ragt der Leuchtturm **Faro del Cabo de Torres** auf. Ebenfalls ausgeschildert ist der **Parque Arqueológico-Natural de la Campa Torres**, eine ausgedehnte archäologische Zone mit Resten aus vorrömischen und römischen Zeiten.

Cabo de Torres

Leuchtturm u. Park: Di.–So. 10.00 – 14.00, Park im Sommer bis 19.00 Uhr

* Huesca

✧ T 5

Provinz: Huesca
Region: Aragón
Höhe: 488 m ü. d. M.
Einwohnerzahl: 53 000

Klein, aber fein ist diese aragonesische Provinzhauptstadt zwischen dem Ebro-Becken und den Vorpyrenäen. In die Gegend verirren sich nicht allzu viele Besucher – eigentlich schade, denn Sehenswertes und Ausflugsziele gibt es zuhauf.

Unter den Iberern und später unter den Römern besaß Huesca, das einstige Osca, große Bedeutung. Die Stadt reklamiert für sich, Wiege des heiligen Laurentius (San Lorenzo) gewesen zu sein, der Mitte des 3. Jh.s in Rom sein Martyrium auf dem Rost erlitten haben soll. Im frühen Mittelalter rückten die Mauren an, die die in Resten er-

Geschichte, Legende, Gegenwart

Huesca erleben

AUSKUNFT
Oficina de Turismo
Plaza López Allué, s/n, Tel. 974 29 21 70
www.huescaturismo.com

VERANSTALTUNGEN
Das große Patronatsfest zu Ehren von San Lorenzo findet alljährlich vom 9. bis 15. August statt und wird von reichlich Tänzen und Musik begleitet. Bekannt sind auch die Karprozessionen.

ESSEN
Taberna de Lillas Pastia €€€
Plaza de Navarra, 4
Tel. 974 21 16 91
www.lillaspastia.es
Exquisite Erlebnisgastronomie, die einen hohen Bekanntheitsgrad weit über die Stadtgrenzen hinaus genießt.

ÜBERNACHTEN
Hotel Pedro I de Aragón €€
Calle del Parque, 34
Tel. 974 22 03 00
www.hotelpedroidearagon.com
Ordentliches Drei-Sterne-Haus, das ansprechende Zimmer und ein solides Preisniveau bietet. Im Sommer gibt es einen Pool.

haltenen Stadtmauern errichteten. Sie nannten die Stadt Wasqa und waren annähernd 400 Jahre lang präsent. Nach der Vertreibung der Mauren unter Pedro I. fungierte Huesca für die kurze Zeit zwischen 1096 und 1118 als Hauptstadt des Königreiches Aragonien.

Aus dem 12. Jh. ist die grausame Legende der **»Glocke von Huesca«** überliefert, die zu den bekanntesten in ganz Spanien zählt und vor dem realen Hintergrund der Nachfolgefrage des verstorbenen Königs Alfons I. des Kämpfers (Alfonso I el Batallador) spielt. Nach Alfons' Tod wurde der Thron 1134 von einem Kleriker bestiegen: von Ramiro II. dem Mönch (Ramiro II el Monje), der eigentlich in einem französischen Kloster lebte und dank päpstlichem Einverständnis die Krone gegen die Kutte tauschte. Gegen Ramiro jedoch erhoben sich bald aufrührerische Kräfte aus obersten Adelskreisen. Als sich die Sorge vor einer Intrige zuspitzte, blieb Ramiro nichts anderes übrig, als ein Exempel zu statuieren. Eines Tages lud er alle wichtigen Adeligen in seinen Palast nach Huesca ein, um eine geheimnisvolle »Glocke« zu enthüllen. In einem Nebenraum des Thronsaals empfing Ramiro einen Adeligen nach dem anderen – und ließ jeden umgehend enthaupten. Schließlich wurden die Köpfe der potenziellen Aufrührer in Form einer großen Glocke drapiert – die »Glocke von Huesca«. Diese Glocke, so heißt es, rettete Aragoniens innere Einheit.

Im Huesca von heute geht es weniger aufregend zu. Die Hauptstadt der gleichnamigen Provinz ist Verwaltungszentrum und Handelsplatz für die umliegenden landwirtschaftlichen Gebiete.

SEHENSWERTES IN HUESCA UND UMGEBUNG

Catedral Die gotische Kathedrale, deren Ursprung im 13. Jh. liegt, erhebt sich auf dem höchsten Punkt der Stadt, dort, wo archäologische Reste der Römer nachgewiesen worden sind und im Mittelalter die Hauptmoschee der Mauren stand. Die Arbeiten an der Kathedrale dauerten bis 1515. Zutritt verschafft das figurenreiche Hauptportal (14. Jh.). Im Innern des dreischiffigen Baus sticht das aus Alabaster gearbeitete Hauptretabel hervor, das Damián Foment zwischen 1520 und 1533 schuf; im Mittelpunkt steht die Leidensgeschichte Jesu Christi. Der Gekreuzigte in der Capilla del Santo Cristo ist im Volksmund als »Christus der Wunder« (Cristo de los Milagros) bekannt; 1497 soll das Bildnis den Bewohnern Huescas auf wundersame Weise beigestanden und sie von einer Pestepidemie befreit haben. Das Chorgestühl wurde 1577 – 1591 aus Eichenholz geschnitzt. Der Kathedrale ist das **Museo Diocesano** angegliedert.

Casa Consistorial Das Rathaus, Ayuntamiento, ist im Renaissancestil gehalten (16. Jh.) und liegt gegenüber der Kathedrale. Die schaurige Legende der »Glo-

cke von Huesca« wird im **Justizsaal** lebendig gehalten. Dort hängt das monumentale Gemälde »La Campana de Huesca«, 1880 vom spanischen Meister José Casado del Alisal gefertigt.
❶ Infos zu Besichtigungen über das Tourismusbüro

Museo de Huesca

Baugeschichtlich verschmelzen beim modern inszenierten Museo de Huesca Gebäudeteile des Königspalastes aus dem 12. Jh. und des Universitätsgebäudes aus dem 17. Jahrhundert. Im Museum gibt es u. a. anderem Funde aus der Römerzeit zu sehen. Ein kleiner Abgang führt vom einstigen Thronsaal hinab in den ***Glockensaal** (Sala de la Campana), den Schauplatz der blutigen Legende der »Glocke von Huesca«.
❶ Plaza de la Universidad; Di. – Sa. 10.00 – 14.00, 17.00 – 20.00, So. 10.00 – 14.00 Uhr; Eintritt frei; http://museodehuesca.es

*Iglesia de San Pedro el Viejo

In Huescas unterer Altstadt liegt die Iglesia de San Pedro el Viejo, eine Kirche romanischen Ursprungs (12. Jh.) mit einem sehenswerten Kreuzgang. Die Grabstätten von Alfons I. dem Kämpfer und Ramiro II. dem Mönch machen San Pedro el Viejo zum zweitwichtigsten königlichen Pantheon Aragoniens, das in seiner Bedeutung nur vom Kloster San Juan de la Peña (▶Ausflüge von Jaca) übertroffen wird.
❶ Mo. – Sa. 10.00 – 13.30, 16.30 – 18.00, So. 11.00 – 12.15, 13.10 – 14.00 Uhr; Eintritt 2,50 €

Castillo de Montearagón

Aus einer rauen Gesteinslandschaft ragt 5 km östlich von Huesca das Castillo de Montearagón, eine trutzige Burg mit Abtei aus dem 11./12. Jahrhundert. Die Anlage liegt zum Teil in Ruinen, bietet aber trotzdem einen interessanten Anblick.

Vor der Kulisse der Mallos (▶S. 217)

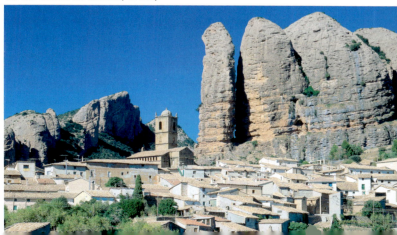

Schon allein ihre Lage am Südabfall der Pyrenäen macht den Besuch der Klosterburg von Loarre zu einem unvergesslichen Erlebnis.

AUSFLÜGE VON HUESCA

*Parque Natural de la Sierra y Cañones de Guara

Im weiten Nordosten von Huesca beginnt der Parque Natural de la Sierra y Cañones de Guara, ein – samt geschützten Randgebieten – 80 739 ha großer Naturpark in den Vorpyrenäen, mit schmalen Schluchten, schroffen Felslandschaften, Flüssen, Waldgebieten, Höhlen und einer vielfältigen Vogelwelt. Das Dach des Naturparks ist der 2077 m hohe Tozal de Guara. Das Schutzgebiet ist bei Wanderern beliebt. Am äußersten Südostrand des Naturparks liegt, an der Schlucht des Río Vero, der pittoreske Ort ***Alquézar**. Dank seiner Steingassen und -häuser und der Monumente steht Alquézar unter Denkmalschutz. Die romanische Stiftskirche Santa María la Mayor, erwachsen aus den maurischen Befestigungsanlagen, besitzt einen interessanten Kreuzgang.

❶ Centro de Interpretación in Bierge, Tel. 974 31 82 38; meist nur Sa., So.

Arguis

Knapp 20 km nördlich von Huesca liegt der kleine Ausflugsort Arguis, Namensgeber auch des angrenzenden Stausees (Embalse de Arguis). Ab Arguis bieten sich schöne Fernblicke.

**Castillo de Loarre

Weit oberhalb des Ortes Loarre beherrscht das Castillo de Loarre die Landschaft: Es sitzt vor den Kulissen der Sierra de Loarre spektakulär auf einem Felsmassiv. Die Architektur und die einsame Lage machen das Kastell zu einem der beeindruckendsten in ganz Spanien. Im Mittelalter zählte die im 11./12. Jh. im Zuge der Kämpfe gegen die Muselmanen errichtete Burg zum Verbund der romanischen Militärbauwerke. Die Entdeckungstour führt hinauf bis zur Torre del Homenaje, die Ausblicke sind grandios. Das nahe Dorf **Loarre** ist ebenfalls einen kleinen Streifzug wert, zumal es Unterkunft und Gastronomie bietet. In der örtlichen Iglesia de San Esteban ist ein romanischer Schrein mit Reliquien des hl. Demetrius (San Demetrio) zu sehen.

Das Castillo de Loarre liegt knapp 30 km nordwestlich von Huesca. Die Anfahrt ist gut kombinierbar mit Ayerbe bzw. der Weiterfahrt Richtung ▶Jaca oder ▶Pamplona.
🛈 Nov. – Feb. Di. – So. 11.00 – 17.30, sonst tgl. 10.00 – 19.00, im Sommer bis 20.00 Uhr; Eintritt 4,50 €; www.castillodeloarre.es

> **BAEDEKER WISSEN**
>
> **? Klappe und Action!**
>
> Die stark bewehrten Türme und Mauern des Felsenkastells von Loarre haben schon als Hollywoodkulisse gedient. Starregisseur Ridley Scott filmte hier Teile seines Mittelalterepos »Königreich der Himmel« (2005) mit Orlando Bloom, Liam Neeson und Jeremy Irons.

Ayerbe und Mallos de Riglos

Ayerbe (560 m ü. d.M.) bewahrt seinen Palacio de los Urriés (15. Jh.) als wichtiges historisches Bauwerk. Der örtliche Centro de Interpretación Santiago Ramón y Cajal steht ganz im Zeichen des Medizin-Nobelpreisträgers Ramón y Cajal (▶Berühmte Persönlichkeiten), der in Ayerbe die meiste Zeit seiner Jugend verbrachte. Knapp 15 km nördlich türmen sich die rötlich schimmernden Felsformationen Mallos de Riglos wie Pyramiden auf; Kletterer finden hier ihr Dorado.

✱ Jaca

✦ S 4

Provinz: Huesca
Region: Aragón
Höhe: 820 m ü. d. M.   **Einwohnerzahl:** 14 000

Die Lage am Rand der Pyrenäen und die Bedeutung als Pilgerstation prägen die alte aragonesische Hauptstadt Jaca bis heute. Die Altstadt macht einen heiter-beschaulichen Eindruck und konzentriert sich auf die Bereiche um die Kathedrale und die lang gestreckte Calle Mayor. In der Umgebung locken interessante Ziele inmitten einer wundervollen Natur.

Geschichte

Noch bevor sich die Ströme der Jakobspilger ab dem Mittelalter vom nahen Somport-Pass hinab nach Jaca wälzten, hatte das Städtchen an den Ufern des Río Aragón seinen Eintrag ins Buch der Geschichte

Jaca erleben

AUSKUNFT
Oficina de Turismo
Plaza de San Pedro, 11-13
Tel. 974 36 00 98
www.jaca.es

VERANSTALTUNGEN
Anfang Mai erinnern die historisch aufgezogenen Fiestas del Primer Viernes de Mayo an die legendäre Verteidigung der Stadt gegen die Mauren. Am 25. Juni findet ein Stadtfest mit Prozession zu Ehren der hl. Orosia statt, in Jahren mit ungerader Zahl (2015, 2017 etc.) im Sommer das folkloristische Festival von Jaca.

ESSEN
Im Arkadenbereich gegenüber der Kathedrale kann man gut einkehren und das bunte Treiben beobachten.

Restaurante
La Cocina Aragonesa €€€€
Calle Cervantes, 5
Tel. 974 36 10 50
www.condeaznar.com
Feine Speisekarte mit aragonesischen Spezialitäte , ein wahrhaft exquisiter Gaumengenuss. Dem Hotel Conde Aznar angegliedert.

ÜBERNACHTEN
Gran Hotel €€
Paseo de la Constitución, 1
Tel. 974 36 09 00
www.granhoteljaca.com
Drei-Sterne-Hotel in recht günstiger zentraler Lage. Hauseigene Parkplätze. Während der Sommersaison kann man sich im Swimmingpool erfrischen. Mit italienischem Restaurant.

---

sicher: als eines, das 760 einen Vorstoß der Mauren entscheidend abwehrte. Im 11. Jh. fungierte Jaca kurze Zeit als Hauptstadt des Königreiches Aragonien, zur gleichen Zeit entstand die erste romanische Kathedrale Spaniens. Heute lebt Jaca zum Teil vom Tourismus. Jakobspilger – ob zu Fuß oder motorisiert – kommen und gehen, die nahen Berge sind im Winter Skigebiet und zwischen Frühjahr und Herbst Ausflugsziele der Naturliebhaber.

SEHENSWERTES IN JACA

*Catedral de San Pedro In der Altstadt wendet sich die massig wirkende Kathedrale de San Pedro (11./12. Jh.) der Plaza de la Catedral zu. Sie gilt als erste romanische Kathedrale Spaniens, auch wenn sie vom 15. bis zum 18. Jh. erheblich erweitert wurde. Der Kathedralbau entstand in mehreren Etappen, die wichtigste war 1077 bis 1130. Aus den Anfangszeiten stammen der Grundriss, der Glockenturm, die Außenmauern sowie das Haupt- und das Südportal mit der Vorhalle. Das Tympanon des Hauptportals zeigt ein fein herausgearbeitetes Christusmonogramm, die Apsisfresken gehen auf Meister Manuel Bayeu zurück (1792/93). Im Altarbereich werden drei silberne Schreine mit Reliquien von gleich vier Heiligen aufbewahrt: von der städtischen Schutzpatronin Santa Orosia (Märtyrerin zu maurischen Zeiten), von San Indalecio (einen Schüler des Apostels Jakobus) sowie von den Brüdern San Voto und San Félix (legendäre Klostergründer von San Juan de la Peña). Die Kathedrale ist täglich zugänglich.

Das angeschlossene *Museo Diocesano (Diözesanmuseum) legt sich um den Kreuzgang und zeigt einen außergewöhnlichen Reichtum an Skulpturen und Wandmalereien aus dem Mittelalter.

Im Arkadenbereich gegenüber der Kathedrale von Jaca kann man gut einkehren und das bunte Treiben beobachten.

Museo Diocesano: Mo.–Fr. 10.00–13.30, 16.00–19.00, Sa. 10.00–13.30, 16.00–20.00, So. 10.00–13.30 Uhr; Eintritt 6 €; www.diocesisdejaca.org

Die Iglesia de San Salvador ist die Klosterkirche der Benediktinerinnen in der Altstadt. Schmuckstück im Innern ist der romanische Sarkophag der Infantin Doña Sancha, Tochter des aragonesischen Königs Ramiro I. — *Iglesia de San Salvador*

Die Puente de San Miguel ist eine denkmalgeschützte und mehrfach ausgebesserte Brücke über den Río Aragón. Im Mittelalter befand sich hier eine Einsiedelei. Interessant ist die asymmetrische Konstruktion; der höchste Bogen misst 17 m. Etwas außerhalb gelegen. — **Puente de San Miguel**

Die weit ausgreifende Zitadelle (Ciudadela) liegt etwas außerhalb des Stadtkerns und hat die Form eines fünfstrahligen Sterns. Angelegt wurde der Verteidigungsbau zu Zeiten von König Philipp II. in der zweiten Hälfte des 16. Jh.s, als von französischer Seite immer wieder die Gefahr von Invasionen drohte. — **Ciudadela**

AUSFLÜGE VON JACA

Nördlich von Jaca zieht sich die N-330 durch das Tal des Río Aragón und windet sich aufwärts bis zum knapp 30 km entfernten Pass von Somport. Man folgt also einem Stück des Aragonesischen Jakobswegs in entgegengesetzter Richtung. Wie im Mittelalter kommen auch heute die Pilger von Frankreich her aus Oloron-Sainte-Marie herauf, während viele Motorisierte den modernen Somport-Tunnel nutzen. — *Pass von Somport*

An der Strecke zwischen Jaca und dem 1640 m hohen Pass von Somport liegen **Canfranc** und den Wintersportort **Candanchú**, das von Appartementblocks durchsetzt ist. An den Rand von Candanchú stößt das Ruinenfeld des Hospital de Santa Cristina, das mutmaßlich Ende des 11. Jh.s als eine der wichtigsten Versorgungsstationen der Pilger in den Pyrenäen gegründet wurde. Rund um den Pass von

ZIELE • Jaca

> **? BAEDEKER WISSEN**
>
> ### Großer Bahnhof
>
> In Canfranc, Ortsteil Canfranc-Estación, befindet sich mit der »Estación Internacional« eines der kuriosesten Bahnhofsgebäude Spaniens. König Alfons XIII. nahm den überdimensionierten Bau 1928 feierlich in Betrieb, doch verlor dieser schnell an Bedeutung. In die cinematografische Ewigkeit ging der Bahnhof 1965 ein, als hier Sequenzen von »Doktor Schiwago« gedreht wurden.

Somport genießt man ein traumhaftes Bergpanorama; es gibt einen kleinen Marienaltar. Zwischen der Passhöhe und Santiago de Compostela haben Jakobspilger jetzt noch 858 km vor sich.

Eine Legende besagt, dass ein junger Mann namens Voto im frühen Mittelalter eine abgeschiedene Einsiedelei mit dem skelettierten Eremiten entdeckte. An dieser Stelle im Schutz eines Felsüberhangs begründete Voto gemeinsam mit seinem Bruder Félix das ****Monasterio de San Juan de la Peña** (1115 m ü.d.M.), ein Kloster, dem bald ein bedeutender Ruf vorauseilte. Im weiteren Verlauf des Mittelalters unterstanden San Juan de la Peña mehr als 60 Klöster. Außerdem fand eine ganze Reihe aragonesischer Könige und Adeliger hier ihre letzte Ruhestätte.

Die ursprünglichen Bauteile des Klosters stammen aus dem 10. bis 12. Jh. und gliedern sich in zwei Ebenen. Im unteren Bereich liegen der Konzilsaal (Sala de Concilios) und die kleine Kirche zu Ehren der heiligen Julián und Basilisa. Der Weg in den oberen Teil führt zu der 1094 geweihten Kirche, zum königlichen Pantheon und in den Kreuzgang, der sich eindrucksvoll zu den Felsgewölben hin öffnet. Das Bergkloster liegt knapp 20 km südwestlich von Jaca. Ab der N-240 – das ist die Jakobswegstrecke Richtung Sangüesa und Pamplona – ist eine Abzweigung ausgeschildert. Dahinter passiert man bald die romanische Klosterkirche Santa Cruz de Serós, deren Besuch sich ebenfalls lohnt. An der Zufahrtstraße zum Kloster genießt man herrliche Aussichten auf die Berge.

❶ Öffnungszeiten schwanken, in der Regel März – Mai, Sept., Okt. tgl. 10.00 – 14.00, 15.30 – 19.00, Juni – Aug. tgl. 10.00 – 14.00, 15.00 – 20.00, Nov. – Febr. So. – Fr. 10.00 – 14.00, Sa. 10.00 – 17.00 Uhr; Eintritt 7 €; www.monasteriosanjuan.com

**Parque Nacional Ordesa y Monte Perdido

Ein Juwel unter Spaniens Schutzgebieten ist der von der UNESCO zum **Weltnaturerbe** erklärte Parque Nacional Ordesa y Monte Perdido. Der 15 608 ha große Nationalpark liegt rund um den »Verlorenen Berg«, den 3355 m hohen Monte Perdido, und umfasst die wildromantischen Täler von Ordesa, Añisclo, Vineta und Gargantas de Escuaín. Die raue Gebirgswelt ist von Schluchten, Flüssen, Kaskaden sowie ausgedehnten Kiefern- und Buchenwäldern durchsetzt. Wildschweinen, Mardern, Füchsen, Gänsegeiern und Steinadlern bieten sich ideale Lebensräume.

Jaca • ZIELE

Populäres Tor zum Nationalpark ist **Torla**, wo man Unterkünfte, Restaurants und ein ganzjährig geöffnetes Informationsbüro (Tel. 974 48 64 72, www.ordesa.net) findet. 8 km von Torla entfernt liegt der große Parkplatz **Pradera de Ordesa**, von wo aus man eine schöne Tageswanderung starten kann. Zum Endziel, dem Wasserfall Cola de Caballo, der am Ende des U-förmigen Talkessels von Ordesa abfällt, sind es etwa 10 km (einfache Strecke). Die Natur mit ihren Wasserläufen, Wäldern und vertikalen Felsflanken ist grandios – allerdings ist man vor allem im Sommer nicht allein auf weiter Flur. Um die Besucherströme einzudämmen, wird während der Karwoche, in der Sommersaison und ggf. während anderer Ferienzeiten alles streng geregelt. Dann nämlich muss man in Torla sein Fahrzeug abstellen und kommt nur per regelmäßigem **Shuttle-Bus** zum Startpunkt Pradera de Ordesa und wieder zurück (gegen Gebühr). Offiziell dürfen sich nur 1800 Personen gleichzeitig im Nationalpark aufhalten; wird diese Zahl überschritten, ist der Zugang erst wieder möglich, wenn Besucher den Park verlassen. Trainierte Bergwanderer besteigen den Gipfel des Monte Perdido; auf 2200 m Höhe steht das Refugio Góriz (Anfragen und Reservierungen Tel. 974 34 12 01).

Das dünn besiedelte aragonesische Vorpyrenäenland ist Kulisse für das 70-km-Stück nach Sangüesa, der ersten wichtigen Stadt in Navarra; in der Umgebung von Sangüesa sollte man sich weder die **Burg**

*****Jakobsweg von Jaca nach Sangüesa**

Der Nationalpark Ordesa y Monte Perdido zählt zu den überragenden Naturschönheiten Europas.

von Javier noch **Sos del Rey Católico** noch das ****Kloster von Leyre** entgehen lassen (▶Pamplona, Aragonesischer Jakobsweg und die östlichen Pyrenäen). Die eigentliche Attraktion ist die Landschaft aus Berg und Tal, besonders schön auf halbem Weg zwischen Puente la Reina de Jaca und Yesa, wo sich die weite Wasserfläche des Yesa-Stausees öffnet. Wer sich zu den Natur- und Wanderfans zählt, wird unterwegs ab Puente la Reina de Jaca einen Abstecher in zwei schöne Pyrenäentäler einlegen: ins ***Valle de Hecho** mit dem freundlichen Hauptort Hecho und ins benachbarte **Valle de Ansó**, das sich bis ins abgelegene Dorf Zuriza zieht.

* Laguardia

✴ O 4

Provinz: Álava (Araba)
Region: Baskenland (País Vasco, Euskadi)
Höhe: 635 m ü. d. M.
Einwohnerzahl: 1500

Das ummauerte Städtchen ist ein Gedicht aus Stein, rundherum breiten sich die Weingärten der Rioja Alavesa aus.

Lage und Geschichte

Warum Laguardia (übersetzt »die Wache«) so heißt, wird bereits aus weiter Ferne deutlich. In strategisch wichtiger Lage zwischen den Ufern des nahen Ebro und den Felsenflanken der Sierra de Cantabria ragt der mauerumkränzte Altstadthügel wie ein einsamer Wachposten empor. Diese wehrhafte Funktion hin zum Gebietsnachbarn Kastilien erfüllte Laguardia im Mittelalter als Vorposten des Königreiches Navarra.

Bereits in vorgeschichtlicher Ära besaß die Gegend einen großen Stellenwert, was zahlreiche Dolmen und das nahe bronzezeitliche Ausgrabungsareal La Hoya belegen. Weinbau und Tourismus machen heute die wirtschaftlichen Stützpfeiler aus. Die Mehrzahl der zahlreichen Besucher stellen die Spanier selber.

SEHENSWERTES IN LAGUARDIA

*Altstadt

Auf einem Höhenplateau liegt Laguardia, von wuchtigen Stadtmauern umgeben, deren Ursprung in die Herrschaftszeit des navarresischen Monarchen Sancho VII. (1194 – 1234) zurückreicht. Der schönste Zugang in die Altstadt ist jener gleich hinter den Parkplätzen an der Calle Sancho Abarca: die Puerta Nueva, auch Puerta de Carnicerías genannt, ein Stadttor aus dem 15. Jahrhundert. Die beiden Bögen geben den Weg frei auf die Plaza Mayor mit den Arkaden und dem Rathaus, an dessen Fassade man sowohl auf den Wappen-

Bei diesem Anblick steigt die Vorfreude auf künftige feine Tropfen.

schmuck als auch auf das kleine **Glockenspiel** mit seinen Trachtenfiguren achten sollte. Von der Plaza Mayor gehen lang gestreckte Gassen ab, die an kleinen Kneipen und Geschäften vorbeiführen. An Tagen mit wenigen Touristen fühlt man sich wie in frühere Zeiten versetzt.

Glockenspiel: Juni – Sept. 12.00, 13.00, 14.00, 17.00, 20.00, 22.00, Okt. – Mai 12.00, 14.00, 17.00, 20.00 Uhr

Laguardia gebe es im Grunde zweimal, betonen die Einheimischen voller Stolz und meinen den versteckten Teil des Städtchens. Metertief unter Gassen und Plätzen verlaufen verschlungene Gänge, die einst Wehrcharakter hatten und heute vielfach als Weinlager genutzt werden. Nach traditioneller Methode stellt die altstädtische Bodega El Fabulista noch ihre Tropfen her. Der Saal mit dem Traubenbecken und der Presse ist außerhalb der Lese der Verkaufsraum, von dem aus es über Treppen abwärts in die Gänge geht. Hier sind ebenso regelmäßige Führungen angesetzt wie in der Bodega Carlos San Pedro Pérez de Viñaspre (▶Laguardia erleben).

*Bodegas

Die Kirche Santa María de los Reyes (12. – 16. Jh.) liegt im Nordteil der Altstadt und ist eine der beeindruckendsten im Norden Spaniens. Im Vorbau beeindruckt das alte gotische Hauptportal, ein Meisterwerk aus Stein mit dem zentralen Bildnis der heiligen Maria. An den Seiten stehen die Apostelskulpturen auf Sockeln, das Tympanon zeigt Szenen aus dem Leben Mariens. Im Innern zieht der von Juan de Bascardo gestaltete Hochaltar (17. Jh.) die Blicke an.

**Iglesia de Santa María de los Reyes

Laguardia erleben

AUSKUNFT
Oficina de Turismo
Calle Mayor, 52
Tel. 945 60 08 45
www.laguardia-alava.com

VERANSTALTUNGEN
Tänze und Musik bestimmen die Patronatsfeierlichkeiten von Laguardia, die Fiestas de San Juan y San Pedro zwischen dem 23. und 29. Juni.

SHOPPING
Gute Möglichkeiten zum Weinkauf in den Weingeschäften (vinotecas) um die Plaza Mayor sowie in den Bodegas El Fabulista (Plaza San Juan) und Carlos San Pedro (Calle Páganos 44).

BODEGAS
▶Baedeker Wissen S. 56

Von Frank O. Gehry gestaltet: die Bodegas Marqués de Riscal

Wer eine Weinkellerei besuchen woll, sollte sich unbedingt per Telefon oder Mail ankündigen – sonst steht man möglicherweise vor verschlossenen Toren oder hat keinen Platz mehr in der nächsten Besuchergruppe. Standardsprache bei den Führungen ist Spanisch, vereinzelt Englisch. Es gibt meist nur 2–3 Führungen pro Tag, bei kleineren Kellereien allerdings nicht automatisch jeden Tag.

Bodegas Ysios
Camino de la Hoya
Tel. 945 60 06 40, www.ysios.com
Führungen meist Mo.–Fr. 11.00, 13.00, 16.00, Sa., So. 11.00, 13.00 Uhr
Etwas außerhalb von Laguardia

Bodega El Fabulista
Plaza de San Juan
Tel. 945 62 11 92
www.bodegaelfabulista.com
Kleinere Kellerei in Laguardia

Bodega Carlos San Pedro Pérez de Viñaspre
Calle Páganos 44
Tel. 945 60 01 46
www.bodegascarlossanpedro.com
Kleinere Kellerei in Laguardia
Lohnend ist ein Ausflug südwestwärts nach Elciego ein paar Kilometer südwestlich von Laguardia. Eine gute Übersicht über die Bodegas von Elciego findet sich auf der Webseite von Elciego: www.elciego.com. Ein Auswahl:

Bodegas Marqués de Riscal
Calle Torrea, Elciego
Tel. 945 18 08 88 und 945 60 60 00
www.marquesderiscal.com
Mit Luxushotel

Bodegas Luberri
Camino Rehoyos, Elciego
Tel. 945 60 60 10
http://luberri.com

Bodegas Murua
Carretera de Laguardia, Elciego
Tel. 945 60 62 60
www.bodegasmurua.com

Bodegas Pago de Larrea
Cenicero Errepidea, Elciego
Tel. 945 60 60 63
www.pagodelarrea.com
Mo.–Fr. 10.00–13.30, Sa., So. nach
Vereinbarung 11.00–14.00 Uhr

Bodegas Valdelana
Calle Barrihuelo 67–69, Elciego
Tel. 945 60 60 55
www.bodegasvaldelana.com
Mo.–Fr. 8.30–13.00, 14.30–18.00,
Sa. 11.00–14.00, 16.00–18.00,
So. 11.00–14.00 Uhr
Mit Kapelle und Museum

ESSEN
Restaurante Marixa €€
Calle Sancho Abarca, 8
Tel. 945 60 01 65
Auf dem Altstadtplateau, aber außerhalb des Mauerrings gelegen – herrliche Panoramablicke von der Tischen aus. Hier pflegt man die regionale Küche, u. a. mit gegrilltem Zicklein.

Restaurante-Bar Biazteri €
Calle Mayor, 72
Tel. 945 60 00 26
www.biazteri.com
Bei der Plaza de San Juan kann man sich in der Kneipe Tapas schmecken lassen oder geht weiter hinten durch ins Restaurant. Rustikal, gemütlich, Auswahl zwischen Tages- und Spezialmenü (am Wochenende teurer). Sonntagabends geschlossen. Es gibt auch eine günstige Übernachtungsmöglichkeit im Hostal.

ÜBERNACHTEN
Hotel Villa de Laguardia €€
Paseo de San Raimundo, 15
Tel. 945 60 05 60
www.hotelvilladelaguardia.com
Das moderne Vier-Sterne-Haus liegt unterhalb des Altstadtplateaus. Hauseigener Parkplatz, Restaurant. Und fürs Wohlbefinden: das »Wine Oil Spa«.

Casa Rural Aitexte €
Plaza de San Juan, 2
Tel. 620 53 76 50, www.aitetxe.com
Rustikale Zimmer in einem Altstadthaus, freundliche Ausstattung.

Hinter der Kirche erhebt sich ein romanisch-gotischer Wehrturm, die Torre Abacial (13. Jh.). Auf dem Kirchenvorplatz, der mit Grün und Blumen liebevoll gestaltet ist, kommt ein Stück moderne Kunst zum Tragen. »Reisende« (Viajeros) hat der Bildhauer Koko Rico sein Miteinander aus kleinen Skulpturen genannt.

❶ Mo. freier Zugang, aber unregelmäßig. Ansonsten Führungen über das Fremdenverkehrsamt in der Calle Mayor 52

Außerhalb der Stadtmauern bieten sich an zwei Stellen besonders lohnende Aussichten. Hinter der Puerta de Santo Cristo schweift der Blick westwärts über die Weingärten der Rioja Alavesa, ab dem

*Aussichtspunkte

Parkplatz nahe der Puerta Nueva/Puerta de Carnicerías öffnen sich die Weiten des Ostens mit zusätzlichem Ausblick auf die unterhalb liegenden Seen (Conjunto Lagunar de Laguardia).

UMGEBUNG VON LAGUARDIA

Villa Lucía An der Ausfallstraße Richtung Logroño hat dieses »Themenzentrum des Weins« (Centro Temático del Vino) in einer ehemaligen Bodega seinen Sitz. Die Räumlichkeiten sind äußerst informativ aufbereitet und machen mit Rebsorten und -plagen ebenso vertraut wie mit wichtigen Gerätschaften. Für interaktive Abwechslung sorgen die Duftzylinder.
❶ Führung durch das Weinmuseum inklusive Weinprobe und ein paar Häppchen (Führung auch auf Englisch): Anmeldung unter Tel. 945 60 00 32; www.villa-lucia.com

La Hoya Das Leben der spanischen Vorfahren beleuchten das archäologische Ruinenareal von La Hoya und der angeschlossene Museumsbau, etwa 1 km nordwestlich von Laguardia. Eine erste Ansiedlung dürfte es bereits in der Bronzezeit, also vor 3400 Jahren, gegeben haben. Danach entwickelte sich La Hoya als bedeutsamer Handels- und Kultplatz bis in die Eisenzeit hinein. Die Geschichte ist interessanter als die verstreut liegenden Fundamentreste. Das Museum zeigt Keramikfunde, Schautafeln und den Nachbau in Originalgröße eines strohgedeckten Hauses mit seinen Holzstützpfosten, den Schlafpritschen und lehmverkleideten Wänden.
❶ Mai – Sept. Di. – Fr. 11.00 – 14.00, 16.00 – 20.00, Sa. 11.00 – 15.00, So. 10.00 – 14.00, sonst Di. – Sa. 11.00 – 15.00, So. 10.00 – 14.00 Uhr

Der Dolmen La Chabola de La Hechicera ist einer der größten im Baskenland.

Laguardia • ZIELE

Rund um Laguardia verteilen sich einige Dolmen, steinerne Grabmonumente aus dem 3./4. Jt. v. Chr. An der A-124 nordwestwärts Richtung Samaniego sind kurze Abzweigungen zu den Dolmen El Sotillo und San Martín ausgewiesen, doch lohnender ist ein Abstecher zum ***Dolmen La Chabola de La Hechicera**. Er liegt einsam in einer Felderlandschaft, ca. 5 km nordöstlich von Laguardia; die Zufahrt führt Richtung Elvillar, knickt mehrfach ab und ist beschildert.

Dolmen

* RIOJA ALAVESA

Das Weinanbaugebiet der Rioja Alavesa umfasst rund 12 000 ha, über die sich **Hunderte Bodegas** verteilen. Die bis Haro reichenden kalkhaltigen Lehmböden und das gemäßigte Klima zwischen Ebro und Sierra de Cantabria sorgen dafür, dass die Tropfen der Rioja Alavesa von Kennern geschätzt werden. Ihre Herstellung, Lagerung und Abfüllung demonstrieren viele Weingüter, die ihre Tore für Besucher öffnen.

Manchmal gibt es sogar noch ein spektakuläres Plus, wie bei den Bodegas Ysios, die etwa 2 km nordwestlich von Laguardia liegen (beschilderte Zufahrt, ▶Laguardia erleben, ▶Baedeker Wissen S. 56). Hier gehen moderne Architektur und erlesenes Bodegaflair Hand in Hand. Die Konstruktion mit ihrem Aufsehen erregenden Wellendach, das die umliegenden Bergketten widerspiegelt, geht auf Spaniens Stararchitekt **Santiago Calatrava** zurück. Der Haupteingang wendet sich zu einem Wassergraben und nach Laguardia hin. Im Innern erwartet Besucher eine topmoderne Bodega auf dem neuesten Stand der Technik, die sich ausnahmslos aus eigenem Anbau versorgt und rubinrote Reservas produziert. Dass nichts so ist wie andernorts, zeigen die horizontal platzierten Edelstahlbehälter und die insgesamt 1300 Eichenholzfässer, die hier nur ein kurzes Leben haben. Die ältesten Fässer sind drei Jahre alt, ein Drittel des Bestands wird jedes Jahr gewechselt und an Destillerien verkauft.

*Bodegas Ysios

> **BAEDEKER TIPP !**
>
> *Nett gebettet*
>
> Dass die Rioja Alavesa wie geschaffen ist für Individualisten, beweisen die zahlreichen Landhotels. Ein besonders schönes Drei-Sterne-Haus liegt an der Plaza Fermín Gurbindo im 270-Seelen-Ort Ábalos: das Hotel Villa de Ábalos (Tel. 941 33 43 02, www.hotelvilladeabalos.com). Die Zimmer haben dicke Steinwände, alles ist rustikal und komfortabel. Im Oktober stehen in der Regel drei Hotelwochenenden unter dem thematischen Stern der Weinlese.

Auf dem hart umkämpften Weinmarkt haben sich nicht nur die Bodegas Ysios ihr architektonisches Markenzeichen verpasst. 5 km südwestlich von Laguardia, mitten im Nichts des Ortes Elciego, hat der

*Bodegas Marqués de Riscal

nordamerikanische Architekt **Frank O. Gehry** avantgardistisch Hand angelegt: bei den Bodegas Marqués de Riscal, **Weingut und Luxushotel zugleich**. Mit asymmetrischen Wänden, spektakulären Linien und einem weithin sichtbaren Titandach hat Gehry, der Erbauer des Guggenheim-Museums in Bilbao, Kontraste zu den historischen Weinkellern gesetzt (▶Laguardia erleben, ▶Baedeker Wissen S. 56).

Bodegas in Elciego
Der Ortskern von Elciego wird von seiner Renaissancekirche San Andrés bestimmt. Privatschilder weisen oftmals auf den Verkauf von Wein (»se vende vino«). Inner- und außerorts von Elciego gibt es weitere besuchbare Bodegas (▶Laguardia erleben).

Weitere Sehenswürdigkeiten
Durch reiche Rebgärten führt die Fahrt ab Elciego über Villabuena de Álava, Samaniego und Ábalos bis nach Labastida. Zwischen Ábalos und Labastida sollte man einen Abstecher in den Burg- und Kirchenort San Vicente de la Sonsierra und nach Briones mit seinem Weinmuseum einplanen (▶Ausflüge ab Logroño). In **Labastida** lohnt sich der Aufstieg durch den Ort bis zum Templo-Fortaleza del Santo Cristo, eine Wehrkirche mit Aussichtsplateau. Hier blickt man auch auf den zweiten markanten Kirchenbau, die Iglesia Nuestra Señora de la Asunción (16. – 18. Jh.). Knapp 20 km auf der Landstraße A-124 trennen Labastida vom östlich gelegenen Laguardia.

★★ León

H 4

Provinz: León
Region: Kastilien-León (Castilla y León)
Höhe: 825 m ü. d. M.
Einwohnerzahl: 128 000

Die alte Königsstadt León erstrahlt im Glanz ihrer Sakralbauten, Pflichtstationen auch für Jakobspilger: die Kathedrale, die Stiftskirche San Isidoro, der einstige Klosterkomplex San Marcos. Kontrastreich geht es in den lebendigen Shopping- und Ausgehzonen zu, vor allem im »Feuchten Viertel«.

Geschichte und Gegenwart
León heißt eigentlich »Löwe«, und dieses Tier ist auch im Regionalwappen zu sehen, doch im Falle der Stadt rührt der Name von einer Legion her, nämlich der VII. Römischen Legion, die hier ab 68 n. Chr. ihr befestigtes Lager aufschlug und für den Schutz der Goldtransporte verantwortlich war. Der Standort an den Ufern des Río Bernesga schien gut gewählt, klimatisch indes war León nicht die erste Wahl. Die Lage nahe dem Südfuß des Kantabrischen Gebirges brachte und bringt immer wieder schneidende, kühle Gebirgswinde mit sich. Im Sommer ist es heiß und trocken.

Diese imposante Fassade gehört zur Luxusherberge Parador de San Marcos (▶S. 230).

León erlebte seine Glanzzeit im 10. – 12. Jh. als zeitweilige Hauptstadt des gleichnamigen Königreiches und als Durchgangspunkt der Jakobspilger. Der mittelalterliche Pilgerführer Codex Calixtinus sprach von einer wohlhabenden Stadt, »angefüllt mit allen Arten von Gütern«. Heute erfüllt León als Hauptstadt der Provinz desselben Namens ihre Verwaltungsfunktionen und lockt viele Besucher an.

SEHENSWERTES IN LEÓN

Wahrzeichen ist die Catedral de Santa María de Regla, ein gotischer Prachtbau auf dem historischen Altstadtplateau, an dem sich bereits römische Thermen und der mittelalterliche Königspalast von Ordoño II. befanden. Die Kathedrale wurde im Wesentlichen im 13./14. Jh. unter mehreren Baumeistern errichtet, die sich an französischen Vorbildern orientierten, zuvorderst Reims, Amiens und Chartres. Die Hauptfassade mit ihren unterschiedlich hohen gotischen Türmen, der 65 m hohen Torre de las Campanas und der 68 m hohen Torre del Reloj, wendet sich der freundlichen, weiten Plaza de la Regla zu.

**Catedral de Santa María de Regla

Die drei Portale der Hauptfassade tragen reichen Skulpturenschmuck, der Mittelpfeiler zeigt ein Replikat der Virgen Blanca, der »Weißen Jungfrau«; das Original ist in der Zentralkapelle des Altarumgangs zu sehen. Etwas weniger Beachtung findet die Südfassade, die einen Pantokrator und eine Bischofsskulptur von San Froilán an der Mittelsäule zeigt. Als Patron der Diözese genießt der heilige Froi-

León erleben

AUSKUNFT
Oficina de Turismo
Plaza de la Regla, 2, Tel. 987 23 70 82
www.turismoleon.org

VERANSTALTUNGEN
Wichtigste Feierlichkeiten im Jahreskalender sind die Karprozessionen (Höhepunkte am Gründonnerstag und Karfreitag), das etwa zehntägige Stadtfest Ende Juni (Fiestas de San Juan y San Pedro) und der Patronatstag zu Ehren des heiligen Froilán am 5. Oktober.

SHOPPING
Die freundlichsten Shoppingzonen liegen um die Calle Ancha, besonders gemütlich geht es rund um die Gasse La Rúa zu.

ESSEN
❶ *Restaurante Parador de San Marcos* ❸❸❸❸
Plaza de San Marcos, 7
Tel. 987 23 73 00
Auch wenn man nicht im Parador absteigt – dieses Restaurant mit seinen vorzüglichen regionalen Spezialitäten ist eine Entdeckung wert.

❷ *Restaurante El Calecho* ❸❸
Plaza San Martín, 9
Tel. 987 25 42 87
http://elcalecho.com
Typisch leonesische Taverne mittendrin im »Feuchten Viertel«. Das Lokal hat viele Tapas im Angebot. Falls es hier zu voll ist: Rund um den Platz gibt es weitere große Auswahl!

❸ *Restaurante La Catedral* ❸
Calle Mariano Dominguez Berrueta, 17
Tel. 987 21 59 18

Wer ein gutes und preiswertes Mittagsmenü sucht, ist hier bestens aufgehoben.

ÜBERNACHTEN
❶ *Parador de San Marcos* ❸❸❸❸
Plaza de San Marcos, 7
Tel. 987 23 73 00
www.parador.es
Ein herrschaftliches Entree, breite Aufgänge, der Kreuzgang, der mudejare Kapitelsaal – im einstigen Stammsitz der Jakobusritter erstrahlt vieles in alter Pracht und hat die fünf Hotelsterne rundum verdient. Nur der Anbau mit dem lang gestreckten Zimmertrakt ist neu. Man sollte auf jeden Fall ein Zimmer zur Flussseite hin wählen, sonst schaut man schlechtestenfalls auf den hauseigenen Parkplatz.

❷ *Hotel Alfonso V* ❸❸
Calle Padre Isla, 1
Tel. 987 22 09 00
www.hotelalfonsov.com
Angenehmes Vier-Sterne-Haus nahe dem Einstieg in die Fußgängerzone, von außen eher schmucklos, innen freundlich.

❸ *Hostal San Martín* ❸
Plaza Torres de Omaña, 1
Tel. 987 87 51 87
www.sanmartinhostales.es
Einfache Bleibe, die günstig zentral in der Altstadt liegt. Die günstigen Preise sind das weitere schlagende Argument; Zimmer mit Gemeinschafts- oder Privatbad. Das Hostal wird von Pilgern gerne als Alternative zu einem Herbergsplatz gewählt.

lán (833 – 905) in León eine hohe Verehrung, der hier ab 900 bis zu seinem Tod das Bischofsamt bekleidete. Froiláns silberner Reliquienschrein, ein Werk von Enrique de Arfe, befindet sich deutlich einsehbar unter dem Hauptaltar. Die prächtig bemalten Bildtafeln des Hauptretabels gehen auf Nicolás Francés zurück (15. Jh.) und zeigen u. a. Szenen aus dem Leben des heiligen Froilán und die Überführung des heiligen Jakobus mit dem Ochsenkarren. Beachtung verdient auch die brandneue Orgel aus den deutschen Orgelbauwerkstätten Klais (Bonn).

Das eigentliche Wunderwerk der 90 m langen und 30 m breiten Kathedrale sind die 1800 m² Buntglasfenster (samt der großen Fensterrosen), die für die viel gerühmte **»Symphonie aus Licht und Stein«** sorgen, eine einzigartige Harmonie und Eleganz. Die Fenster sind bis zu 12 m hoch und datieren aus dem 13. bis 20. Jh.; zu den ältesten und farbenprächtigsten zählen jene im Altarumgang. Ebendort befinden sich auch das Grabmal des leonesischen Königs Ordoño II. (um 890–924), die Capilla de la Virgen Blanca mit dem gotischen Marienbildnis und die Capilla de la Virgen de la Esperanza (Muttergottes-Skulptur mit der Leibesfrucht, 13. Jh.); die 1492–1505 erbaute Capilla de la Virgen del Camino bleibt Gottesdiensten vorbehalten und ist nur erreichbar, wenn man die Kathedrale verlässt, mit dem Rücken zu ihr gewandt nach rechts geht und durch den Eingang zum Kreuzgang zu ihr vorstößt. Beachtung verdienen weiterhin das Ende des 15. Jh.s aus Nussbaumholz geschnitzte Chorgestühl und das Nordportal, das deutliche Reste der Polychromie und eine weitere zentrale Marienskulptur zeigt. Wer den im Zutrittspreis enthaltenen Kreuzgang (Claustro) besichtigen will, muss die Kathedrale verlassen und einen separaten Außeneingang wählen. Der Kreuzgang bewahrt verblasste Freskenreste und gibt von unten eine interessante Turmansicht frei. Vom Kreuzgang hat man Zugang zum ***Museo Catedralicio-Diocesano**.

Das äußerst weitläufige Kathedral- und Diözesanmuseum erstreckt sich über zahlreiche Säle und Räumlichkeiten und zeigt eine Fülle an Skulpturen und Gemälden. Besonders interessant sind die Motive aus Altartafeln aus dem 14. Jh., die Episoden der Jakobuslegende zeigen, u. a. die Bootsüberfahrt mit dem Leichnam des Heiligen nach Galicien.

❶ Mai–Sept. tgl. 9.30–13.30, 16.00–20.00, Okt.–Mai Mo.–Sa. 9.30–13.30, 16.00–19.00, So. 9.30–14.00 Uhr; Eintritt Museum 5 €, Eintritt Kathedrale 6 € inkl. Audioguide (auch auf Deutsch wählbar); www.catedraldeleon.org

*Plaza Mayor Der Plaza Mayor, dem Hauptplatz, kommt hier zwar nicht die Bedeutung zu wie in anderen spanischen Städten, doch die Arkadenumläufe und das alte Rathaus (17. Jh.) lohnen den Rundgang. Mittwochs und samstags, jeweils vormittags bis etwa 14.00 Uhr, ist die Plaza Mayor Schauplatz eines **stimmungsvollen Bauernmarktes**. Hier bekommt man Gemüse, Würste und Käse in reicher Auswahl und zu recht günstigen Preisen.

*Barrio Húmedo Barrio Húmedo bedeutet »Feuchtes Viertel«, so genannt wegen der hiesigen Kneipenfülle, die ihren Höhepunkt rund um die Plaza de San Martín findet. Bei Häppchen-Streifzügen kann man den Errungenschaften der leonesischen Küche auf den Grund gehen, wobei Kutteln (»callos«) nicht jedermanns Geschmack sein dürften. Auf alle Fälle bekommt man in den meisten Kneipen kleine Tapas kostenlos und ungefragt zu Bier und Wein dazu.

Die Calle Ancha, die »breite Straße«, verbindet die Plaza de la Regla (Kathedrale) und die Plaza de Santo Domingo miteinander und ist als Fußgängerzone ausgewiesen. In ihrem unteren Teil Richtung Plaza de Santo Domingo konzentriert sich die Baukunst aus mehreren Jahrhunderten: der Palacio de los Guzmanes (16. Jh., heute Provinzverwaltung, sehenswerter Innenhof), die vom Jugendstilarchitekten **Antoni Gaudí** entworfene Casa de Botines (heute Bank, davor sitzt Gaudí in Bronze) und die Iglesia de San Marcelo, eine 1588 – 1628 an alter Stätte neu errichtete Backsteinkirche, in deren Innern die silbernen Reliquienschreine des heiligen Marcelo, seiner Frau Nonia und drei seiner Söhne zu sehen sind. San Marcelo, so ist überliefert, war ein Märtyrer aus römischen Zeiten, der 298 in Tanger enthauptet wurde. An der Plaza de Santo Domingo steht das Edificio Pallarés mit dem Provinzmuseum **Museo de León**.

*Calle Ancha

> ! BAEDEKER TIPP
>
> *Natur in León*
>
> Über eine Gesamtlänge von mehreren Kilometern sind die auch gern von Joggern genutzten Fußgängerpromenaden beiderseits des Río Bernesga ansprechend gestaltet worden. Am Westufer des Flusses, gleich hinter der Puente de San Marcos, liegt der angenehme kleine Stadtpark, der Parque de Quevedo.

Museo de León: Plaza de Santo Domingo, 8; Di. – Sa. 10.00 – 14.00, 16.00 – 19.00, im Sommer 17.00 – 20.00, So. 10.00 – 14.00 Uhr; Eintritt 1 €; www.museodeleon.com

Die Colegiata de San Isidoro ist eine romanische Stiftskirche, in der die Gläubigen die sterblichen Überreste des Santo Martiño de León (1130 – 1203) und vor allem des San Isidoro de Sevilla (um 560 – 636) verehren, des heiligen Kirchenlehrers Isidor. Im Jahr 1063 wurden Isidors Reliquien aus Andalusien feierlich nach León überführt. Die Hauptfassade der Kirche wendet sich zur Plaza de San Isidoro hin und zeigt den Heiligen hoch über der Puerta del Cordero als »Maurentöter«.

*Colegiata de San Isidoro

Neben dem zweiten Portal, der **Puerta del Perdón**, ist Isidor friedlicher als Bischof dargestellt. Dieses Portal war eines von zwei Vergebungsportalen am Jakobsweg, wo schwer erkrankte Pilger ihren Ablass bekommen konnten, ohne weiter nach Santiago de Compostela ziehen zu müssen; das zweite Portal befindet sich an der Iglesia de Santiago in Villafranca del Bierzo (▶Ponferrada, Jakobsweg).

Ein Stück versetzt vom Haupteingang in die Colegiata de San Isidoro geht es (mit dem Gesicht zur Kirche gewandt nach links) zum Panteón y Museo de San Isidoro, dem wahren Juwel des Baukomplexes. Wegen seiner farbigen Temperamalereien aus dem 12. Jh. trägt das königliche Pantheon den Beinamen **»Sixtinische Kapelle der romanischen Malerei«**. An Wänden und Bogendecken sind bislang

**Panteón y Museo de San Isidoro

nicht restaurierte Motive des Pantokrators und des Kindermordes von Bethlehem, der Evangelisten und der Flucht nach Ägypten, des Letzten Abendmahls und der Kreuzigung Christi zu sehen. Eine Besonderheit ist der in einen Bogen platzierte Landwirtschaftskalender mit Szenen wie Saat, Ernte und herbstlicher Schweineschlachtung. Ihre Bedeutung verloren haben die Grabstätten von insgesamt 23 Mitgliedern des Königshauses, da hier die napoleonischen Truppen Anfang des 19. Jh.s wüteten.

Der weitere Rundgang führt in den Kreuzgang, in einen Ausstellungssaal mit dem goldüberzogenen Turmhahn der Kirche sowie über eine schmale Wendeltreppe hinauf in die Schatzkammer mit dem ursprünglichen Reliquienschrein des heiligen Isidor und dem wertvollen Achatkelch der Doña Urraca (beide 11. Jh.). Unter dem Dach befindet sich die kleine Bibliothek, u. a. mit einer mozarabischen Bibel aus dem 10. Jh.; im Vorraum der Bibliothek sind historische Gesangbücher ausgestellt.

❶ Juli, Aug. Mo.–Sa. 9.00–21.00, So 9.00–15.00, sonst Mo.–Sa. 10.00–14.00, 16.00–19.00, So. 10.00–14.00 Uhr; Eintritt 5 € (nur mit Führung); www.museosanisidorodeleon.com

*Convento de San Marcos Einer der leonesischen Prachtbauten ist der etwas abseits der Kernstadt an der Plaza de San Marcos gelegene Convento de San Marcos, der im 16. Jh. als Stammhaus der Jakobusritter erbaut wurde. Die

Beispielhaft für das moderne Leon ist sein Museum für zeitgenössische Kunst.

über 100 m breite Hauptfassade ist in platereskem Stil und im Bereich des Kirchenzutritts mit Muschelreliefs gestaltet worden. Über das Portal, das heute in einen Fünf-Sterne-Parador führt, prescht ein Jakobus als »Maurentöter«. Auf dem Vorplatz sitzt ein ausgepowerter Pilger in Bronze.

Moderner Kulturpol der Stadt ist das Museo de Arte Contemporáneo (2004; Architekten: Luis M. Mansilla + Emilion Tunon), das Wechselausstellungen zeigende Museum für zeitgenössische Kunst.

Museo de Arte Contemporáneo (MUSAC)

❶ Avenida de los Reyes Leoneses, 24; Di.–Fr. 11.00–14.00, 17.00–20.00, Sa., So. 11.00–15.00, 17.00–21.00 Uhr; Eintritt 3 €; www.musac.es

AUSFLÜGE VON LEÓN

Die 27 km südöstlich von León gelegene Kirche von San Miguel de Escalada (10./11. Jh.) gilt in Nordspanien als eines der besten Beispiele für den mozarabischen Stil. Obgleich stark restauriert, sind der Portikus mit seinen hufeisenförmigen Arkaden und das stark einer Moschee gleichende Innere sehenswert. San Miguel de Escalada liegt in ländlicher Einsamkeit, Anfahrt entweder über Puente de Villarente oder Mansilla de las Mulas.

*San Miguel de Escalada

❶ Okt.–März Di.–Fr. 10.15–14.00, 15.00–17.55, So. 10.30–13.15, April–Sept. Di.–Fr. 10.15–14.00, 16.30–20.05, So. 10.00–13.45 Uhr, Achtung: Die Öffnungszeiten sind nicht immer zuverlässig!; Eintritt 2 €

Knapp 40 km östlich von León entstand ab 1177 ein bedeutsames Zisterzienserinnenkloster, das Monasterio de Santa María de Gradefes. Höhepunkt ist der Altarumlauf in der Kirche, ebenfalls erwähnenswert sind der Kreuzgang und Kapitelsaal. Das Gotteshaus ist zeitweise mit vielen Storchennestern besetzt.

Monasterio de Santa María de Gradefes

❶ Kloster Sa., So. 10.30–12.30, 16.00–18.30, Kirche tgl. 10.00–19.00 Uhr

Nördlich von León zieht sich die N-630 in Richtung Oviedo der Kantabrischen Kordillere entgegen und erreicht nach 60 km den **Puerto de Pajares** (1379 m ü.d.M.), der die Provinzgrenzen von León und Asturien markiert; rundherum schöne Ausblicke. So weit braucht man allerdings nicht zu fahren, um die touristisch meistbesuchte Sehenswürdigkeit im Norden der Provinz León anzusteuern: die ***Cueva de Valporquero** (1309 m ü.d.M.), eine Tropfsteinhöhle mit prächtigen Formationen. Die Anfahrt erfolgt über La Vid (dort Abzweigung ab der N-630) und weiter über Vegacervera und Felmín.

Nördliche Provinz León

Cueva de Valporquero: Mai–Sept. tgl. 10.00–18.00, März, Apr., Okt. bis Dez. Do.–So. 10.00–17.00 Uhr; Eintritt 8,50 €; www.cuevadevalporquero.es

ZIELE • Logroño

Der Jakobsweg von León nach Astorga

Für Pilger und Radler ist das 47-km-Stück Jakobsweg von León nach Astorga einer der unangenehmsten Abschnitte. Er verläuft zwar weitgehend flach, aber zum Teil direkt an der Landstraße N-120 entlang. Motorisierte braucht das nicht zu stören, denn sie kommen unterwegs fast automatisch an den beiden wichtigsten Stationen vorbei: dem modernen Marienheiligtum in (mit bronzenen Fassadenskulpturen Mariens und der Apostel von Bildhauer Josep Maria Subirachs) sowie der 20-bögigen *Pilgerbrücke Puente de Órbigo zwischen dem gleichnamigen Ort Puente de Órbigo und dem Hospital de Órbigo. San Justo de la Vega ist der letzte Ort vor dem weithin erkennbaren Altstadtplateau von ▶Astorga.

** Logroño

P 5

Provinz: La Rioja
Region:: La Rioja (Autonome Gemeinschaft)

Höhe: 384 m ü. d. M.
Einwohnerzahl: 151 000

Logroño nimmt die Besucher, so scheint es, mit seinen Ringen aus fantasielosen Neubauvierteln nicht gerade mit offenen Armen auf – aber der erste Eindruck täuscht. Auf den zweiten Blick ist die Hauptstadt der Rioja eine echte Entdeckung in Spaniens Norden, in der es weder an Ausgeh- und Shoppingzonen noch an regem Kulturleben mangelt.

Geschichte und Gegenwart

Für Jakobspilger ist Logroño der Auftakt für ein 65-km-Stück durch die Rioja. Bereits im Mittelalter fanden hier Heerscharen von Wallfahrern Aufnahme. Die Geschichte der Gegend reicht in die vorchristlichen Zeiten der Urbevölkerung »berones« zurück, ehe die Römer kamen. Strategisch bedeutsam ist schon immer die Lage am Río Ebro gewesen, den der Pilgerführer Codex Calixtinus im 12. Jh. wegen seines Fischreichtums und seines gesunden Wassers rühmte. In dem äußerst fruchtbaren Landstrich machen sich seit Jahrhunderten die Weinreben breit. Der Weinhandel hat der **Rioja** einen gewissen Wohlstand beschert. Heute dehnen sich die Anbauflächen westwärts von Logroño in die Rioja Alta (Obere Rioja; Richtung Haro), nordwestlich in die Rioja Alavesa (Alavesische Rioja, Richtung Laguardia) und südöstlich in die Rioja Baja (Untere Rioja, Richtung Alfaro) aus. Bereits über Logroños Außenbezirke verteilen sich gigantische Bodegas und liefern den edlen Rebensaft in die ganze Welt. Den Rotwein sollte man unbedingt probieren! Dazu merkt man sich am besten die Calle del Laurel vor, **eine der schönsten Ausgehgassen Spaniens**, wo auf rund 300 m jede der rund 30 Kneipen ihre ureigene Tapas-Spezialität pflegt, ob gefüllte Paprika, geröstete Champignons auf Brot oder scharf zubereitete Kartoffeln. Doch nicht nur das macht Appetit auf Logroño: Die Altstadt ist wirklich zauberhaft, leicht überschaubar und mit sehr interessanten Monumenten sowie der ein oder anderen Kuriosität gespickt.

SEHENSWERTES IN LOGROÑO

Die geschäftige Altstadt legt sich um die von Arkaden gesäumte Calle de Portales, die Plaza de San Agustín, die berühmte Kneipengasse Calle del Laurel und die Plaza del Mercado, den Vorplatz der Kathedrale. An die Plaza de San Agustín stößt der barocke Palacio de Espartero (18. Jh.), der heute das **Museo de La Rioja** beherbergt, ein Regionalmuseum mit den Schwerpunkten auf Archäologie, Geschichte, Schönen Künsten und Volkskunde. ****Altstadt**

Museo de La Rioja: Plaza San Agustin, 23; Di. – Sa. 10.00 – 14.00, 16.00 – 21.00, So. 10.00 – 14.00 Uhr; Eintritt frei; www.museodelarioja.es

Als Nachfolgerin eines romanischen Baus entstand die 80 m lange Kathedrale Santa María de la Redonda zwischen dem 15. und 18. Jahrhundert. Offiziell heißt sie Concatedral, da die Diözese geteilt ist. Die doppeltürmige Westfassade wendet sich zur weit ausgreifenden Platzseite hin und ist mit zahlreichen **Nestern von Weißstörchen** ***Kathedrale**

Dieses Mal ohne Störche: die Kathedrale von Logroño

besetzt. Der meistbenutzte Kathedraleingang liegt an der Calle de Portales und gibt den Weg frei in ein Gotteshaus mit drei gleich hohen Schiffen (27 m). Der Chor trennt den Hauptteil von der Capilla de los Ángeles mit dem von den Gläubigen stark verehrten Marienbildnis der Virgen de los Ángeles (15. Jh.) und der um 1770 von José

Logroño erleben

AUSKUNFT
Oficina de Turismo
Calle Portales, 50 (Escuelas Trevijano)
Tel. 941 29 12 60
www.logrono.es
http://lariojaturismo.com

VERANSTALTUNGEN
Teatro Bretón de los Herreros
Calle Bretón de los Herreros
Tel. 941 20 72 31
www.teatrobreton.org
Theater und Konzerte

Feste in Logroño
Am 11. Juni steigen die Fiestas de San Bernabé in Erinnerung an eine lange Belagerung durch die Franzosen 1521 mit einer Prozession und Tänzen. Um den 20. September lockt das Weinlesefest (Fiestas de San Mateo) mit Traubenstampfen, immer am 21., Musik und typischen Tänzen.

Feste in der Umgebung
Haro ist bekannt für die Batalla del Vino, bei der am 29. Juni der Wein in Strömen fließt und zu zehntausenden Litern von den Teilnehmern versprizt wird; die feucht-fröhliche »Schlacht des Weins« steigt am Morgen ein paar Kilometer außerhalb der Stadt. Später am Tag gibt es einen Festumzug durch Haro. Anguiano macht mit seinen Stelzentänzern (Danzadores sobre zancos) alljährlich am 22. Juli sowie Ende September groß von sich reden. Dann tanzen die Akteure bei mehreren Auftritten eine schmale Gasse hinunter und wirbeln in ihrer bunten Festtracht im Kreis.

SHOPPING
Für einen Schaufensterbummel bestens geeignet ist die von Arkaden flankierte Calle de Portales, die an der Kathedrale vorbeiläuft (Fußgängerzone). Elegantere Geschäfte ziehen sich an der Gran Vía del Rey Don Juan Carlos I entlang. In der Altstadt lohnt die Markthalle (Mercado de Abastos) zwischen Calle del Peso und Calle de Sagasta einen Besuch, vor allem, wenn man auf der Suche nach Hartwürsten, Schinken und Käse ist.

Traubenstampfen beim traditionellen Weinlesefest im September

FREIZEIT

El Campo de Logroño
Parque de la Grajera
Tel. 941 51 13 60, www.golflogrono.es
Nahe dem Stausee La Grajera liegt der Golfplatz El Campo de Logroño. Das Areal ist öffentlich zugänglich, für Nicht-Mitglieder ist ein Greenfee Mo.–Fr. immer günstiger als an den Wochenenden. Technische Daten: 18 Löcher, 6746 Meter, Par 72. Clubhaus mit Cafeteria, Pitch & Putt.

ESSEN

❷ Mesón Egües ❺ ❺ ❺ ❺
Calle Campa, 3, Tel. 941 22 86 03
www.mesonegues.com
Hervorzuheben ist hier die besondere Qualität von Fleisch und Gemüse. Es gibt auch hervorragende Fischgerichte. Zum Abschluss werden köstliche baskische Nachspeisen serviert. Freundliche Bedienung und tolles Preis-Leistungsverhältnis.

❶ Asador Ardanza ❺ ❺
Calle Portales, 22, Tel. 941 22 04 60
http://asadorardanza.es
In der Fußgängerzone nahe der Kathedrale findet sich vor allem ein, wer Grillfleisch mag. Es gibt auch Rühreigerichte (»revueltos«), Salate, das Tages- und das Degustionsmenü. Gutes Preis-Leistungs-Verhältnis.

❸ Bar Lorenzo ❺
Calle del Laurel (Travesía, nahe Ecke Calle de San Agustín)
Tel. 941 20 09 29
Einer der Kneipenklassiker in der beliebtesten Ausgehgasse der Stadt. Meistens herrscht drangvolle Enge, doch gerade das lieben die Einheimischen! Spezialitäten sind die »pinchos morunos«, Spießchen mit mariniertem Fleisch.

ÜBERNACHTEN

❶ Gran Hotel AC La Rioja ❺ ❺
Calle Madre de Dios, 21
Tel. 941 27 23 50
http://www.marriott.com/hotels/travel/rjllo-ac-hotel-la-rioja
Modern und stilvoll, vier Sterne, dafür nicht hochpreisig bei den Online-Tarifen. Hallenbad, Fitnessraum und Restaurant.

❷ Hotel Bracos ❺ ❺
Calle Bretón de los Herreros, 29
Tel. 941 22 66 08, www.aa-hoteles.com
Zentral gelegenes Vier-Sterne-Haus, von dem aus die Altstadt problemlos zu Fuß erreichbar ist.

Casa del Cofrade ❺ ❺
Carretera de Nalda, Km 9,
Tel. 941 44 44 26
www.lacasadelcofrade.com
Das kleine Landhotel ca. 13 km südlich von Logroño in Albelda de Iregua steht im Zeichen des Weins. Hausgäste bekommen einen kostenlosen Rundgang durch die dem Hotel angeschlossenen Bodegas Vinícola Real, kleine Weinprobe mit zwei Weinen inklusive. Kurios: Der Zutritt zur Halle mit Edelstahltanks geht von einem Zimmerflur ab. Die hier produzierte Marke ist mehrfach preisgekrönt worden und heißt »200 Monges«, was übersetzt 200 Mönche bedeutet – so viele Ordensbrüder muss es einst im örtlichen Kloster gegeben haben.

❸ Hostal Rioja Condestable ❺
Calle de Doctores Castroviejo, 5
Tel. 941 24 72 88
http://hostalriojacondestable.com
Solides 14-Zimmer-Gasthaus in zentraler Lage, nicht weit vom Paseo del Espolón entfernt. Wer günstig übernachten will, trifft hier eine gute Wahl.

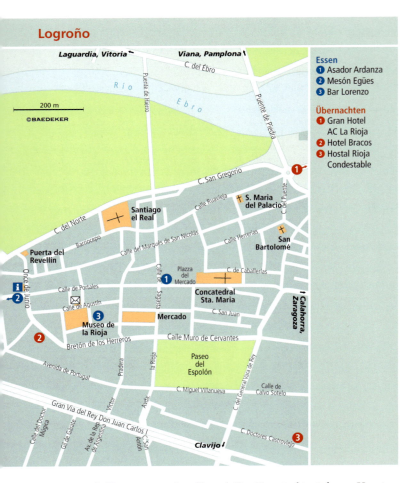

de Vexes ausgemalten Kuppel. Der Haupttrakt wird vom Hauptretabel (17. Jh.) und seiner spätgotischen Marienfigur mit dem Kind bestimmt. Unter den zahlreichen Seitenkapellen in der Kathedrale sollte man auf die reich ausgeschmückte Reliquienkapelle (Capilla de las Reliquias) mit ihrem Renaissancegitter und auf die Capilla de la Piedad mit dem gotischen Marienbildnis und zwei großformatigen Ölgemälden achten.

Im Mittelpunkt dieser Gemälde, die ein Anonymus im 17. Jh. fertigte, steht die historische Gestalt des heiligen Francisco de Borja

(1510 – 1572). Eines der Bilder zeigt die **kuriose Szene der Sargöffnung von Königin Isabella** nach dem langen Transport der Verstorbenen von Toledo nach Granada – angesichts des starken Verwesungsgeruches halten sich die meisten der Umstehenden die Nase zu. Dies gab den Ausschlag für das berühmte Borja-Zitat (»Ich werde nie mehr einem Sterblichen dienen«), seine Hinwendung zu Gott und die damit verbundene Aufnahme in den Jesuitenorden. Diesen Moment gibt das zweite Gemälde wider, das Borja zusammen mit Ignatius von Loyola zeigt.

In der Kathedrale weiterhin zu beachten sind das von Juan Samsó gestaltete Grabmal des Generals und Politikers Baldomero Espartero (1793 – 1879) sowie ein der Schule Michelangelos zugeschriebenes kleines Kreuzigungsbild hinter dem Hauptaltar (streng gesichert hinter dickem Glas). Das düstere Innere wird während der Gottesdienste ins rechte Licht gesetzt, ansonsten helfen Münzeinwurfkästen.

❶ tgl. 9.00 – 13.00, 18.00 – 20.45, So. bis 14.00 Uhr

> **BAEDEKER TIPP !**
>
> *Besonderer Bodega-Besuch*
>
> Die außerhalb der Innenstadt gelegene Bodega Ontañón (Avenida Aragón 3, Tel. 941 23 42 00, www.ontanon.es) ist eine kuriose Mischung aus Weinlager und Kunstmuseum. Zwischen Fässern und Flaschenlabyrinthen sind monumentale Skulpturen des Bildhauers Miguel Ángel Sainz ausgestellt, die dem Leitmotiv »Mythologie« folgen. Führungen mit Voranmeldung und Verkostung u.a. Mo. – Fr. um 12.00 und 17.00 Uhr. Es gibt auch Führungen für Familien tgl. um 11.00 Uhr (Voranmeldung!).

Zwischen der Calle de Portales und der Jakobswegroute durch die Stadt liegen zwei weitere bemerkenswerte Kirchen. Die **Iglesia de San Bartolomé** in einer Stilmischung aus Romanik und Gotik ist die älteste erhaltene Kirche der Stadt; das reizvolle *Figurenportal zeigt das Martyrium des heiligen Apostels Bartholomäus, Namensgeber der Kirche. Wenige Gehminuten entfernt ragt die Kirche **Santa María del Palacio** mit ihrem 45 m hohen gotischen Spitzturm auf, den der Volksmund »Nadel« (»aguja«) genannt hat. Der Ursprung des Gotteshauses liegt im 12. Jh., der kastilisch-leonesische König Alfons VII. überschrieb es seinerzeit den Grabesrittern. Beide Kirchen sind im Regelfall nur vor und nach den Gottesdiensten zugänglich.

Streift man ein wenig weiter in den umliegenden Gassen umher, wird man sehen, dass es Logroño nicht leicht fällt, das reiche bauliche Erbe zu erhalten. Bei vielen Bauten hilft nur die Abrissbirne, andere vom Zahn der Zeit angenagte Gebäude warten dagegen auf ihre Sanierung.

Weitere Kirchen

Puente de Piedra, »Steinbrücke«, nennt man den 198 m langen Übergang, der sich in sieben Bögen über den träge dahinfließenden Río Ebro spannt und dessen mittelalterlicher Vorläufer vom heiligen

Der Jakobsweg durch Logroño

Juan de Ortega konzipiert worden sein soll. Noch heute ziehen die Jakobspilger über die Brücke in die Stadt ein und setzen ihren Weg durch die lang gestreckten Gassenschneisen Ruavieja und Barriocepo fort. Auch für Nicht-Pilger lohnt sich der Weg, vor allem wegen der ***Iglesia de Santiago**, dem Kirchenvorplatz mit der »Pilgerquelle« (Fuente de Peregrinos, 17. Jh.) und der kuriosen großen **Bodeneinlegearbeit** eines »Gansspiels« (Juego de la Oca). Im Mittelalter war dies ein beliebtes Brett- und Würfelspiel der Jakobspilger, bestehend aus 63 Feldern mit verschiedenen Bildmotiven, darunter Gans, Tod und Labyrinth. Hinter dem Platz ragt die massige Kirche auf, an der eine monumentale Barockskulptur an der Südfassade Jakobus als Maurentöter zeigt. Da das Bildnis sehr weit oben platziert ist, hilft es, ein Stückchen in die gegenüber abzweigende Gasse hineinzugehen, um es besser betrachten zu können. Das **Kircheninnere** ist ein architektonisches Meisterwerk der Renaissance, da es aus lediglich einem Schiff besteht. Zu beachten sind die farbigen Relieftafeln im Hauptretabel, die wundersame Szenen aus den Legenden um den hl. Jakobus zeigen (u. a. mit dem Zauberer Hermogenes) und – in recht drastischer Darstellung mit abgetrenntem Kopf in den Händen – das Martyrium des Apostels.

Am Ende des Barriocepo-Viertels findet der Jakobsweg nahe der alten Tabakfabrik, dem heutigen Rioja-Parlament, seinen Abschluss. Dort ziehen die Pilger durch das kleine Stadtmauertor **Puerta del Revellín** aus der Altstadt hinaus. In diesem Bereich soll sich um 1440 ein Wunder ereignet haben, als der heilige Bernhardin von Siena auf seinem Jakobsweg durch die Stadt ein Kind zum Leben erweckte. Zwei Jahrhunderte vorher soll es an Franz von Assisi gewesen sein, bei seiner Santiago-Wallfahrt in Logroño ein Kind zu heilen – so zumindest will es eine weitere Überlieferung.

*Paseo del Espolón Platanenreihen, Blumenbeete, Grünzonen, Bänkchen, Café – mitten im urbanen Strudel lassen es sich die Einheimischen auf dem Paseo del Espolón gut gehen. Das lang gestreckte Rechteck ist Treffpunkt Nr. 1 und beliebte Anlaufstelle für Besucher. Übermannsgroß ist General Baldomero Espartero (1793 – 1879) auf einem Reiterdenkmal allgegenwärtig.

UMGEBUNG VON LOGROÑO

*Embalse de la Grajera Logroños Naherholungsgebiet legt sich um den kleinen Stausee La Grajera (Embalse de la Grajera), wenige Kilometer südwestlich der Stadt. An den Seeufern, an denen auch ein Stück des Jakobsweges vorbeiführt, tummeln sich Enten und Schwäne. Wanderer und Jogger können den See umrunden, an den Wochenenden finden sich viele Einheimische gerne zum Picknicken ein.

Trutzig: die Felsenburg von Clavijo

Der von einer Burg gekrönte Bergsporn von Clavijo, rund 15 km südlich von Logroño, liegt in ländlichem Abseits und ragt einsam empor. Daher ist schon die Anfahrt ein Erlebnis, bei der die Anlage aus weiter Ferne erkennbar ist. Im Ortskern von Clavijo lässt man das Fahrzeug stehen und folgt einem Weg hinauf zur frei zugänglichen Burg, deren Reste sich über die Höhen ziehen und einen prächtigen Fernblick auf das Ebro-Becken erlauben.

*Clavijo

Eine Legende, die von einer sagenhaften Schlacht Mitte des 9. Jh.s erzählt, hat Clavijo populär gemacht. Dabei sollen sich die Mauren und die von Asturien-Leóns König Ramiro I. angeführten Christen unerbittlich gegenübergestanden haben. In Anzahl und Bewaffnung waren die Christen weit unterlegen, so heißt es, und die Gegner anscheinend übermächtig. Die drohende Niederlage der christlichen Heere wandte im entscheidenden Augenblick kein Geringerer als der **Apostel Jakobus** ab, der plötzlich hoch zu Pferde und mit schwingendem Schwert **als ritterlicher »Maurentöter«** (»matamoros«) erschien und einen muslimischen Glaubensfeind nach dem andern ins Jenseits beförderte. Die siegreiche Schlacht von Clavijo, so beschließt die Überlieferung, besiegelte gleichzeitig das Ende des sogenannten »Jungfrauentributs« (Tributo de las Cien Doncellas), den das Emirat von Córdoba jedes Jahr erfolgreich von den Christen des Nordens eingefordert hatte. Auch wenn der Schlachtentriumph samt Apostelerscheinung nichts weiter als eine Erfindung des mittelalterlichen Klerus gewesen sein dürfte – der Faszination der frei zugänglichen Burganlage tut dies keinen Abbruch.

Museo Würth La Rioja

Ca. 15 Kilometer östlich von Logroño liegt bei Agoncillo im Gewerbegebiet El Sequero das Museo Würth La Rioja, eine kuriose Konstellation, die sich durch die Nachbarschaft des sponsernden Industriebetriebs Würth erklärt. Der Bau (2007; DOM Architectura) wird von avantgardistischer Glasarchitektur geprägt, im Innern sind immer wieder hochkarätige Wechselausstellungen mit moderner und zeitgenössischer Kunst zu sehen, außerdem finden weitere Kulturveranstaltungen statt.

❶ Di. – Sa. 11.00 – 20.00, So. 11.00 – 15.00 Uhr; Eintritt frei; www.museowurth.es

AUSFLÜGE VON LOGROÑO

*Sierra de Cebollera

Süd-südwestlich von Logroño folgt die N-111 dem Tal des Río Iregua und führt über Torrecilla en Cameros und Villanueva de Cameros in die Sierra de Cebollera, deren höchste Punkte über 2100 m erreichen. In Villoslada de Cameros liegt das **Besucherzentrum** des Naturparks Sierra de Cebollera, wo man sich nach den Wandermöglichkeiten erkundigen kann.
Centro de Interpretación:
Tel. 941 46 82 16, Mo. geschl.

> ! BAEDEKER TIPP
>
> *Camping Los Cameros*
>
> Wer einen ruhigen, abgeschiedenen Ort in der Sierra de Cebollera sucht, ist auf dem Campingplatz Los Cameros gut aufgehoben. Er liegt rund 50 km südwestlich von Logroño bei Villoslada de Cameros am Oberlauf des Río Iregua, hat ganzjährig geöffnet und bietet auch die Vermietung von Bungalows, Mobil-homes und Wohnwagen an (Carretera de la Virgen de Lomos de Orios, Km 3, 4 Villoslada de Cameros, Tel. 941 74 70 21, www.camping-loscameros.com).

Während man sich ►Laguardia als Zentrum der Weinbauregion Rioja Alavesa als gesondertes Ziel vormerken sollte, geht es westlich von Logroño durch die traumhaft schönen ****Weingärten der Rioja Alta**. Es ist das Gebiet der Oberen Rioja (Rioja Alta), das sich nun über Fuenmayor (Kirche Santa María, 16. Jh.) und Cenicero gen Haro spannt.

Im Zeichen der Traditionen der alteingesessenen Weinbaufamilie Martínez Bujanda steht ein Besuch der ***Bodega Finca Valpiedra**. Sie liegt an der Weinroute bei Cenicero, ist ausgeschildert und über einen 2 km langen Feldweg erreichbar. Das Besondere: Man kauft keine Trauben zu und legt alle Kraft in einen einzigen Rotwein. Der Tropfen entstammt einem 80-ha-Anbaugebiet, das sich in ausgedehnten Terrassen um eine Schleife des Ebro legt. Die Reben wachsen auf steindurchsetztem Grund, ein Vorteil, denn die Steine speichern Wärme und halten Regenwasser zurück. Das Weingut Valpiedra hat **Stil bis ins letzte Detail**, die Fässer lagern in einer lang gestreckten Säulenhalle. Warum der hier produzierte Spitzenwein

Wohin das Auge schaut: Weingärten in der Rioja Alta

Abnehmer in über 50 Ländern überzeugt, schmeckt selbst der Nichtfachmann bei der Probe sofort. Vollfruchtig, sonnengereift, ein tiefes Rot mit langem Abgang. Wichtig ist, dass die Anfahrt nicht ab Fuenmayor, sondern ab Cenicero erfolgt.

Bodega Finca Valpiedra: Camino Montecillo, Fuenmayor; Führung (span., franz., engl.) nach Voranmeldung per Telefon oder Online-Kontaktformular. Die Besuchszeiten sind Mo. – Sa. und können u.a. telefonisch vereinbart werden (Tel. 941 45 08 76; www.fincavalpiedra.com).

Nächste Station nordwestlich von Cenicero an der N-232 ist Briones, das von der Ortskirche mit ihrem markanten Turm aus dem 18. Jh. überragt wird. Zu Füßen des freundlichen Dorfplateaus breiten sich riesige Rebgärten aus, in die ein Topziel eingefasst ist: das ***Museo de la Cultura del Vino**, Lebenswerk der Weinbaudynastie Vivanco. Unter freiem Himmel stimmen der »Bacchus-Garten« mit seinen über 220 Rebsorten und eine 7 t schwere Bronzeskulptur (Hand mit Trauben) auf das Weinmuseum ein, das in einen modernen architektonischen Mantel gehüllt ist und sich über 9000 m² Fläche erstreckt. Dort begibt man sich auf einen ausführlichen Spaziergang durch die Geschichte und Kultur des Weinbaus. Zu sehen gibt es historische Pressen, Behältnisse jeder Art und eine Kunstabteilung inklusive zweier Werke von Pablo Picasso. Außergewöhnlich ist auch das oktogonale Crianza-Lager der Bodega, in der modernste Technologie zum Einsatz kommt. Im Museum vervollständigen Schautafeln die Informationen. Am Ende wartet eine kuriose Sammlung aus über 3000 Korkenziehern. Separat kann die benachbarte Bodega besucht werden.

Briones

> **BAEDEKER TIPP** !
>
> ### Schlemmen im Museum
>
> Das dem Museo de la Cultura del Vino in Briones angeschlossene Restaurant (Tel. 941 32 23 40, res taurante@vivancoculturadevino.es) ist ein Schlemmertempel erster Güte und entsprechend teuer. Während der Blick durch die großen Scheiben auf das Burgplateau von San Vicente la Sonsierra und die Sierra de Cantabria fällt, kommen Köstlichkeiten wie iberischer Schinken und gegrillte Lammkoteletts auf den Tisch. Dazu bestellt man am besten einen Crianza Dinastía Vivanco (geöffnet während der Saison meist nur Mi.–So. 13.30–15.30 Uhr).

Museo de la Cultura del Vino: Tel. 941 32 23 30; Juli – Sept. Di. – Sa. 10.00 – 20.00, So. 10.00 – 18.00, Okt. Di. – Fr. 11.00 – 18.00, Sa. 10.00 – 20.00, So. 11.00 – 18.00 Uhr, Mitte Dez. – Feb. geschl., sonst wechselnde Öffnungszeiten und Mo., Di. geschl.; Eintritt nur Museum 8 €, inkl. Bodega u. Weinprobe 15 €; www.dinastiavivanco.com

4 km nordöstlich von Briones erhebt sich das Burg- und Kirchenplateau des Örtchens *San Vicente la Sonsierra, das alljährlich zu Ostern von sich reden macht. Gründonnerstag und Karfreitag peitschen sich hier vermummte Geißler ihre Rücken blutig.

6 km südöstlich von Briones erreicht man den Ort San Asensio mit dem Kloster **Santa María de la Estrella**, dessen Kreuzgang aus dem 15. Jh. datiert. Weiteres monumentales Wahrzeichen der Gegend um San Asensio ist die mittelalterliche **Felsenburg von Davalillo**.

Santa María de la Estrella: Mo. – Sa. 9.00 – 13.00, 16.00 – 19.00 Uhr

*Haro Nordwestlich von Briones laufen die Weingärten auf das unangefochtene Zentrum der Rioja Alta zu: die 12 000-Einwohner-Stadt Haro (495 m ü.d.M.), die an der Mündung des Río Tirón in den Ebro liegt und mit einer riesigen Zahl an Bodegas aufwartet. Ende des 19. Jh.s nahm die Station für Weinbaukunde ihren Betrieb auf, die **Estación Enológica** (Calle Bretón de los Herreros, 4).

Haros historisches Viertel, das den Spitznamen »Hufeisen« (Herradura) trägt, konzentriert sich auf einen recht kleinen Bereich um die Plaza de la Paz mit ihrem Musikpavillon und dem Rathaus (18. Jh.). Nicht weit davon liegt die ursprünglich aus dem 16. Jh. stammende **Iglesia de Santo Tomás**, die durch ihr platereskes Portal von Felipe de Bigarny und den über 60 m hohen Barockturm hervorsticht. In der kleinen Altstadt gibt es einige gut bestückte Weinläden und urige Kneipen.

Für Weinliebhaber wird es im außerhalb gelegenen Viertel Estación so richtig aufregend, wo mit den **Bodegas Muga** eine der größten und beeindruckendsten »Kathedralen des roten Goldes« ihre Pforten für Besucher öffnet (▶Baedeker Wissen S. 56). Bei den regelmäßigen Führungen bekommt man die alten Fässerlager und die hauseigene Küferei zu sehen. International bekannt sind auch andere große

Weinproduzenten, wie die **Bodegas Bilbaínas**. Allen Freunden des Rebensaftes dürfte das Herz bluten, wenn sie an den 29. Juni denken. Dann findet bei Haro die berühmt-berüchtigte »Schlacht des Weins«, **Batalla del Vino**, statt, bei der Zehntausende Liter als Munition für eine Volksgaudi herhalten – allerdings werden nur minderwertige Landweintropfen verpulvert!

Bodegas Muga: Barrio de la Estación; Voranmeldung online oder unter
Tel. 941 30 60 60; www.bodegasmuga.com
Bodegas Bilbaínas: Barrio de la Estación, 3; Tel. 941 31 01 47;
www.bodegasbilbainas.com

DER JAKOBSWEG BIS SANTO DOMINGO DE LA CALZADA

Motorisierte trägt die Stadtautobahn Richtung Vitoria (Gasteiz) und Burgos aus dem Becken von Logroño heraus, unterwegs führt eine Ausfahrt an den Grajera-Stausee heran. Erste nennenswerte Station ist Navarrete, wo sich direkt am Pilgerweg und in Sichtweite des Ortes (etwa 1 km zurück Richtung Logroño) die Ruinen des mittelalterlichen Pilgerspitals San Juan de Acre befinden. Im Ortskern läuft die Pilgerstrecke an der barock ausgestalteten Iglesia de la Asunción vorbei.

Navarrete

Interessant ist auch der am Ortsausgang Richtung Nájera gelegene Friedhof, dessen Eingang sich mit dem hierher gebrachten Hauptportal des Spitals San Juan de Acre ziert. Daneben erinnert eine kleine Skulptur an den tragischen Tod der belgischen Jakobspilgerin Alice de Craemer.

> **BAEDEKER TIPP !**
>
> ### Reiten durch Weingärten
>
> Geführte Asusritte bietet das schweizerisch-spanische Paar Katherina und Juan Manuel im Centro Hipico Navarrete (Término Los Gustales, Te. 941 74 00 78, www.hipicanavarrete.com). Die einstündigen Touren richten sich an Anfänger. Vom Hof aus geht es an Rebstöcken entlang in die Hügel. Die Ausblicke über das Ebro-Becken und die Berge sind grandios. Je nach Strecke reitet man an den Ufern des kleinen Sees Valbornedo vorbei, durch Kiefernhaine und über ein Stück uralten Jakobsweg. Für erfahrene Reiter arrangieren die Gastgeber Wochenenden mit längeren Strecken inklusive Transport und Übernachtung.

Rund 10 km westlich von Navarrete erreicht man ***Nájera** (485 m ü. d. M.). Geschäftig ging es hier bereits im Mittelalter zu, als das heutige 8000-Einwohner-Städtchen den Königen von Navarra vorübergehend als Residenz diente. Nájera erstreckt sich entlang der Ufer des Río Najerilla und grenzt an die rötlichen Flanken eines von kleinen Höhlen durchlöcherten Sandsteinmassivs, an das die größte örtliche Sehenswürdigkeit angebaut ist: das ***Monasterio de Santa**

María la Real. Um den Ursprung des Klosters rankt sich eine Legende um Navarras König García Sánchez III., der eines Tages auf der Jagd seinen Falken auf ein Rebhuhn ansetzte. Beide Vögel entdeckte er später friedlich beieinander in einer Höhle, wo er zudem auf wundersame Weise ein Marienbildnis vorfand. Dieses Geschehnis ist als **»Grottenmirakel von Nájera«** bekannt geworden. An eben jener Stelle begründeten der Monarch und seine Gemahlin Estefanía Berenguer de Foix Mitte des 11. Jh.s das Kloster. Ein Rundgang führt in den platteresken Kreuzgang der Ritter (Claustro de los Caballeros) mit seinen Adelsgräbern hinein und in die von einfachen Kreuzgewölben überdeckte Klosterkirche (15. Jh.) mit ihrem Hauptretabel (17. Jh.). Eine Treppe führt hinauf zum Ende des 15. Jh.s prachtvoll geschnitzten Chorgestühl. Im hinteren Kirchenteil schließt sich das Königspantheon mit den Grabstätten des Gründerpaares, der navarresischen Monarchen Sancho IV. und Sancho VI. sowie einer Reihe von Prinzessinnen und Prinzen an. Besondere Aufmerksamkeit verdient der ***Sarkophagdeckel** von Blanca de Navarra, ein Juwel der Romanik, in dessen Mittelpunkt der frühe Tod der Königsgemahlin von Sancho III. steht. Zwischen den Grabstätten hindurch betritt man die legendäre kleine Ursprungsgrotte.

Nájeras **Altstadtgassen** laden zu einem Bummel und die kleinen Kneipen zur Einkehr ein. Gut geeignet für eine Rast sind die grünen Uferzonen des Najerilla, ehe es auf der N-120 knapp 20 km bzw. einem Autobahnteilstück weiter westwärts nach ▶Santo Domingo de la Calzada geht.

Monasterio de Santa María la Real: Sommer Di.–Sa. 10.00–13.00, 16.00–19.00, So. 10.00–12.30, 16.00–18.00, sonst Di.–Sa. 10.00–13.00, 16.00–17.30, So. 10.00–12.30, 16.00–17.30 Uhr; Eintritt 3 €; www.santamarialareal.net

> **BAEDEKER TIPP**
>
> ### ! *Wandern auf dem Jakobsweg*
>
> Warum nicht einmal eine Tageswanderung auf dem Jakobsweg einplanen? Ein besonders schönes, nicht übermäßig beschwerliches Stück führt von Nájera nach Santo Domingo de la Calzada, wobei man die Weinbaugebiete um Azofra durchstreift. Die Strecke ist 21 km lang und führt durch hügeliges Gebiet; Rückfahrt zum Ausgangspunkt im Linienbus oder Taxi.

Anguiano und das Bergkloster Valvanera

Rund 20 km südlich von Nájera liegt der kleine Ort Anguiano, dessen Attraktion seine **Stelzentänzer** (▶Logroño erleben) sind, die alljährlich am 22. Juli sowie am letzten Samstag im September auftreten. Zu jeder Jahreszeit lohnt sich, den Abstecher um 11 km zum Bergkloster Valvanera auszuweiten, wo die Gläubigen ein Bildnis der riojanischen Schutzheiligen Virgen de Valvanera verehren. Das Kloster liegt nach wie vor in Händen der Benediktiner, die einen hervorragenden Kräuterlikör produzieren und ein sehr einfaches

Gästehaus für jedermann betreiben; essen kann man auch hier. Ab dem Kloster kann man sehr schön zu Wanderungen ins Gebirge aufbrechen.
Gästehaus: Tel. 941 37 70 44, http://monasteriodevalvanera.es

★ Lugo

Provinz: Lugo
Region: Galicien (Galicia)
Höhe: 465 m ü. d. M.
Einwohnerzahl: 98 000

Besuchermagnet ist die von der UNESCO zum Weltkulturerbe erhobene römische Stadtmauer, doch auch die davon ummantelte Altstadt hat ihren Reiz.

Die Römer waren es, die Lugo maßgeblich ihren Stempel aufdrückten. Im Namen von Kaiser Augustus wurde Lugo, seinerzeit Lucus Augusti, 14 v. Chr. von Paulus Fabius Maximus offiziell begründet; einige Jahre vorher hatte es bereits ein Heerlager gegeben. Die heute größtenteils erhaltene Ringmauer wurde um 270 begonnen und zeugt von Lugos Bedeutung bei den Römern. Dank dieser wuchtigen Mauer gelang es den voranstürmenden maurischen Heeren unter Almanzor nicht, die Stadt 997 zu erobern – so zumindest will es die Überlieferung. Weitere Erbstücke aus der Römerzeit sind die Thermen (Termas Romanas) und eine Brücke über den Río Miño (Puente Romano).
Im Mittelalter etablierte sich Lugo als Station der Jakobspilger am »Ursprünglichen Weg«, Camiño Primitivo. Heute erfüllt Lugo als Hauptstadt der gleichnamigen Provinz vielerlei Verwaltungsfunktionen.

SEHENSWERTES IN LUGO

Die Stadtmauer umläuft die Altstadt.

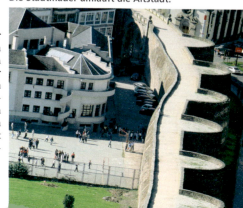

★★Muralla Romana heißt zwar »Römische Stadtmauer«, doch im Mittelalter wurde sie erheblich ausgebessert und erneuert. Der monumentale Ringwall aus dem 3./4. Jh. fasst Lugos Altstadt komplett ein und ist auf seiner ganzen Länge von 2,1 km begehbar. Man sollte sich den Einstiegspunkt gut merken, denn viele Tore und Türme sehen ganz ähnlich aus.

Lugo erleben

AUSKUNFT
Oficina de Turismo
Praza do Campo, 11
Tel. 982 25 16 58
http://lugo.gal

VERANSTALTUNGEN
Bedeutsame Karprozessionen (vor allem Ostermontag), Fronleichnamsprozession und Stadtfest zu Ehren von San Froilán vom 4. bis 12. Oktober.

ESSEN
❶ *Restaurante España* ❸❸❸
Rúa Teatro, 10
Tel. 982 24 27 17 l
Unter der Regie von Héctor López kommen hervorragende galicische Gerichte auf den Tisch. Das Fleisch stammt u.a. von galicischen Ochsen, die die Brüder López selbst züchten. Héctor López tritt auch als Koch-Juror im Fernsehen von Galicien auf.

ÜBERNACHTEN
❶ *Hotel Santiago* ❸❸
Urbanización Bellvista
Carretera de Santiago, s/n
Tel. 982 01 01 01
www.hotelsantiago-sl.es
Etwas außerhalb gelegenes Vier-Sterne-Haus, 67 Zimmer, kleiner Swimmingpool. Außerdem: Fitnessraum, Spa. Unterschiedliche Zimmerkategorien.

Nahe der Kathedrale liegt die **Porta de Santiago** mit einem Motiv des hl. Jakobus des Älteren als »Maurentöter«. Für einen geruhsamen Mauerspaziergang sollte man mindestens eine Stunde einplanen.

Catedral de Santa María — Meister Raimundo do Monforte begann die Catedral de Santa María 1129 in romanischem Stil und mit dem Grundriss in Form eines lateinischen Kreuzes; das romanische Nordportal zeigt Christus in der Mandorla. Im langen Verlauf der Bauzeit kamen Elemente aus Gotik, Renaissance und Barock hinzu.

Ein sehr schönes Beispiel für den überbordenden Barock ist die 1736 beendete **Capilla de Nuestra Señora de los Ojos Grandes**, in der die Gläubigen das Marienbildnis »Unserer Lieben Frau mit den großen Augen« verehren.

Eine eigene Kapelle ist auch **San Froilán** (833 – 905) gewidmet, der aus Lugo stammte und städtischer Patron ist. Die Capilla Mayor und der Kreuzgang datieren aus dem 18. Jahrhundert. Das **Museo Diocesano** zeigt den Domschatz.

ⓘ Kathedrale tgl. geöffnet, Museum nur Mo.–Sa. vormittags 1–2 Std.lang

Praza Maior — Auf der freundlichen Praza Maior schlägt das Herz der Altstadt. Hier liegen die Treffpunkte von Einheimischen und Besuchern in den Kneipen und Cafés des Platzes, hier sind der Musikpavillon und das Rathaus mit seiner Barockfront zu sehen.

Lugos Hauptplatz, die Praza Maior, ist ein guter Ausgangspunkt, um sich durch die verwinkelte Altstadt treiben zu lassen, die sich durch ein lebhaftes, ursprüngliches Gepräge auszeichnet.
Der vielleicht schönste Altstadtplatz ist die **Praza do Campo** mit Arkaden und zentralem Brunnen. An der lang gestreckten Praza do Santo Domingo erhebt sich der Ende des 13. Jh.s begründete Convento de Santo Domingo. Am Platz liegt ein Infozentrum zur römischen Stadtmauer (**Centro de Interpretación da Muralla**). Die Römerzeit bringen auch das »Haus der Mosaike«, **Casa dos Mosaicos**, und das **Centro Arqueolóxico San Roque** ins Gedächtnis.

Übrige Altstadt

Centro de Interpretación da Muralla: tgl. 11.00 – 13.30, 16.30 bis 19.30, Soo. bis 18.00 Uhr; Eintritt frei
Casa dos Mosaicos: Rúa Doutor Castro, 22–24; Mo. geschl.; Eintritt frei
Centro Arqueolóxico San Roque: Rúa Emilia Pardo Bazán; Mo. (im Winter auch Di., Mi.) geschl.; Eintritt frei

Das Museo Provincial liegt an der Praza de Soidade und zeigt seine Schätze in einem vormaligen Franziskanerkloster. Besonders schön ist der Kreuzgang (15. Jh.). Zu den sehenswerten Exponaten zählen

*Museo Provincial

Gemälde, Skulpturen, Münzen, Sonnenuhren und Keramik aus der berühmten galicischen Manufaktur Sargadelos.
❶ Praza da Soidade, s/n; Mo.–Fr. 9.00–21.00, Sa. 10.30–14.00, 16.30 bis 20.00, So. 11.00–14.00 Uhr; Eintritt frei; http://redemuseisticalugo.org

AUSFLÜGE VON LUGO

Santa Eulalia de Bóveda

14 km südwestlich liegt die kuriose Kirche Santa Eulalia, die aus einem spätrömischen Bau entstanden ist. Dieser war als **Badehaus** oder ein Nymphäum genutzt worden. Augenfällig sind der Hufeisenbogen und die Wandmalereien.
❶ im Regelfall nur Di.–Fr. 8.00–15.00, Sa. 10.00–14.00 Uhr

Vilalba

Im 36 km nordwestlich von Lugo gelegenen Vilalba (span.: Villalba; 480 m ü.d.M., 15 000 Einw.) geht es Anfang April beim **Käsemarkt** (Festa do Queixo de San Simón da Costa) und im Dezember wenige Tage vor Heiligabend beim **Kapaunenmarkt** (Feira do Capón) besonders lebhaft zu.
Vilalba ist der Hauptort der »Terra Chá«, des Flachen Landes der Provinz. Der spätmittelalterliche **Burgturm** im Ortskern befand sich einst im Besitz des mächtigen Andrade-Geschlechts und dient heute als Parador.

*Mondoñedo

Der alte Bischofssitz Mondoñedo (200 m ü.d.M., 4000 Einw.) liegt im Norden der Provinz und hat das typische Flair eines galicischen Landstädtchens bewahrt. Zentrum ist die Praza de España, Wahrzeichen die 1219 begonnene Catedral de Santa María de la Asunción. Die majestätischen Kathedraltürme wurden erst im 18. Jh. hinzugefügt. Unterhalb der beiden Orgeln sind Wandmalereien (14. Jh.), im angeschlossenen Museo Catedralicio Exponate sakraler Kunst zu sehen.

Ourense · Orense

D 5

Provinz: Ourense
Region: Galicien (Galicia)
Höhe: 126 m ü. d. M.
Einwohnerzahl: 106 000

Fernab der beliebten galicischen Südküste ist das von den Römern bereits wegen ihrer Thermen geschätzte Ourense – spanisch: Orense –, von Touristenströmen fast unberührt. Die am Río Miño gelegene Provinzhauptstadt macht tatsächlich einen provinziellen Eindruck. Allerdings hat die Altstadt ihren Reiz, auch wenn sie von Neubauzonen umgeben ist.

Ourense, Stadt der Brücken

SEHENSWERTES IN OURENSE

Wahrzeichen von Ourense ist die »römische Brücke« über den Río Miño, die zwar von den Römern angelegt, aber im Spätmittelalter erneuert wurde. ***Ponte Romano**

Zentrum der äußerst geschäftigen Altstadt ist die **Praza Maior** mit dem Rathaus (19. Jh.) und dem einstigen Bischofspalast, in dem heute das **Museo Arqueolóxico Provincial** untergebracht ist; die Exponate im Archäologischen Provinzmuseum reichen von der Vorzeit bis zur mittelalterlichen Sakralkunst. ***Altstadt**

Ab der Praza Maior ist das Zentrum der kirchlichen Macht nicht weit: die ***Catedral de San Martiño**. Die Ursprünge der Kathedrale reichen ins 12./13. Jh. zurück, die romanischen Portale entstanden unter compostelanischem Einfluss von Meister Mateo. Bildhauerisch herausragend ist die polychromierte »Paradiespforte«, Pórtico del Paraíso, mit dem heiligen Apostel Jakobus, Evangelisten und Propheten sowie den 24 Ältesten der Apokalypse. Im Innern schaut man zur spätgotischen Vierungskuppel (1499 – 1505) auf. Auch der Kreuzgang ist gotisch, während das Hauptretabel unter dem Einfluss der Renaissance steht und auf Cornelis de Holanda zurückgeht. Der Domschatz ist im integrierten **Museo Catedralicio** zu sehen.

Museo Arqueolóxico: Rúa da Granxa, Campo de San Francisco, Di. – Sa. 9.00 – 22.00, So. 9.00 – 15.00 Uhr; www.musarqourense.xunta.es
Catedral de San Martiño: Kathedrale 8.30 – 13.30, 16.30 – 20.30, Museum 12.00 – 13.00, 16.30 – 18.30 Uhr; Eintritt frei

Ourense erleben

AUSKUNFT
Oficina de Turismo
Isabel a Católica, 2
(Jardinillos del Padre Feijóo)
Tel. 988 36 60 64
http://turismourense.com

VERANSTALTUNGEN
Am 11. November Festa dos Magostos mit Kastanienbraten, Wurst- und Kotelettgrillen.

ESSEN
❶ *Nova Restaurante* €€€€
Valle Inclán, 5
Tel. 988 21 79 33
www.novarestaurante.com
Die jungen Köche, allesamt Cousins, haben sich mit ihrer Kochkunst den Michelin-Stern verdient.

❷ *Porta da Aira* €
Rúa dos Fornos, 2
Tel. 988 25 07 49
Traditionelle Tapas-Bar, in erster Linie für ihre »Huevos rotos« (»kaputten Eier« = Rührei) bekannt und beliebt.

ÜBERNACHTEN
❶ *Hotel Eurostars Auriense* €
Calle Alto do Cumial, 12
Tel. 988 23 49 00
www.eurostarsauriense.com
4-Sterne-Haus mit 134 Zimmern. Das angeschlossene Restaurant pflegt die galicische Kochtradition. Da die Stadt keine Destination des Massentourismus ist, bleibt das Hotel im Regelfall auch in der Sommersaison günstig.

❷ *Hotel Irixo* €
Calle Hermanos Villar, 15
Tel. 988 25 46 20
www.hotelirixo.es
Im Altstadtbereich nahe der Praza do Eironciño dos Cabaleiros gelegen. Ab hier lässt sich alles Wichtige zu Fuß erreichen. Servicebewusst, gute Preise.

As Burgas An der südwestlich der Praza Maior gelegenen Praza As Burgas sprudeln die **Thermalquellen** As Burgas mit einer Temperatur von knapp 70 °C hervor (300 l/Minute). In römischer Zeit waren sie die Daseinsberechtigung von Ourense und stehen heute als »historischer Platz« unter Schutz.

Convento de San Francisco Ein weitere Besonderheit ist der Convento de San Francisco (14. Jh.) mit seinem filigranen gotischen **Kreuzgang**.

AUSFLÜGE VON OURENSE

*Cañón del Sil
(▶Abb. S. 256) Etwa 20 km östlich liegt das dörflich geprägte Gebiet um Parada do Sil, wo sich der Río Sil seinen Weg durch die Felsen gräbt: im Cañón del Sil (auch: Garganta del Sil), auf den man einen guten Blick von diversen **Aussichtspunkten** hat. Eine traumhafte Bergunterkunft bietet der zur Gemeinde Luintra-Nogueira de Ramuín gehörige Pa-

Ourense • ZIELE   255

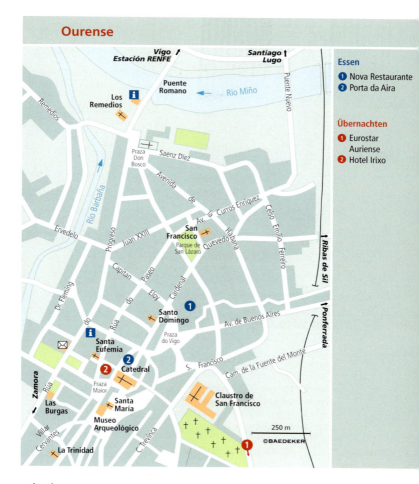

rador de Santo Estevo. Das Vier-Sterne-Haus ist in der Klosteranlage des Mosteiro de Santo Estevo do Sil untergebracht, die seit dem 10. Jh. dokumentiert ist.

Über Cea führt die Fahrt ins etwa 25 km nordwestlich von Ourense gelegene Mosteiro de Santa María de Oseira, ein stattliches **Kloster im Grünen**, dessen Leben im Mittelalter mit lediglich vier Mönchen begann. Im 12. Jh. führten Schenkungen von König Alfons VI. zum Aufschwung der Zisterzienserabtei, die später im Stil von Renais-

Mosteiro de Oseira

Atemberaubend: der Blick in die gigantische Schlucht des Sil

sance und vor allem Barock aus- und umgebaut wurde. Nach einem vorübergehenden Ende des klösterlichen Lebens kehrten 1929 **Zisterzienser aus Frankreich** ins Kloster zurück und verhalfen ihm zu neuem Leben.

❶ Besuch mit stündl. Führung Mo.–Sa. 10.00–12.00, 15.30–18.30, So. 12.45 u. 15.30–18.30 Uhr; Eintritt 3 €; www.mosteirodeoseira.org

*Monforte de Lemos   Nordöstlich von Ourense hält sich die N-120 zunächst parallel zum Lauf des Río Miño und erreicht nach 40 km Monforte de Lemos (363 m ü.d.M., 19 000 Einw.). Der mittelalterliche Aufschwung des Städtchens war mit dem Herrschergeschlecht Castro und dem Aufstieg zur Grafschaft (Condado de Lemos) verbunden. Die Stärke der Befestigungen lässt sich an drei erhaltenen **Stadttoren** – Alcazaba, Cárcel Vieja und Nueva – ermessen. In der Oberstadt setzt das monumentale Ensemble aus der Torre del Homenaje, dem Mosteiro Benedictino de San Vicente do Pino (einstiges Benediktinerkloster, Ursprung im 10. Jh.) und dem Grafenpalast, Pazo Condal, einen Glanzpunkt. Heute befindet sich dort der Parador de Monforte de Lemos.

Gewaltige Ausmaße besitzt auch der **Colegio de Nosa Señora da Antiga**, ein einstiges Jesuitenstift, das Cardenal de Castro Ende des 16. Jh.s ins Leben rief und das wegen seiner Ausmaße gelegentlich als »**kleiner Escorial Galiciens**« tituliert wird. Das aus Nussbaumholz gefertigte Hauptretabel der Kirche geht auf Francisco de Moure zurück, Stolz der Pinakothek sind zwei Gemälde von Goya.
Colegio de Nosa Señora da Antiga: Informationen im Oficina de Turismo (Rúa Comercio 8, Tel. 982 40 47 15, www.monfortedelemos.es)

SÜDLICHE PROVINZ OURENSE

Celanova (519 m ü.d.M., 6000 Einw.), 26 km südlich von Ourense und über die OU-540 erreichbar, ist wegen seines **Mosteiro de San Salvador** bekannt. Die Klosteranlage wurde 936 von San Rosendo begründet, die unter Melchor de Velasco im Barockstil neu erbaute Kirche im ausgehenden 17. Jh. beendet. Überbleibsel des ursprünglichen Klosters ist die mozarabische Kapelle San Miguel.
Setzt man ab Celanova die Fahrt auf der OU-540 gen Süden über den Alto do Vieiro (850 m ü.d.M.) fort, ist **Bande** erreicht. Wichtigstes Baudenkmal ist die Igrexa de Santa Comba, deren Wurzeln in westgotischen Zeiten im 7. Jh. liegen. Bande ist das Tor zum lang gestreckten **Embalse das Conchas**, der den Río Limia aufstaut, und einem wenig besuchten Naturpark im spanisch-portugiesischen Grenzgebiet, dem **Parque Natural Baixa Limia-Serra do Xurés**. Das Informationszentrum, Centro de Interpretación »Aquae Quercennae Via Nova« (Tel. 988 44 44 01), ist modern aufbereitet.

Celanova und tiefer Süden

Ein Abstecher ins 75 km südöstlich von Ourense entfernte Verín führt zunächst nach **Allariz**. Der historische Festungsort genoss im Mittelalter vom König gewährte Sonderrechte und wurde von einer 1,1 km langen Stadtmauer umschlossen. Ab dem 16. Jh. etablierte sich Allariz als bevorzugter Sitz des Landadels. Dem **Convento de Santa Clara**, 1268 begründet und Ende des 18. Jh.s erneuert, ist ein Museum mit Exponaten sakraler Kunst angeschlossen. Weitere Kirchen sind die Igrexa de Santiago (1119) und die barocke Igrexa de San Bieito.
Verín (445 m ü.d.M., 14 000 Einw.) liegt nahe der Grenze zu Portugal im Tal des Río Támega. In der grünen Hügellandschaft werden Rot- und Weißweine produziert, die eine eigene geschützte Herkunftbezeichnung (Denominación de Origen Monterrei) tragen.
Im nahen **Monterrei** gibt es die mittelalterliche Festung Castelo de Monterrei, die in einen dreifachen Mauerring eingefasst wurde. Aus der Ursprungszeit stammen auch die Türme Homenaje und Las Damas (14. Jh.), ab dem 16. Jh. entstand im Renaissancestil der Palacio de los Condes. Gegenüber der Festung ist der Parador de Verín in einem typisch galicischen Landsitz untergebracht.

Abstecher nach Verín

** Oviedo

Provinz: Asturien (Asturias)
Region: Asturien (Asturias; Autonome Gemeinschaft)

H 3

Höhe: 126 m ü. d. m.
Einwohnerzahl: 222 000

Im Mittelalter war Oviedo eine regelrechte Bastion im Kampf gegen die Mauren, heute pflegt Asturiens Hauptstadt ein reiches Erbe an Monumenten und zählt zu den stimmungsvollsten Städten in Spaniens Norden.

Geschichte und Gegenwart
Die eigentlichen Stadtbegründer waren zwei Mönche, Máximo und Fromestano, die 761 hier ein kleines Benediktinerkloster ins Leben riefen. Der Aufstieg Oviedos begann Anfang des 9. Jh.s mit der Ernennung zur Residenz der asturischen Könige. Insbesondere die Monarchen Alfonso II. und Ramiro I. verliehen Oviedo Prunk und Glanz und setzten sich gegen den maurisch dominierten Süden zur Wehr. Nach dem Tod von Alfonso III. (910) wurde der Hof nach León verlegt, was die Bedeutung der Stadt sinken ließ. Allerdings war Oviedo im Laufe des Mittelalters eine wichtige Station der Jakobspilger auf der so genannten »Ursprünglichen Route«. Marksteine in der Geschichte waren die Gründung der Universität (1608), die Erhebung gegen die napoleonischen Truppen (1808) und der Bergarbeiteraufstand (1934). Der Spanische Bürgerkrieg 1936 – 1939 führte zu schweren Zerstörungen. Die Ausbeutung der Kohlevorkommen hat Oviedo seine Rolle inmitten eines weitläufigen Bergbaugebietes zugewiesen. Auf den Gebieten der Kultur und der Wissenschaft richten sich alljährlich alle Augen auf Asturiens Hauptstadt, wenn die **Premios Princesa de Asturias** (bis 2014 Premios Príncipe de Asturias) vergeben werden. Ausgezeichnet werden herausragende intenationale Persönlichkeiten aus Kunst und Forschung, aber auch Sportler.

SEHENSWERTES IN OVIEDO

**Catedral de San Salvador
Erbaut wurde die gotische Catedral de San Salvador über einem präromanischen Kirchlein, das König Fruela I. mutmaßlich schon 765 errichten ließ, und einem Nachfolgebau von Alfonso II. Überragt wird die Kathedrale vom hohen Hauptturm (16. Jh.) – ein weiterer geplanter wurde wegen Geldmangels nie errichtet.
Das **Innere** wird beherrscht vom Hauptretabel in der Capilla Mayor, um 1520 unter Federführung von Giralte de Bruselas und Juan de Balmaseda entstanden. Im linken Seitenschiff bewahrt die Capilla de Santa Eulalia die Gebeine der heiligen Eulalia auf, die Capilla del Rey Casto diente als Grablege der asturischen Könige (Panteón Real).

Ab dem südlichen Querschiff führt der Zugang in die präromanische **Cámara Santa**, die Heilige Kammer, von König Alfonso II. als Palastkapelle genutzt. Hier ist der Kathedralschatz mit besonders wertvollen und symbolträchtigen Stücken zu sehen: das **Cruz de los Ángeles** (»Engelskreuz« aus dem 9. Jh., gestiftet von Alfonso II.), das **Cruz de la Victoria** (dieses im 10. Jh. aufgearbeitete »Siegerkreuz« soll schon Pelayo im siegreichen Kampf gegen die Mauren dabei gehabt haben) und die silberbeschlagene **Arca Santa** (»Heilige Truhe«, 10. Jh.) mit Reliquien aus dem Heiligen Land. Einen Besuch verdient auch der im 14./15. Jh. erneuerte Kreuzgang

In der übrigen Altstadt

Oviedo lebt von der Altstadtstimmung in den Gassen und auf den Plätzen. Den mit einem Brunnen aufgelockerten Kathedralvorplatz, die ***Plaza de Alfonso II el Casto**, zieren der wappengeschmückte Palacio de Valdecarzana-Heredia (17./18. Jh.), die kleine Capilla de Balesquida (ursprünglich 13. Jh., erneuert ab dem 17. Jh.) und die stark restaurierte präromanische Iglesia de San Tirso. Hinter der Iglesia de San Tirso geht es zur Calle de Santa Ana, wo das ***Museo de Bellas Artes** in einem Ensemble aus Palästen aus dem 17., 18. und 20. Jh. untergebracht ist; der Schwerpunkt des Museum liegt auf der asturischen Kunst.
Westliche Nachbarin der Plaza de Alfonso II el Casto ist die ***Plaza de Porlier** mit dem Palacio de Camposagrado (18. Jh.) und einer Bronzeskulptur von William Arrensberg (El Regreso, 1993). Dies ist nur eines von vielen Werken moderner Bildhauerei, die sich über die gesamte Stadt verteilen.
Ein längerer lohnender Spaziergang führt ab der Plaza de Alfonso II el Casto durch die lebhafte Fußgängerzone mit der Calle Cimadevilla, die auf die ***Plaza de la Constitución** mündet. Dort erheben sich das Rathaus (17. Jh.) und die barocke Iglesia de San Isidoro el Real, ehe es weitergeht in eine lebhafte Zone mit dem Markt, kleinen Geschäften, Arkaden und Restaurants: **El Fontán** und die **Plaza Daoíz y Velarde**. In den umliegenden urigen Kneipen fließt der Apfelwein (Sidra) in Strömen.

In der Altstadt von Oviedo: So gießt man Sidra richtig ein.

Museo de Bellas Artes: Di.–Fr. 10.30–14.00, 16.30–20.30, Sa. 11.30–14.00, 17.00–20.00, So. 11.30–14.30; Eintritt frei; www.museobbaa.com

Oviedo erleben

AUSKUNFT
Oficina de Turismo
Calle Marqués de Santa Cruz, s/n
Tel. 985 22 75 86
www.turismoviedo.es

ÖFFNUNGSZEITEN
Die Öffnungszeiten vor allem der präromanischen Bauten können ungewöhnlich stark schwanken – erkundigen Sie sich zuvor im Fremdenverkehrsamt!

VERANSTALTUNGEN
Fest verankert im alljährlichen Festkalender: Karneval, die Karprozessionen, im Mai die Fiesta de las Ascensión und um den 20. September die Fiestas de San Mateo (großes Stadtfest).

ESSEN
❶ *Restaurante Casa Fermín* €€€€
Calle San Francisco, 8
Tel. 985 21 64 97
www.casafermin.com
Traditionsadresse der lokalen Gastronomie, seit Mitte der 1920er-Jahre in Betrieb. Sonntag ist Ruhetag.

❷ *Restaurante Florencia* €€€
Calle Gil de Jaz, 16
Tel. 985 24 11 00
Zum Hotel de la Reconquista gehöriges Restaurant, in klassisch-elegantem Stil gehalten. Der Schwerpunkt liegt auf regionaler Küche.

❸ *Arrocería La Más Barata* €
Calle Campoamor, 28
Tel. 985 20 20 28
www.lamasbarata.com
Spezialität sind die Reisgerichte – rund 30 verschiedene stehen in diesem Lokal zur Wahl.

ÜBERNACHTEN
❶ *Hotel de la Reconquista* €€€
Calle Gil de Jaz, 16
Tel. 985 24 11 00
www.eurostarshotels.de
Den Rahmen für dieses noble Haus bildet das zum Nationalmonument erklärte Hospicio y Hospital del Principado de Asturias (18. Jh.). Gehört heute zur Meliá-Kette.

❷ *Hotel Campoamor* €€
Calle Argüelles, 23
Tel. 985 21 07 20
www.hotelcampoamoroviedo.com
Gepflegtes Vier-Sterne-Haus in der Innenstadt nahe dem Theater Campoamor. Zimmer mit modernem Designertouch. Für Autofahrer nahebei Parkmöglichkeit. Mit Restaurant.

❸ *Hotel Santa Clara* €
Calle Santa Clara, 1
Tel. 985 08 70 70
www.hotel-santaclara.es
Einfaches, solides Zwei-Sterne-Hotel mit ebenso soliden Preisen. Alle Zimmer mit Privatbad. WLAN kostenlos.

---

*Iglesia de San Julián de los Prados Die kleine Iglesia de San Julián de los Prados liegt im erweiterten Innenstadtbereich unmittelbar an der Ausfallstraße Gijón – Avilés und ist ein weiteres bezeichnendes Beispiel für die präromanische Baukunst aus dem 9. Jahrhundert. Entstanden während der Regentschaft von König Alfonso II., ist sie mit Maßen von 30 m × 25 m die größte

Oviedo • ZIELE

Essen
① Florencia
② Casa Fermín
③ Arrocería La Más Barata

Übernachten
① De la Reconquista
② Hotel Campoamor
③ Hotel Santa Clara

erhaltene Kirche dieser Art in Asturien. Am besten erreicht man das Kirchlein vom Zentrum aus zu Fuß.

ⓘ stark wechselnde Öffnungszeiten, meist nachmittags und So. geschl.

Freunde moderner Architektur werden Gefallen an Oviedos Ausstellungs- und Kongresspalast finden, einem Werk von **Santiago Calatrava**. In allzu guter Erinnerung behalten dürfte es der Stararchitekt allerdings nicht, denn er wurde für Fehler bei der Bauausführung gerichtlich mit einer Millionenstrafe belegt.

Palacio de Exposiciones y Congresos

ⓘ Calle Arturo Álvarez Buylla; www.oviedocongresos.com

UMGEBUNG VON OVIEDO

Monte Naranco Nordwestlich der City erhebt sich der über 600 m hohe Monte Naranco, der von einem leuchtend weißen Christusmonument gekrönt wird und prächtige Ausblicke erlaubt. Im unteren Bergbereich liegen, nicht weit voneinander und etwa 3 km vom Zentrum Oviedos entfernt, die beiden **beeindruckendsten präromanischen Kirchen Asturiens** aus dem 9. Jh.: Santa María del Naranco und San Miguel de Lillo.

In großer Rechteckform ragt die ****Iglesia de Santa María del Naranco** aus einem Wiesengelände unterhalb der Bergauffahrt. Ursprünglich diente der Sakralbau König Ramiro I. als Lustpalais: mit Bädern und Sälen im Unter- und einem prächtig überwölbten Festsaal im Oberbereich. Zu beiden Querseiten hin weisen dreibogige Vorgalerien. Erst im 10./11. Jh. wurde der kleine Palast in ein Gotteshaus umfunktioniert.

Die ****Iglesia de San Miguel de Lillo** liegt ein Stück oberhalb, zeichnet sich durch einen schlanken Aufriss, kunstvolle Steingitterfenster sowie im Eingangsbereich durch Gaukler- und Dompteurreliefs in byzantinischer Tradition aus. Im Innern blieben Freskenreste erhalten. Als Santa María del Naranco noch nicht in ein Gotteshaus ver-

San Miguel de Lillo: ein Meisterwerk der vorromanischen Baukunst

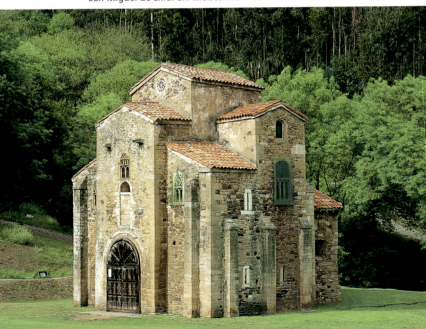

wandelt war, diente San Miguel de Lillo als königliche Kapelle. Die Anlage war ursprünglich viel größer, etwa zwei Drittel wurden mutmaßlich im 13. Jh. durch einen Erdrutsch zerstört.
❶ beide Kirchen April – Sept. Di. – Sa. 9.30 – 13.00, 15.30 – 19.00, Mo., So. 9.30 – 13.00, Okt. – März Di. – Sa. 10.00 – 14.30, Mo., So. 10.00 – 12.30 Uhr; Eintritt je 3 €

AUSFLÜGE VON OVIEDO

Zum weiteren Verbund der von der UNESCO zum Weltkulturerbe erklärten präromanischen Kirchen Asturiens zählen die **Iglesia de Santa María de Bendones** (5 km südöstl. nahe der Straße nach Langreo; schön ornamentierte Steinfenster) und die **Iglesia de Santa Cristina de Lena** (40 km südl. bei Pola de Lena; Besonderheit sind hier die vier Fassadenvorbauten an jeder Seite).

*Weitere präromanische Kirchen

Knapp 20 km südlich breitet sich um La Vega de Riosa ein ländliches grünes Gebiet mit schönen Bergpanoramen aus. In La Vega de Riosa startet ein 12,5 km langes Asphaltsträßchen ins Gebirge zum Berg *Angliru, das bis zu 23,5 % ansteigt und eine Höhendifferenz von über 1300 m überwindet. Hier stärken hartgesottene Bergspezialisten unter den Radlern ihre Muskeln, auch die Profis. Die Straße endet als Sackgasse auf einem großen Parkplatz. Unterwegs sind die Ausblicke über Berg und Tal grandios. In manchen Jahren steht der Angliru als Etappenziel auf dem Plan der »Vuelta«, der Spanien-Radrundfahrt.

La Vega de Riosa

Das Museo de la Minería y de la Industria, das Bergbau- und Industriemuseum, macht mit historischem Gerät vertraut und bietet als Höhepunkt eine Führung durch einen unterirdischen Simulationsstollen. Um das etwa 35 km südwestlich in El Entrego gelegene Museum zu erreichen, wählt man die Anfahrt über Langreo.
Museo de la Minería: Okt. – Juni Di. – So. 10.00 – 14.00, 16.00 – 19.00, Juli – Sept. 10.00 – 20.00 Uhr; Eintritt 6,50 €; www.mumi.es

*Museo de la Minería y de la Industria

Im interessant aufbereiteten Museo de la Sidra dreht sich alles rund um den asturischen **Apfelwein** (»sidra«). Man muss dafür allerdings über Pola de Siero in das 28 km östlich gelegene Nava fahren.
❶ Plaza de Príncipe de Asturias; Sommer Di. 12.00 – 14.00, 16.00 – 20.00, Mi. – Sa. 11.00 – 14.00, 16.00 – 20.00, So. 12.00 – 14.00, 17.00 – 20.00, sonst Di. – Fr. 11.00 – 14.00, 16.00 – 19.00, Sa. 11.00 – 15.00, 16.30 – 20.00, So. 11.00 – 14.00 Uhr; Eintritt 4 €; www.museodelasidra.com

*Museo de la Sidra

Der 29 100 ha umfassende Parque Natural de Somiedo liegt im gebirgigen, wasserreichen Süden der Region und gilt als letztes großes Refugium von **Braunbären** auf der Iberischen Halbinsel. Der Natur-

*Parque Natural de Somiedo

park erstreckt sich über fünf Flusstäler (Pola de Somiedo, Perlunes, Valle del Lago, Saliencia, Piegüeña) und reicht von Höhen um 400 m bis 2200 m ü. d. M. Er ist reich an Seen, Eichen- und Buchenwäldern. Vielerorts bieten sich gute Möglichkeiten zum **Wandern**, es gibt zahlreiche **Landhausunterkünfte**. Wichtigste Anlaufstelle für Besucher ist das **Centro de Recepción y Interpretación** in Pola de Somiedo. Schön ist ab Pola de Somiedo eine Auffahrt zum 1708 m hohen Pass Farrapona, wo Wanderwege zu Seen starten; unterwegs bei der Anfahrt lohnt sich ein Halt im urtümlichen Dorf **Veigas**.

Centro de Recepción y Interpretación: Calle Narciso Herrero Vaquero, Tel. 985 76 37 58

✻✻ Pamplona · Iruña · Iruñea

⊹ Q 4

Provinz: Navarra
Region: Navarra (Autonome Gemeinschaft)

Höhe: 449 m ü. d. m.
Einwohnerzahl: 200 000

Ernest Hemingway und die wilde Stierfiesta im Juli haben die Hauptstadt der Autonomen Gemeinschaft Navarra weltweit bekannt gemacht. Gleichzeitig ist Pamplona eine der schönsten Pilgerstädte am Jakobsweg, geprägt von einer stimmungsvollen Altstadt mit Kathedrale. Auch die Lage in der reizvollen Landschaft der Vorpyrenäen ist zauberhaft.

Im historischen Siedlungsgebiet der Basken hob der römische General Pompeius die Stadt um 75 v. Chr. aus der Taufe. Nach dem Ende der Römerherrschaft ging die über den Ufern des Río Arga gelegene Stadt, die auf Baskisch Iruña oder Iruñea heißt, in die Hände der Westgoten und später der Mauren über. 778 ließ Karl der Große die Festung schleifen, wobei ihm – einer Legende zufolge – kein Geringerer als der heilige Jakobus beigestanden haben soll. Nach dem erfolgreichen Abschluss der Reconquista stieg Pamplona im neu gegründeten Königreich von Navarra zum Sitz der Monarchen auf und besaß bis in die frühe Neuzeit hinein große Bedeutung. Dafür mitverantwortlich war auch der Jakobsweg, der mitten durch die Stadt führt.

Mit einem Auge hat Pamplona immer auf die nicht allzu ferne Grenze nach Frankreich geschielt, denn von dort drohte in der Geschichte der Stadt immer wieder Gefahr. Im Kampf gegen die feindlichen Franzosen wurde der heilige Ignatius von Loyola (▶Berühmte Persönlichkeiten) 1521 hier schwer verwundet, 1808 fielen die napole-

Pamplona erleben

AUSKUNFT
Oficina de Turismo
San Saturnino, 2 (gleich neben dem Rathausplatz)
Tel. 948 42 07 00
www.turismodepamplona.es

SHOPPING
Junge Mode kann man in den Altstadtboutiquen an der Calle Mayor sowie bei Zara (Avenida Carlos III el Noble, 7) kaufen. Eine große Auswahl an Schuhgeschäften gibt es nahe dem Rathaus in der Calle Zapatería, mehrere Antiquitätenläden an der Plaza San José neben der Kathedrale, und in der Calle Mayor. In der Vinoteca Murillo (Calle San Miguel, 16-18) findet man eine gute Weinauswahl für jeden Geldbeutel, vor allem Tropfen aus Navarra und La Rioja.

VERANSTALTUNGEN
Wichtigstes Fest ist die Fiesta de San Fermín vom 6. bis 14. Juli; Beginn ist am 6. Juli um 12.00 Uhr mittags. Heiligabend gibt es abends einen Festumzug durch das historische Viertel mit Tänzern, Musikanten und vielen Tieren (Ochsen, Pferde, Gänse, Schweine etc.). In der Silvesternacht stürzt man sich in der Altstadt kostümiert ins Nachtleben und feiert bis in die Morgenstunden.

ESSEN
❶ *La Cocina de Alex Múgica* €€
Calle Estafeta, 24
Tel. 948 51 01 25
www.alexmugica.com
Zwei Eingänge führen in diese dem Gran Hotel La Perla angeschlossenen Gastrobar, geführt von Küchenchef Alex Múgi-

Mutig oder leichtsinnig? Teilnehmer bei den Stierläufen an der Fiesta de San Fermín

ca. Gute Qualität und Zubereitung, sehr differenziertes Preisgefüge. Fr. abends, Sa. mittags und abends sowie So. mittags Degustationsmenü.

❷ *Restaurante-Asador La Chistera* ✪✪
Calle San Nicolás, 40 – 42
Tel. 948 21 05 12
http://lachistera.restaurantesok.com
Schmackhafte Fisch- und Fleischgerichte, in einer der belebtesten Kneipengassen der Stadt gelegen. Auch rundherum gibt's eine vergleichbare Auswahl.

❸ *Restaurante Goal* ✪
Calle Jarauta, 56, Tel. 687 44 86 90
Sehr schlicht. Mo. bis Sa. mittags gute preisgünstige Tagesmenüs. So. geschl.

ÜBERNACHTEN
❶ *Hotel Iruña Park* ✪✪✪
Calle Arcadio Larraona, 1
Tel. 948 19 71 19, www.nh-hoteles.es

Gepflegte vier Sterne, großer Block mit 225 Zimmern. Wird auch gerne von Geschäftsreisenden und Kongressteilnehmern gebucht. Etwas außerhalb der City.

❷ *Hotel Reino de Navarra* ✪✪
Calle Acella, 1, Tel. 948 17 75 75
www.abbareinodenavarrahotel.com
Modernes Drei-Sterne-Hotel gegenüber dem Yamaguchi-Park. Die Innenstadt liegt etwa 2 km entfernt.

❸ *Hotel Eslava* ✪
Plaza Virgen de la O, 7
Tel. 948 22 22 70
www.hotel-eslava.com
Zwei-Sterne-Qualität zu vergleichsweise günstigem Preis, der sich während der Fiesta im Juli allerdings verdoppelt. Von außen recht unscheinbar. Gute Lage in der Innenstadt mit Nähe zur geschäftigen Calle Mayor und auch zum Taconera-Park.

onischen Truppen in Pamplona ein. Heute geht es friedlicher zu, sofern sich nicht gerade die Anhängerschaften baskischer Nationalisten zu Kundgebungen und Krawallen versammeln.

Fiesta de San Fermín Alljährlich zwischen dem 6. und 14. Juli platzt Pamplona aus allen Nähten, dann stehen Hotel- und Kneipenpreise auf ihrem Rekordhoch: bei der Fiesta de San Fermín, die Literatur-Nobelpreisträger Ernest Hemingway 1926 in seinem Roman »Fiesta« beschrieben hat. Ohne Hemingway hätte es dieses Ereignis sicher nicht zu Weltruhm gebracht, doch so folgen viele Fans des Meisters Spuren und finden sich zum »bullrunning« ein. Auf Spanisch heißt diese Stierhatz durch die Gassen **»encierro«**. Sie sorgt jeden Morgen um 8.00 Uhr (zum ersten Mal am 7. Juli) für einen Höhepunkt der Fiesta. Sechs Kampfstiere sind es, die sich in Begleitung von Ochsen mit bimmelnden Glocken auf eine 850-m-Strecke von den Freiluftstallungen an der Cuesta de Santo Domingo bis zur Plaza de Toros begeben. Die Strecke ist hermetisch abgesperrt und steht doch jedermann offen – sofern man sich auf den Sprint mit Kampfstieren einlassen will und in den Augen der Polizei nicht auffällig alkoholisiert wirkt. Nach dem

»encierro« müssen sich täglich einige Dutzend Leichtverletzte in ärztliche Behandlung begeben; in selteneren Fällen sind Schwerverletzte und sogar Tote zu beklagen. Ein selber tragisch Umgekommener ist der Namensgeber der Fiesta, nämlich der von den Römern hingerichtete heilige **Fermín**.

Abgesehen vom Stiertreiben stehen reichlich Konzerte, Umzüge, Feuerwerk und tägliche Stierkämpfe auf dem Programm. Es herrscht Feierlaune, Lärm und Trubel allerorten, ob tagsüber oder in der Nacht. Gerne verschwiegen wird, dass sich alkoholische Exzesse, Prostitution, Drogenhandel und Kleinkriminalität während der Fiesta häufen.

SEHENSWERTES IN PAMPLONA

Auf dem höchsten Punkt des Altstadtviertels, Navarrería genannt, stand bereits in römischer Zeit ein Tempel. Eine präromanische Kirche wurde im Jahr 924 vom Heer des Emirs und späteren Kalifen Abd ar-Rahman III. dem Erdboden gleichgemacht. Was folgte, waren zwei Nachbauten und die Anfänge der heutigen gotischen

*Catedral de Santa María la Real und Museo Diocesano

Catedral de Santa María la Real 1394. Stilfremd ist allerdings in der Außenansicht die klassizistische Hauptfassade mit ihren 50 m hohen Doppeltürmen, die erst 1783 unter Ventura Rodríguez begonnen wurden.

Das **Innere** der Kathedrale glänzt in restaurierter Gotik, im Altarraum ist das versilberte romanische Marienbildnis Santa María la Real unter einem prachtvollen Baldachin zu sehen. Im Mittelschiff haben König Karl III. der Edle und seine Gattin Leonor ihre letzte Ruhe gefunden, das einzigartige Alabastergrabmal stammt vom flämischen Bildhauer Jehan Lome (15. Jh.).

Im **Museo Diocesano** führt der Weg durch die Kathedrale in den ****Kreuzgang**, ein filigranes Juwel der Gotik mit der Grabkapelle des Bischofs Barbazán (14. Jh.). Das zum Teil noch ausgemalte Portal der Maria Beschützerin (Puerta del Amparo) wendet sich zum Baukörper der Kathedrale hin. Ein weiterer wichtiger Zugang führt in einem Eck des Kreuzgangs in das einstige Refektorium, sehr schön im Stil der Gotik gehalten; zu beachten sind die Buntglasfenster und die polychromierten Schlusssteine. Nebenan betritt man die vormalige Großküche, in der im Mittelalter die Speisen für entkräftete Jakobspilger zubereitet wurden; Wahrzeichen ist der 27 m hohe Hauptkamin.

Zum Museum gehört eine wertvolle Sammlung romanischer und gotischer Muttergottesskulpturen; der weitere Domschatz ist auf mehrere Sälchen verteilt, auch der Turmbereich betretbar.

Der **Eingang** zum gesamten Komplex befindet sich am Ende der Calle de la Curia.

> **! BAEDEKER TIPP**
>
> *Rast im Hemingway-Café*
>
> Ernest Hemingway ließ sich bei seinen Aufenthalten in Pamplona gerne im Café Iruña an der zentralen Plaza del Castillo nieder. Das Café ist in seinem Klassiker »Fiesta« verewigt. Gegründet wurde das schönste Kaffeehaus der Stadt 1888; altertümliches Flair spürt man im pflanzendekorierten Innenraum und auf der Terrasse, von der aus man dem bunten Treiben auf dem Platz zusehen kann. Ebenfalls beachtenswert ist die Deckendekoration zwischen Haupteingang und Terrassenbereich. Ein separates Eck ist der »Hemingway-Winkel«: Rincón de Hemingway.

🛈 Museum im Sommer Mo.–Sa. 10.30–19.00, sonst bis 17.00 Uhr; Eintritt 5 €; Kathedrale Mo.–Sa. 9.00–10.30, 19.00–20.30, So. 10.00–14.00 Uhr; www.catedraldepamplona.com

*Stadtmauern mit Aussicht Über die Plaza de San José gelangt man von der Kathedrale aus zu den Stadtmauern mit dem Baluarte (Bollwerk) Redín. Die kleinen Aussichtsplateaus geben den Blick auf die Berge frei und auf den unterhalb der Mauern verlaufenden Jakobsweg, den die Pilger von heute unverändert benutzen. Kurz zuvor erreichen sie an der Puente de la Magdalena die Stadt.

Ein Rundgang durch die Altstadt beginnt an der Plaza del Castillo.

Besonderes Flair verströmt Pamplona auf der weit ausgreifenden Plaza del Castillo. Es ist ein typisch spanischer Treffpunkt, ein Platz mit Bänkchen, Platanen, Straßencafés, Musikpavillon und angrenzenden Kneipenzonen (Calle de San Nicolás).
Hinter dem Palacio de Navarra (Regierungssitz, 19. Jh.) erreicht man den Paseo de Sarasate, eine Flaniermeile mit der mittelalterlichen Wehrkirche San Nicolás und dem **Monumento a los Fueros**. Eine Bronzestatue, die das befreite Navarra symbolisiert, hält die verbrieften Sonderrechte des Landes (»fueros«) in der Hand. An der Plaza del Castillo beginnt auch die breite Fußgängerzone Avenida Carlos III el Noble, die sich am altehrwürdigen **Teatro Gayarre** vorbei bis zum **Monumento a los Caídos** spannt, einem pompösen Denkmal zu Ehren der Gefallenen im Spanischen Bürgerkrieg.

*Plaza del Castillo

Oberhalb des Beginns der Stierlaufgasse Cuesta de Santo Domingo erhebt sich ein ehemaliges Hospital (16. Jh.), durch dessen wappenverziertes Portal es heute ins Museo de Navarra hineingeht. Das hervorragend aufbereitete Regionalmuseum erstreckt sich über fünf Ebenen, die Exponate reichen von römischen Mosaiken bis zu moderner Kunst. Prunkstücke sind ein reich verziertes maurisches Elfenbeinkästchen (11. Jh.) und ein Goya-Porträt des Marqués de San Adrián.
❶ Cuesta de Santo Domingo, 47; Di.–Sa. 9.30–14.00, 17.00–19.00, So. 11.00–14.00 Uhr; Eintritt 2 €

*Museo de Navarra

Der Platz vor dem barocken Ayuntamiento, dem Rathaus, ist alljährlich Schauplatz der weindurchtränkten Eröffnung der Fiesta de San Fermín am 6. Juli um 12.00 Uhr mittags. Hinter dem Rathaus liegt die doppelgeschossige Markthalle; im unteren Bereich kann man in die kleine Fischsektion hineinschnuppern.

*Ayuntamiento

Der Jakobsweg In der Pflasterstruktur vor dem Rathaus ist die berühmt-berüchtigte Stierlaufstrecke deutlich abgesetzt und an dieser Stelle ein kurzes Stück lang deckungsgleich mit dem Verlauf des Jakobsweges. Der Pilgerweg führt an der benachbarten gotischen *Wehrkirche San Saturnino vorbei und durch die lang gestreckte Calle Mayor aus dem historischen Viertel hinaus.

Am Ende der Calle Mayor erhebt sich die letzte Altstadtkirche, die Iglesia de San Lorenzo mit der Kapelle des San Fermín und dem Reliquienschrein des Heiligen. Gleich auf der anderen Straßenseite beginnen die Grünanlagen des *Parque de la Taconera. Hier gibt es nicht nur breite Spazierwege, sondern auch Freiluftgehege mit Rehen und Hirschen. Auf dem weiteren Weg hinaus aus der Innenstadt läuft der Jakobsweg an ausgedehnten Wiesen entlang. Sie gehören zur *Ciudadela, der sternförmigen Zitadelle, deren einstige Waffen- und Pulverlager als Ausstellungszentren fungieren. Der Haupteingang befindet sich an der Avenida del Ejército.

Wer motorisiert unterwegs ist, aber zwischendurch den Jakobsweg ein Stück per pedes erkunden möchte, kann entweder von Roncesvalles nach Espinal (13 km hin und zurück) oder von Espinal nach Alto de Erro (23 km hin und zurück) wandern.

Ciudadela: Mo. – Fr. 7.30 – 21.30, Sa. ab 8.00, So. ab 9.00 Uhr

> **! BAEDEKER TIPP**
>
> *Häppchen am Abend*
>
> Die Vereinigung der Gastwirte hat in Pamplona donnerstags den »Häppchenabend« (»jueves pintxo/tapavinos«) ins Leben gerufen. Dann gibt es in vielen Kneipen Rot-, Weißwein oder Bier plus Häppchen für 2 €. Beliebteste Gassen sind die Calle Estafeta, die Calle San Nicolás und die Calle San Gregorio.

UMGEBUNG VON PAMPLONA

Monte San Cristóbal Pamplonas bewaldeter Hausberg liegt im Norden der Stadt. Ab Artika führt ein knapp 7 km langes Sträßchen hinauf, das auch gerne von Radlern benutzt wird. Endpunkt sind die alten Befestigungsanlagen. Rund um den Berg kann auf ausgewiesenen Wanderwegen die Landschaft erkundet werden.

Museo Oteiza In Alzuza, 9 km östlich von Pamplona, hebt sich ein moderner Bau des Architekten **Francisco Javier Sáenz de Oiza** vom Ortsbild ab. Es ist das Museo Oteiza, das ganz im Zeichen der Werkschau des Bildhauers Jorge de Oteiza (1908 – 2003) steht.

ⓘ Juli, Aug. Di. – Sa. 11.00 – 19.00, So. 11.00 – 15.00, sonst Do., Fr. 10.00 – 15.00, Sa. 11.00 – 19.00, So. 11.00 – 15.00 Uhr; Eintritt 4 €; www.museooteiza.org

* RONCESVALLES UND PASS VON IBAÑETA

Roncesvalles, 47 km nordöstlich von Pamplona, ist **eine der bedeutendsten Klosteranlagen am Jakobsweg** und Pflichtstation für all jene, die vom französischen Saint-Jean-Pied-de-Port her über die Pyrenäen ziehen. Bei diesem Ausflug ab Pamplona folgt man also einem Stück Jakobsweg in entgegengesetzter Richtung. Die N-135 führt über Larrasoaña und Zubiri, beide mit kleinen Pilgerbrücken, und dann ins waldreiche grüne Gebirge hinauf.

*Roncesvalles

In Burguete (bask.: Auritz) verengt sich die Straße zwischen massiven Steinhäusern und läuft die letzten 4 km durch eine schöne Allee auf Roncesvalles (Orreaga, 960 m ü. d. M.) zu. Das einstige Augustinerkloster, die *Colegiata, ist eine ausgesprochen wuchtige Anlage. Die frühgotische Stiftskirche (13. Jh.) geht auf Navarras König Sancho VII. den Starken zurück. In der Kirche beeindrucken die Glasfensterpracht und das gotische Bildnis der Madonna von Roncesvalles unter ihrem prächtigen Baldachin. Ein versteckter Abgang führt in die Krypta. Ebenfalls sehenswert sind der *Kreuzgang, der einstige Kapitelsaal mit dem Grabmonument für Sancho VII. den Starken, die kleine Iglesia de Santiago, die Capilla Sancti Spiritus (Gebeinhaus für verstorbene Pilger) und das hervorragend bestückte *Museo mit einem versilberten Evangeliarium romanischen Stils und dem sogenannten »Schachspiel Karls des Großen« (14. Jh.).

> **BAEDEKER TIPP**
>
> *Quartier im Landhotel*
>
> Das reizvolle, grüne Tal von Goñi liegt etwa 25 km nordwestlich von Pamplona. Wer die Natur liebt und Ruhe sucht, findet in der kleinen Ortschaft Aizpún im familiär geführten Landhotel Teodosio de Goñi ein exzellentes Quartier (Calle San Andrés, Tel. 948 32 82 28, www.teodosiodegoni.com). Außerdem kann man dort sehr gut essen – eine für Navarra typische, ehrliche Hausmannskost.

Colegiata: Ostern – Okt. tgl. 10.00 – 14.00, 15.30 – 19.00, sonst tgl. 10.00 – 14.00, 15.30 – 18.00 Uhr, Jan. geschl.; Stiftskirche, Museum 3 €, Kloster 5 €; Kreuzgang und Kapitelsaal ohne, restl. Anlage mit Führung; http://roncesvallesorreaga.blogspot.com.es

2 km oberhalb des Klosters von Roncesvalles überquert in 1057 m Höhe der Ibañeta-Pass die Pyrenäen. Im Jahr 778 geriet dort oben Roland, als Gefolgsmann von Karl dem Großen Graf der Bretonischen Mark, in einen tödlichen Hinterhalt der Basken, die sich für die Zerstörung Pamplonas rächten. Oberhalb des Parkplatzes erinnert das **Rolandsdenkmal** an die legendären Geschehnisse, die im 11./12. Jh. zum Gegenstand des Rolandslieds wurden. Der Panoramablick auf die umliegende Gebirgslandschaft ist fantastisch. Viele Pilger legen kleine Kreuze aus Zweigen nieder.

Ibañeta

* ARAGONESISCHER JAKOBSWEG UND DIE ÖSTLICHEN PYRENÄEN NAVARRAS

Eine schöne Tour mit reichlich Kultur und Natur führt an den Aragonesischen Jakobsweg heran und in die östlichen Pyrenäentäler Navarras hinein, das Valle del Salazar und das Valle del Roncal. Unterkunft findet man vielerorts in Landhäusern (**»casas rurales«**).

 www.casasruralesnavarra.com; Reservierung empfohlen!

*Sangüesa Südöstlich von Pamplona führt ein Stück Pyrenäen-Autobahn A-21 über Monreal (Pilgerbrücke, Higa de Monreal 1289 m ü. d. M.) nach Liédena, wo eine Abzweigung nach Sangüesa weist. Das freundliche 5000-Einwohner-Städtchen am Río Aragón (404 m ü. d. M.) heißt seit dem Baskischen Zangoza und ist seit dem Mittelalter bedeutende Pilgerstation am Aragonesischen Weg und in erster Linie wegen der **Iglesia de Santa María la Real** (12./13. Jh.) sehenswert. Das ****Südportal** zählt zu den besten bildhauerischen Arbeiten in ganz Nordspanien, ein Ensemble mit Apostelfiguren und dämonischen Wesen, dem Jüngsten Gericht und Maria als Himmelskönigin. Im Kircheninnern verehren die Gläubigen ein gotisches Bildnis der heiligen Jungfrau und Gottesmutter.

> **!** BAEDEKER TIPP
>
> *Parador de Fernando de Aragón*
>
> Etwa 15 km südöstlich von Sangüesa liegt das bereits zu Aragonien gehörige Sos del Rey Católico, Geburtsort von König Ferdinand II. (1452 – 1516). Zum denkmalgeschützten Kern gehört der Parador, ein elegantes Vier-Sterne-Hotel mit erstklassigem Restaurant (Calle Arquitecto Sainz de Vicuña 1, Tel. 948 88 80 11, www.parador.es).

Iglesia de Santa María la Real: wechselnde Öffnungszeiten, im Oficina de Turismo gegenüber dem Südportal (Calle Mayor 2, Tel. 948 87 14 11) fragen!

Javier Ab Sangüesa führt ein ausgeschildertes Nebensträßchen 7 km weiter in den kleinen Ort Javier (476 m ü. d. M.), der vom gewaltigen ***Castillo de Javier** beherrscht wird. Man kann die mittelalterliche Felsenburg besichtigen, die ganz im Zeichen des heiligen Franz Xaver (span. San Francisco Javier; 1506 – 1552) steht, der hier geboren wurde und sich nach seiner Studienzeit in Paris als Jesuitenmissionar vor allem in Indien verdient machte.

Castillo: tgl. 10.00 – 13.30, 15.30 – 17.30, im Sommer bis 18.30 Uhr

**Monasterio de Leyre Ab Javier setzt man die Fahrt nach Yesa fort und fährt unweit des Ortes ein Stück ins Gebirge hinauf zum Monasterio de Leyre. Alleine die Lage auf halber Höhe zwischen den schroffen Flanken der Sierra de Leyre und dem Stausee von Yesa ist prächtig. Die geschichtsträchtige Klosteranlage ist seit dem Mittelalter dokumentiert und wird heute von Benediktinern bewohnt. Mit ihren wuchtigen Säulen

Im Castillo de Javier wurde der hl. Francisco Javier, der Schutzheilige Navarras, geboren.

und überhöhten Bögen ist die 1057 geweihte ****romanische Krypta** eine kunsthistorische Besonderheit. Sehenswert ist auch das figurenreiche Speciosa-Portal der romanisch-gotischen Klosterkirche, von der eine ganz besondere Stimmung ausgeht – vor allem, wenn sich die Benediktiner zu ihren **gregorianischen Gesängen** einfinden. Hinter einem Seitengitter birgt eine Grabtruhe die sterblichen Reste verschiedener Könige Navarras. Leyre ist verbunden mit einer der bekanntesten Legenden vom Jakobsweg. Abt Virila, so heißt es, brach eines Tages in die Berge auf, schlief unter den Gesängen einer Nachtigall ein und wachte erst 300 Jahre wieder später auf …

Direkt neben dem Kloster von Leyre bietet die Hospedería de Leyre die Möglichkeit, nach dem Besucheransturm die Einsamkeit am Abend zu genießen (Tel. 948 88 41 00, www.monasteriodeleyre.com; im Winter geschl.).

❶ März – Mai, Okt. tgl. 10.15 – 19.00, Juni – Sept. tgl. 10.00 – 19.30, Nov. – Febr. tgl. 10.30 – 18.30 Uhr; Eintritt 3 €; www.monasteriodeleyre.com

*Valle del Roncal

Zurückgekehrt aus der Bergwelt, geht es in östlicher Richtung über Yesa und Tiermas an den Ufern des Stausees von Yesa entlang, bis eine Abzweigung links über Sigüés und Salvatierra dem Lauf des Río Esca folgt. Tief hinein geht es nun ins Valle del Roncal, ein traumhaft schönes Tal mit den urigen Steinorten **Roncal** (727 m ü. d. M.) und **Isaba** (813 m ü. d. M.). Kleine Restaurants und Kneipen animieren zur Einkehr, der hiesige Schafskäse genießt regionale Berühmtheit.

Roncal ist außerdem bekannt als Geburtsort des Tenors Julián Gayarre (1844 – 1890), dem mit der **Casa-Museo Julián Gayarre** ein eigenes Museum gewidmet ist. Auf dem örtlichen Friedhof wurde er begraben.

Casa-Museo Julián Gayarre: Barrio de Arana, 31; im Sommer Di. – So. 11.30 – 13.30, 17.00 – 19.00, sonst nur Sa. 11.30 – 13.30, 16.00 – 18.00, So. 11.30 – 13.30 Uhr; Eintritt 2 €

*Valle del Salazar Nordwestlich von Isaba knüpft die NA-140 über den Pass von Lazar an das nicht minder malerisch-grüne Nachbartal an, das Valle del Salazar. Mit ***Ochagavía** (765 m ü. d. M.) ist der schönste Ort gleich zu Beginn erreicht, ehe das Sträßchen NA-178 in südlicher Richtung dem Lauf des Río Salazar folgt. Auf dem Weg nach Lumbier liegt linker Hand ein Parkplatz, der einen prächtigen Ausblick auf die tief eingeschnittene Schlucht von Arbayún (***Foz de Arbayún**) erlaubt. Eine zweite interessante Schlucht, die **Foz de Lumbier**, ist ab Lumbier ausgeschildert. Vom Wanderparkplatz aus kann man Gänsegeier beobachten und etwa 2 km durch die Schlucht hindurchgehen – dabei kommt man auch durch zwei einstige Bahntunnel. Zwischen Lumbier und Pamplona liegen knapp 40 km.

DER JAKOBSWEG VON PAMPLONA NACH ESTELLA

Südwestlich von Pamplona setzt sich der Camino de Santiago über den Höhenzug der Sierra del Perdón (Windräder) bis ins 25 km entfernte Puente la Reina fort, wo sich der Hauptjakobsweg und die Nebenroute des Aragonesischen Weges vereinen. Während Wanderer über die Höhe gehen, verläuft der Autobahnabschnitt der A-12 durch einen Bergtunnel.

**Santa María de Eunate Kurz bevor man Puente la Reina erreicht, führt ein ausgeschilderter Abstecher zur 4 km entfernten Santa María de Eunate. Dieses romanische Juwel (12. Jh.) liegt noch am Aragonesischen Weg, steht auf freiem Feld und wurde mutmaßlich von den Tempelrittern begründet. Sehenswert sind der Arkadenumlauf, die Sparrenköpfe außen sowie die Alabasterfenster und das Replikat des romanischen Marienbildnisses im Innern der Kirche.

*Puente la Reina Am Ortseingang von Puente la Reina (Gares, 2800 Einw., 347 m ü. d. M.) zeigt eine kleine moderne Pilgerskulptur die Vereinigung der beiden Jakobswegachsen an. Hinter der ***Iglesia del Crucifijo** (mit einem gotischen Christuskreuz, 14. Jh.) zieht sich der Jakobsweg auf der Calle Mayor schnurgerade durch die Altstadt und führt an der **Iglesia de Santiago** vorbei. Ihr maurisch inspiriertes Stufenpor-

tal wendet sich zur Calle Mayor hin; im Innern verehren die Gläubigen das an der Nordwand postierte Bildnis des Schwarzen Jakobus (Santiago Beltza). Im Hauptaltar zeigen Relieftafeln Szenen aus dem Leben des Heiligen, z. B. die Erscheinung der »Säulenjungfrau« in Zaragoza und sein bevorstehendes Martyrium. Der Pilgerweg durch **Puente la Reina** findet seinen Abschluss mit der berühmten romanischen Brücke (11. Jh.), die sich über den Río Arga spannt.
Westlich von Puente la Reina führt der Jakobsweg 20 km weiter nach ▶ Estella. Unterwegs bestimmen **Weingärten** und die netten kleinen Orte Mañeru, Cirauqui und Lorca das ländliche Bild. Hinter dem Dorfende von Cirauqui verläuft der Fußpilgerweg über ein Stück alte Römerstraße.

SÜDNAVARRA · TUDELA

Der Süden Navarras ist ein landwirtschaftlich ergiebiges Gebiet. Hier werden Wein und Getreide angebaut, Obst und Gemüse vor allem in der südlichsten Zone, die Ribera genannt wird. 35 km südlich von Pamplona liegt die Kleinstadt Tafalla (10 000 Einw., 426 m ü. d. M.); in der örtlichen Kirche Santa María geht das Hauptretabel aus dem 16. Jh. auf den baskischen Bildhauer Juan de Anchieta zurück. Ab Tafalla lohnen sich zwei kleine Abstecher: in den Wehrort **Artajona** mit seinem Mauergürtel und der Wehrkirche **San Saturnino** (10 km nordwestlich) sowie – über San Martín de Unx – ins etwa 15 km östlich gelegene ***Ujué** mit seiner romanisch-gotischen Festungskirche Santa María; in diesem Gotteshaus wird das Herz von Navarras König Karl II. aufbewahrt. In San Martín de Unx und Ujué bieten sich einige »casas rurales« für die Übernachtung an. In der Gegend werden vor allem Wein und Mandeln angebaut. Die Weinkellereien von San Martín de Unx eignen sich hervorragend zum Weinkauf direkt bei den Erzeugern, die Preise sind durchweg günstig.

Tafalla

5 km südöstlich von Tafalla ist das kleine Olite (380 m ü. d. M.) erreicht, das von den Mauern des ***Palacio de los Reyes de Navarra** überragt wird. Einen Teil der prächtigen mittelalterlichen Schlossanlage kann man besichtigen, ein anderer wird als komfortables **Parador-Hotel** genutzt. Sehenswert sind auch die Plaza Carlos III el Noble und die Iglesia de Kirche Santa María la Real mit ihrem gotischen Portal. Außerdem gibt es ein Weinmuseum (**Museo del Vino**). Im August (meist um das zweite Wochenende) steigt in Olite ein Mittelalterfest (Fiestas Medievales), die bunten Patronatsfeierlichkeiten (Fiestas Patronales) finden Mitte September statt.

Olite

Parador: Plaza Teobaldos 2; Tel. 948 74 00 00; www.parador.es
Museo del Vino: Plaza de los Teobaldos, 4; So. nachm. geschl.; www.museodelvinodenavarra.com

*Bardenas Reales Zwischen Olite und Tudela, der zweitgrößten Stadt Navarras, breiten sich gen Osten die Bardenas Reales aus, ein unter Naturschutz stehendes Halbwüstengebiet (40 000 ha), in dem Wind und Erosion **bizarre Felsgebilde** modelliert haben. Einen ersten Eindruck von der Landschaft bekommt man von der einstigen Einsiedelei Nuestra Señora de Yugo aus, zu der östlich von Valtierra ein Sträßchen hinaufführt. Die nördlichen Ausläufer der Bardenas Reales reichen bis Carcastillo heran; dort ist auch das interessante Zisterzienserkloster ***Santa María de la Oliva** zu finden, das im 12. Jh. von König García Ramírez begründet wurde.

Tudela Tudela (35 000 Einw., 263 m ü. d. M.) liegt 95 km südlich von Pamplona und ist eine vom Tourismus wenig berührte Stadt. Im Mittelalter lebten hier zeitweise Christen, Mauren und Juden friedlich zusammen. 1119 brachte König Alfons der Kämpfer die Stadt auf die Seite der Reconquista, an der Stelle der vormaligen Hauptmoschee wurde die romanisch-gotische Kathedrale **Santa María** erbaut; der Hochaltaraufsatz geht auf Pedro Díaz de Oviedo zurück. Es gibt zwar noch eine Reihe weiterer Gotteshäuser, etwa die spätromanische Iglesia de la Magdalena, doch die Kathedrale ist noch heute die bedeutendste Sehenswürdigkeit in Tudela.
❶ Oficina de Turismo: Plaza Fueros 5; Tel. 948 84 80 58; www.tudela.es

*Tarazona Eine weitere interessante Kathedrale steht 20 km südwestlich in Tarazona (11 000 Einw., 475 m ü. d. M.) zu bestaunen; auffällig ist der Mudéjarstil. Ungewöhnlich präsentiert sich die alte Stierkampfarena (Plaza Vieja de Toros), die 1790 – 1792 als dreistöckiges Häuserachteck erbaut wurde. Tarazona gehört bereits zur aragonesischen Provinz Zaragoza.
❶ Oficina de Turismo: Plaza de San Francisco, 1; Tel. 976 64 00 74; www.tarazona.es

---

BAEDEKER TIPP

Abstecher zu den »Hexenhöhlen«

In Oronoz-Mugairi führt die N-121-B nordostwärts ins grüne Tal des Río Baztán. Über Elizondo und den Otsondo-Pass geht es in das Bauerndorf Zugarramurdi, an dessen Rand Grotten liegen, die der Volksmund Cuevas de las Brujas (Hexenhöhlen) getauft hat. Früher sollen sich hier Hexen nachts versammelt haben.

VON PAMPLONA AN DIE ATLANTIKKÜSTE

Rund 85 km trennen Pamplona von der Atlantikküste. Eine landschaftlich schöne Strecke dorthin ist die N-121-A, die über Berg und Tal geht und gesäumt ist von Wäldern, Schaf- und Rinderweiden. Nach etwa der Hälfte der Distanz ist **Oronoz-Mugairi** erreicht, von wo ein kurzer Abstecher zum **Señorío de Bértiz** führt, einem historischen Landsitz

Die meisten Wanderer im Nationalpark Picos de Europa brechen vom Ercina-See auf.

mit Gärten aus dem 19. Jahrhundert. Dahinter beginnt der kleine Parque Natural Señorío de Bértiz, ein gut zugängliches **Naturschutzgebiet** mit Buchenwäldern und Wanderwegen.
Küstenwärts führt die N-121-A weiter durch das Flusstal des Río Bidasoa und erreicht auf der Höhe von Irún die Küste. **Hondarribia** (▶Abstecher ab San Sebastián) heißt auf spanischer Seite der nächstgelegene ansprechende Küstenort; den schöneren und vor allem deutlich längeren Strand bietet allerdings **Hendaye**, das auf der französischen Seite liegt.

✱✱ Picos de Europa

✈ J/K 3

Provinzen: Asturien (Asturias), Kantabrien (Cantabria), León
Regionen: Asturien (Asturias; Autonome Gemeinschaft), Kantabrien (Cantabria; Autonome Gemeinschaft), Kastilien-León (Castilla y León)

Im Hinterland des Atlantiks ragt eine der schönsten Gebirgswelten Südwesteuropas bis zu 2648 m hoch auf: die zum Nationalpark erklärten Picos de Europa.

ÖSTLICHER UND SÜDLICHER TEIL

Der Einstieg in den Osten und Süden der Picos de Europa führt ab dem küstennahen Örtchen Unquera (▶Costa Verde) über Panes und den ✱**Desfiladero de la Hermida** durch das Tal des Río Deva. Un-

Nach Potes

Picos de Europa erleben

AUSKUNFT
Oficina de Turismo
Plaza de la Independencia, s/n, Potes
Tel. 942 73 81 26
www.valledeliebana.info

Avenida de Covadonga, 1
Cangas de Onís
Tel. 985 84 80 05
www.cangasdeonis.com
www.infocangasdeonis.com

Centro de Visitantes Pedro Pidal
Lagos de Covadonga (Cangas de Onís)
Tel. 985 84 86 14 (Casa Dago)
www.picoseuropa.net

KANU- UND BERGTOUREN
Populär sind Kanutouren auf dem Río Sella, die 14 km lange Strecke geht von Arriondas bis auf die Höhe von Llovio. In Arriondas und Cangas de Onís haben sich Veranstalter mit Materialverleih und Transport auf die Nachfrage von Hobbykanuten eingestellt:

Jaire
El Merediz, Coviella
(ca. 500 m außerhalb von Arriondas Richtung Ribadesella)
Tel. 985 84 14 64
www.canoasdelsella.com

Frontera Verde
(außerhalb von Arriondas Richtung Cangas de Onís), Tel. 985 84 14 57
www.frontera verde.com).

Über Tourveranstalter lassen sich auch Bergführer für den Nationalpark buchen, ohne die man komplizierte Routen in den Picos de Europa nicht angehen sollte. Über das Netz der Schutzhütten informiert der Centro de Información del Parque Nacional Picos de Europa in Cangas de Onís.

ESSEN / ÜBERNACHTEN
Parador de Cangas de Onís €€€
Villanueva de Cangas
Tel. 985 84 94 02, www.parador.es
Zwischen Arriondas und Cangas de Onís gelegenes Vier-Sterne-Haus im einstigen Klosterkomplex von San Pedro de Villanueva, seit 1907 Nationalmonument. Isolierte Lage über den Flussufern, stilvoll bis ins letzte Detail. Auch das Restaurant ist eine Klasse für sich, zumal man hier die typischen Produkte der Gegend bekommen kann: Bohneneintopf (»fabada«), Apfelwein, Cabrales-Käse.

Hotel Arcea Los Lagos Nature €€
Plaza del Ayuntamiento, 3
Cangas de Onís, Tel. 985 84 92 77
www.arceahoteles.com
Drei-Sterne-Hotel im Ortskern beim Rathaus, Zimmer mit freundlicher Einrichtung. Im angeschlossenen Restaurant Los Arcos legt man Wert auf die besondere Zubereitung der asturischen Gastronomie – Tradition in Kombination mit innovativen Noten. Weitere Häuser der Arcea-Hotelkette sind nicht weit.

Parador de Fuente Dé €€
Fuente Dé
Tel. 942 73 66 51, www.parador.es
Nicht zu verfehlender Großblock nahe der Seilbahnstation, drei Sterne. Anfang Dezember bis Ende Februar geschlossen. Im Restaurant typisch kantabrische Küche, zu der auch das Filet mit Tresviso-Käse gehört.

terwegs nach Potes lohnt sich ein kurzer Abstecher zur **Iglesia de Santa María de Lebeña** (10. Jh.), einer präromanischen Kirche mit mozarabischen Elementen.

Potes (291 m ü. d. M., 1400 Einw.) ist der Hauptort des Landstrichs Liébana, der in der Torre del Infantado (15. Jh.) sein wichtigstes Monument hat. Ab der Zufahrt Richtung Fuente Dé steigt ein Sträßchen in die Ausläufer des Monte Viorna zum ***Monasterio de Santo Toribio** an, einem Kloster, dessen Ursprünge in westgotische Zeiten reichen. Die heutigen Bauteile sind romanisch-gotisch und barock. Die Gläubigen verehren hier das größte Teilstück des Golgatha-Kreuzes und das Angedenken des Mönchs Beato de Liébana, der gegen Ende des 8. Jh.s seine berühmten »Kommentare zur Apokalypse« verfasste. Zudem kann man eine traumhafte Aussicht über Berg und Tal genießen.

> **BAEDEKER TIPP**
>
> ! *Das leibliche Wohl*
>
> Der Landstrich Liébana ist für seine kulinarischen Errungenschaften wie Käse, den bis zu 55 % starken Tresterbranntwein (»orujo«) und einen deftigen Eintopf (»cocido lebaniego«) bekannt. Im westlichen Gebiet der Picos de Europa sind der asturische Eintopf (»fabada«), der Apfelwein (»sidra«) und der Blauschimmelkäse (»queso de Cabrales«) populär.

Ein insgesamt 23 km langes Sträßchen trennt Potes von Fuente Dé (1070 m ü. d. M.), das in grandioser Naturkulisse am Ende eines Hochtalkessels liegt. Hier hört die Straße auf, es verkehrt eine Seilbahn (Teleférico) – sturmfreie Tage vorausgesetzt, sonst fährt sie nicht – bis zum ****Mirador** (1823 m ü. d. M.). In der Hauptsaison sollte man sich auf Andrang einstellen, doch das macht die Ausblicke von oben und während der Fahrt nicht minder beeindruckend! Im Sommer starten Bergwanderer am Mirador zu Touren durch das Zentralmassiv der Picos de Europa, z. B. zu den Horcados Rojos (2506 m) oder zurück ins Tal nach Espinama; detaillierte Gebietskarten und gute Ausrüstung sind unerlässlich.

****Fuente Dé**

WESTLICHER UND NÖRDLICHER TEIL

Der klassische Einstieg in den Westen und Norden der Picos de Europa führt durch das beschauliche **Arriondas** (43 m ü. d. M., 5000 Einw.) und das Tal des Río Sella nach Cangas de Onís (64 m ü. d. M., 6500 Einw.). Arriondas und Cangas de Onís werden zur wärmeren Jahreszeit von vielen Naturfreunden als Basislager für Ausflüge in den Nationalpark genutzt.

*Cangas de Onís

Cangas de Onís ist ein geschichtsträchtiger Ort, denn hier lag die mit Fürst **Pelayo** verbundene Keimzelle und erste Residenz des Königreiches Asturien. Immer wieder wird die sagenumwobene **Schlacht**

von Covadonga ins Bewusstsein gerufen, bei der Pelayo und die Seinen im 8. Jh. erstmals die Mauren besiegten und damit den Grundstein der Reconquista legten (▶Baedeker Wissen S. 42). An der Ortseinfahrt schaut man rechter Hand auf eine Brücke (13. Jh.) über den Río Sella, in deren Mittelbogen eine übergroße Nachbildung jenes Siegeskreuzes hängt, das Pelayo bei der Schlacht getragen haben soll. Pelayo ist im Ortszentrum ein Denkmal gewidmet. Unterkünfte, Andenkenläden, Restaurants, Cafés und Veranstalter von Aktivtourismus zeugen von der Anziehungskraft der Kleinstadt. Wichtige Baudenkmäler sind die ursprünglich im 5. Jh. über einem Dolmen errichtete Ermita de Santa Cruz, der Palacio de Cortés (16. Jh.) und die moderne Iglesia Parroquial mit einem 33 m hohen Turm.
Cangas de Onís ist ein idealer Ausgangspunkt für Ausflüge. Beim nahen Cardés liegt die bereits von Altsteinzeitmenschen genutzte und ausgemalte **Cueva del Buxu**, und das 4 km östlich gelegene Örtchen Soto de Cangas ist der ideale Einstieg in die traumhafte Bergwelt.

Cueva del Buxu: Mi.–So. 10.15, 11.15, 12.50, 13.15 Uhr, strikte Besucherbeschränkung (max. 25 Pers./Tag); Eintritt 3 €, kein Zutritt für Kinder unter 7 Jahren

*Covadonga

Erste Station Richtung Gebirge ist die **»Wiege Spaniens«**: Covadonga. In der viel besuchten Grotte, der Santa Cueva, fanden der legendäre Fürst Pelayo und seine Krieger Schutz vor den anrückenden Mauren; heute sieht man hier sein Grabmal und eine Kapelle mit Marienbildnis. Die benachbarte große Basilika wurde Ende des 19. Jh.s erbaut. Hinter Covadonga geht es in Spitzkehren und Steigungen bis zu 18 % kontinuierlich aufwärts: bis zum ***Mirador de la Reina**, dem »Aus-

Im Zeichen des Siegeskreuzes von Pelayo steht die Brücke in Cangas de Onís.

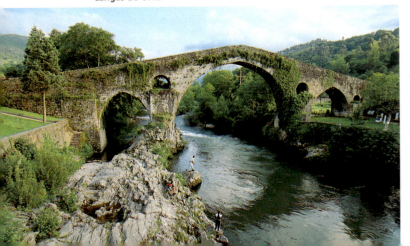

sichtspunkt der Königin«, und weiter bis zu zwei benachbarten Seen: dem **Lago de Enol** und dem auf 1135 m ü. d. M. gelegenen ****Lago de Ercina** (▶Abb. S. 277). Die Hochgebirgspanoramen sind einfach fantastisch! Wanderer finden ab hier gute Einstiege ins Gebirge. In der Sommersaison wird die Auffahrt zu den Seen Enol und Ercina im Regelfall für Privatfahrzeuge gesperrt; dann gibt es einen gebührenpflichtigen Busservice ab Cangas de Onís bzw. Covadonga.

Zu den Canales de Cabrales

Ab Cangas de Onís führt die schöne Landstraße AS-114 rund 55 km ostwärts nach Panes an den nördlichen Ausläufern des Nationalparks entlang. Begleiter auf dem ersten Teilstück ist der Río Güeña in einem grünen Tal, das an manchen Sommertagen von Besucherströmen bevölkert wird. An der Strecke liegen mächtige Hänge, Dörfer im Wiesengrün der Hügel, Apfelgärtchen und Mauern aus aufgeschichteten Steinen. Besonders lohnende Ausblicke auf die Berge bieten sich hinter den Canales de Cabrales, ehe das Sträßlein an nackten Felshängen entlangführt.

Nächste nennenswerte Station ist **Las Arenas de Cabrales**, eines der Zentren der hiesigen Käseproduktion (Queso de Cabrales). Malerisch wird es noch einmal im engen felsigen ***Tal des Río Cares**: Es geht vorbei an bizarren Felsrücken, Stromschnellen, riesigen Steinplatten, Zacken und Zinnen. Hinter Trescares wird das Tal breiter, die Berge verlieren ihren überwältigenden Charakter. In Panes geht es über die N-621 entweder Richtung Küste oder in den Osten und Süden der Picos de Europa.

> **BAEDEKER TIPP** !
>
> *Garganta del Cares*
>
> Eine beliebte Wandertour führt durch die Garganta del Cares, eine wildromantisch-enge Schlucht, die südlich von Las Arenas de Cabrales beginnt. Ausgangspunkt der Wanderung ist Poncebos, Endpunkt ist Caín; für die einfache 11-km-Strecke sollte man 3 – 4 Stunden veranschlagen. Ab Poncebos gibt es eine Zahnradbahn (»cremallera«) nach Bulnes, einem weiteren beliebten Startpunkt von Bergwanderern.

* Ponferrada

F 4

Provinz: León
Region: Kastilien-León (Castilla y León)
Höhe: 544 m ü. d. m.
Einwohnerzahl: 70 000

Ponferradas wechselvolle Vergangenheit reicht bis in vorrömische Zeiten zurück. Geblieben ist die Bedeutung als Zentrum des Landstrichs El Bierzo und als Pilgerstation am Jakobsweg. Wahrzeichen ist die Templerburg.

Ponferrada erleben

AUSKUNFT
Oficina de Turismo
Calle Gil y Carrasco, 4
Tel. 987 42 42 36
www.ponferrada.org

VERANSTALTUNGEN
Ponferrada ist wegen seiner Osterprozessionen bekannt, speziell am Karfreitag die Proción del Encuentro. Anfang Juli findet die sogenannte »Templernacht« (Noche Templaria) statt, die Feierlichkeiten dehnen sich auf das ganze erste Juli-Wochenende aus. Auf dem Programm stehen dann u. a. der gespenstische Templer-Umzug und ein Mittelaltermarkt.
Rund zehn Tage um den 8. September herum finden die Patronatsfeierlichkeiten statt, die Fiestas Patronales de la Encina, mit Musik, Volkstänzen, Straßentheater und Feuerwerk.

ESSEN
Mesón Cervecería
La Taberna ❸
Plaza del Ayuntamiento, 4
Tel. 987 41 11 52
Dem zentral gelegenen Hotel Aroi Bierzo Plaza ist diese Mischung aus Gasthaus und Bierstube angeschlossen. Gut für Häppchen und Tagesmenü. Höherpreisig und urig ist das ebenfalls zum Hotel gehörende Restaurant La Violeta.

ÜBERNACHTEN
Aroi Poferrada ❸❸
Marcelo Macias, 4
Tel. 987 40 94 27
www.aroihoteles.com
Das Hotel mitten im Zentrum liegt nicht weit vom belebten Einkaufsviertel und nur wenige Gehminuten von der Templer-Burg entfernt. Ganz in der Nähe befinden sich öffentliche Parkplätze.

Lage und Geschichte Die strategisch günstige Lage nahe der Berge und am Zusammenfluss des Río Sil und des Río Boeza machten sich bereits Menschen in der vorrömischen Ära zunutze, ehe die Römer Ponferrada als befestigten Platz sicherten. Im Zuge des mittelalterlichen Aufschwungs der Jakobspilger ordnete Osmundo, der Bischof von Astorga, im 11. Jh. den Bau einer eisenverstärkten Flussbrücke an. So wurde Pilgern das Fortkommen erleichtert, vom 12. bis 14. Jh. genossen sie den Schutz der hier ansässigen Tempelritter. Die Bergbautradition, die die Römer mit der Ausbeutung der umliegenden Goldminen begannen, setzte sich später mit dem Abbau von Eisenerz fort und lockte viele Neusiedler nach Ponferrada. Der umliegende Landstrich El Bierzo ist äußerst fruchtbar, die nahe Bergwelt steigt bis 2000 m hoch auf.

SEHENSWERTES IN PONFERRADA

*Castillo de los Templarios So erhaben und mächtig das Castillo de los Templarios, die mittelalterliche Burg der Tempelritter, wirken mag – die hoch über dem Einschnitt des Río Sil gelegene Anlage verlangt ständig nach Renovie-

rungsarbeiten. Die Burg ist mehrfach umgestaltet worden, die Bauteile der Templer datieren aus dem 12./13. Jahrhundert. Von Türmen und Wehrgängen bieten sich schöne Blicke auf Stadt und Umland.
❶ So. nachm., Mo. geschl.; Eintritt 6 €

Die Plaza del Ayuntamiento ist der wichtigste städtische Platz, an dem auch das 1692 – 1705 von Pedro de Arén erbaute Barockrathaus liegt. Auf derselben Platzseite schließt sich die Torre del Reloj an: Der Uhrturm sitzt auf einem historischen Stadtmauertor. Das hier beginnende Gässchen zur Basílica de la Encina heißt Calle del Reloj.

Plaza del Ayuntamiento

Die Basílica de la Encina wurde 1573 nach Plänen von Juan de Alvear im Renaissancestil begonnen. Aus der Bildhauerschule Gregorio Fernández stammt das 1630 – 1640 gearbeitete Hauptretabel, in den das Marienbildnis der Virgen de la Encina eingebettet ist. Die Überlieferung besagt, dass die Skulptur bei Rodungsarbeiten für die Templerburg im Stamm einer Steineiche (»encina«) aufgefunden wurde. Auf dem Vorplatz der Basilika zeigt eine moderne Bronzeskulptur den Augenblick dieses wundersamen Funds.

*Basílica de la Encina

Nennenswert sind zwei Museen: das historisch-volkskundlich aufgezogene **Museo del Bierzo** und das Eisenbahnmuseum **Museo del Ferrocarril**, außerhalb des Kernstadt.
Museo del Bierzo: Calle del Reloj, 5; April – Mitte Okt. Mi. – Sa. 10.00 bis 14.00, 16.30 – 20.00, Mitte Okt. – März Mi. – Sa. 11.00 – 14.00, 16.00 bis 19.00 Uhr
Museo del Ferrocarril: Calle Vía Nueva, 7; April – Mitte Okt. tgl. 10.00 – 14.00, 16.30 – 20.00, Mitte Okt. – April 11.00 – 14.00, 16.00 – 19.00 Uhr; Eintritt 2,70 €; www.museoferrocarril.ponferrada.org

Museen

UMGEBUNG VON PONFERRADA

Die nordöstlich der Stadt gelegene Iglesia de Santo Tomás de las Ollas (10. – 12. Jh.) veranschaulicht die mozarabische Baukunst. Bemerkenswert sind die Hufeisenbögen und der ovale Grundriss des Altarraums.

*Iglesia de Santo Tomás de las Ollas

Rund 20 km südlich liegt an den Hängen der Montes Aquilianos der Bergort Peñalba de Santiago mit seiner mozarabischen Kirche aus dem 10. Jh., Überbleibsel eines von San Genadio begründeten Klosters.

*Peñalba de Santiago

Rund 25 km südwestlich von Ponferrada öffnet sich das Tor zu einem der seltsamsten Landschaften in Nordspanien: Las Médulas, von der UNESCO zum **Kulturerbe der Menschheit** ernannt. Pyramidenför-

**Las Médulas

Fantastisch und bizarr: Las Médulas

mig ragen hier Bergspitzen empor, rostbraune Kuppen und Türme. Entstanden ist dies alles weder durch Vulkanismus noch Erosion, sondern durch Menschenhand. Es handelt sich um ein Goldminengebiet der Römer, die ohne Rücksicht auf Verluste ganze Berge aushöhlten, mit Wassermassen durchspülten und einsacken ließen. Ausgangspunkt zu Wanderungen ist das gleichnamige Örtchen Las Médulas, wo es auch ein kleines Informationszentrum gibt. Höher hinauf führt ein enges Sträßchen, das ein Stück vor dem Mirador de Orellán endet (Aussichtspunkt) und den Blick auf das beeindruckende Gesamtpanorama der bizarren Bergwelt ermöglicht. Nahe dem Mirador lässt sich die **Galería de Orellán** erkunden, die in den ausgehöhlten Fels führen.

Galería de Orellán: Jan. geschl., sonst Do. – Di 11.30 – 14.00, 16.00 – 17.30 Uhr, wetterbedingte Schließungen möglich!; Eintritt 3 €; www.galeriaenlasmedulas.com

DER JAKOBSWEG VON PONFERRADA NACH SANTIAGO DE COMPOSTELA

El Bierzo
Rund 230 Straßenkilometer verbleiben auf dem Jakobsweg von Ponferrada nach Santiago de Compostela, eine abwechslungsreiche Strecke mit kleinen Kulturschätzen, Wiesen- und Berglandschaften. Wie fruchtbar der Landstrich El Bierzo ist, zeigt sich auf dem Weg nach Villafranca del Bierzo: reichlich Weingärten, Walnuss-, Maronen- und Kirschbäume. Von **Cacabelos**, wo sich mitten im Ort ein Traubenpflücker-Denkmal erhebt, führt ein kurzer Abstecher zum ***Monasterio de Carracedo**; die Gründung dieses Klosters ist bereits für das 10. Jh. dokumentiert.

Villafranca del Bierzo (501 m ü. d. M., 3200 Einw.) ist in eine herrliche Weingegend eingebettet und liegt im Tal des Río Valcarce. Im oberen Ortsteil, durch den der Pilgerpfad läuft, erhebt sich das im 16. Jh. von Pedro de Toledo erbaute Castillo, das Kastell der Markgrafen (nicht zu besichtigen). Etwa 300 m oberhalb erwartet Besucher ein Schmuckstück der Romanik: die *Iglesia de Santiago (12. Jh.) mit der Puerta del Perdón, dem zweiten Ablassportal am Jakobsweg nach jenem an der Colegiata de San Isidoro in León. Jakobus, der Namensgeber des Kirchleins, ist gleich doppelt zugegen: als »Maurentöter« auf dem Relief an der Tür und als Skulptur im einschiffigen Innern.

Die weiteren nennenswerten Sehenswürdigkeiten verteilen sich über die Unterstadt: die Iglesia de San Francisco (13. bis 15. Jh.), die Iglesia de San Nicolás el Real (17. Jh.) sowie die Colegiata de Santa María de la Asunción (16. Jh.) mit der benachbarten Parkanlage, wo es schöne Rosenbeete gibt.

Hinter Villafranca del Bierzo steigen Pilgerweg, Landstraße und Autobahn unablässig an und führen inmitten sattgrüner Umgebung von Kastilien-León nach Galicien hinein.

*Villafranca del Bierzo

> **BAEDEKER TIPP** ❗ *Stilvolle Unterkünfte*
>
> Aus der Vielzahl der Unterkünfte am Jakobsweg zwischen Ponferrada und Santiago de Compostela ragen zwei heraus: der Parador in Villafranca del Bierzo (Avenida Calvo Sotelo, Tel. 987 54 01 75, www.parador.es) und die Posada de Portomarin in Portomarin (Avenida Sarria, Tel. 982 54 52 00, www.pousadadeportomarin.es).

Motorisierte folgen im Höhenort Pedrafita do Cebreiro den Jakobswegschildern wenige Kilometer weiter nach O Cebreiro (1300 m ü. d. M., 300 Einw.). Das Örtchen erstreckt sich über eine Passhöhe, gibt traumhafte Blicke in die Bergwelt frei und gilt als eine der frühesten Stätten organisierter Betreuung der Jakobuswallfahrer. Ein erstes Pilgerspital soll bereits im 9. Jh. begründet worden sein. Die präromanische Kirche bewahrt einen Kelch auf, der als **Heiliger Gral Galiciens** gilt und einst im Mittelpunkt eines Wunders stand, bei dem sich der Wein in Blut verwandelt haben soll. Das romanische Marienbildnis wird während einer großen Wallfahrt am 8. September verehrt. Ansonsten sind für das Ortsbild die sogenannten »pallozas« charakteristisch, strohgedeckte Bruchsteinbauten, wie sie einst die Kelten errichteten.

Westlich von O Cebreiro geht es zunächst weiter durch die Bergwelt bis zum **Alto de San Roque** (1270 m ü. d. m.; Denkmal des heiligen Rochus als Pilger) und zum **Alto do Poio** (1335 m ü. d. M.), danach kurvenreich abwärts bis **Triacastela** (650 m ü. d. M., 700 Einw.). In Triacastela kann man sich die *Iglesia de Santiago und den an die Kirche grenzenden Friedhof ansehen. Nächste bedeutsame Station ist das am Río Ouribio gelegene Örtchen **Samos** mit dem **Monas-**

**O Cebreiro und Umgebung

terio de San Julián y San Basilisa, dessen Gründung mutmaßlich ins 6. Jh. zurückreicht. Zwischen dem 16. und 18. Jh. wurde das von Benediktinern genutzte Kloster umfassend erneuert, sehenswert sind die beiden Kreuzgänge. Über das Städtchen **Sarria** (450 m ü. d. M., 13 000 Einw.) geht es weiter durch das ländliche Galicien, in dem immer wieder die auf steinernen Stelzen stehenden Vorratsspeicher (»hórreos«) mit Kreuz- und Fruchtbarkeitssymbolen, die Wegekreuze (»cruceiros«) und die wiederaufgeforsteten Eukalyptuswälder auffallen.

> **BAEDEKER TIPP**
>
> ### ! Tourismus auf dem Land
>
> Südlich von Arzúa liegt ein früher wenig beachtetes ländliches Stück Galicien. Hier gibt es Wiesen, Weiden, Bauerndörfer und den großen Stausee von Portdemouros. Die Gegend ist zu einem beliebten Ziel geworden, vor allem wegen der vielen Landhaus-Unterkünfte, die man über Internetportale wie www.toprural.com und www.escapadarural.com findet. Behilflich ist man in Arzúas Fremdenverkehrsamt (Praza do Peregrino, Tel. 981 50 80 56).

Die Landstraße LU-633 zieht sich ein Stück um den Embalse de Belesar herum, einen Stausee, der die Wasser des Río Miño aufnimmt, und erreicht über eine lang gestreckte Brücke ***Portomarin**. Es ist einer der niedrigsten Punkte am Jakobsweg (370 m ü. d. M., 1500 Einw.). Das Ortsinnere zeigt sich mit Granitarkaden, dem Hauptplatz und der spätromanischen **Wehrkirche San Xoán** recht gemütlich. Im Mittelalter lebten Templer und Johanniter in Portomarin.

Nach Santiago de Compostela
Hinter Portomarin steigt die LU-633 stetig an und erreicht bei Alto do Hospital die N-540, der man ein Stück Richtung Lugo folgt, bis die Links-Abzweigung auf die N-547 nach Santiago de Compostela ausgeschildert ist. Einige Kilometer vor Palas de Rei lohnt sich ein kurzer ausgewiesener 2-km-Abstecher auf einem schmalen Sträßchen nach Vilar de Donas. Besuchsziel ist die romanische ***Iglesia de San Salvador**, das Überbleibsel eines Klosters, das zunächst von Nonnen geführt und 1184 den Jakobusrittern übergeben wurde. Dies erklärt die ritterlichen Grabstätten in der Kirche; auch das Portal und die Wandmalereien sind zu beachten.

Die Hauptstrecke nach Santiago de Compostela führt durch Palas de Rei, Melide (romanische Iglesia de Santa María mit Apsismalereien), Boente (in der Ortskirche an der Straße gibt es eine interessante Skulptur des pilgernden Jakobus in leuchtendrotem Gewand) und Arzúa (bekannt wegen der Käseproduktion). Letzte Station vor Santiago de Compostela ist der **Monte do Gozo**, der »Berg der Freude«, von wo aus bereits in der Ferne die Kathedraltürme auszumachen sind. Die beste Aussicht bietet das moderne Denkmal der beiden jubelnden Pilger, ein weiteres Monument erinnert an den Besuch von Papst Johannes Paul II.

* Pontevedra

⎯⎯⎯ ✧ B 5 ●

Provinz: Pontevedra
Region: Galicien (Galicia)
Höhe: 19 m ü. d. m.
Einwohnerzahl: 82 000

Um das bereits zu römischer Zeit bekannte Pontevedra legt sich eine weite Schleife des Río Lérez, kurz bevor dieser die zu den ▶Rías Baixas gehörige Ría de Pontevedra erreicht. Mit ihren Gassen, Plätzen, Kirchen und Granithäusern ist die Provinzhauptstadt in typisch galicischem Stil gehalten.

SEHENSWERTES IN PONTEVEDRA

Die Altstadt zeigt sich als denkmalgeschütztes Gesamtkunstwerk mit Granitarkaden, verschlungenen Gassen und kleinen Plätzen. Die schönsten Gassen Rúa Soportais und Rúa Figueroa zweigen ab dem Plätzedoppel ***Praza de la Herrería** und **Praza da Estrela** ab, wo auch die kleinen Grünanlagen Jardines de Casto San Pedro und der Convento de San Francisco (13./14. Jh.) zu finden sind. Bänkchen, Cafés und Platzterrassen verlocken zu einer Rast. Südlicher Platznachbar von Herrería-Estrela ist die Praza da Peregrina mit der ***Capela da Virxe Peregrina**, die weniger wie eine Kapelle, eher

*Altstadt

Idyllische Ruhe auf der Praza da Leña

Pontvedra erleben

AUSKUNFT
Oficina de Turismo
Praza da Verdura, s/n (Casa da Luz)
Tel. 986 09 08 90
www.visit-pontevedra.com

VERANSTALTUNGEN
Anfang/Mitte August steigt Pontevedras großes Stadtfest, die Festas da Peregrina.

ESSEN · ÜBERNACHTEN
❶ *Parador de Pontevedra* €€€
Calle Barón, 19, Tel. 986 85 58 00
www.parador.es
Kultivierte Vier-Sterne-Eleganz herrscht in diesem städtischen Renaissancepalast. Die exzellente Küche beschränkt sich nicht auf die zu erwartenden Krustentiere und Fischgerichte; auch die Fleischgerichte sind wunderbar.

❷ *Hotel Galicia Palace* €€
Avenida de Vigo, 3
Tel. 986 86 44 11
www.galiciapalace.com
Modernes Vier-Sterne-Haus in zentraler Lage. Für Autofahrer gibt es den hoteleigenen Parkplatz zum Tagestarif. Das angeschlossene Restaurant tischt mittags und abends typische Gerichte aus Galicien auf.

❸ *Hotel Rías Bajas* €
Calle Castelao, 3
Tel. 986 85 51 00
www.hotelriasbajas.com
Verlässliche Drei-Sterne-Qualität im Herzen der Stadt. Restaurant mit galicischen Spezialitäten, deren Qualität die vielleicht etwas nüchterne Einrichtung aufwiegt.

wie eine Kirche wirkt. Mit der nach außen gewölbten Fassade und dem Bildnis der pilgernden Maria (Virxe Peregrina), Schutzpatronin der Provinz Pontevedra, ist es der wichtigste und zugleich architektonisch kurioseste Sakralbau der Stadt. Baubeginn war 1778 nach Plänen von Antonio de Souto, maßgeblich unterstützt von Bernardo José de Mier; der Barock vermischt sich hier mit Anklängen des Klassizismus.

Ab der Praza da Estrela geht es durch die Gassen Figueroa oder Pasantería auf den schönsten altstädtischen Platz, die *Praza da Leña. In der Mitte erhebt sich ein Steinkreuz, der benachbarte Hauptsitz des **Museo Provincial** ist in einem Komplex aus Adelshäusern (18. Jh.) untergebracht. Die wertvolle Gemäldesammlung des Provinzmuseums hat ihre Ausstellungsfläche im modernen, sogenannten »Sechsten Gebäude« (Sexto Edificio) in der Calle Padre Amoedo Carballo gefunden.

Museo Provincial: Di. – Sa. 10.00 – 21.00, So. 11.00 – 14.00 Uhr; Eintritt frei; www.museo.depo.es

Außerhalb der Altstadt Dreh- und Angelpunkt außerhalb der Altstadt ist die Praza de España mit dem 1877 – 1890 erbauten Pazo do Concello (Rathaus) und der hier beginnenden *Alameda, einer breiten Flanierpromenade, die

an den Ruinen des Convento de Santo Domingo (14. Jh.) vorbeiläuft. Die Alameda ist ein beliebter Treffpunkt der Einheimischen. Besonders lebhaft geht es auch im flussnah gelegenen *Mercado de Abastos zu; das Angebot an Fisch und Meeresfrüchten ist überwältigend.

UMGEBUNG VON PONTEVEDRA

Ein beliebtes Naherholungsziel ist die Illa das Esculturas, die »Skulptureninsel« im Río Lérez. Zwölf renommierte Künstler aus dem In- und Ausland sind hier mit ihren Werken vertreten, darunter der deutsche Bildhauer **Ulrich Rückriem** (5 m hohe Stele ohne Titel), die US-Amerikanerin **Jenny Holzer** (acht Steinbänke, mit Sinnsprüchen versehen) und der Brite **Richard Long** (37 m lange kleine Mauer aus Granitstücken).

*Illa das Esculturas

** Rías Altas

✵ C – E 2/3

Provinzen: La Coruña, Lugo
Region: Galicien (Galicia)

Galiciens obere Meeresarme, die Rías Altas, beginnen östlich von ►La Coruña und ziehen sich mit ihren tiefen Einschnitten bis zur Ría de Ribadeo, wo die ►Costa Verde beginnt. Es ist eine wildromantische Landschaft, die sich aus tiefen Meereseinschnitten, Sandstränden, Klippen, Fischerstädtchen und Eukalyptuswäldern zusammensetzt. Charakteristisch für viele Orte sind die Glasfassaden der Häuser.

SEHENSWERTES AN DEN RÍAS ALTAS

Ría de Ares y Betanzos

Im Osten von La Coruña führt die N-VI in einer Inlandsschleife über Betanzos an die Ría de Ares y Betanzos heran. In der 1219 über einer keltischen Siedlung begründeten Kleinstadt *****Betanzos** (13 000 Einw.) sind zwei Kirchen erwähnenswert: die zum Nationalmonument erhobene **Iglesia de Santa María de Azogue** (14. Jh.) und die Iglesia de San Francisco (13./14. Jh.) mit dem Grabmal des Stifters, Graf Fernán Pérez de Andrade. Die Macht des mittelalterlichen Herrschergeschlechtes derer von Andrade führt weiter nördlich das **Castillo de Andrade** vor Augen, das den Hügel Peña Leboreira (309 m ü. d. M.) und das Tal von Pontedeume beherrscht.

Das Städtchen **Pontedeume** (8000 Einw.) liegt an der Mündung des Río Eumo in die Ría de Ares y Betanzos und sticht durch seine vielbogige Brücke hervor, deren Anlage ebenfalls auf das Andrade-Geschlecht zurückgeht.

Ría de Ferrol

Auf der Höhe von Perlio ist der nächste Meeresarm erreicht: die von mehreren Festungen geschützte Ría de Ferrol. Die Form des Meeresarms regt die Fantasie an und wird gerne mit einem Degen verglichen, der im Festland steckt. **El Ferrol** (70 000 Einw.) ist Hafen- und Kriegsmarinestadt, die damit das militärische Erbe des bekanntesten lokalen Sprosses aufrecht erhält: **Diktator Francisco Franco** (1892 – 1975). Zu sehen gibt es in El Ferrol – bis auf das Altstadtviertel und den Fischerhafen – recht wenig, allerdings bietet der Parador ein angenehmes Quartier.

****Ría de Cedeira**

Die Weiterfahrt nordostwärts führt durch ein von Speicherbauten, Rinderweiden und Eukalyptushainen durchsetztes Gebiet an die Ría de Cedeira; unterwegs bietet sich Gelegenheit zu Abstechern an die Strände Lago, Frouxeira und Valdoviño. In »W«-Form breitet sich

Rías Altas erleben

AUSKUNFT
Oficina de Turismo
Avenida de Castelao, s/n, Cedeira
Tel. 981 48 21 87
www.cedeira.gal

Avenida Ramón Canosa, s/n
Viveiro
Tel. 982 56 08 79
www.viveiro.es

Praza de España
Ribadeo
Tel. 982 12 86 89
http://turismo.ribadeo.gal

ESSEN · ÜBERNACHTEN
Parador de Ribadeo €€€
Calle Amador Fernández, 7
Tel. 982 12 88 25
www.parador.es
Hoch über der Ría de Ribadeo gelegenes Vier-Sterne-Haus, sehr schöne Aussichten. Die gute Bewirtung im Restaurant sollte man sich nicht entgehen lassen. Meeresfrüchte stehen dabei an erster Stelle, doch auch der gekochte Vorderschinken (»lacón«) und die Teigtaschen (»empanadas«) sind gefragt.

Parador de Ferrol €€
Praza do Contralmirante Azarola Gresillón
Tel. 981 35 67 20; www.parador.es
Maritim ausgestaltetes Drei-Sterne-Hotel mit Restaurant. Beim Genuss der Speisen ist der schöne Ausblick durch die Fensterfront inklusive.

Casa do Merlo €€
Calle Sargéndez, 4
San Miguel de Reinante, Barreiros
Tel. 982 13 49 06
www.casadomerlo.com
Freundliches restauriertes Landhaus aus dem 17. Jh. zwischen Foz und Ribadeo. Eine gute, nicht überteuerte Adresse. Zehn Zimmer. In Ribadeo finden sich diverse Einkehrmöglichkeiten, darunter das Restaurante San Miguel (Puerto Deportivo, Tel. 982 12 97 17, www.restaurantesanmiguel.org).

die Ría de Cedeira äußerst malerisch aus und hat in ***Cedeira** (7000 Einw.) ihren Hauptort. Der Weg führt an die gepflegten Promenaden, den Hafen oder zu den nahen Stränden Magdalena und Área Longa. Ein beschilderter 12-km-Abstecher leitet nach ***San Andrés de Teixido** mit seinem Sanktuarium, in dem die Gläubigen eine Reliquie des heiligen Apostels Andreas verehren. »Niemand mehr darf ins Himmelreich eintreten, ohne einmal in San Andrés de Teixido gewesen zu sein« – keinem Geringeren als Jesus Christus legt eine Legende diese Worte in den Mund. Entsprechend groß ist die Bedeutung. Nicht minder sehenswert ist die umliegende Landschaft mit der über 600 m hohen ****Serra da Capelada**, in der viele **halbwilde Pferde** leben. Im Frühsommer, im Regelfall am letzten Sonntag im Juni, ist die Serra da Capelada Schauplatz des großen **Curro da Capelada**, bei dem man halbwilde Pferde aus dem Gebirge in Koppeln (»curros«) treibt und ihnen die Mähnen stutzt.

Ría de Ortigueira Nordöstlich von Cedeira schließt sich mit der Ría de Ortigueira der nächste Höhepunkt an, der den einen oder anderen an skandinavische Fjorde erinnern mag. Der Meeresarm ist Lebensraum zahlreicher Vogelarten, darunter sind Möwen, Reiher und Kormorane. An der Westflanke liegt Cariño, weiter draußen begrenzen die Kaps Ortegal und Estaca de Bares den weiten Meeresarmtrichter. Der hübsche Hauptort ***Ortigueira (6000 Einw.) liegt mit seinem Fischerhafen geschützt auf der Ostseite der Ría. Er besitzt weiße Häuser, verwinkelte Gassen, gepflegte Grünanlagen und die Praia Mourouzos.

*Ría de Barqueiro Nordöstlich von Ortigueira säumen Maisfelder, Eukalyptusforst, Rinder- und Schafweiden das Sträßchen auf dem Weg an die schmale Ría de Barqueiro. Das pittoreske Fischerdorf ***O Barqueiro** klebt

Praia das Catedrais: Gewaltige schwarze Felsen ragen bei Ebbe aus dem Sand hervor; bei Flut sind sie größtenteils vom Wasser bedeckt.

zwischen Meer und Grün und wird von einem gewaltigen Bergrücken überragt; weiter nordwärts sticht die von einem Leuchtturm besetzte Landzunge von Bares in den Atlantik, hier befindet sich **der nördlichste Punkt der Iberischen Halbinsel**. Die Küstenlandschaft rund um die Estaca de Bares ist rau, oft regen- und windgepeitscht – ein Dorada für wetterfeste Naturfans! Hinter O Barqueiro geht es über den nächsten Hafenort O Vicedo Richtung Ría de Viveiro, nicht ohne ausgiebig die Landschaft zu genießen. Eine Kuppe gibt unterwegs eine traumhafte Sicht über die See, Buchteinschnitte, Felseninseln, Klippen und Landzungen frei.

Auf der Höhe von Covas zeigt sich die Ría de Viveiro mit Strand und Promenade von einer besonders schönen Seite. ***Viveiro** (15 000 Einw.) hat einen charmanten maritimen Charakter; schon im 18. Jh. liefen hier mit Leinen beladene Schiffe aus dem Baltikum ein. Charakteristisch sind die Häuser mit ihren Glasgalerien; die winzige Altstadt mit der Plaza Mayor beginnt gleich hinter der Porta da Vila. Mitte August findet in Viveiro das folkloristisch begleitete Patronatsfest statt.

*Ría de Viveiro

In Viveiro liegen die spektakulärsten Meeresarme hinter einem, doch die verbleibenden 70 km bis Ribadeo sind nicht frei von Attraktionen. Im Küstenhinterland säumen Eukalyptus, Fuchsien, Brombeeren, Ginster und Apfelbäume den Weg. Im auffällig lang gestreckten Hafen- und Strandstädtchen **Burela** haben die Berge bereits spürbar an Höhe verloren, die Küstenlinie ist felsig-zerklüftet. Fortan gibt es von der N-642 immer wieder Gelegenheit zu ausgewiesenen Strandabstechern. Im Hinterland von **Foz** dagegen führt ein ausgeschilderter Weg zur präromanischen **Iglesia de San Martín de Mondoñedo**, die zum Nationalmonument erklärt worden ist und bemerkenswerte Säulenkapitelle und Wandmalereien aufweist.
Hinweisschilder – auch von der neu gebauten Autobahn im Küstenhinterland – führen zum eigentlichen Höhepunkt der Strecke: der ****Praia das Catedrais**, übersetzt »Strand der Kathedralen«. Bei Ebbe bleiben gewaltige Felsbögen zurück und sind dann zugänglich. Wer sich zur wärmeren Jahreszeit in die Fluten stürzt, sollte besonders hier die Kraft des Atlantiks nicht unterschätzen!

Weg nach Ribadeo

Ribadeo (9000 Einw.), das letzte Städtchen der Rías Altas, schmiegt sich mit einem kleinen Hafen an die malerische Ría de Ribadeo, die ihrerseits die Wasser des Río Eo aufnimmt. Ribadeo wurde im 8. Jh. gegründet und war im Mittelalter für seine Walfänger bekannt; im 18. Jh. wurde das Fuerte de San Damián zum Schutz der Ría erbaut. Das Leben spielt sich rund um die zentrale Plaza de España ab, die Torre los Moreno entstand um 1915 unter Jugendstileinfluss. Ostwärts von Ribadeo spannt sich eine lange Brücke, die Ponte dos Santos, über den Meeresarm nach Asturien an die ▶Costa Verde.

*Ría de Ribadeo

✱✱ Rías Baixas

A/B 4/5
Provinzen: La Coruña, Pontevedra
Region: Galicien (Galicia)

Galiciens »Untere Meeresarme«, die Rías Baixas (span. Rías Bajas), sind wesentlich stärker frequentiert als die ▶Rías Altas. Dank ihrer herrlichen Strände und der Vielzahl an Unterkünften gehören die Gegenden um O Grove, Sanxenxo und Baiona zu den beliebtesten Feriengebieten Nordspaniens. Die vielerorts vorzüglichen Restaurants bieten von Jakobsmuscheln (»vieiras«) bis zu gedämpften Miesmuscheln (»mejillones al vapor«) eine reiche Palette am Meeresfrüchten an. Die größten Städte ▶Pontevedra und ▶Vigo sind gesondert beschrieben.

Rías Baixas erleben

AUSKUNFT
Oficina de Turismo
Avenida da Mariña, Vilagarcía de Arousa
Tel. 986 50 12 27
www.vilagarcia.es

Paseo da Calzada, s/n, Cambados
Tel. 986 52 07 86
www.cambados.es

Puerto Deportivo Juan Carlos I
Sanxenxo
Tel. 986 72 02 85
www.sanxenxo.es

Paseo da Ribeira, s/n
Baiona
Tel. 986 68 70 67, www.baiona.org

ÜBERNACHTEN
Parador de Cambados €€€
Paseo Calzada, s/n
Tel. 986 54 22 50, www.parador.es
Vier-Sterne-Haus, dessen Rahmen der altehrwürdige Pazo de Bazán bildet. Mit gutem Restaurant, in dem man unbedingt den fangfrischen Fisch und die Meeresfrüchte probieren sollte.

Parador de Baiona €€€
Av. Arquitecto Jesús Valverde, 3
Tel. 986 35 50 00, www.parador.es
Ins Festungsplateau integriertes Traumhotel mit Sommerpool, Restaurant und weitem Terrassenbereich – ein Parador der Extraklasse! Zur Hauptsaison empfiehlt sich eine rechtzeitige Reservierung. Nach den guten Meeresfrüchten im Restaurant sollte man den Jakobuskuchen (»tarta de Santiago«) probieren!

Hospedería de Poio €
Monasterio Mercedario de Poio,
Plaza del Convento, 2
Tel. 986 77 00 00
www.mercedarios.com
Große Klosterherberge zwischen Sanxenxo und Pontevedra, einfach eingerichtete Zimmer mit Bad zu günstigem Preis. Das Restaurant mag auf den ersten Blick etwas nüchtern wirken – doch auf die Qualität kommt es an!

SEHENSWERTES AN DEN RÍAS BAIXAS

Nimmt man Santiago de Compostela als Ausgangspunkt, führt die Entdeckungstour der Rías Baixas zunächst 35 km südwestlich nach Noia an die Ría de Muros e Noia (▶Ausflüge von Santiago de Compostela: Costa da Morte und Cabo Fisterra). Von dort führt die AC-550 an den Südufern der Ría entlang über Portosín nach Porto do Son, wo weiter südlich in Form des **Castro de Baroña** Siedlungsreste aus der Keltenzeit erhalten blieben. Über das südliche Ende der ***Península do Barbanza** legt sich der **Parque Natural Dunar de Corrubedo e Lagoas de Carregal e Vixán**, ein 996 ha kleines Naturschutzgebiet. Es breitet sich zwischen Corrubedo und Aguiño aus, nimmt mehrere Flüsschen auf und setzt sich aus Dünen, Sümpfen und Lagunen (Carregal, Vixán) zusammen. Mit Glück lässt sich auf mehreren ausgewiesenen Wegen die vielfältige Vogelwelt beobachten.

**Ría de Muros e Noia

Vor dem Örtchen Aguiño und damit der Ría de Arousa vorgelagert liegt eine Reihe von Felseninseln, angeführt von der leuchtturmbesetzten Illa de Sálvora. Nordöstlich von Aguiño führt die weite Straßenschleife über Santa Uxia und A Pobra do Caramiñal um die Ría herum, wo an der Mündung des Río Ulla das Örtchen Catoira liegt. Die dortigen ***Torres del Oeste** wurden zur Verteidigung des Flusses gegen Normannen und Mauren errichtet. Sie sind Überbleibsel eines größeren Verbundsystems an Festungstürmen und Anfang August Schauplatz einer nachgestellten **Wikingerschlacht** (Batalla Vikinga), bei der kein Blut, dafür umso mehr Wein fließt.

**Ría de Arousa

Ab Catoira hält man sich parallel zu den Ostausläufern der Ría de Arousa, in der die **Muschelzucht** mit künstlichen Inseln (»bateas«) besonders groß geschrieben wird. Im Sommer starten im Hafenstädtchen **Vilagarcía de Arousa** Bootsausflüge zu den »bateas«, meist mit Verkostung. Von Vilagarcías nahem Monte Lobeira bieten sich schöne Ausblicke, die bereits den in Vilagarcía geborenen Literaten Ramón del Valle-Inclán (1866 – 1936) begeisterten. Bei **Vilanova de Arousa** bietet sich ein Abstecher über die lang gestreckte Brücke auf die mitten in den Meeresarm greifende ***Illa de Arousa** an, die im Sommer bei Campingfreunden hoch im Kurs steht. Wer mit Kindern unterwegs ist, kann den Nachwuchs direkt hinter dem Ende der Brücke reichlich Muscheln sammeln lassen.

*Cambados (13 000 Einw.) ist die selbst ernannte »Hauptstadt des Albariñoweins« und hat am Wein- und Seehandel sehr gut verdient. Im Regelfall findet hier Anfang August das große Weißweinfest statt, die **Festa do Albariño**. Der Ortsmittelpunkt von Cambados wird von der Praza Fefiñáns mit dem Pazo Fefiñáns-Figueroa (16./17. Jh.), Arkadenhäusern, Granitbauten und Weinhandlungen bestimmt. Über den Resten einer römischen Siedlung wurde die heute in Ruinen liegende Kirche Santa Mariña do Dozo (15. Jh.) erbaut.

O Grove — Eine Nebenbucht der Ría de Arousa trennt Cambados von dem am Ende einer Halbinsel gelegenen O Grove (10 000 Einw.), das mit seinen Miesmuscheln einen guten kulinarischen Ruf genießt. In der ersten Oktoberhälfte findet das zehntägige »Meeresfrüchtefest« **Festa do Marisco** statt. Ansonsten stehen zahlreiche Fischrestaurants zur Wahl; ein Verdauungsspaziergang führt an der Promenade entlang. Ähnlich durchkommerzialisiert ist die **Illa da Toxa**, zu der von O Grove eine kleine Brücke hinüberführt. Das große Wellnesshotel auf der Insel ist nur eine von mehreren Unterkünften. Zur wärmeren Jahreszeit kann arges Gedränge herrschen. Kurios ist die komplett mit hellen Schalen von Jakobsmuscheln belegte *Ermita de San Sebastián.

Weiteres Ziel ist das **Acuario de O Grove**, das vor allem mit der regionalen Meeresflora und -fauna vertraut macht.

Nachdem man die Halbinsel von O Grove gen Süden verlassen hat, breitet sich rechter Hand der Straße die schöne, raue Praia da Lanzada aus. Eine der zahlreichen eigenartigen Traditionen Galiciens empfiehlt Frauen mit großem Kinderwunsch, sich hier bei einer Wallfahrt Ende August zum »Bad der neun Wellen« in die Fluten zu stürzen.

Acuario de O Grove: Punta Moreiras, s/n; Mo. – Fr. 10.00 – 18.00, Sa., So. 10.30 – 19.30 Uhr; Eintritt 12,50 €; http://acuariodeogrove.es

Ría de Pontevedra — Die große Hafen-, Strand- und Touristengemeinde **Sanxenxo** (17 000 Einw.) liegt bereits an der Ría de Pontevedra und fährt mit Abstand das größte Unterkunftangebot an den Rías Baixas auf. Im Sommer starten Bootsausflüge zur 6 km x 1,5 km kleinen felsigen *Illa de Ons, die der Ría de Pontevedra vorgelagert liegt, zum Parque Nacional Islas Atlánticas de Galicia zählt und Heimat vieler Seevögel ist. **Spuren der Kelten** (Castro do Alto) sind auf der Insel ebenso zu finden wie die Strände Melide und Pereiró. Zwischen Sanxenxo und der Provinzhauptstadt ▶Pontevedra sollte man sich Stopps in Combarro (schöne »hórreos«) und am Mercedarierkloster San Juan de Poio vormerken, dessen Vorläufer bereits zu westgotischen Zeiten gegründet worden sein soll.

ℹ www.isladeons.net

Península de Morrazo — Südwestlich von Pontevedra führt die Anschlusstour über die Península de Morrazo, die die Ría de Pontevedra von der **Ría de Vigo** trennt. Der Ría de Pontevedra zugewandt liegen der Marine- und Fischereihafen Marín, die Praia de Mogor und die Praia de Lapamán sowie das alte Fischerstädtchen **Bueu**; auch ab Bueu starten im Sommer Bootstouren zur Illa de Ons. Das westlichste Ende der Península de Morrazo markiert der Faro do Cabo do Home, gleichzeitig der nächstgelegene Festlandspunkt zu den vogelreichen *Ilas Cíes (▶Ausflüge von Vigo).

Die Playa Canelas bei Sanxenxo – ein malerischer Anblick

Einen künstlerischen Glanzpunkt setzt im kleinen Hío der ***Cruceiro de Hío**, ein von Xosé Cerviño im 19. Jh. geschaffenes Granitkreuz mit dem Motiv der Kreuzabnahme – samt perfekt herausgearbeiteter Leiter! Über Cangas und Moaña geht die Fahrt an den Nordufern der Ría de Vigo entlang, die sich rückwärtig stark verengt und von der großen Puente de Rande überspannt wird. Die Muschelzucht in der Ría und die Handelsaktivitäten im großen Hafen von ▶Vigo gehen Hand in Hand.

🛈 www.delmorrazo.com

*Ría de Baiona

Südwestlich von Vigo lässt man nach und nach den breiten Trichter der Ría de Vigo hinter sich und erreicht hinter Nigrán die schöne kleine Ría de Baiona. Das Hafenstädtchen ***Baiona** (12 000 Einw.) wurde schon im Mittelalter durch gewaltige Burganlagen geschützt und genoss königliche Privilegien. Im März 1493 lief hier unter dem Kommando von Martín Alonso Pinzón die legendäre Karavelle »Pinta« ein, wodurch Baiona, so heißt es, als erste spanische Stadt Notiz von der **Entdeckung der Neuen Welt** durch Kolumbus nahm. Das Ereignis der »Pinta«-Ankunft wird alljährlich Anfang März im Rahmen der **Festa da Arribada** begangen; eine Replik des Schiffes liegt an einem Steg, ist museal aufbereitet und besuchbar. Baionas kleine

Altstadt ist ebenso eine Entdeckung wert wie der von Burgmauern umkränzte Monte Real, der sich zur Westseite der Stadt hin erhebt. Um den unteren Teil des Festungshügels führt ein schöner Rundweg, oben liegt eines der besten Hotels der Paradores-Kette. Unterhalb der Burg liegt ein kleiner Strand, ein Ausflug führt zum Kloster Santa María de Oia (12./13. Jh.).

Zwischen Baiona und A Guarda (10 000 Einw.), dem letzten Städtchen vor dem spanisch-portugiesischen Grenzfluss Miño, verläuft eine traumhafte Küstenstraße, die allerdings im Sommer viel befahren sein kann. Die Küstenlandschaft trägt durchweg schroffen Charakter. Auf dem ***Monte Santa Tegra**, oberhalb von A Guarda, liegen interessante Reste einer **Keltensiedlung**, die erst 1913 wiederentdeckt wurde. Die Ursprünge dürften in die Zeit um 500 v. Chr. zurückreichen, später machten sich die Römer die Anlage bis ins erste oder zweite nachchristliche Jahrhundert zunutze. Ein kleines **Museum** zeigt Funde.

Museo Archeológico: Di. – So. 11.00 – 17.00 Uhr

** San Sebastián · Donostia

P 3

Provinz: Guipuzcoa (Gipuzkoa)
Region: Baskenland
(País Vasco, Euskadi)

Höhe: Meereshöhe
Einwohnerzahl: 186 000

Das altehrwürdige Seebad kultiviert Flair und Chic wie keine andere Stadt in Nordspanien. Die Lage am Atlantik und das Miteinander von grünen Hügeln und Stadtstränden ist in jeder Hinsicht beneidenswert. Kein Wunder, dass sich hier schon im 19. Jh. das spanische Königshaus in seiner Sommerresidenz wohlfühlte.

Zauberhafte Lage

Eine Insel, ein Fluss, zwei Atlantikbuchten, drei Berge – das geografische Antlitz von San Sebastián ist ein ganz besonderes. Im westlichen Teil fassen der Monte Igeldo und der Monte Urgull die »Muschelbucht« (Bahía de la Concha) ein, die wegen ihrer Form so genannt wird. Mitten in der Bucht liegt die felsige Isla de Santa Clara, während sich die beiden längsten Stadtstrände, die Playa de la Concha und die Playa de Ondarreta, vom Rand der Altstadt bis an die Ausläufer des Monte Igeldo spannen. Östlich des Monte Urgull unterbricht die Mündung des Río Urumea den durchgehenden Küstenverlauf, ehe sich die kleinere Playa de Zurriola an einer offeneren Bucht anschließt und auf den dritten Stadthügel, den Monte Ulía, zuläuft.

San Sebastián • ZIELE

Geschichte und Gegenwart

Entstanden aus einer kleinen baskischen Fischersiedlung, wurde San Sebastián 1014 als Sitz eines Klosters erstmals in einem Dokument erwähnt. Navarras König Sancho VI. erließ Ende des 12. Jh.s ein Sonderrecht, um den Hafen zu nutzen und auszubauen. Handel und Seehandelsbeziehungen brachten den Aufschwung der Stadt mit sich und lockten zahlreiche Zuzügler auch aus Frankreich an. Unliebsamere Gäste kamen 1808 aus dem Nachbarland: die napoleonischen Truppen, die bis zu ihrer kriegerischen Vertreibung durch eine Allianz aus Engländern und Portugiesen 1813 verheerende Schäden anrichteten. Im weiteren Verlauf des 19. Jh.s wuchs die Bedeutung San Sebastiáns. 1854 wurde Tolosa als Hauptstadt der baskischen Provinz Guipuzcoa abgelöst, ab 1885 begann die Königsfamilie, zunächst angeführt von Regentin María Cristina, ihre Sommer in San Sebastián zu verbringen. Die Geldelite rückte nach, 1887 wurde das Casino erbaut, Banken öffneten ihre Pforten, Hotels und Strände avancierten zu Tummelplätzen der High Society. Hier sind die Ursprünge von jenem San Sebastián zu suchen, das sich noch heute im Glanz seiner prachtvollen Promenaden und Bürgerhäuser sonnt und das man gerne mit dem etwas angestaubten Begriff Seebad tituliert.

Während der internationalen **Filmfestspiele** im September lebt zusätzlich Glamour auf, mitunter mit Weltstars aus Hollywood. Im Alltag ist es sehr schön, nachdem man den Strand genossen hat und herumflaniert ist, am Abend in die stimmungsvolle Altstadt einzu-

Bummel an der Concha von San Sebastián, der Königin der Seebäder an der Biskaya

San Sebastián erleben

AUSKUNFT
Oficina de Turismo
Alameda del Boulevard, 8
Tel. 943 48 11 66
www.sansebastianturismo.com

VERANSTALTUNGEN
Am 19./20. Januar steht das große Patronatsfest samt Trommelmarathon (Tamborrada) an. Mitte August ist die Große Festwoche (Semana Grande) terminiert. Im September finden die internationalen Filmfestspiele (Festival Internacional de Cine) statt; Informationen auch zu den Tickets für die Veranstaltungen gibt es im Internet unter www.sansebastianfestival.com.

SHOPPING
Beliebte Shoppinggegenden liegen um das historische Marktgebäude (Mercado La Bretxa; Alameda del Bulevard) sowie in der Zone zwischen den Plätzen Gipuzkoa und Buen Pastor.

ESSEN
❶ *Arzak* ●●●●
Avenida Alcalde Jose Elósegi, 273
Tel. 943 28 55 93
www.arzak.info
Begründet von Spitzenkoch Juan Mari Arzak, genießt dieses Restaurant einen Ruf über die Landesgrenzen hinaus. Ein wundervolles Menü kostet einen stolzen dreistelligen Betrag, zuzüglich Getränken. Reservierung unbedingt erforderlich.

❷ *Akelarre* ●●●●
Paseo Padre Orcolaga, 56, Barrio Igeldo
Tel. 943 31 12 09, www.akelarre.net
Fernsehkoch Pedro Subijana und sein Team sind Meister ihres Fachs, ihrer Kreativität sind keine Grenzen gesetzt. Ein gastronomisches Erlebnis! Dringend reservieren.

---

tauchen. Bei all den Vorzügen ist San Sebastián gleichzeitig **eine der teuersten Städte Spaniens**. Für 2016 ist San Sebastián zur europäischen Kulturhauptstadt ernannt worden. Die Lokalpolitik bestimmen baskischen Nationalisten.

SEHENSWERTES IN SAN SEBASTIÁN

Bahía de la Concha   Sonnenanbeter, Jogger, Spaziergänger, Wassersportler – sie alle finden in der Bahía de la Concha, der »Muschelbucht«, zusammen. Auf Höhe des Palacio de Miramar, eines oberhalb gelegenen Palais mit Gärten in englischem Landhausstil, sind die beiden Strände Ondarreta und Concha voneinander getrennt. Westlich des Vorsprungs liegt die Playa de Ondarreta, die sich zum Monte Igeldo wendet und bis zum Paseo del Peine del Viento erstreckt. »Peine del Viento« bedeutet »Windkamm« und ist ein sehenswertes **Skulpturen-Ensemble, das der baskische Metallbildhauer **Eduardo Chillida** auf die Felsen am äußersten Ende der Bucht platziert hat.

❸ Mariñela €€€
Paseo del Muelle, 15
Tel. 943 42 13 88
www.marinela-igeldo.com
Am Fischerhafen gelegen, Fisch und Meeresfrüchte prägen die Speisekarte.

ÜBERNACHTEN
❶ Hotel María Cristina €€€€
Paseo República Argentina, 4
Tel. 943 43 76 00
www.hotel-mariacristina.com
Innen modernisiertes Aushängeschild der guten alten Zeit, häufig Quartier prominenter Gäste. Zentrale Lage; fünf Sterne.

❷ Hotel de Londres y de Inglaterra €€€
Calle Zubieta, 2, Tel. 943 44 07 70
www.hlondres.com
Erste Adresse an der Hauptpromenade. Hier spürt man ganz speziell das Flair des altehrwürdigen Seebades, besonders wenn man sich ein Zimmer mit Blick auf die Bucht gönnt. Mit Restaurant-Brasserie.

❸ Hotel Parma €€
Paseo de Salamanca, 10
Tel. 943 42 88 93
www.hotelparma.com
Die privilegierte zentrale Lage zwischen der Altstadt und der Playa de la Zurriola gibt hier den Ausschlag für eine Empfehlung dieses Zwei-Sterne-Hotels. Insgesamt 27 Zimmer; unterschiedliche Preisstruktur und Auswahl zwischen den nach innen abgehenden Zimmern (»interior«), den Außenzimmern (»exterior«) und jenen mit Meerblick (»vistas mar«).

❹ Hotel Nicol's €€
Paseo Gudamendi, 21
Tel. 943 21 57 99, www.hotelnicols.com
Gute Zwei-Sterne-Adresse für alle, die lieber abseits des Innenstadttrubels übernachten möchten. Lage im Viertel Igeldo, aufgeteilt auf die beiden Gebäude Itxaso und Irati.

Die sichelförmig geschwungene Playa de la Concha dehnt sich Richtung Altstadt aus, oberhalb verläuft mit dem Paseo de la Concha die schickste Promenade der Stadt. Im geografischen Zentrum der Bucht liegt die kleine Isla de Santa Clara, eine 48 m hohe Felseninsel, die im Sommer vom Sporthafen aus mit Ausflugsbooten angesteuert wird.

Schönes Wetter vorausgesetzt, liegt einem vom Aussichtsberg Monte Igeldo aus die Bahía de la Concha als blauer Traum zu Füßen. Hier eröffnet sich eines der schönsten **Buchtpanoramen** in ganz Spanien. Man kann sowohl mit dem Auto als auch mit der täglich verkehrenden Standseilbahn (»funicular«) hierher gelangen. *Monte Igeldo*

Der Monte Urgull stößt direkt an die Altstadt und lädt mit seinem vorbildlich aufgezogenen Wegenetz zu Entdeckungen ein. Im Grün des Hügels verästeln sich die Pfade in richtig einsame, romantische Winkel und führen sowohl zum sogenannten »Engländerfriedhof« (Cementerio de los Ingleses) als auch zu Festungsüberbleibseln des *Monte Urgull*

Castillo de Santa Cruz de la Mota. Die schönsten Aussichten genießt man rund um das 29 m hohe **Christusmonument**, ein Werk von Federico Coullaut-Valera (1912 – 1989). Um die Nordflanke des Monte Urgull läuft der ebenfalls begehenswerte Paseo Nuevo. Er führt an die Flussmündung des Urumea.

*Puerto Der Fischer- und Sporthafen (Puerto) mit seinen kleinen Bassins ist eine weitere angenehme Überraschung in der Innenstadt. Hier reihen sich stimmungsvolle Terrassen von Fischrestaurants auf, hier bieten sich einmal mehr gute Blicke über die Muschelbucht. Am Paseo del Muelle Nummer 24 liegt das **Museo Naval**, ein kleines Seeschifffahrtsmuseum mit Bootsmodellen.
Museo Naval: Di. – Sa. 10.00 – 14.00, 16.00 – 19.30, So. 11.00 – 14.00 Uhr; Eintritt 3 €; http://untzimuseoa.eus

*Aquarium Gleich hinter dem Fischerhafen warten Haie, Muränen, Rochen und Meeresschildkröten: im Aquarium, dessen Höhepunkt der Gang durch den Glastunnel ist, mitten durch das 2,5-Millionen-Liter-Ozenarium. Auch die tropische Fischwelt ist vertreten: mit Chirurgen- und Kugelfischen. Dienstags, donnerstags und samstags stehen jeweils um 12 Uhr die großen Fischfütterungen an.

San Sebastián • Donostia

Essen
① Arzak
② Akelarre
③ Mariñela

Übernachten
① María Cristina
② Hotel de Londres y de Inglaterra
③ Parma
④ Nicol's

1 Basílica de Santa María
2 Museo de San Telmo
3 Plaza de la Constitución
4 Castillo de Santa Cruz de la Mota
5 Cementerio de los Ingleses
6 Museo Naval
7 Parque de Atracciones

San Sebastián • ZIELE

❶ Plaza de Carlos Blasco Imaz, 1;
Mo. – Fr. 10.00 – 19.00 /20.00,
Sa., So. 10.00 – 20.00/21.00, Juli, Aug.
tgl. bis 21.00 Uhr; Eintritt 13 €; www.
aquariumss.com

Das Herzstück der Altstadt, die **Plaza de la Constitución**, diente früher als Schauplatz von Stiergefechten – das verraten die Nummern über den Balkonen, die seinerzeit als Logen vermietet wurden. Rund um das Platzrechteck und in den nahen Fußgängergassen wie Fermín Calbetón locken einladende Häppchen-Bars. Schönste Altstadtkirche ist die **Iglesia de Santa María**, deren Barockfront eine Skulptur des heiligen Stadtpatrons Sebastian ziert. An der Plaza de Zuloaga liegt das einstige Dominikanerkloster, in dem heute das ***Museo de San Telmo** untergebracht ist. Die thematische Bandbreite im Museum ist mit Archäologie, Volkskunde und Schönen Künsten breit gefächert. Außerdem gibt es Wechselausstellungen.
Museo de San Telmo: Plaza Zuloaga, 1; Di. – So. 10.00 – 20.00 Uhr; Eintritt 6 €; www.santelmomuseoa.com

BAEDEKER TIPP

Häppchen-Tour

Die Altstadtkneipen von San Sebastián wetteifern auf besondere Art um ihre Kundschaft. Welche Bar hat die pfiffigsten Häppchen, die hier auf Baskisch »pintxos« heißen? Wer zeigt die besten Auslagen? Kenner schwärmen von den landesweit leckersten Häppchen, die natürlich ihren Preis haben. Eine Fingerfood-Tour durch das historische Viertel verspricht auf jeden Fall Hochgenuss. Guter Ausgangspunkt ist die Plaza de la Constitución.

*Playa de la Zurriola

Der ans östliche Stadtviertel Gros grenzende Sandstrand Playa de la Zurriola wird ebenfalls von einer ausgedehnten Promenade flankiert. Auf dem Wasser sieht man häufig Myriaden von Surfern über die Wellen flitzen. Eingefasst von Promenaden erhebt sich bei der Flussmündung des Urumea ein gewaltiger Block des spanischen Architekturstars Rafael Moneo: der **Kursaal**, ein Kongress- und Musikpalast.

AUSFLÜGE VON SAN SEBASTIÁN

*Pasajes de San Juan/ Pasai Donibane

Der 16 000-Einwohner-Ort liegt 6 km östlich am Handelshafen von San Sebastián und macht aus der Ferne keinen berauschenden Eindruck. Das jedoch ändert sich, wenn man die schmale Hauptgasse durchstreift. Hier herrscht zuweilen noch die gute alte Fischerstimmung; zudem reihen sich Meeresfrüchte-Restaurants aneinander.

**Hondarribia* Das 20 km östlich gelegene Hondarribia steht in der Liste der beliebtesten baskischen Strand- und Ferienstädtchen (17 000 Einw.) weit oben und bietet ganz unterschiedliche Facetten. Da ist die Altstadt mit ihren Gassen, Kneipen und der urtümlichen Plaza de Armas mit massiger Wehrburg (heute Parador-Hotel), da sind aber auch die Promenaden am Meer und an der Mündung des Río Bidasoa oder der Jacht- und der Fischerhafen. Die Großparkplätze hinter dem Sandstrand sind ein Indiz für den sommerlichen Ansturm.

Ausgeschilderte Sträßchen winden sich zum Kap Higuer (Leuchtturm) und ins Küstengebirge des **Monte Jaizkibel** (543 m ü. d. M.) hinauf, wo der Platanenplatz vor der Wallfahrtskirche Guadalupe ein lohnendes Panorama bietet. Im Innern des Bergheiligtums verehren Gläubige das **Bildnis einer schwarzen Madonna**.

Strandziele westlich von San Sebastián findet man unter dem Stichwort ▶Costa Vasca.

** Santander

L 3

Provinz: Kantabrien (Cantabria)
Region: Kantabrien
Höhe: Meereshöhe   **Einwohner:** 190 000

Kantabriens Hauptstadt genießt einen Ruf als traditionelles Seebad. Ihre Strände und Promenaden gehören zu den schönsten in Nordspanien. Und auch hochkarätige sommerliche Kulturereignisse locken Besucher aus aller Welt an. Kein Wunder, dass Santander immer dann genannt wird, wenn es in Spanien um Städte mit der höchsten Lebensqualität geht.

Handelsplatz und Seebad Santander liegt an einer tief ins Land eindringenden, von Strand- und Dünenzonen umrahmten Bucht. Diese geschützte Lage machten sich bereits die Römer bei der Anlage ihres Hafens namens Portus Victoriae zunutze. Kastiliens Könige Sancho II. (1068) und Alfonso VIII. (1187) gestanden Santander weitgehende Privilegien zu. Das beflügelte die Entwicklung der Seehandelsaktivitäten. Über Santander wurden Agrarprodukte aus Kastilien nach England und Flandern verschifft.

Im Mittelalter bestand in Santander ein Kloster zu Ehren der römischen Märtyrer San Emeterio und San Celedonio, deren geköpfte Häupter, so besagt eine Legende, einst auf wundersame Weise in die Bucht gespült worden waren. Bis heute verehrt man ihre Reliquien. Santander ist seit alters her auch Station der Jakobspilger auf dem Küstenweg nach Santiago de Compostela.

Im 16. Jh. wurde die Stadt von mehreren Pestepidemien heimgesucht. Nach zwei Seuchen 1529 und 1531 waren nur noch 187 von

Leuchtturm auf den Klippen: Cabo Mayor bei Santander

ursprünglich 641 Häusern bewohnt. 1570 machte König Philipp II. Santander zum Flottenstützpunkt. Ab 1778 kam der Seehandel mit den Kolonien in Übersee in Schwung. Die kontinuierliche wirtschaftliche Entwicklung führte zur Gründung der mächtigen Banco de Santander (1857) und ermöglichte den Eisenbahnanschluss (1866), was wiederum für ein rasches Aufblühen des Tourismus sorgte.

Ende des 19. Jh.s wurde Santander Sommerresidenz des spanischen Königshauses. 1912 war der königliche Palast fertiggestellt. Jetzt kam die Entwicklung der Stadt zum mondänen Seebad so richtig in Schwung. 1932 gab es »kulturellen Rückenwind« durch die Gründung der Sommeruniversität, die nach dem Literaten und Philosophen Marcelino Menéndez Pelayo (▶S. 307) benannt ist. Im Frühjahr 1941 wurde die Stadt von einem heftigen Orkan getroffen, der in der Altstadt eine Feuersbrunst auslöste. Danach erfolgte ein planmäßiger Wiederaufbau. In der zweiten Hälfte des 20. Jh.s entwickelte sich Santander dank seines Hafens auch zu einem lebhaften Industriestandort (u. a. Chemie, Schiffbau).

Santander erleben

AUSKUNFT
Oficina de Turismo
Jardines de Pereda, s/n, Tel. 942 20 30 00
http://santanderspain.info

VERANSTALTUNGEN
Mitte Juli steigt das historische Badefest Baños de la Ola. Rund um den 25. Juli zeigt sich Santander mit den Fiestas de Santiago und Ende August mit den Fiestas de San Emeterio y San Celedonio in Feierlaune. Über den ganzen Monat August werden im Rahmen eines Sommerfestivals Kultur-Events (Tanz, Theater, Konzerte) geboten.

ESSEN
❶ *El Puntal* €€€€
Paseo Pérez Galdós, 28
Tel. 942 27 25 50, www.hotelreal.es
Das sehr stilvolle Spitzenrestaurant gehört zum Hotel Real. Wahrlich königlich bereitet es regionale Spezialitäten zu.

❷ *Bodega Cigaleña* €€
Calle Daoiz y Velarde, 19
Tel. 942 21 30 62
www.cigalena.com
Traditionelle kantabrische Küche. Die zur Wahl stehenden Menüs haben eine große Preisspanne. Mit Weinmuseum (Museo del Vino).

ÜBERNACHTEN
❶ *Hotel Real* €€€€
Paseo Pérez Galdós, 28
Tel. 942 27 25 50, www.hotelreal.es
Traditionsreiche Adresse der Fünf-Sterne-Kategorie mit dem Zusatz »Gran Lujo«. Das Hotel wurde 1917 eröffnet, um illustre Gäste aus dem Umfeld der königlichen Familie zu beherbergen.

❷ *NH Ciudad de Santander* €€
Menéndez Pelayo, 13-15
Tel. 913 98 46 61
www.nh-hoteles.es
Das moderne Hotel mit seinen stilvollen Zimmern liegt mitten im Einkaufsviertel. Von hier aus ist es nur rund 1 km zum berühmten Sardinero-Strand und ebenfalls 1 km zur Kathedrale von Santander.

SEHENSWERTES IN SANTANDER

*Catedral de Nuestra Señora de la Asunción
Die wehrhaft wirkende Kathedrale wurde über der einstigen Klosterkirche San Emeterio und San Celedonio errichtet, was ihre Aufteilung in eine Ober- und eine Unterkirche erklärt. Die um 1200 entstandene Unterkirche besteht aus der gedrungenen **Cripta del Cristo**, die ein Bildnis des Gekreuzigten über dem Altar zeigt und die in Silber gefassten Kopfreliquien der heiligen Emeterio und Celedonio aufbewahrt. Die eigentliche Bischofskirche (Oberkirche) datiert aus dem 13./14. Jh. und wurde nach dem Stadtbrand von 1941 wieder aufgebaut. Sehenswert sind der **Kreuzgang** und das von Bildhauer Victorio Macho (1887 – 1966) gestaltete **Mausoleum für Marcelino Menéndez Pelayo**.
 Mo. – Fr. 10.00 – 13.00, 16.00 – 19.30, Sa. 10.00 – 13.00, 16.30 – 20.00, So. 8.00 – 14.00, 17.00 – 20.00 Uhr; www.diocesisdesantander.com

Santander • ZIELE

Östlich schließen sich die hübsch gestalteten Gartenanlagen der **Jardines de Pereda** und eine **Promenade** an. Sie verläuft an der Bucht entlang bis zum kleinen Sporthafen **Puerto Chico**. Nahe dem Palacete del Embarcadero starten Linienboote auf die andere Buchtseite bis Somo und Pedreña (www.losreginas.com).

Promenade und Porto Chico

Wendet man sich von den Jardines de Pereda der Stadtseite zu, erreicht man bald die arkadengesäumte **Plaza Porticada** sowie – durch die Calle Juan de Herrera oder die Calle Rualasal – den Rathausplatz und die **Markthallen** mit ihrer imposanten Fischabteilung.

Plaza Porticada und Markthallen

In der Calle Rubio findet man die Bibliothek sowie das vormalige Wohnhaus des berühmten Philosophen und Literaturhistorikers **Marcelino Menéndez Pelayo** (1856 – 1912). Architekt Leonardo Rucabado hat beide im neobarocken Stil gestaltet.
❶ Mo. – Sa. 9.00 – 13.30 Uhr; www.bibliotecademenendezpelayo.org

Biblioteca y Casa-Museo de Menéndez Pelayo

Gleich in der Nachbarschaft gibt es mit dem Museum der Schönen Künste ein weiteres repräsentatives Bauwerk des Architekten Leonardo Rucabado. Es ist 1917 – 1923 nach seinen Plänen entstanden. Hier sind nicht nur Werke regional bedeutsamer Maler zu sehen, sondern

Museo de Arte Moderno

Essen
❶ El Puntal
❷ Bodega Cigaleña

Übernachten
❶ Real
❷ NH Ciudad de Santander

auch Arbeiten flämischer, italienischer und spanischer Meister des 17. bis 20. Jahrhunderts. Heraus ragt ein Porträt von König Fernando VII. **von Goya**.
❶ Calle de Rubio, 6; Di.–Sa. 10.00–13.30, 17.30–21.00, Mitte Juni–Mitte Sept. Di.–Sa. 10.30–13.00, 18.00–21.00, So. immer 11.00–13.30 Uhr; Eintritt frei; www.museosdesantander.com

Museo Marítimo del Cantábrico

Zwischen der Altstadt und der Península de la Magadalena liegt dieses modern gestaltete meereskundliche Museum. Hier wird umfassend informiert über das **Leben im Meer**; vor allem über den Fischfang und die wirtschaftliche Entwicklung an der kantabrischen Küste.
❶ San Martín de Bajamar; Okt.–April Di.–So. 10.00–18.00, Mai–Sept. bis 19.30 Uhr; Eintritt 8 €; www.museosdecantabria.com

***Península de la Magdalena**

Wälder und Wiesen, Spazierwege, herrliche Ausblicke über die Bucht – die Halbinsel östlich der Kernstadt ist für Einheimische und Besucher gleichermaßen attraktiv.
Der **Palacio Real de la Magdalena**, der einstige Sommerpalast des spanischen Königshauses, der 1912 nach Plänen der kantabrischen Architekten Javier González Riancho und Gonzalo Bringas Vega auf dem höchsten Punkt der Halbinsel fertiggestellt worden ist, dient heute als Rahmen für Kurse der Sommeruniversität Menéndez Pelayo. Auf dem Weg zur Halbinsel gibt es einen kleinen Tierpark und Schiffsnachbauten, die an Francisco de Orellana erinnern, den spanischen Entdecker des Amazonas.

Strände

Die Península de la Magdalena unterteilt die beiden Strandzonen von Santander. Sie beginnen im Stadtzentrum mit der **Playa de los Peligros**. Es folgt die **Playa de la Magdalena**. Nördlich der Halbinsel breitet sich dann die ****Playa El Sardinero** als einer der schönsten und bekanntesten Strände Spaniens aus. Parallel verlaufen Promenaden und Grünanlagen. Für mondänes Flair sorgen noble Hotels und Restaurants sowie das Gran Casino.

UMGEBUNG VON SANTANDER

***Parque de la Naturaleza Cabárceno**

17 km südlich von Santander breitet sich dieser Natur- und Wildpark in einem früheren Eisenerzbergbaugebiet aus. Auf einer Fläche von 750 ha leben viele verschiedene Tiere, darunter auch Elefanten, Löwen und Giraffen. Bemerkenswert ist die große Braunbären-Kolonie. Man durchfährt das Areal im eigenen Fahrzeug.
❶ Anfahrt via Obregón oder Cabárceno; Mo.–Fr. 10.00–17.00, Sa., So. 10.00–18.00, Juli, Aug. tgl. 9.30–19.00 Uhr; Eintritt April–Sept. sowie jeden Sa., So. 25 €, sonst 18 €; http://parquedecabarceno.com

** Santiago de Compostela

Provinz: La Coruña (A Coruña)
Region: Galicien (Galicia)

B 4
Höhe: 260 m ü.d.M.
Einwohner: 100 000

Die Kathedrale mit dem vermeintlichen Grab des Apostels Jakobus macht Santiago de Compostela zum wichtigsten Wallfahrtsziel in Spanien. Die herrliche Altstadt ist von der UNESCO zum Weltkulturerbe erklärt worden.

Santiago de Compostela, das nicht nur Pilgerziel, sondern auch Hauptstadt der Autonomen Gemeinschaft Galicien ist, liegt in einem weiten grünen Hügelland, das hauptsächlich mit Eukalyptus wieder aufgeforstet worden ist. Santiago ist eine der regenreichsten Städte Spaniens – das erklärt beispielsweise auch den reichen Moosbelag an der Kathedrale. Und selbst an sonnigen Tagen bricht kaum jemand ohne Regenschirm zur Arbeit auf …

Regensattes Grün

Die Ursprünge und die Entwicklung der Stadt sind aufs Engste mit der Legende um den heiligen Jakobus verbunden, der hier von zwei treuen Jüngern, Athanasius und Theodorus, im Jahr 44 n. Chr. in einem Waldstück begraben worden sein soll. Anfangs, so besagt die

Dritter Wallfahrtsort der Christenheit

Endlich am Ziel: Pilger vor der Kathedrale von Santiago de Compostela

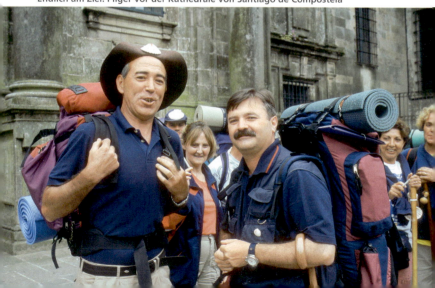

Santiago de Compostela erleben

AUSKUNFT
Oficina de Turismo
Rúa do Vilar, 63
Tel. 981 55 51 29
www.santiagoturismo.com
www.turismo.gal

VERANSTALTUNGEN
In der zweiten Julihälfte dreht sich alles um die Patronatsfeierlichkeiten zu Ehren des heiligen Jakobus. Diese von Konzerten und folkloristischen Darbietungen begleiteten Fiestas del Apóstol erreichen – beginnend in der Nacht zuvor – am 25. Juli mit ihren Höhepunkt: einem großen Feuerwerk sowie einer imposanten Licht-und-Ton-Show.

SHOPPING
Mercado de Abastos
Der Markt im Südteil der Altstadt (Praza de Abastos) ist einer der schönsten seiner Art in Nordspanien. In den Hallen riecht es nach frischem Fisch, Würsten, Käse und Kräutern. Es gibt auch Freiluftstände. Besonders lebhaft geht es samstagvormittags bis gegen 14.00 Uhr zu.

Innenstadt
In der geschäftigen Innenstadt gilt es, kitschige Souvenirs »made in China« von wirklich Gutem zu unterscheiden. Ein wertvolles Mitbringsel ist beispielsweise in Galicien geklöppelte Spitze. An den Vorplätzen der Kathedrale (Praza das Praterías, Durchgang Praza da Inmaculada/ Praza da Quintana) pflegen Juweliere die Silberschmucktraditionen. Begehrt sind auch Schmuckstücke aus Gagat (span. »azabache«, dt. auch »Pechkohle« oder »Trommelstein«). Dieser gut schnitzbare, tief schwarze amorphe Kohlenstoff wird auch als Stein der Reisenden und Heilstein geschätzt.

ESSEN
❶ *Restaurante Parador Hostal dos Reis Católicos* €€€€
Praza do Obradoiro, 1
Tel. 981 58 22 00
Im »Untergrund« des Fünf-Sterne-Paradors wird höchste Kochkunst zelebriert. Natürlich gibt es hier auch beste landestypische Gerichte.

❷ *O 42* €€
Rúa do Franco, 42
Tel. 981 58 10 09
www.restauranteo42.com
In der belebtesten Restaurantgasse der Altstadt stillt das »O 42« (der seltsame Name leitet sich von der Hausnummer in der Gasse ab) hohe Ansprüche, vor allem bei Fisch und Krustentieren. Sollte es dort zu voll sein: Rundherum gibt es reichlich weitere Plätze zur Einkehr!

❸ *Café Casino* €
Rúa do Vilar, 35
Tel. 981 57 75 03
In Santiagos schönstem Kaffeehaus schlägt nicht nur die Stunde für eine Kaffeerast, sondern es gibt auch warme Mahlzeiten. Ein netter Treff inmitten der Fußgängerzone.

❹ *El Hispano* €
Rúa das Ameas, 7
Tel. 981 56 18 50
Wer mittags auf ein preisgünstiges, aber dennoch schmackhaftes Menü Appetit hat, ist direkt an den Markthallen gut aufgehoben. Viele Einheimische speisen dort. Sonntag Ruhetag.

ÜBERNACHTEN

❶ *Parador dos Reis Católicos* €€€€
Praza do Obradoiro, 1
Tel. 981 58 22 00, www.parador.es
Santiagos mit fünf Sternen gekrönte Vorzeigeherberge steht direkt am Hauptplatz der Stadt. Die Zimmertrakte legen sich um insgesamt vier Innenhöfe. Auch Nicht-Hotelgästen sollten eine Pause in der nicht einmal überteuerten Cafeteria des Hauses einlegen!

❷ *Hotel Gelmírez* €€
Rúa do Hórreo, 92, Tel. 981 56 11 00
www.hotelgelmirez.com
Drei-Sterne-Haus (132 Z.) in der Nähe des Parlaments. Bis zum Beginn der Altstadt-Fußgängerzone geht man gut fünf Minuten leicht bergauf. Wegen möglichen Straßenlärms empfiehlt sich ein Zimmer in einer der oberen Etagen.

❹ *Hotel Hesperia Peregrino* €€
Avda. de Rosalía de Castro, s/n
Tel. 981 52 18 50
www.nh-hoteles.es
Das moderne Hotel mit seinen soliden Zimmern liegt rund 15 Gehminuten von der Kathedrale entfernt, am Rand des Stadtzentrums in einem eher anonymen Wohnviertel. Vom Restaurant blickt man auf den Hotelgarten, eine schöne Aussicht genießt man auch von den Zimmern in den obersten Stockwerken. Im Sommer steht den Gästen ein Außenpool zur Verfügung.

❸ *Hotel Alda Algalia* €
Praza (Plaza) Algalia de Arriba, 5
Tel. 981 55 81 11
www.aldaalgalia.es
Ein wenig abseits und doch mittendrin – ein nettes kleines Designerhotel mit 15 Zimmern. Die ältesten Bauteile stammen von einem typischen Stadthaus des 18. Jahrhunderts. Eine besondere Erwähnung verdient das Restaurant »Texturas Galegas«, das ebenso gute Preise hat wie die Unterkunft selbst.

Feudale Unterkunft im Parador von Santiago

Überlieferung, gab es am Grab ein kleines Heiligtum, das jedoch immer mehr in Vergessenheit geriet. Im 9. Jh. war es Einsiedler Pelagius, der über den Wäldern dieser Gegend mysteriöse Lichter sah und den nächsten erreichbaren Bischof, Theodemir, verständigte. Theodemir entdeckte dann – hier schwankt die Quellenlage zwischen 813 und 830 – das Grab des Apostels wieder. Aus heutiger Sicht werfen kritische Stimmen ein, dass der mysteriöse Grabesfund eine reine Erfindung zum Zweck der Stärkung der Reconquista von Klerus und Königshaus war. Das kann jedoch bis heute nicht die Ströme der Wallfahrer bremsen (▶Baedeker Wissen S. 116 u. 136).

Im Mittelalter stand Santiago de Compostela hinter Rom und Jerusalem an dritter Stelle der Wallfahrtsziele der Christenheit. Heute kommen in manchen Jahren über 10 Mio. Besucher in die Stadt.

Studentenstadt
Santiagos Bedeutung erschöpft sich nicht allein in seiner Rolle als Wallfahrtsort und Hauptort der Region Galicien, es ist darüber hinaus einer der beliebtesten Studienorte auf der Iberischen Halbinsel. Gegenwärtig lassen rund 45 000 Studierende die Kultur- und Kneipenszene florieren.

SEHENSWERTES IN SANTIAGO DE COMPOSTELA

**Altstadt, Jakobsweg
Ab dem Monte do Gozo (▶Ponferrada, Jakobsweg) erreichen die Pilger von Osten her Santiago de Compostela und kämpfen sich dann einige Kilometer vorwärts bis an den Rand der Altstadt. An der **Porta do Camiño**, wo einzig der Name ein früheres Stadttor verrät, geht es hinein in die Fußgängerzone bis zur **Praza de Cervantes**, wo dem Dichter Cervantes ein Denkmal gesetzt ist. Auf diesem ersten Teilstück Richtung Kathedrale hat man bereits Bekanntschaft gemacht mit den typischen Gassen und Granitbauten der von der UNESCO zum Weltkulturerbe erhobenen Altstadt. Doch wo liegt die nahe, von dieser Stelle aus nicht mehr sichtbare Kathedrale? Das haben sich in der Vergangenheit wohl Heerscharen von Wallfahrern gefragt, weshalb die angrenzende Gasse **Rúa do Preguntoiro** heißt – die »Fragegasse«! Durch diese geht es allerdings nicht, sondern durch die **Rúa Acibechería** hinab und – hinter einem Linksknick – durch die **Via Sacra** auf die **Praza da Quintana**. Hier hat man endlich die berühmte Bischofskirche erreicht.

**Catedral de Santiago
Das erste nachweisbare Heiligtum um das Grab des Apostels Jakobus wurde im 9. Jh. auf Betreiben von König Alfonso II. errichtet. Anno 997 wurde es allerdings durch die Truppen des muslimischen Feldherrn Almanzor zerstört. Eine Überlieferung will jedoch wissen, dass Almanzor die Grabstelle des Apostels selbst verschonen ließ. Mit dem Bau der romanischen Basilika wurde 1075 begonnen. Über-

wältigender Höhepunkt wurde der ****Pórtico de la Gloria**, das nach Westen ausgerichtete »Tor der Herrlichkeit« des Baumeisters Mateo. Er erhielt 1168 von König Fernando II. den Auftrag zur Fertigstellung der Basilika und vollendete 1188 – unterstützt durch zahlreiche weitere Steinmetze – den dreibogigen Portikus. Im 18. Jh. integrierte der barocke Granitvorbau über der Praza do Obradoiro den Torvorbau in die Kirche und förderte seinen Erhalt.

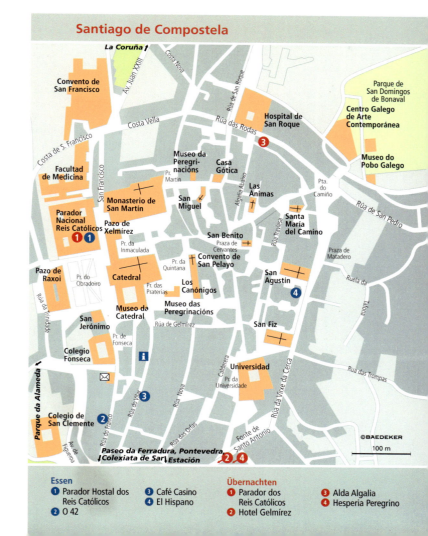

Essen
1. Parador Hostal dos Reis Católicos
2. O 42
3. Café Casino
4. El Hispano

Übernachten
1. Parador dos Reis Católicos
2. Hotel Gelmírez
3. Alda Algalia
4. Hesperia Peregrino

BAEDEKER WISSEN | *Catedral de Santiago*

✵✵ *Ersehntes Pilgerziel*

In der Kathedrale von Santiago de Compostela endet die Pilgerreise auf dem Jakobsweg. Ziel der Gläubigen ist das Grab des Apostels Jakobus (span. Santiago Apóstol) bzw. die Apostelfigur in der Capilla Mayor über dem Grab, die am Ende der Reise umarmt wird. Das beeindruckende Bauwerk wurde im 17. und 18. Jh. von außen barock umgestaltet, im Inneren jedoch herrscht reinste Romanik.

❶ Claustro
Der 1521 bis 1586 im platereskem Stil erbaute Kreuzgang gehört heute zum Museumsbereich, in dem die Bandbreite von archäologischen Stücken über Skulpturen aus dem Mittelalter bis zu Wandteppichen reicht.

❷ Portal
Eine 1606 angelegte Freitreppe führt zum Portal der majestätischen Kathedrale. Darunter befindet sich das romanische Gewölbe der Catedral Vieja, dem ältesten noch erhaltenen Teil (11. Jh.) der Kathedrale.

❸ Krypta
Unter dem Altar der Capilla Mayor geht es hinab zur Krypta mit den Gräbern des Jakobus und seinen Schülern Theodorus und Athanasius; die silberne Kassette mit den Gebeinen des Apostels wurde im 19. Jh. gefertigt.

❹ Kuppel
In der 1445 vollendeten Vierungskuppel erkennt man die 1604 angebrachte Vorrichtung zum Schwingen des Weihrauchfasses »Botafumeiro«.

❺ Capilla des Sagrado Corazón
Eine hohe runde Marmorkuppel im linken Seitenschiff überspannt die Capilla del Sagrado Corazón mit Bischofsgräbern.

❻ Capilla de la Concepción
Sie birgt das Grabmahl des Chorherrn Rodríguez, gestaltet von Cornelis de Holanda.

❼ Capilla de Mondragón
Die Capilla de Mondragón im rechten Chorumgang ziert eine herrlich gearbeitete Decke.

❽ Capilla de San Fernando
Hier ist der Kirchenschatz (»tesoro«) untergebracht. Unter den Exponaten (vor allem Prunkgewänder und Silberarbeiten) ragt eine silberne Custodia von Antonio de Arfe (1545) hervor.

Der Jakobus-Tag (25. Juli) wird mit einem Stadtfest und mit einem Feuerwerk begangen.

Catedral de Santiago de Compostela

1 Freitreppe (daneben Zugang ins neue Besucherzentrum)
2 Obradoirofassade
3 Pórtico de la Gloria
4 Torre de la Carraca
5 Torre de las Campanas
6 Biblioteca
7 Sala Capitular
8 Torre de la Corona
9 Torre del Tesoro
10 Museumseingänge
11 Sacristía
12 Tesoro
13 Vestíbulo
14 Capilla de las Reliquias
15 Puerta de las Platerías
16 Torre del Reloj
17 Capilla del Pilar
18 Capilla de Mondragón
19 Capilla de San Pedro
20 Puerta Santa
21 Capilla del Salvador
22 Capilla de N. Sra. Blanca
23 Capilla de San Juan
24 Capilla de la Corticela
25 Capilla de San Andrés
26 Capilla de San Fructuoso
27 Capilla del Espíritu Santo
28 Capilla de San Bartolomé
29 Capilla de la Concepción
30 Capilla Mayor
31 Apostelfigur mit Aufgang, darunter Krypta
32 Puerta de la Parroquia
33 Capilla de Santa Catalina
34 Capilla del Corazón
35 Capilla del Cristo de Burgos

den Besuch des Museums am Eingang an der Praza do Obradoiro, ist auf der gleichen unteren Ebene der nachgebaute steinerne Chor des Baumeisters Mateo zu sehen. Ferner ist hier die Archäologische Abteilung angesiedelt. In den Sälen der oberen Geschosse sind **Skulpturen, Reliefs und Gobelins** nach Vorlagen von Rubens und Goya ausgestellt. Im höchsten Teil des weitläufigen und verwinkelten Gebäudekomplexes gibt es einen **Außengang**, von dem aus sich ein herrlicher Blick auf die Praza do Obradoiro bietet.

Der Museumsbesuch beinhaltet ferner den Zugang zum im Renaissancestil erbauten **Kreuzgang** (schöner Blick auf die Türme), zur **Schatzkammer** und zur **Reliquienkapelle mit der königlichen Grablege**. Dort haben die Könige Fernando II. und Alfonso IX. ihre letzte Ruhe gefunden, und dort ist auch eine Reliquie mit dem Haupt von Jakobus dem Jüngeren ausgestellt. Auch ein Zweitexemplar des berühmten Weihrauchwerfers ist hier meistens zu sehen.

ℹ Kathedrale tgl. 7.00 – 20.30, Museum April – Okt. 9.00 – 20.00, Nov. – März 10.00 – 20.00 Uhr; www.catedraldesantiago.es

Praza do Obradoiro

Die Praza do Obradoiro breitet sich zu Füßen der nach Westen gerichteten Hauptfassade der Kathedrale aus. Um den weiten Platz – er gilt als einer der schönsten in ganz Spanien – gruppieren sich **repräsentative Bauten**. Sie scheinen die wirtschaftliche Basis der Stadt zu versinnbildlichen: Religion (Catedral de Santiago, Pazo de Gelmírez), Tourismus (Hotel Parador dos Reis Católicos), Bildung (Colexio de San Jerónimo) sowie Politik und Verwaltung (Pazo de Raxoi).

Die Praza do Obradoiro besteht jedoch nicht aus geballter Baukunst. Zwischen Pazo de Raxoi und dem Parador dos Reis Católicos schweift der Blick weit ins Hügelgrün – und außerdem wimmelt es immer und überall vor Menschen. Ermattete Pilger, Reisegruppen, kirchliche Würdenträger, Musiker, Straßenkünstler – ein faszinierendes Kommen und Gehen!

Alles beherrschend und himmelstürmend verdeckt die **Hauptfassade** den romanischen Pórtico de la Gloria des Meisters Mateo. Dieser schützende Granitvorbau geht auf die Jahre 1738 – 1750 zurück und stammt von Baumeister Fernando de Casas y Novoa.

Ebenfalls romanischen Ursprungs sind die nach barockem Zeitgeschmack umgestalteten Zwillingstürme. Der dazwischenliegende Mittelteil wirkt wie ein gigantischer Retabel aus Stein, in einer Nische steht der heilige Jakobus als Pilger.

Eine **Renaissancetreppe** führt vom Platz hinauf zur Kathedrale. Unten an der Treppe liegt der Zugang zur **Krypta** unter dem Pórtico de la Gloria (am Zugang liegt heutzutage das Besucherzentrum). Die Krypta, die erste in Galicien mit einem Rippengewölbe, geht ebenfalls auf Meister Mateo zurück.

Auf der gleichen Platzseite schließt der **Pazo de Gelmírez** an. Der romanische Palast ist nach dem Kirchenfürsten Diego Gelmírez (um 1065 – 1140; auf Galicisch: Xelmírez) benannt, der einer der wichtigsten Unterstützer des Jakobuskults und zwei Jahrzehnte lang der erste Erzbischof von Santiago de Compostela war. Der verwinkelte Gebäudekomplex ist heute museal hergerichtet. Architektonischer Höhepunkt ist der 30 m lange Festsaal mit Kreuzrippengewölbe.

Die Nordseite der Praza do Obradoiro wird von der platteresken Fassade des einstigen ****Königlichen Spitals** eingenommen, das von den Katholischen Königen gestiftet und mit dessen Bau 1501 nach Plänen von Enrique Egas begonnen wurde. Heute ist hier der luxuriöse Parador dos Reis Católicos eingerichtet.

In den **Colexio de San Jerónimo** (16. Jh.) an der Südseite des Platzes ist das Portal des historischen Pilgerspitals der Praza da Inmaculada integriert worden. Auf dem Prachtbau **Pazo de Raxoi** des 18. Jh.s an der Westseite steht die gigantische Skulptur des Jakobus als »Maurentöter«. Der Palast mit breiter Fassade dient heute als Sitz der galicischen Regierung.

Pazo de Gelmírez: Mo. – Fr. 10.00 – 19.15, Sa., So. 10.00 – 14.00, 16.00 – 19.15 Uhr; Eintritt 6 €

Am »Platz der Silberschmiede« hatte einstmals diese Handwerks- *Praza das
zunft ihre Werkstätten. Im unteren Teil des südlichen Kathedral- Praterías
vorplatzes plätschert der **Pferdebrunnen**, dahinter erhebt sich die
barocke **Casa do Cabildo** (Haus des Domkapitels). Ebenfalls an den
Platz stößt ein neu aufbereiteter Komplex, der sich **Museo das Peregrinacións** (Museum der Pilgerschaften) nennt und ganz auf die
Jakobswallfahrt ausgerichtet ist. Hier erfährt man viel Wissenswertes zu Hintergründen und Entwicklung der Wallfahrten. Zahlreiche
bildhauerische Arbeiten ergänzen die Ausstellung.

Neben der Casa do Cabildo geht es hinein in die lang gestreckte
Rúa do Vilar, zu deren Beginn die Casa do Deán (Haus des Dekans,
18. Jh.) und das Pilgerbüro liegen, wo sich Jakobspilger die berühmte **Compostela-Urkunde** abholen können. Die **Freitreppe** oberhalb
des Pferdebrunnens führt an der zur Kathedrale gehörigen Fachada
del Tesoro (Schatzfassade, 16. Jh.) vorbei und auf die einzige erhaltene romanische Kathedralfassade zu, die ****Porta Praterías**. Mit
deren Bau wurde mutmaßlich im Jahre 1103 begonnen. Mit einem
musizierenden König David, Geometrie- und Pflanzenmotiven sowie Heiligen und Engeln zeigt das Portal ein überwältigendes Dekor.
In den Giebelfeldern sind Szenen aus dem Leben Christi zu sehen.

Museo das Peregrinacións: Di. – Fr. 9.30 – 20.30, Sa. 11.00 – 19.30,
So. 10.15 – 14.45 Uhr; Eintritt 2,40 €; http://museoperegrinacions.xunta.gal

Die Praza da Quintana ist der östliche Kathedralvorplatz, der einst *Praza da
von einem Friedhof eingenommen wurde. Hier wird in »Heiligen Quintana
Jahren« der **Zugang zur Puerta/Porta Santa** (Heilige Pforte)
geöffnet, die in den Altarumgang der Kathedrale führt. Beiderseits der im 17. Jh. gestalteten
Heiligen Pforte sind paarweise
angeordnete Figuren – zwölf
auf jeder Seite – zu sehen, die
aus dem zerstörten romanischen Chor von Meister Mateo
(12. Jh.) stammen und Apostel sowie Persönlichkeiten aus
dem Alten Testament darstellen.
Über der Porta Santa werden
Gläubige von drei Figuren herzlich begrüßt, die der Bildhauer
Pedro del Campo um 1694 angefertigt hat: Apostel Jakobus in
Pilgerpose und seine etwas kleiner dargestellten Jünger Athanasius und Theodorus.

Pferdebrunnen an der Praza das Praterías

Die lang gestreckte Gebäudefront gegenüber gehört zum **Convento de San Paio de Antealtares**, heute ein Nonnenkloster, durch dessen Kirche (18. Jh.) oberhalb des breiten Treppenaufgangs ein kleines Museum für Sakralkunst (**Museo de Arte Sacra**) zugänglich ist.
Zur Südseite hin wird die Praza da Quintana von der **Casa da Conga** (Haus der Kanoniker, 18. Jh.) und zur Nordseite hin von der **Casa da Parra** (Haus der Weinreben, aus dem ausgehenden 17. Jh.) abgeschlossen.
Museo de Arte Sacra: April–Dez. Mo.–Sa. 10.30–13.30, 16.00–19.00, So. 16.00–19.00 Uhr; Eintritt: 1,50 €

Praza da Inmaculada

An der Praza da Inmaculada, dem nördlichen Kathedralvorplatz, wurde das ursprüngliche romanische Paradiesportal durch die barockklassizistische **Porta da Azabachería** ersetzt. Auf der Gegenseite des Platzes erhebt sich der gewaltige **Convento de San Martiño Pinario**, auf Spanisch auch als Monasterio de San Martín bekannt, im 17./18. Jh. als Benediktinerkloster erbaut und seit dem Auszug der Mönche unterschiedlich genutzt, u.a. als Studentenwohnheim, touristische Unterkunft (heute in einem Seitenteil) und Priesterseminar. Wer die Klosterkirche samt Museum für Sakrale Kunst besuchen will, muss einen weiten Bogen um den Gebäudekomplex herum bis zur Praza de San Martiño Pinario schlagen. Ansonsten geht es ab der Praza da Inmaculada abwärts durch einen langen Durchgang, in dem zuweilen Dudelsackspieler eine gute Akustik finden, auf die Praza do Obradoiro (▶ S. 318).
Convento de San Martiño Pinario: Di.–So. 11.00–13.30, 16.00–18.30 Uhr; Eintritt 2,50 €; www.museosanmartinpinario.com

Kulinarische Souvenirs aus Santiago de Compostela

Diese drei parallel verlaufenden Gassen gehen südlich des Kathedralbezirks ab. Als echte **Lebensadern der Altstadt** sind sie von Arkaden, Granithäusern, Souvenirshops und Einkehrmöglichkeiten gesäumt. Speziell in der Rúa do Franco reihen sich Café an Café und Restaurant an Restaurant. Zu Beginn der Rúa do Franco liegen die mit Kamelien bestandene **Praza de Fonseca** und der **Colexio de Fonseca** (16. Jh.) mit seinem schönen Innenhof. Im Vorbereich gibt es gelegentlich Ausstellungen. Am Ende der Gassen ist es nicht weit bis zum Parque da Alameda.

*Rúa do Franco, Rúa do Vilar, Rúa Nova

An die südwestliche Altstadt grenzt dieser seit dem 19. Jh. beliebte Stadtpark. Nicht etwa die kleine Anhöhe mit der **Igrexa de Santa Susana** (17./18. Jh.) bietet den schönsten Ausblick, sondern die Promenade **Paseo da Ferradura**, die sich zur Altstadtseite hinwendet. Ganz am Ende genießt man eine großartige Aussicht über die Ziegeldächer hinweg auf die Hauptfassade der Kathedrale.
Auf der anderen Parkseite, am Paseo das Letras Galegas, erinnert ein Denkmal an die Dichterin **Rosalía de Castro** (1837 – 1885; ▶Berühmte Persönlichkeiten).

**Parque da Alameda

Das einstmals außerhalb der östlichen Stadtmauern angesiedelte Dominikanerkloster soll im 13. Jh. vom hl. Dominikus persönlich gegründet worden sein. Heute beherbergt es das **Museo do Pobo Galego**, das mit Exponaten zu Fischfang, Handwerk und Traditionen umfassende Bilder galicischer Volkskunde vermittelt.
Ein besonderer Eingang führt in die gotische Klosterkirche **Igrexa de San Domingos de Bonaval** nebenan. Hier befindet sich der **Panteón de Galegos Ilustres**, in dem bedeutende galicische Persönlichkeiten – u. a. die Dichterin Rosalía de Castro – beigesetzt sind.
Museo do Pobo Galego: Rúa de Ramón del Valle Inclán, s/n; Di. – Sa. 10.30 – 14.00, 16.00 – 19.30, So. 11.00 – 14.00 Uhr; Eintritt 3 €; www.museodopobo.gal

*Convento de San Domingos de Bonaval

Gleich neben dem Dominikanerkloster erhebt sich der moderne Block des galicischen Zentrums für Zeitgenössische Kunst, in dem Werke von Künstlern aus der zweiten Hälfte des 20. Jh.s sowie Wechselausstellungen gezeigt werden.
❶ Rúa Valle Inclán, 2 Di. – So. 11.00 – 20.00 Uhr; Eintritt frei; www.cgac.org

Centro Galego de Arte Contemporánea

Die romanische Stiftskirche südlich des Stadtzentrums an der Rúa do Sar do Afora trägt den Namen des nahen Flüsschens Sar. Ein Baufehler hat dazu geführt, dass sich die Säulen im Innern des Gotteshauses geneigt haben. Um das Bauwerk vor dem Einsturz zu bewahren, wurden im 18. Jh. an der Außenseite Strebepfeiler angebracht. Beachtung verdienen auch der romanische Kreuzgang und eine Sammlung sakraler Kunst.

*Colexiata de Sar

Cidade da Cultura
❶ Mo.–Sa. 17.00–19.00 (Winter), 18.00–20.30 (Sommer), So. 9.00–13.30 Uhr

Östlich der Stadt sollte auf dem Monte Gaiás die hypermoderne Cidade da Cultura samt Bibliothek, Galicien-Museum, Ausstellungs- und Veranstaltungsbereichen entstehen – an dem Großprojekt wurde jahrelang gebaut, Anfang 2013 kam dann der Baustopp – die »Stadt der Kultur« von Peter Eisenman war vor allem wegen der Kostenexplosion in die Schlagzeilen geraten und bei den Bewohnern Santiagos nicht besonders beliebt. Die Wirtschaftskrise gab dem Vorhaben dann den Rest. Dennoch kann man besichtigen, was bisher bereits entstanden ist.
❶ Anfahrt Mo.–Fr. 7.30–22.30, Sa. 8.30–13.30 Uhr alle 60 Minuten Bus 9 ab Casas Novas, So. unregelmäßig Bus 11 ab Multiusos Fontes do Sar; www.cidadedacultura.org

UMGEBUNG VON SANTIAGO DE COMPOSTELA

*Padrón Etwa 20 km südwestlich von Santiago de Compostela liegt Padrón (9000 Einw.), das römische Iria Flavia, am **Río Ulla** bzw. am Weg zu den Rías Baixas. Laut Überlieferung soll das legendäre Engelsschiff mit den sterblichen Überresten des hl. Jakobus an einem Stein am Flussufer festgemacht haben, der heute als Padrón oder »Jakobusstein« bekannt ist. Dieser mit einer unvollständigen Inschrift versehene Stein liegt heute unter dem Hauptaltar der örtlichen Iglesia de Santiago. Die treuen Begleiter des Jakobus, Athanasius und Theodorus, suchten von hier aus eine würdige letzte Ruhestätte für ihren Herrn.

Der historische Zufall wollte es, dass im kleinen Padrón zwei große literarische Persönlichkeiten geboren wurden: Galiciens Vorzeige-Literatin **Rosalía de Castro** (1837–1885; ▶Berühmte Persönlichkeiten) und der 1989 mit dem Literaturnobelpreis ausgezeichnete Romancier **Camilo José Cela** (1916–2002; ▶Berühmte Persönlichkeiten). Die Spuren von Rosalía de Castro lassen sich in dem nach ihr benannten **Casa-Museo** verfolgen. Celas Erbe hält die **Fundación de Camilo José Cela** an der Ausfahrtstraße Richtung Santiago wach. Rosalía de Castro und Camilo José Cela sind an der Flusspromenade von Padrón mit je einem Denkmal vertreten.

Casa-Museo Rosalía de Castro: La Matanza, s/n; Juli–Sept. Di.–Sa. 10.00–14.00, 16.00–20.00, Okt.–Juni Di.–Sa. 10.00–13.30, 16.00–19.00, So. immer 10.00–13.30 Uhr; Eintritt 2 €; http://rosaliadecastro.org

Fundación de Camilo José Cela: Sta. María, 22; nur im Rahmen von Führungen Sept.–Juni Di.–Sa. 10.00–14.00, 16.00–19.00, Juli, Aug. Di.–Sa. 10.00–14.00, 16.00–20.00 Uhr; Eintritt 2,40 €; http://fundacioncela.wordpress.com

AUSFLUG AN DIE COSTA DA MORTE

Rund 110 Straßenkilometer sind es von Santiago de Compostela westwärts bis zum Cabo Fisterra, dem sagenumwobenen Kap am »Ende der Welt«, das die galicische »Todesküste« Costa da Morte beherrscht.

Küste des Todes

Das erste Teilstück führt über Landstraße oder Autobahn gut 35 km weit durch Hügelland und Eukalyptusgrün an die tief ins Land eindringende Ría de Muros e Noia mit dem Städtchen **Noia** (14 000 Einw.). Schon zu römischer Zeit war dieser Siedlungsplatz unter dem Namen Noega bekannt. Im Mittelalter kam der Ort unter dem Einfluss von Santiago de Compostela und wegen seines geschützten Hafens zu Blüte und Wohlstand. Dies lässt sich noch heute an der Vielzahl der Adelshäuser ablesen. Wichtigstes Baudenkmal ist die Iglesia de Santa María A Nova (Ursprung im 12., Weiterbau im 14. Jh.). Die ältesten Grabsteine auf dem nebenan gelegenen Friedhof datieren aus dem Mittelalter.

**Ría de Muros e Noia

Hinter Noia überspannt eine lange Brücke den **Río Tambre**, ehe die Straße nah an die Ría heranführt. Unterwegs durchfährt man Eukalyptus- und Kiefernwälder, kommt durch Orte wie A Serra de Outes und erhascht immer wieder Blicke auf die in der Ría schwimmenden künstlichen Muschelzuchtinseln (»bateas«). Sie bestehen aus Eukalyptusholz-Flößen, darunter wachsen an langen Seilen Miesmuscheln monatelang bis zur Verzehrgröße heran.

In dem 9000 Einwohner zählenden schönsten Ort an der Strecke bieten sich Spaziergänge an rund um den Fischerhafen, hinüber zum Rathaus sowie durch die schmalen Gassen hinter der Durchgangsstraße. Zur Essenszeit kann man in einem der netten Fischrestaurants genüsslich speisen. Im Sommer werden gelegentlich Bootstouren zu den Muschelzuchtinseln angeboten.

*Muros

Westlich von Muros ist bald die Mündung der Ría erreicht, die sich mit der Praia de San Francisco verabschiedet, einem traumhaft schönen kleinen Sandstrand, den man allerdings leicht übersieht. Der Strand liegt knapp 4 km hinter Muros links unterhalb der Straße. Ein Kiefernwäldchen versperrt ein wenig die Sicht.

*Praia de San Francisco

Die Punta Carreiro trennt die Ría de Muros e Noia von der offenen See, davor liegt die von der Straße aus einsehbare **Laguna Xarfas Louro**, ein unter Naturschutz stehendes Paradies für Wasservögel.

Punta Carreiro

In Lira bietet sich ein wunderbarer Panoramablick auf die weit geschwungene Bucht von Carnota, an der es auch einen weitläufigen Sandstrand gibt. Die über 30 m langen historischen **Getreidespei-**

*Carnota

Träumen erlaubt – am Cabo Fisterra mit Blick auf die wilde Küste und den weiten Ozean

cher (»hórreos«) von Lira und Carnota sind die größten in Galicien. Der Speicher von Carnota wurde im 18. Jh. mit Granitsteinen errichtet. Der Rundbau davor ist ein Taubenturm.

O Pindo, Ezaro Diese beiden freundlichen Strandorte liegen an den Ausläufern der Ría de Corcubión. Über die Ría hinweg blickt man auf das Cabo Fisterra, das »Ende der Welt«.

Cée-Corcubión Auf der Weiterfahrt gelangt man in diesen Doppelort, von dessen Eisenhütte Abgasfahnen aufsteigen. Man nimmt jetzt Kurs auf das »Ende der Welt«. Unterwegs führt eine Abzweigung zur **Praia da Langosteira**.

Fisterra Schließlich erreicht man den Fischerhafen Fisterra (5000 Einw.). Rund um den Hafen gibt es einfache Fischrestaurants. Ein Denkmal erinnert an die galicischen Auswanderer.
Am Ortsrand führt das Sträßchen an der romanischen Kirche Santa María das Areas vorbei und windet sich dann zum ****Cabo Fisterra** (Cabo Finisterre) hinauf. Unterwegs schweifen die Blicke über das offene, häufig windgepeitschte Meer und die schroffe Felsenküste, die den Beinamen **Costa da Morte** (Küste des Todes) trägt. Diesen Namen hat sie wegen der zahlreichen Schiffsunglücke, die sich hier im Laufe der Jahrhunderte ereigneten. Viele Boote sind an den Klippen zerschellt und untergegangen.

Von einem Parkplatz am Ende der Straße geht man zu Fuß weiter zum Leuchtturm und den verschiedenen Aussichtspunkten hoch über dem Kap. Heute knüpfen viele Jakobspilger an die mittelalterlichen Traditionen an und ziehen ab Santiago de Compostela in drei bis vier Tagesmärschen hier her, wobei sich der größte Teil der Pilgerstrecke nicht mit der Variante für Autofahrer deckt und etwas kürzer ist.

** Santillana del Mar
L 3

Provinz: Kantabrien (Cantabria)
Region: Kantabrien
Höhe: 80 m ü. d. M.   **Einwohner:** 4200

Nur wenige Kilometer von der reizvollen ▶Costa de Cantabria entfernt liegt dieses malerische Städtchen, das mit seinen mittelalterlichen Gassen, trutzigen Herrenhäusern und seiner imposanten Kollegiatskirche ein gelungenes Gesamtkunstwerk darstellt.

Die Geschichte dieser Gegend begann vor etwa 20 000 – 15 000 Jahren, als Menschen der Altsteinzeit eine Höhle – heute bekannt als **Cuevas de Altamira** – mit einzigartigen Zeichnungen und Gravuren verzierten (▶S. 327). Die Geschichte der Stadt Santillana fand jedoch erst im 8./9. Jh. mit der **Niederlassung von Mönchen** ihren Anfang, die in ihrem Kloster Reliquien der heiligen Märtyrerin Juliana aufbewahrten. Diese zogen zahlreiche Jakobspilger an, die auf der Küstenroute nach ▶Santiago de Compostela unterwegs waren. Ab dem 15. Jh. wurde Santillana del Mar zum Sitz des Landadels, der sich hier herrliche Häuser und Palais errichten ließ. Dies erklärt das heutige denkmalgeschützte Ortsbild.

Uralter Lebensraum

SEHENSWERTES IN SANTILLANA DEL MAR

Ein Spaziergang durch den für den Verkehr gesperrten Stadtkern macht deutlich, warum man Santillana durchaus als »mittelalterliches Gesamtkunstwerk« bezeichnen kann: gepflasterte Gassen, mit prächtigen Wappen verzierte Adelshäuser, Fassaden, Fenster und Balkone mit reichlich Blumenschmuck sowie eine Vielzahl von umtriebigen kleinen Geschäften und zahlreiche hübsche Kneipen bzw. Restaurants. Die Calle Santo Domingo führt am Palacio de los Benamejís vorbei zur **Plaza Ramón Pelayo**. Dieser wichtigste Platz der Stadt wird von einer Reihe bemerkenswerter Gebäude um-

**Stadtrundgang

Santillana del Mar erleben

AUSKUNFT
Oficina de Turismo
Calle Jesús Otero, 20, Tel. 942 81 88 12
www.santillanadelmarturismo.com

VERANSTALTUNGEN
Umzug am Vortag des Dreikönigstages (5. Januar), Patronatsfest (Fiesta de Santa Juliana; 28. Juni), Fiestas de San Roque (Mitte August).
Torlavega, 7 km südöstlich von Santillana del Mar, wäre eigentlich kaum der Rede wert, gäbe es dort nicht am Mittwochvormittag den großen Viehmarkt namens Mercado Nacional de Ganado, abgehalten in einer für jedermann zugänglichen Riesenhalle (www.ferialdetorrelavega.com).

Andenkengeschäft in Santillana del Mar

SHOPPING
In den Altstadtgassen gibt es zahlreiche Geschäfte, die feines Kunsthandwerk, originelle Geschenkartikel und kulinarische Köstlichkeiten wie Blauschimmelkäse und Wildschweinwurst verkaufen.

ESSEN
Parador de Santillana Gil Blas €€€
Plaza Ramón Pelayo, 11
Tel. 942 02 80 28
Vorzügliche Spezialitäten der regionalen Küche genießt man in einem herrschaftlichen Haus aus dem 17./18. Jahrhundert.

ÜBERNACHTEN
Parador de Santillana €€€
Plaza Ramón Pelayo, s/n
Tel. 942 81 80 00, www.parador.es
Hier übernachtet man stilvoll im Ambiente eines altehrwürdigen kantabrischen Herrenhauses. Eine Alternative ist der zweite Parador Gil Blas (►Essen), der einen Hotelstern mehr trägt.

Altamira €€
Cantón, 1
Tel. 942 81 80 25
www.hotelaltamira.com
Auch dieser gut geführte Hotelbetrieb samt feinem Restaurant ist in einem geschichtsträchtigen Palais (16. Jh.) eingerichtet. Die Zimmer sind in einer ansprechenden Mischung aus modern-ländlich und historisch eingerichtet.

rahmt. Dazu gehören das Rathaus (18./19. Jh.), die Torre del Meriño (14. Jh.), die Torre de Don Borja (15. Jh.) und die Casas del Águila y la Parra (16./17. Jh.). Die Calle El Racial und die Calle del Río führen an weiteren Herrenhäusern wie der Casa de los Cossío y Quevedo vorbei zur Kollegiatskirche.

*La Colegiata

Das romanische Gotteshaus ist der kunsthistorische Höhepunkt der Stadt. Es nimmt die gesamte Nordseite der Plaza de la Colegiata ein. Erbaut wurde die Kirche im 12. Jh. über einem Vorgängerbau, der die Gebeine der hl. Juliana bewahrte. Über dem Hauptportal ist das Bildnis der Heiligen zu sehen. In dem mit Kreuzrippengewölbe gotisch gestalteten Inneren befindet sich der **Sarkophag der hl. Juliana**. Ein Retablo mit Gemälden von Jorge Inglés (1453), eine silberne Altarblende sowie romanische Skulpturen am Hauptaltar verdienen ebenfalls Beachtung.

Besonders sehenswert ist der romanische ****Kreuzgang** (12./13. Jh.), der zu den schönsten seiner Art in Nordspanien zählt. Doppelsäulen mit fein skulptierten Kapitellen tragen die drei erhaltenen Gänge.

Plaza de las Arenas

Hinter der Colegiata schließt sich dieser Platz mit dem **Palacio de los Velarde** (16. Jh.) an. Der Weg zurück durch den Stadtkern führt durch die besonders stimmungsvolle **Calle Cantón**.

Museen in der Stadt

An der Durchgangsstraße Santander – Comillas liegt der Convento de Regina Coeli (16. Jh.), ein vormaliges Dominikaner- und späteres Klarissinnenkloster, das heute das **Museo Diocesano** mit Objekten sakraler Kunst beherbergt.

Im Stadtkern gibt es das **Museo de la Tortura** (Inquisitionsmuseum mit martialischen historischen Folterwerkzeugen) und das **Museo Jesús Otero**, das Werke des einheimischen Bildhauers Jesús Otero (1908 – 1994) zeigt.

Convento de Regina Coeli: El Cruce, s/n; Juni – Sept. Di. – So. 10.00 – 13.30, 16.00 – 19.30, Okt. – Mai nur bis 18.30 Uhr; Eintritt 2 €; www.santillanamuseodiocesano.com

Museo de la Tortura: Calle Escultor Jesús Otero, s/n; Mo. – Fr, 10.00 – 20.30, Sa., So. 10.00 – 21.00 Uhr; Eintritt 3,60 €

Museo Jesús Otero: Plaza del Abad Francisco Navarro, s/n; Mi. – Sa. 10.00 – 13.30, 16.00 – 20.00, Di. erst ab 11.30 Uhr; Eintritt frei

Zoo

Der am südlichen Stadtrand gelegene Zoo von Santillana del Mar wird privat geführt. Auf rund 60 000 m² Fläche tummeln sich Raubkatzen und Orang-Utans, Nutrias und Flamingos.

❶ tgl. 9.30 Uhr bis Einbruch der Dunkelheit; Eintritt 20 €; www.zoosantillanadelmar.com

** CUEVAS DE ALTAMIRA

Altsteinzeitliche Höhlenmalereien

Nur 2 km südlich des mittelalterlichen Städtchens bewahren die Höhlen von Altamira eines der großartigsten Kulturzeugnisse der Menschheit, verbergen sich darin in ihnen doch vor ca. 20 000 Jahren von Menschen der Altsteinzeit geschaffene Felsbilder, die in ihrer

Kantabrische Höhlen

BAEDEKER WISSEN

Steinzeitkunst

Die ältesten jungsteinzeitlichen Höhlenmalereien weltweit wurden in der El-Castillo-Höhle gefunden und sind ca. 40 000 Jahre alt. Ihren Höhepunkt erreichte die Höhlenmalerei im Magdalénien vor ca. 19 000 bis 12 000 Jahren, als auch die spektakulären Bilder von Altamira entstanden. Aufgrund der Fundorte in Nordspanien sowie in Mittel- und Südfrankreich, v.a. in der Dordogne, spricht man von der frankokantabrischen Höhlenkunst.

▶ **Decke der Altamirahöhle**
Die Menschen von Altamira haben 930 Bilder (Ritzzeichnungen, reine Kohlezeichnungen und farbige Darstellungen) hinterlassen, teils mit Einbeziehung der Deckenform. Abgebildet sind ihre Jagdtiere Hirsch, Bison, Pferd und Wildschwein.

Hirschkuh

▶ **Höhlen in der Region Kantabrien**
Die Zahl gibt das geschätzte Alter der Malereien an. In ganz Spanien sind 125 Bilderhöhlen bekannt.

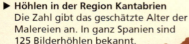

Santander

Altamira 19 000
El Pendo 22 000
Chufin 13 500
El Castillo 40 000
Cullalvera 13 000
Hornos de la Pena 15 000
Las Monedas 16 000
Covalanas 22 000

©BAEDEKER

10 km

Wildschwein

Bison

Motive

Tiere: Am häufigsten gefunden wurden Darstellungen von Pferden und Bisons.

Menschen: Männer sind häufiger dargestellt als Frauen.

Tier-Mensch-Wesen: u.a. als Schamanen gedeutet

Hände (in der Frühphase): als Negativ (»Airbrush«) oder Positiv

Geometrisch-symbolhafte Formen

▶ Maltechniken

Verwendete Farbstoffe waren vermutlich Holzkohle, getönte Ocker oder verschiedene Erden und Mineralien – mit Fett, Eiweiß, Spucke oder Blut zu einer auftragbaren Farbmasse gemischt.

Herstellen/Verarbeiten der Farbe in einer Knochenschale, z.B. einer Gelenkpfanne.

Konturen wurden wahrscheinlich mit Kohle gezeichnet und oft zusätzlich in den Stein graviert.

Vermutlich wurde auch eine primitive »Airbrush-Technik« eingesetzt.

Darstellungsweise und Farbkraft einzigartig sind (▶Baedeker Wissen S. 328). Allerdings ist die originale, von der UNESCO zum Kulturerbe der Menschheit erhobene Höhle nicht mehr für die Öffentlichkeit zugänglich, da die fragilen altsteinzeitlichen Kunstwerke allmählich durch das Kondenswasser der Atemluft der vielen Besucher zerstört würden. Dafür hat man nahe der richtigen Höhle ein Museum mit einer Nachbildung der weltberühmten Höhle und ihres sehenswerten Wandschmuckes eröffnet (▶s. unten).

Die schönsten Malereien schufen die Menschen der Altsteinzeit in der **Sala de Pinturas** (Saal der Malereien), die heute als **»Sixtinische Kapelle der Felsmalerei«** bezeichnet wird. Die Decke des 9 × 18 m großen Saales ist mit mehrfarbigen, teilweise recht plastischen Tierdarstellungen versehen, u. a. mehrere Wisente, ein rotes Wildpferd, ein Wildschwein und eine Hirschkuh. Die Künstler der Steinzeit nutzten die Struktur des Untergrundes und den Schattenwurf, um räumliche Eindrücke und Bewegungseffekte hervorzurufen. Einige Bilder sind durch Ritzen oder Abschaben des felsigen Malgrundes in ihrer Wirkung verstärkt (▶Baedeker Wissen S. 328).

Museo de Altamira Das Museo de Altamira und der **Nachbau der Höhle von Altamira**, die sogenannte **Neocueva**, vermitteln Eindrücke vom Leben in der Altsteinzeit. Die Kopien der Felsmalereien in der echten Höhle sind durchweg exakt.

❶ Mai – Okt. Di. – Sa. 9.30 – 20.00, Nov. – April Di. – Sa. 9.30 – 18.00, So. immer 9.30 – 15.00 Uhr; Eintritt 3 €, Zutritt begrenzt, Reservierung ratsam unter Tel. 942 81 88 15 oder http://museodealtamira.mcu.es

Wisent in der »Sixtinischen Kapelle der Felsenmalerei«

Santo Domingo de la Calzada • ZIELE

✱✱ Santo Domingo de la Calzada

✦ O 5

Provinz: La Rioja
Region: La Rioja
Höhe: 638 m ü. d. M.
Einwohner: 6000

Das Hühnermirakel hat dem Städtchen internationale Berühmtheit beschert, der Hühnerstall in der Kathedrale macht das nach dem gleichnamigen Heiligen benannte Santo Domingo de la Calzada zum Top-Reiseziel. Eine vergleichbar kuriose Sehenswürdigkeit findet man sonst nirgendwo.

Diese mittelalterliche Legende kennt in Spanien jedes Kind. Sie beginnt in einem örtlichen Gasthof, wo eine Magd einem jungen Pilger nachstellt. Dieser widersetzt sich ihrem Verlangen, worauf sie aus Rache einen silbernen Becher in seinem Gepäck versteckt. Der Bursche wird zu Unrecht des Diebstahls bezichtigt und auf richterliches Geheiß erhängt. Als seine Eltern auf dem Jakobsweg weiterziehen wollen, stellen sie fest, dass ihr Sohn am Galgen noch lebt und stürzen zum Hause des Landrichters. Dieser ist gerade im Begriff, einen gebratenen Hahn und eine gebratene Henne zu verspeisen. Ungläubig erwidert er, dass der Junge so lebendig sei wie das Federvieh auf seinem Teller. Im selben Moment erheben sich die Tiere und fliegen davon …

In Angedenken an das Hühnermirakel, das in seiner Frühform in Toulouse als Galgenwunder (ohne Hühnerzutaten) in die Welt gesetzt wurde, ist in der hiesigen Kathedrale der Hühnerstall zu sehen.

Eine wundersame Story

> **BAEDEKER WISSEN**
>
> ❓ *Tierische Bewohner*
>
> In der wärmeren Jahreszeit bevölkern in Santo Domingo de la Calzada zahlreiche Weißstorch-Paare samt Nachwuchs ihre Nester. Man sieht sie vor allem hoch oben auf den Stadtmauern und dem einstigen Franziskanerkloster residieren.

Die Stadtgeschichte ist eng mit dem Pilgerkult und der Figur des Einsiedlers Domingo de la Calzada (1019 – 1109) verknüpft, der den unschuldig Erhängten gestützt haben soll. Belegt ist, dass er sich für die Belange der Wallfahrer einsetzte, ihnen das Fortkommen erleichterte und eine Brücke über den Río Oja baute. Im Jahr 1232 wurde die Kirche mit dem Grabmal des Heiligen zur Kathedrale erhoben.

Die Pilger und der Heilige

Die Bevölkerung von Santo Domingo de la Calzada lebt heute in erster Linie von Einkünften aus dem Tourismus und von einer florierenden Landwirtschaft im Umland.

Die Stadt heute

Santo Domingo de la Calzada erleben

AUSKUNFT
Oficina de Turismo
Calle Mayor, 33, Tel. 941 34 12 38
www.santodomingodelacalzada.org

VERANSTALTUNGEN
Zwischen dem 10. und 15. Mai werden die bunten Patronatsfeierlichkeiten zu Ehren des Santo Domingo de la Calzada von Tanz, Musik und Umzügen begleitet. Eine Prozession und Tänze bestimmen auch den 18./19. September bei den Fiestas de Gracias y San Jerónimo Hermosilla.

ESSEN
Restaurante Parador de Santo Domingo de la Calzada €€€€
Plaza del Santo, 3
Tel. 941 34 03 00
Ausgezeichnete regionale Spezialitäten und hervorragende Weine werden in gediegenem Ambiente geboten.

Casa Amparo €€
Calle San Roque, 17, Tel. 941 34 21 25
Gute Hausmannskost der Rioja in schnörkellosem Ambiente. Werktags Tagesmenü, das am Wochenende etwas teurer ist. Sonntag bis Mittwoch kein Abendtisch. Zentral gelegen.

ÜBERNACHTEN
Parador de Santo Domingo de la Calzada €€€€
Plaza del Santo, 3
Tel. 941 34 03 00, www.parador.es
Dieses einstige Pilgerspital liegt gegenüber der Kathedrale und präsentiert sich heute als stilvoller Vier-Sterne-Parador. Besondere Höhepunkte sind ein prunkvoll dekorierter Saal und das Restaurant. Gag am Rande: Die Zimmernummern sind mit hölzernen Hühnern dekoriert.

Parador de Santo Domingo – Bernardo de Fresneda €€
Plaza de San Francisco
Tel. 941 34 11 50, www.parador.es
Der zweite Parador der Stadt nimmt die Räumlichkeiten des einstigen Franziskanerklosters ein, das Ende des 16. Jh.s erbaut wurde. Dieser Parador besitzt einen Stern weniger und ist etwas preiswerter.

Hostería del Monasterio de San Millán €€
Tel. 941 37 32 77
http://hosteriasanmillan.com
In die Klosteranlage von Yuso ist eine Hostería integriert, ein Vier-Sterne-Haus mit Restaurant.

SEHENSWERTES IN SANTO DOMINGO DE LA CALZADA

*Altstadt Durch die Altstadt ziehen sich die lange Schneise der Calle Mayor sowie die Promenade Paseo del Espolón. An der Plaza de España fällt das Rathaus mit seiner Arkadenfront auf. An der Plaza del Santo stehen das einstige Pilgerhospiz (heute Parador) und die spätgotische Kapelle Nuestra Señora de la Virgen de la Plaza. Hier ragt auch der 70 m hohe Turm (18. Jh.) in den Himmel, der getrennt von der

Kathedrale steht und weithin als Wahrzeichen der Stadt zu sehen ist – vom Turm hat man eine herrliche Aussicht.

In Bezug zur bescheidenen Größe der Stadt wirkt die zwischen dem 12. und 18. Jh. entstandene Kathedrale überproportioniert. Sie ist nicht weniger als 62 m lang und 31 m breit. Stilistisch präsentiert sich das Gotteshaus als Mixtur von der Romanik bis zum Barock. ****Kathedrale**

Der **Kreuzgang** ist als museale Einrichtung mit Objekten sakraler Kunst hergerichtet. Eine Marienskulptur in einer stark gesicherten Vitrine zeigt die Gottesmutter beim Stillen ihres Kindes. Auf einem von Alonso Gallego 1525 gefertigten Ölgemälde predigt der heilige Vitores de Cerezo nach seinem Martyrium mit dem eigenen Kopf unter dem Arm weiter. In den angrenzenden Räumen sind Silberschmiedearbeiten zu sehen, und in kleinen Grabkapellen ruhen regional bedeutsame Adelige.

Betritt man beim Kassenbereich vom Kreuzgang aus die Kathedrale, so gelangt man rechts durch eine Tür (nicht immer offen) in die einstigen Wehrgänge und auf eine Plattform, von der aus man einen schönen Blick auf den Turm und die Reste der Stadtmauer genießt.

Im Inneren der Kathedrale versperrt zunächst einmal der platereske **Chor** den freien Blick. Von den zahlreichen **Seitenkapellen** verdient die des in Nordvietnam hingerichteten Märtyrers San Jerónimo Hermosilla (1800–1861) Beachtung. Sein Totenschädel wird in einem Schrein aufbewahrt. Bemerkenswert ist auch die Jakobuskapelle mit einer Darstellung des Apostels als »Maurentöter«.

Im **nördlichen Querschiff** steht der stattliche **Hauptaltar**, ein prachtvolles Renaissancewerk von Damián Forment. Die Szenen aus dem Leben Christi und Mariens hat Andrés de Melgar geschaffen. Im Altarraum befinden sich die ältesten romanischen Bauteile sowie ein Relief, das den musizierenden König David darstellt.

Ein kleiner Stall in der Kirche erinnert an das Hühnerwunder.

Besonders eindrucksvoll sind das **Mausoleum** des Santo Domingo de la Calzada sowie der **Hühnerstall** über dem Abgang zur Gruft des Heiligen. Die liegende Skulptur ist romanischen Stils, das von Juan de Rasines ausgeführte Alabastermausoleum ist der Spätgotik zuzurechnen. Eingefasst ist eine kleine Skulptur, die den Heiligen im Pilgergewand und mit zwei Hühnern zeigt. Das lebende Federvieh scharrt, gackert und kräht in einem Glaskasten unter gotischer Halbbogenzier.

❶ im Sommer Mo.–Fr. 9.00–20.30, sonst Mo.–Fr. 10.00–19.30, Sa. immer 9.00–19.00, So. immer 9.00–12.15, 13.45–19.00 Uhr; Eintritt 4 €; Taschen müssen im Ticketoffice in der Calle Mayor eingeschlossen werden

UMGEBUNG VON SANTO DOMINGO DE LA CALZADA

*Zisterzienserinnenabtei von Cañas

Etwa 10 km südöstlich von Santo Domingo de la Calzada liegt eine der wichtigsten Sehenswürdigkeiten der Rioja in unscheinbarer ländlicher Umgebung: die Zisterzienserinnenabtei von Cañas. Welche Pracht sich in diesem Dorf hinter Klostermauern verbirgt, ist vom schlichten Äußeren her nicht zu ermessen.

Die Klosterstiftung geht auf Felipe Díaz de Haro und seine Gemahlin Aldonza Ruiz de Castro zurück. Das klösterliche Leben begann in der zweiten Hälfte des 12. Jahrhunderts. Die Hauptsehenswürdigkeiten gruppieren sich um den **Kreuzgang**. Im Kapitelsaal befindet sich das prächtige gotische Grabmal der Doña Urraca. In weiteren Räumen sind wertvolle Gemälde, Skulpturen und Reliquien untergebracht. In weiner Vitrine sieht man den angeblichen Hufeisenabdruck des Pferdes des heiligen Jakobus. Durch Alabasterfenster flutet das Licht in die wunderschöne **Klosterkirche**, deren Höhepunkte ein Marienbildnis und ein von Andrés de Melgar und Guillén de Holanda geschaffenes Renaissance-Retabel sind.

❶ Di.–Sa. 11.00–13.30, 16.00–18.00, So. 11.00–13.30, 16.00–18.00, im Sommer bis 19.00 Uhr; Eintritt 4 €

*San Millán de la Cogolla

Knapp 20 km südöstlich von Santo Domingo de la Calzada liegt San Millán de la Cogolla. Auch hier geht der Ortsname auf einen Heiligen zurück. Millán (dt. Emilian bzw. Aemilian) lebte zwischen 473 und 574 und rief mit dem kleinen **Bergkloster von Suso** eines der bedeutendsten geistigen und wissenschaftlichen Zentren seiner Zeit ins Leben. Dort wurde der wundertätige Heilige auch begraben, bis er im 11. Jh. ins neu gegründete **Talkloster Yuso** überführt wurde. Beide Klöster gehören zum Weltkulturerbe der UNESCO vor allem wegen ihrer historischen Bedeutung. Denn die hiesigen Schreibstuben gelten als »Wiege der spanischen Sprache«. Während das kleinere Kloster von Suso archaisch wirkt und interessante mozarabische Bögen aufweist, handelt es sich bei Yuso um eine größere Klosteranlage mit einem großen Kreuzgang und einer reich dekorierten Sakristei, mit Museumsräumen und einer dem heiligen Millán geweihten Kapelle. In der Klosterkirche, die heute von Augustinern genutzt wird, sind mehrere wertvolle Gemälde von Fray Juan de Ricci zu sehen. Die wesentlichen Bauteile des Klosters Yuso datieren aus dem 16. bis 18. Jh.

Im Ticketpreis von Suso ist die **Auffahrt im Kleinbus** enthalten. Nimmt man dies nicht wahr, hat man eine kleine Wanderung durch den Wald vor sich.

Kloster Yuso: obligatorische Führungen Ostern – Sept. Di. – So. 10.00 – 13.30, 16.00 – 18.30, Okt. – Ostern Di. – Sa. 10.00 – 13.00, 15.30 – 17.30 Uhr; Eintritt 6 €

Kloster Suso: obligatorische Führungen Okt. – Ostern Di. – So. 9.55 – 13.25, 15.55 – 17.55, Ostern – Sept. Di. – So. 9.55 – 13.25, 15.55 – 17.25 Uhr; Eintritt 4 €; Anmeldung unter Tel. 941 37 30 82 oder www.monasterio desanmillan.com

Knapp 15 km südlich von Santo Domingo de la Calzada erreicht man die recht urige Ortschaft Ezcaray mit ihren Steinhäusern und holzgestützten Arkaden. Ein Beispiel gotischer Baukunst ist die Kirche Santa María la Mayor. Am Ortsrand starten Wanderstrecken, u. a. nach San Millán de la Cogolla (17 km) und nach Valvanera (23,3 km). Ezcaray liegt bereits im Schatten der imposanten **Sierra de San Lorenzo**, die auch als »Dach der Rioja« bekannt ist und bis zu 2271 m ü. d. M. aufragt.

*Ezcaray

Im 12 km weiter südöstlich gelegenen **Valdezcaray** erstreckt sich das weit und breit einzige Wintersportgebiet. Hier sind mehr als 20 km Skipisten ausgewiesen.

AUF DEM JAKOBSWEG VON SANTO DOMINGO DE LA CALZADA NACH BURGOS

Von Santo Domingo de la Calzada sind es rund 70 km in südwestlicher Richtung bis ▶Burgos, der nächsten bedeutenden Station auf dem Jakobsweg. Das erste Etappenstück nach Villafranca Montes de Oca führt durch dünn besiedeltes Gebiet und vorbei an riesigen Getreidefeldern. Im Ort Belorado ist die kleine Plaza Mayor beachtenswert und in Tosantos die Felsenkapelle. **Villafranca Montes de Oca** war zu westgotischen Zeiten ein bedeutender Bischofssitz. Dort hat man die Rioja bereits verlassen und befindet sich in der kastilischleonesischen Provinz Burgos.

Hinter Villafranca Montes de Oca windet sich die N-120 auf den bewaldeten und verbuschten Höhenzug der **Montes de Oca** hinauf. Hier wurden im Mittelalter viele Jakobspilger Opfer von Wegelagerern. Aus dem Codex Calixtinus ist eine Legende vom heiligen Jakobus überliefert, der hier auf verzweifeltes Flehen einer Mutter ein plötzlich verstorbenes Kind ins Leben zurückholte. In den Montes de Oca überqueren Auto- und Motorradfahrer den **Pedraja-Pass** (1150 m ü. d. m.) und sehen kurz darauf am rechten Straßenrand die Reste der Einsiedelei **Valdefuentes**.

San Juan de Ortega Einige Kilometer weiter gibt es rechts eine ausgeschilderte Abzweigung nach San Juan de Ortega. Der kleine Ort trägt den Namen des gleichnamigen Heiligen, der 1080 – 1163 lebte und die Tradition der Pilgerversorgung seines leuchtenden Vorbilds Santo Domingo de la Calzada fortsetzte. In der romanisch-gotischen Klosterkirche befindet sich das Grabmal des **Juan de Ortega**. Vielen Jakobspilgern bleibt dieses Gotteshaus wegen der besonders stimmungsvollen Abendgottesdienste in Erinnerung. Auf dem lang gestreckten Kirchenvorplatz lädt ein kleines Café zur Rast ein. Es gibt auch eine Pilgerherberge.

Atapuerca Zurück auf der N-120 Richtung Burgos weist ein Schild in **Ibeas de Juarros** auf die archäologischen Ausgrabungsareale (»yacimientos«) der **Sierra de Atapuerca** hin. Da hier Reste des **Homo antecessor** genannten rund 1,3 Mio. Jahre alten Frühmenschen gefunden wurden, ist Atapuerca in die UNESCO-Liste des Weltkulturerbes eingetragen worden. Bei geführten Rundgängen werden die wertvollen Funde des heutigen Weltkulturerbes zwar erläutert, jedoch leider nicht gezeigt.

Vigo

B 5

Provinz: Pontevedra
Region: Galicien (Galicia)
Höhe: 31 m ü. d. M.   **Einwohner:** 295 000

Galiciens größte Stadt verdankt ihr Wachstum dem Fischfang und der Muschelzucht, dem Schiffbau und vor allem ihrem Hafen, der als einer der besten Naturhäfen Südwesteuropas gilt und bereits seit dem Altertum genutzt wird. Touristisch ist Vigo nur bedingt attraktiv. Interessanter sind die Ausflüge, insbesondere an die Strände der ▶Rias Baixas.

Geschichte Nach der Zerstörung durch Almanzor im Jahr 997 wurde Vigo erst im 12. Jh. wieder besiedelt. Vier Jahrhunderte später blühte die Hafenstadt durch den Amerikahandel auf. Doch wurde sie infolgedessen mehrfach von Piraten heimgesucht. Im Jahr 1588 tauchte sogar **Francis Drake** hier auf.

Vigo und Umgebung erleben

AUSKUNFT
Oficina de Turismo de Vigo
Estación Marítima de Ría, Local 4
Tel. 986 22 47 57
www.turismodevigo.org

Illas Cíes &
Parque Nacional Islas Atlánticas
Weiterführende Informationen unter www.iatlanticas.es, www.magrama.gob.es/es/red-parques-nacionales (Links »Nuestros Parques« und »Islas Atlánticas«)

VERANSTALTUNGEN
In der zweiten Julihälfte steigen in Bouzas die mehrtägigen Festas samt pyrotechnischem Spektakel. Großes Stadtfest (Semana Grande) in Vigo ist in der ersten Augusthälfte, in manchen Jahren bereits beginnend Ende Juli.

BADESTRÄNDE
Wer einen Badetage einlegen möchte, steuert am besten die gut erreichbaren Strände Alcabre, Samil, Coruxo, Canido, O Bao und Saians an.

ESSEN · ÜBERNACHTEN
❶ *Hotel Pazo Los Escudos* €€€
Avenida Atlántida, 106
Tel. 986 82 08 20
www.pazolosescudos.com
Vigos Prachthotel ist in einem Palais aus dem 19. Jh. untergebracht, das Tradition und moderne Eleganz vereint. Es wurde mit fünf Sternen ausgezeichnet. Das angeschlossene Restaurante »Alcabre« ist ebenfalls eine Klasse für sich und für seine hervorragenden galicischen Spezialitäten bekannt. Hotel mit Spa.

Parador San Telmo €€€
Avenida Portugal, Tui
Tel. 986 60 03 009, www.parador.es
Sehr angenehme Vier-Sterne-Unterkunft in einem nachgebildeten historischen Landsitz. Mit einem großzügigen schön gestalteten Garten und einem guten Restaurant. Im Winter geschlossen.

❷ *Hotel América Vigo* €€
Calle Pablo Morillo, 6
Tel. 986 43 89 22
http://hotelamerica-vigo.com
Zentral gelegenes Drei-Sterne-Haus. Guter Spot mit Aussicht ist die Cafeteria »El Mirador«. Schöner Blick auch von der Dachterrasse auf den Hafen.

❸ *Hotel 3 Luces* €€
Calle Cuba, 19
Tel. 902 33 12 33
www.hotel3luces.com
Solide 3-Sterne-Herberge mit 72 Zimmern, zentral in Vigo nahe dem Großkaufhaus »El Corte Inglés« gelegen.

In Vigo sollte man unbedingt leckere Meeresfrüchte probieren.

SEHENSWERTES IN VIGO

O Berbés und Umgebung

O Berbés ist das **historische Fischerviertel**, das hinter dem Hafengebiet mit seinen Gässchen bis zur klassizistischen **Colexiata de Santa María** ansteigt. Nahe am Meer geht es rund um die Rúa Real, die Praza de Compostela und den Mercado (Markt) recht geschäftig zu. Aus Kneipen und Restaurants wehen verführerische Düfte von Meeresfrüchten. Im Oberen Bereich von O Berbés beginnen nahe der Colexiata de Santa María die moderneren Geschäftsareale, speziell im Umfeld der Rúa do Principe.

Essen/Übernachten
1. Hotel Pazo Los Escudos
2. Hotel América Vigo
3. Hotel 3 Luces

Monte O Castro

Südlich der Innenstadt erhebt sich der Monte O Castro, ein Hügel (125 m ü. d. M.), den bereits die Kelten besiedelten. Im Zentrum der weitläufigen Grünanlage liegt das **Castelo de Castro**, eine Befestigungsanlage aus dem 17. Jahrhundert.

*Museo da Cidade Quiñones de León

Tief im Süden der Stadt schließt sich mit dem **Parque de Castrelos** ein weiterer Park an. Im Mittelpunkt steht der **Pazo de Castrelos** (18. Jh.), der heute das Museo da Cidade Quiñones de León beherbergt. In den drei Abteilungen Archäologie, Geschichte und Kunst sind mancherlei Kostbarkeiten zu sehen. Außerdem finden hier Wechselausstellungen zu diversen Themen statt.
❶ Di. – Fr. 10.00 – 14.00, Sa. 17.00 – 20.00, So. 11.00 – 14.00 Uhr; Eintritt frei; www.museodevigo.org

Mirador de la Guia

Ganz in der Nähe, nordöstlich der Stadt, bietet sich vom Mirador de la Guia ein zauberhafter Blick über die Ría und die vorgelagerten Illas Cíes.

UMGEBUNG VON VIGO

*Illas Cíes

In den Oster- und Sommerferien starten Ausflugsboote zu den Illas Cíes am Eingang der Ría de Vigo (▶Abb. S. 340). Die schroffen, unter Naturschutz gestellten Inseln wurden schon von den Kelten aufgesucht (Castro As Hortas). Sie gehören heute zum Parque Nacional Islas Atlánticas, nicht zuletzt deswegen, weil hier vielerlei Vögel beobachtet werden können, darunter auch etliche Möwenarten.
Der höchste Punkt liegt auf der nördlichen **Illa de Monte Agudo** (197 m ü. d. M.). Die lang gestreckte **Praia de Rodas** verbindet die Illa de Monte Agudo mit der **Illa do Faro**. Den südlichen Abschluss des Archipels bilden die große **Illa de San Martiño** und die kleine **Illa de Boeiro**. Während der Saison hat ein Campingplatz geöffnet (www.campingislascies.com), auf dem über die üblichen Zeltparzellen hinaus auch Zelte vermietet werden.

> **BAEDEKER WISSEN**
>
> **?** *Versunkene Schätze*
>
> Zu Beginn des Spanischen Erbfolgekrieges (1702) griff eine englisch-holländische Flotte die spanische Silberflotte im Hafen von Vigo an und raubte einen Teil der Schätze an Bord. Der Rest versank in der tiefen Bucht und ist bis heute nicht gehoben worden.

*Tui

Ein Ausflug in die 25 km südlich gelegene alte Bischofsstadt Tui (span. Tuy) lohnt sich in erster Linie wegen der ***Catedral de Santa María**, die zu den imposantesten Wehrkirchen Spaniens zählt. Auf dem höchsten Punkt der Altstadt wendet sich die 1225 von Bischof

Ilas Cíes: Ein beschwerlicher Weg führt zum Leuchtturm.

Egea geweihte Kathedrale (Baubeginn 1120) mit ihren zinnenbesetzten Türmen zum Vorplatz hin. Ein spitzbogiges Portal gibt den Weg frei in die Vorhalle. Im Tympanon ist eine Darstellung der Anbetung der Heiligen Drei Könige zu sehen. Im Innern des Gotteshauses verdienen das Ende des 17. Jh.s geschnitzte Chorgestühl, das Retablo de la Expectación (18. Jh.) sowie der Domschatz Beachtung. Gotisch präsentiert sich der Kreuzgang.

Am Wochenende nach Ostern begeht Tui sein großes Patronatsfest zu Ehren von **San Telmo**, eines Dominikaners und Wanderpredigers, der 1246 hier verstarb. An der Stelle seines Sterbehauses steht die 1769 – 1803 erbaute Capela de San Telmo.

Den Río Miño (galicisch: Minho) an der spanisch-portugiesischen Grenze überspannt die 333 m lange Eisengitterbrücke ***Ponte Internacional**, die der berühmte Franzose **Gustave Eiffel** konstruiert hat und die 1886 dem Verkehr übergeben worden ist. Sie verbindet Tui mit dem portugiesischen Nachbarort Valença.

Wegen der Ausblicke über die Flusslandschaft lohnt sich ein Abstecher in einen kleinen Naturpark nördlich der Stadt, der zum **Monte Aloia** (629 m ü. d. M.) ansteigt.

Vitoria · Gasteiz

O 4

Provinz: Álava (Araba)
Region: Baskenland
(País Vasco, Euskadi)

Höhe: 765 m ü. d. M.
Einwohner: 244 000

Die Hauptstadt der Autonomen Gemeinschaft Baskenland breitet sich in einem weiten grünen Becken aus, das von den Hängen der Montes de Vitoria im Süden bis zu einem Stauseengebiet im Norden reicht. Auch die Metropole selber zeigt sich ausgesprochen grün. Für Touristen interessant ist die spinnennetzartig angelegte Altstadt mit ihren Gassen und Baudenkmälern.

Heute zählt Vitoria zu den wohlhabendsten Städten in ganz Spanien. Dies verdankt es vor allem seiner Bedeutung als Industriestandort. In Vitoria werden Fahrzeuge, Nahrungsmittel, Textilien sowie Erzeugnisse aus Metall und Holz hergestellt. Auch der Tourismus wächst stetig. Nicht zu unterschätzen für die wirtschaftliche Entwicklung ist die Funktion der Stadt als regionaler Parlaments- und Regierungssitz. Ausufernde Neubauquartiere deuten auf weiteres Wachstum hin. Das Umland hingegen hat sich mit Wäldern, Weiden, Getreide- und Kartoffelfeldern sein ländlich-agrarisches Gepräge erhalten.

Stadt in voller Blüte

Historischer Vorläufer der nach Bilbao zweitgrößten Stadt des Baskenlandes war eine kleine baskische Siedlung namens **Gasteiz**. Im Jahr 1181 erhielt der Ort unter Navarras König Sancho VI. den Namen Vitoria (Sieg) und bekam Sonderprivilegien zugestanden. In der Folgezeit stritten Navarra und Kastilien um den Ort wegen dessen strategisch bedeutsamer Lage. 1431 bekam Vitoria das Stadtrecht, 1483 bestätigte Königin Isabella von Kastilien die Sonderrechte.

Geschichte

Für einen markanten Einschnitt in der Stadtgeschichte sorgten die **Truppen Napoleons**, der das Baskenland in den Mittelpunkt kriegerischer Auseinandersetzungen rückte. Im Juni 1813 schlugen die britischen Truppen des Herzogs von Wellington die von Marschall Jourdan geführten Franzosen unweit südlich von Vitoria und zwangen sie damit zum Rückzug aus Spanien. Im weiteren Verlauf des 19. Jh.s, vor allem zu Zeiten der Karlistenkriege, setzte eine wirtschaftliche Erholung ein. Viele Menschen zogen nun vom Lande in die Stadt.

Im Jahr 1980 wählte das baskische Parlament Vitoria zur Hauptstadt des Baskenlandes, was einen neuerlichen wirtschaftlichen Aufschwung und einen weiteren Bevölkerungszuwachs hervorrief.

Vitoria erleben

AUSKUNFT
Oficina de Turismo
Plaza España, 1, Tel. 945 16 15 98
www.vitoria-gasteiz.org
www.alavaturismo.com

VERANSTALTUNGEN
Vitoria ist ein feierfreudiges Pflaster. Höhepunkte im Festkalender sind der Karneval, das Internationale Spiele-Festival (Juni oder Juli), das Azkena Rock Festival (meist im Frühsommer), das Jazz-Festival (etwa Mitte Juli) sowie das Patronatsfest (Anf. Aug.) zu Ehren der Virgen Blanca (Laternenprozession am Abend des 4. Aug.).

SHOPPING
Im Großkaufhaus El Corte Inglés (Calle de La Paz/Plaza de Santa Bárbara Vitoria) findet man alles unter einem Dach. Besonders belebte Bereiche der Fußgängerzone sind die Calle Siervas de Jesús und die Calle Postas, wo es auch verführerisch duftendes Backwerk gibt.

ESSEN
❶ *Parador de Argómaniz* €€€€
Carretera N-I, km 363
Argómaniz
Tel. 945 29 32 00
Gourmets ist dieses Lokal einen Abstecher in den 12 km östlich gelegenen Ort Argómaniz wert: köstliche regionale Spezialitäten in historischem Ambiente.

❷ *Asador Matxete* €€€
Plaza del Machete, 4–5
Tel. 945 13 18 21
www.matxete.com
Stilvolles Altstadtrestaurant nahe der Plaza de la Virgen Blanca, Spezialitäten sind Grillgerichte.

❹ *Restaurante Portalón* €€€
Calle Correría, 151
Tel. 945 14 27 55
www.restauranteelportalon.com
Hervorragende Speisen und Weine, zuvorkommender Service, hübsch gelegen, historisches Gemäuer.

❸ *Restaurante Virgen Blanca* €€
Plaza de la Virgen Blanca, s/n
Tel. 945 28 61 99
Werktags kommt ein leckeres Mittagsmenü inklusive Wein auf den Tisch.

ÜBERNACHTEN
❶ *Gran Hotel Lakua* €€€€
Calle Tarragona, 8, Tel. 945 18 10 00
www.granhotellakua.com
Das »Erste Haus am Platz« (5 Sterne) hat 147 Zimmer und Suiten sowie ein vorzügliches Restaurant. Außerdem gibt es im vierten Stock des Hotels einen kleinen Spa-Bereich. Für längere Aufenthalte sind Apartments und Studios gedacht.

❷ *Hotel Ciudad de Vitoria* €€€
Portal de Castilla, 8, Tel. 945 14 11 00
www.hoteles-silken.com
Vier-Sterne-Komfort nahe am Parque de la Florida. Die Zimmer sind sehr geräumig, in der Pianobar ist häufig Livemusik zu hören. Spa-Bereich mit Sauna und Dampfbad.

❸ *Hotel Canciller Ayala* €€
Calle Ramón y Cajal, 5
Tel. 945 13 00 00,
www.nh-hoteles.es
Zentral in der Nähe des Parque de la Florida liegt dieses Vier-Sterne-Haus, von dem aus sich die Stadt problemlos zu Fuß erkunden lässt.

SEHENSWERTES IN VITORIA

Der nach der »Weißen Jungfrau«, der Schutzheiligen der Stadt benannte und von Häusern mit gläsernen Veranden umgebene Platz ist das schöne Schaufenster Vitorias. Er liegt an der Schnittstelle zwischen dem historischen Stadtkern und der südlichen Erweiterung der Innenstadt. Auf dem Platz erinnert das Monumento a la Batalla de Vitoria an den Sieg über die Franzosen (1813). Alljährlich im August ist die Plaza Brennpunkt der Feierlichkeiten zu Ehren der Virgen Blanca.

*Plaza de la Virgen Blanca

Eine Treppe führt vom Platz hinauf zur **Iglesia de San Miguel Arcangel**. Unter einer Glashaube vor dem Portikus der Hauptfassade ist ein spätgotisches Bildnis der »Weißen Jungfrau« zu sehen. Im Inneren sticht der von Gregorio Fernández 1624 – 1632 geschaffene Retablo am Hochaltar hervor. Der Virgen Blanca ist eine besondere Kapelle geweiht. Die bemalte Skulptur stammt aus dem 19. Jahrhundert.

Auf der Höhe des Portikus beginnen die malerischen **»Los Arquillos«** genannten Arkadengänge. Sie wurden 1787 – 1802 erbaut. Dahinter schließt sich die geradezu dörflich wirkende **Plaza del Machete** mit ihren schönen Glasveranden an.

Plaza de España

Die Plaza de la Virgen Blanca ist durch eine Passage mit der östlich gelegenen und von hübschen Arkaden umgebenen Plaza de España verbunden. Hier steht auch das Rathaus. Dieser Platz wurde 1782 – 1794 nach Plänen von Justo Antonio de Olaguibel in neoklassischem Stil angelegt.

Plaza de los Fueros

Vorbei am Postgebäude führt der Weg durch die angenehm gestaltete Fußgängerzone zwei Ecken weiter bis zur Plaza de los Fueros. Luis Peña Ganchegui und der baskische Metallbildner Eduardo Chillida gaben dem »Platz der Sonderrechte« Ende der 1970er-Jahre sein heutiges Aussehen.

Altstadtgassen

Von der Plaza de la Virgen Blanca führen Vitorias typische lange Gassen in die Altstadt. Sie tragen nach wie vor die Namen alter Handwerkszünfte: Calle Correría (Riemenmachergasse), Calle Zapa-

Wahrzeichen Vitorias: das Schlachtendenkmal auf der Plaza de la Virgen Blanca

tería (Schuhmachergasse) und Calle Herrería (Schmiedgasse). Letztere läuft an der **Iglesia de San Pedro** (14. Jh.) vorbei.

In seinen alten Gassen zeigt sich Vitoria von seiner ursprünglichsten Seite, hier gehen Kneipenkultur und Geschäftssinn Hand in Hand. Es erstaunt ein ums andere Mal, wie viele Geschäfte aus der »guten alten Zeit« bis heute überlebt haben. Auch das Miteinander aus Tradition und Moderne überrascht: auf der einen Seite Stadtmauerreste, auf der anderen die Getrenntmüllsammlung mit unterirdischen Transportbändern.

Einen kurzen Schlenker lohnt das Naturwissenschaftliche Museum (**Museo de Ciencias Naturales**), das in einem architektonisch bemerkenswerten Turmhaus aus dem 16. Jh. eingerichtet ist. Zu sehen sind u. a. Fossilien und archäologische Stücke.

Museo de Ciencias Naturales: Calle Siervas de Jesús, 24; Di. – Fr. 10.00 bis 14.00, 16.00 – 18.30, Sa. 10.00 – 14.00, So. 11.00 – 14.00 Uhr; Eintritt 3 €

Ausgesprochen malerisch ist die Plaza de la Burullería. Beachtenswerte Bauten sind hier die Torre de los Anda (15. Jh.), das alte Postgebäude El Portalón (15./16. Jh.) und die mächtige Catedral de Santa María mit ihrem annähernd 60 m hoch aufragenden Turm.

Der Volksmund nennt die Kathedrale Santa María auch Catedral Vieja (Alte Kathedrale), da ihre baulichen Wurzeln in die Gotik zurückreichen. An und in dem Gotteshaus sind aufwendige Restaurierungs- und Ausgrabungsarbeiten gestartet worden.

*Plaza de la Burullería

Das Renaissancepalais Bendaña, 1525 im Auftrag von Juan López de Arrieta in der Calle Cuchillería 54 erbaut, gehört heute zum so genannten Bibat-Komplex. In diesem Doppel aus historischem Palast und dem modernen Bau des Architekten Patxi Mangado sind zwei Museen untergebracht: das **Museo de Arqueología de Álava** (Archäologisches Museum der Provinz) und das **Museo Fournier de Naipes**, das Spielkartenmuseum. Es ist benannt nach der Familie Fournier, die im 18. Jh. von Frankreich nach Spanien kam. Heraclio Fournier begründete 1868 in Vitoria eine erste Druckerwerkstatt, in der auch Spielkarten hergestellt wurden. Heraclios Enkel Félix begann 1916 mit dem Aufbau einer Spielkartensammlung. Was hier zusammengetragen ist, versetzt in Erstaunen und zeigt die Entwicklung der Spielkartenkultur und -motive ab dem Spätmittelalter. Zu sehen sind u. a. wertvolle Kartensets aus Deutschland und Frankreich sowie Designs von historischen Burgen und Landkarten.

*Bibat-Komplex

❶ Di. – Fr. 10.00 – 14.00, 16.00–18.30, Sa. 10.00–14.00, So. 11.00–14.00 Uhr; Eintritt für beide Museen 3 €

Am Rand der Altstadt erstreckt sich dieser beliebte Park, der im 19. Jh. angelegt worden ist. Hier trifft man sich zum Plausch auf der Bank, zum kurzen Spaziergang durch ein Stück Natur oder zur

Parque de la Florida

Einkehr ins Parkcafé. An manchen Wochenenden gibt es Konzerte im Musikpavillon. An der Nordostflanke des Parks steht das **Parlamentsgebäude des Baskenlands**.

Catedral de María Inmaculada

Nordwestlich des Parque de la Florida fällt die in pompöser Neugotik errichtete Catedral de María Inmaculada ins Auge. Sie ist auch als Catedral Nueva (Neue Kathedrale) bekannt. Mit ihrem Bau wurde 1907 begonnen. Fertiggestellt hat man das Gotteshaus aber erst 1969. Ein Teil der Kirche dient als *Museo Diocesano de Arte Sacro (Diözesanmuseum für Sakrale Kunst). Die hervorragend präsentierte Sammlung umfasst gotische Marienskulpturen (14. Jh.), mittelalterliche Grabstelen, liturgische Gewänder, silberne Kreuze und Kelche sowie die Renaissanceretabel San Nicolás de Bari und San Blas. Einzigartig sind die um 1520 in einer flämischen Schule entstandenen Reliquienbüsten aus bemaltem Eichenholz.

Museo Diocesano de Arte Sacro: Di.–Fr. 11.00–14.00, 16.00–18.30, Sa. 10.00–14.00, So. 11.00–14.00 Uhr; Eintritt 3 €

Museo de Armería

Setzt man den Spaziergang vom Parque de la Florida in südlicher Richtung auf dem Paseo de la Senda fort, so gelangt man hinter der Bahnunterführung ins Universitäts- und Villenviertel der Stadt. Im Museo de Armería verdienen speziell die mittelalterlichen Waffen und **Ritterrüstungen** Beachtung.

❶ Paseo de Fray Francisco de Vitoria, 3; Di.–Fr. 10.00–14.00, 16.00–18.30, Sa. 10.00–14.00, So. 11.00–14.00 Uhr; Eintritt 3 €

***Museo de Bellas Artes**

Gepflegtes Grün umgibt das Museum der Schönen Künste, das in Räumlichkeiten des 1912 im Neorenaissancestil erbauten Palacio de Augustin-Zulueta eingerichtet ist. Ausgestellt sind insbesondere Werke baskischer Maler, darunter auch Arbeiten von **Pablo Uranga** (1861–1934) und **Fernando de América** (1866–1956). Die Abteilung »Costumbrismo vasco« beschäftigt sich mit baskischer Volkskunst und Brauchtum des 19. und 20. Jahrhunderts. Ein Renaissanceretabel von Ribera de Valderejo ziert die Kapelle des Palacio. Weitere Kunstwerke sind in einem modernen Anbau zu sehen.

❶ Paseo de Fray Francisco de Vitoria, 8; Di.–Fr. 10.00–14.00, 16.00–18.30, Sa. 10.00–14.00, So. 11.00–14.00 Uhr; Eintritt 3 €

***Artium**

In einer kunstbegeisterten Region, wo Bilbao sein Guggenheim-Museum bekommen hat, wollte die Hauptstadt des Baskenlandes nicht zurückstehen. Artium heißt das 2002 eröffnete Zentrum für zeitgenössische baskische Kunst. Es lockt Besucher mit einem breit gefächerten Kulturprogramm inklusive Wechselausstellungen an.

❶ Calle Francia, 24; Di.–Fr. 11.00–14.00, 17.00–20.00, Sa., So. 11.00–21.00 Uhr; Eintritt 6 €, Mi. gegen freiwillige Spende »Tú decides« (»Du entscheidest«); www.artium.org

UMGEBUNG VON VITORIA

Vitoria rühmt sich seines Anillo Verde (Grüner Ring), der die Stadt umgibt und aus mehreren Parkanlagen besteht. Dazu zählen der Parque de Salburua im Osten, der Parque de Olarizu im Süden und der Parque de Zabalgana im Westen.

Anillo Verde

Etwa 10 km nördlich der Stadt beginnt ein weiteres Naherholungsgebiet mit den beiden Stauseen **Ullibarri** und **Urrunaga**. Hier kann man schöne Wanderungen und Radtouren unternehmen.

Stauseen

In Armentia, 4 km südwestlich von Vitoria, lockt die Basílica de San Prudencio seit dem Mittelalter Wallfahrer an und wird von den Gläubigen wegen ihres Schutzheiligen Prudencio verehrt.

Wallfahrtskirche von Armentia

10 km östlich von Vitoria ist das Gotteshaus von Estíbaliz ein Kleinod der Romanik. Kunsthistorisch interessant sind das Südportal, das Taufbecken sowie das Marienbildnis Nuestra Señora de Estíbaliz. Im benachbarten Kloster leben noch ein paar Benediktinermönche.

*Wallfahrtskirche von Estíbaliz

Etwa 10 km westlich von Vitoria erreicht man Iruña-Veleia, wo auf einem weitläufigen Areal Reste einer größeren römischen Siedlung ausgegraben sind.
❶ zwischen Trespuentes und Villodas, Anfahrt beschildert; Juni–Sept. Di.–Fr. 11.00–14.00, 16.00–18.00, Sa., So. 11.00–14.00, Okt.–Mai Di.–So. 11.00–14.00 Uhr; www.veleia.com

Iruña-Veleia

Passionierte Bergwanderer mögen diesen rund 20 000 ha großen Naturpark, der sich etwa 20 km nordwestlich von Vitoria ausbreitet. Er ist gut über die N-622 (Richtung Bilbao) erreichbar. Das Schutzgebiet ist nach dem 1482 m hohen Berggipfel benannt. Für die Wanderung vom Informationszentrum Baias bei Sarria auf den Gorbeia-Gipfel braucht man etwa drei Stunden.

Parque Natural Gorbeia

Diese Tour, die im Wesentlichen der Landstraße A-2622 folgt, führt in den entlegenen Westen des Baskenlandes und endet im Parque Natural Valderejo. Getreidefelder säumen den Weg, Hügel, winzige Dörfer, Klatschmohn, Ginster, Brombeersträucher, Steineichen und zwischendurch erfrischendes Grün.
Eine Zwischenstation ist **Salinas de Añana**, wo man bereits von der Straße aus die historischen Salinen mit ihren rechteckigen Trockenbecken und balkengestützten Balkonen bzw. Terrassen sehen kann. Oberhalb des Ortes liegt der Convento de San Juan de Acre, ein kleines Kloster aus dem 14. Jh., in dem heute Johanniterinnen wohnen.
Rund 60 km westlich von Vitoria erreicht man den 3400 ha großen ***Parque Natural Valderejo**. Er umfasst einen aus Kalkstein aufge-

Ausflug in den Parque Natural Valderejo

bauten Bergzug, wundervolle Pinien-, Buchen- und Eichenwälder und bietet etwa 200 Gänsegeiern einen idealen Lebensraum. Ausgangspunkt aller Unternehmungen ist die Casa del Parque, das Informationszentrum in Lalastra. Es arrangiert thematisch unterschiedlich ausgerichtete **Rundgänge**, z. B. zu den Salzquellen (Manantiales de Agua salada) und zur Salzproduktion (Producción de Sal). Eine schöne, nicht allzu anstrengende Wanderung führt ab der Casa del Parque durch Wiesen- und Waldgebiete in die malerische Schlucht des **Río Purón** (insgesamt 11 km).

Ca. 3 km sind es von der Casa del Parque bis hinauf zur alten Einsiedlerkapelle San Lorenzo. Der mühsame Aufstieg wird mit herrlichen Ausblicken über Berg und Tal belohnt. Zumindest mit einem Fernglas lassen sich häufig **Gänsegeier** beobachten.

Casa del Parque: Voranmeldung zu Rundgängen Tel. 945 35 11 11 oder www.vallesalado.com

*Parque Natural Izki

Ein weiteres kleines Naturparadies ist dieser 40 km südöstlich von Vitoria gelegene Naturpark. Zunächst fährt man bis nach Elorriaga, wo man auf die A-132 Richtung Estella abzweigt. Dann geht es weiter

Wanderfreude finden im Izki-Nationalpark mehr als ein Dutzend beschilderter Wege.

über den knapp 900 m hohen Azazeta-Pass und über Maestu. Endstation ist Korres mit dem Informationszentrum des Naturparks. In Korres beginnen einige markierte Rundwege. Charakteristisch für die Vegetation in dem über 9000 ha großen Schutzgebiet sind Steineichen, Pyrenäeneichen und Buchs.

Knapp 95 km trennen Vitoria von ▶Pamplona, der Hauptstadt Navarras. Die gut ausgebaute N-I/N-240 A garantiert rasches Fortkommen. Sie führt durch eine ausgesprochen reizvolle Landschaft, die von sattgrünen Wiesen und Weiden sowie kleinen Dörfern vor der bizarren Kulisse der Kalksteingebirge **Sierra de Aralar** und der Sierra de Urbasa geprägt ist. Unterwegs lohnt sich ein Abstecher bei Salvatierra-Agurain zur Kirche **San Martín in Gazeo** mit ihren gotischen Wandfresken. Ein weiterer Abstecher bei Huarte-Araquil (Uharte-Arakil) führt hinauf in die Sierra de Aralar zum mittelalterlichen **Santuario San Miguel de Aralar**.

Fahrt von Vitoria nach Pamplona

✱✱ Zaragoza · Saragossa

S 6

Provinz: Zaragoza
Region: Aragón
Höhe: 200 m ü. d. M.
Einwohner: 665 000

Zahlreiche Monumente, darunter auch solche aus der Römerzeit und der maurischen Epoche, spiegeln die mehr als 2000-jährige Geschichte von Aragoniens Hauptstadt wider. Die Basílica de Nuestra Señora del Pilar zählt zu den bedeutendsten Gotteshäusern von ganz Spanien.

Heute präsentiert sich Zaragoza als modernes Verwaltungs-, Industrie-, Gewerbe- und Dienstleistungszentrum. Zur wärmeren Jahreszeit spielt der Tourismus eine gewisse Rolle. Wer das pralle Leben sucht, findet es auf den Plätzen um die Basilika und die Kathedrale sowie im Kneipenviertel El Tubo.
Hinterlassenschaften der Expo von 2008 sind u. a. der 76 m hohe »Wasserturm« (Torre del Agua) von Architekt Enrique de Teresa, die »Brücke des dritten Jahrtausends« (Puente del Tercer Milenio) von Architekt J. J. Arenas de Pablo sowie ausgedehnte Garten- und Grünanlagen am Ebro.

Vorläuferin der heutigen Großstadt war eine Siedlung der Iberer namens Salduba. Im Jahr 24 v. Chr. gründeten die Römer dann ihre Siedlung **Caesaraugusta**. Eine Legende berichtet von der **Mission**

Geschichte

Zaragoza erleben

AUSKUNFT
Oficina de Turismo
Plaza del Pilar, s/n
Tel. 976 20 12 00,
www.zaragoza.es/ciudad/turismo

Büro an der Glorieta de Pío XII
Torreón de la Zuda, Tel. wie Hauptbüro

Büro im Flughafen
Tel. 976 78 09 82

Büro im Bahnhof Zaragoza-Delicias
Tel. wie Hauptbüro

VERKEHRSMITTEL
Wer etwas länger bleibt, sollte sich in einem der Tourismusbüros die »Zaragoza Card« zulegen, die bei den Entdeckungen hilft und eine Gültigkeitsdauer von wahlweise 24 oder 48 Stunden hat. Darüber hinaus gibt es »Zaragoza Tapas«- und »Zaragoza Family«-Karten.

VERANSTALTUNGEN
Tradition haben der Karneval, die Karprozessionen und das Internationale Folklorefest im Juli. Die mit Abstand wichtigsten Feierlichkeiten sind die von Konzerten, Folklore und vielen anderen Sport- und Kulturveranstaltungen begleiteten Fiestas del Pilar um den 12. Oktober. Im November findet das Internationale Jazzfestival statt.

SHOPPING
Beliebt sind die Trödel- und Allerleimärkte, vor allem El Rastro (So. vormittags auf dem Aparcamiento Zona Sur des einstigen Weltausstellungsgeländes), El Mercadillo (Mi. vormittags u. So. vormittags ebenfalls auf dem Aparcamiento Zona Sur) und der Mercado de Antigüedades (Antiquitäten; So. vormittags auf der Plaza de San Bruno).

ESSEN
❶ *La Rinconada de Lorenzo* €€€
Calle Salle, 3, Tel. 976 55 51 08
www.larinconadadelorenzo.com
Klassische aragonesische Küche mit Wild, Geflügel und Fisch. Auch Salate.

❷ *Restaurante Parrilla Albarracín* €€
Plaza del Carmen, 1-3, Tel. 976 15 81 00
www.parrillaalbarracin.com
Schmackhafte Regionalküche auf der Höhe der Zeit. Diverse Menüs, darunter das günstige Tagesmenü.

ÜBERNACHTEN
❶ *Hotel Boston* €€€
Avenida de las Torres, 28
Tel. 976 59 91 92
www.eurostarsboston.com
Vier-Sterne-Eleganz, die schon in der großen Eingangshalle beginnt. Mit 313 Zimmern, hauseigenen Parkmöglichkeiten, Fitnessraum/Sauna und Restaurant.

❷ *Hotel Ramiro I* €€
Calle Coso, 123
Tel. 976 29 82 00, www.accorhotels.com
Ordentliches Haus der Kette »Ibis Styles« in zentraler Lage, 69 Zimmer.

❸ *Hotel San Jorge* €
Calle Mayor, 4, Tel. 976 39 74 62
www.hotelsanjorgezaragoza.com
Einfaches Altstadthotel (ein Stern). Die zentrale Lage und die günstigen Preise mögen die recht kleinen Zimmer und den fehlenden Komfort aufwiegen.

1 Römische Mauern
2 Torreón de la Zuda

Essen
① La Rinconada ...
② Restaurante Parrilla Albarracín

Übernachten
① Boston
② Ramiro I
③ San Jorge

des Apostels Jakobus, der anno 40 hier eingetroffen und von der heiligen Muttergottes persönlich getröstet worden sein soll. Denn trotz aller Verkündigungsmühen war Jakobus bis dahin in Spanien wenig Erfolg beschieden. Deshalb, so heißt es, kam ihm Maria noch zu ihren eigenen Lebzeiten nahe – auf einer Säule, von Engeln getragen. Sie ermutigte den Apostel zu weiteren Unternehmungen. Außerdem bat sie ihn, über der Säule (»pilar«) ihr zu Ehren ein Heiligtum zu errichten. Jakobus kam dem Wunsch nach, legte den Grundstein zu Spaniens erstem **Marienheiligtum** und gewann in Caesaraugusta auch einige Anhänger für den christlichen Glauben. Legende und Gegenwart verschmelzen, wenn man sich vor Augen hält, dass die »Jungfrau von der Säule«, Virgen del Pilar, noch heute in der alles beherrschenden Basílica de Nuestra Señora del Pilar verehrt wird. Außerdem ist Maria die Schutzheilige der Stadt, in deren Zeichen das Patronatsfest im Oktober steht.

Prägend für die weitere Stadtgeschichte wurde die über 400-jährige **Herrschaft der Mauren**, die kurz nach ihrem Einfall 711 die Ufer des Ebro erreichten. Erst 1118 gelang die **Rückeroberung** unter Alfons I. dem Kämpfer, der Zaragoza zur Hauptstadt des Königreiches Aragonien machte. Durch die Heirat Ferdinands II. von Aragonien mit

Isabella I. von Kastilien (1469) und die damit einhergehende Begründung des spanischen Staates büßte Zaragoza zwar an Bedeutung ein, blieb aber eine feste Größe im Nordosten der Iberischen Halbinsel.

SEHENSWERTES IN ZARAGOZA

Zwischen dem Ebro und der Plaza del Pilar im Zentrum der Altstadt stechen die Türme und Kuppelspitzen der Basílica de Nuestra Señora del Pilar hervor. Das Wahrzeichen der Stadt ist nicht weniger als 132 m lang und 67 m breit. Es wird von vier Ecktürmen eingefasst, die Kuppeln sind mit Azulejos (Kacheln) belegt. Die kurz skizzierte Legende um Jakobus und Maria weist zwar auf einen Ursprung im 1. Jh., es folgten jedoch Um- und Erweiterungsbauten.

**Basílica de Nuestra Señora del Pilar

Die heutige von Barock und Klassizismus geprägte Gestalt der Basilika geht im Wesentlichen auf das 17. – 19. Jh. zurück. 1674 hatte das Domkapitel ein neues Projekt abgesegnet. Federführende Baumeister wurden Felipe Sánchez und Francisco Herrera d. J.; Mitte des 18. Jh.s setzte Ventura Rodríguez die Bauarbeiten fort.

Im Innern wirkt die 1765 vollendete ****Capilla de Nuestra Señora del Pilar** wie eine Kirche in der Kirche. Die reiche Ausstattung umfasst drei Altäre sowie viel Silber und Marmor. Die Marienskulptur ist aus Alabaster gefertigt. Die Deckengemälde stammen von Antonio González Velázquez, Thema ist das leibhaftige Auftreten der Muttergottes in Zaragoza. Weitere Gewölbemalereien gehen auf Francisco Bayeu und **Francisco de Goya** zurück. Der herrliche Hochaltar stammt aus der Werkstatt des Renaissancemeisters Damián Forment. Der Basilika ist ein Dommuseum (**Museo Pilarista**) angegliedert. Auch eine **Turmbesichtigung** ist möglich und lohnt sich wegen des tollen Panoramarundblicks.

❶ Basílica tgl. 6.45 – 20.30, im Sommer bis 21.30 Uhr, Eintritt frei, Turm Di. bis So. 10.00 – 13.30, 16.00 – 18.30 Uhr, Eintritt 3 €; Museo Pilarista Mo. – Fr. 10.00 – 13.30, 16.00 – 17.30, Sa. 10.00 – 13.30 Uhr, Eintritt 2 €

Zwischen 1451 und 1551 entstand das Renaissancepalais der Lonja, der einstigen Warenbörse. Heute dient das Gebäude, das sich ebenfalls zur Plaza del Pilar hinwendet, als Kulturzentrum, in dem Wechselausstellungen stattfinden.

*Lonja

❶ Di. – Sa. 10.00 – 14.00, 17.00 – 21.00, So. 10.00 – 14.30 Uhr

Ein weiteres Beispiel bombastischer Kirchenbaukunst erhebt sich an der Plaza de la Seo: die Catedral de San Salvador, die man auch kurz »La Seo« nennt. Historische Vorläufer dieses Gotteshauses waren ein

*Catedral de San Salvador/ La Seo

Über die Türme der Basilika hinweg geht der Blick auf die Dächer von Zaragoza.

römischer Tempel, eine westgotische Kirche und die Hauptmoschee der Mauren. Die **Außenansicht** zeigt einen sehr schönen Mudéjarstil mit Azulejos-Dekoration und einen 60 m hohen Turm.

Mit dem Bau der gotischen Kathedrale wurde im 12. Jh. begonnen, doch die Erweiterungen und Umbauten zogen sich bis ins 18. Jh. hin. Im **Kircheninneren** verdienen Beachtung: die platereske Kuppel, der Chor mit einem spätgotischen Gestühl und vor allem das Retablo Mayor, ein spätgotisches Alabasterretabel aus dem 15. Jh., an dessen Entstehung u. a. die Künstler Pere Johan und Ans Piet d'Anso mitgewirkt haben. Angeschlossen ist das **Museo de Tapices**, ein Museum mit wertvollen Wandteppichen.

● im Sommer Mo. – Fr. 10.00 – 20.30, Sa 10.00 – 12.00, 15.00 – 20.30, So. 10.00 – 11.30, 14.00 – 20.30 Uhr; im Winter nachmittags kürzere Öffnungszeiten, Eintritt 4 € (inkl. Museo de Tapices: im Sommer Di. – So. 10.00 – 21.00, sonst Di. – So. 10.00 – 14.00, 16.00 – 18.30 Uhr

> **?** BAEDEKER WISSEN
>
> *Goya in Zaragoza*
>
> Francisco de Goya (1746 – 1828) ist ein ständiger Begleiter in Zaragoza: An der Plaza de las Catedrales ist er als Skulptur des katalanischen Bildhauers Frederic Marès (1908) zugegen, in der Basilika sind Gewölbemalereien von ihm zu sehen, das Museo Goya Colección Ibercaja (Calle Espoz y Mina, 23; im Sommer Mo. – Sa. 10.00 bis 20.00, Winter Mo. – Sa. 10.00 bis 14.00, 16.00 – 20.00, So. immer 10.00 – 14.00 Uhr, Eintritt 4 €) zeigt Werke von ihm. Auch im Museo de Zaragoza (Plaza de los Sitios, 6; Di. – Sa. 10.00 – 14.00, 17.00 – 20.00, So. 10.00 – 14.00 Uhr, Eintritt frei) ist der Künstler vertreten.

*Römisches Erbe Das römische Erbe von Caesaraugusta ist an einigen Stellen in der Stadt sichtbar. Von den römischen Stadtmauern, die einst 3 km lang und von mehr als 100 Wachtürmen durchsetzt waren, sind Teile an der Avenida de César Augusto zu sehen. Reste der Thermen sind im **Museo de las Termas Públicas** in der Calle San Juan y San Pedro zu sehen.

An der Plaza de la Seo befand sich einst das Forum, die Reste sind im **Museo del Foro** zu besichtigen.

Die Überbleibsel der römischen Hafenanlagen am Fluss sind heute an der Plaza de San Bruno als **Museo del Puerto Fluvial** zugänglich.

● alle Römermuseen Di. – Sa. 10.00 – 14.00, 17.00 – 21.00, So. 10.00 – 14.30 Uhr; Eintritt 3 €

*Palacio de la Aljafería Dieser Palast gilt als Paradebeispiel hispano-maurischer Architektur des 11. Jh.s und ist das einzige erhaltene Beispiel seiner Art in Zaragoza. Nach der Reconquista wurde die maurische Residenz mehrfach umgestaltet, u. a. von Pedro IV. und den Katholischen Königen. Ab dem Spätmittelalter residierte hier das Tribunal der

Inquisition. Teile des Gebäudes werden heute vom aragonesischen Parlament genutzt.

❶ Calle de los Diputados, s/n; Nov.–März 10.00–14.00, 16.00–18.30, April–Okt. 10.00–14.00, 16.30–20.00 Uhr; Eintritt 5 €; www.cortesaragon.es

Wahrzeichen der Weltausstellung 2008 war die 73 m hohe **Torre del Agua** (Wasserturm), architektonischer Höhepunkt der von der irakischen Star-Architektin Zaha Hadid entworfene **Pabellón Puente**, eine imposante Konstruktion, die den Fluss Ebro überbrückt. Eine besondere Attraktion für Groß und Klein ist bis heute das **Acuario** (Aquarium). ***Früheres Expo-Gelände**

Acuario: Juli, Aug. tgl. 10.00–20.00, sonst Mo.–Do. 11.00–19.00, Fr.–So. 10.00–20.00 Uhr; Eintritt 14 €; www.acuariodezaragoza.com

AUF GOYAS SPUREN

Dieses **Kartäuserkloster** liegt 12 km nördlich von Zaragoza zwischen den Ortschaften Montañana und Peñaflor. Die Klosterkirche wurde 1774 von Goya mit Wandmalereien ausgeschmückt, die das Leben der Muttergottes zum Thema haben. ***Cartuja de Aula Dei**

❶ Zugangszeiten wechseln, am besten erkundigt man sich vorab in einem der Touristeninformationen in Zaragoza; Eintritt 3 € (Führungen)

In Remolinos (228 m ü. d. M.), 31 km nordwestlich von Zaragoza, ist die Kuppel der **Pfarrkirche San Juan Bautista** mit vier Gemälden von Goya versehen (1772). Dargestellt sind die vier heiligen Kirchenväter Augustinus (San Agustín), Ambrosius (San Ambrosio), Hieronymus (San Gerónimo) und Gregor (San Gregorio). **Remolinos**

Diese Heiligenmotive wiederholen sich in der **Ermita de Nuestra Señora de la Fuente** in Muel, einem 27 km südwestlich von Zaragoza gelegenen Ort, der auch für sein Töpferhandwerk bekannt ist. Goya bekam 1770 den Auftrag, das dortige kleine Gotteshaus mit Fresken auszuschmücken. **Muel**

Ein weiteres Pflichtziel für Goya-Jünger ist die 44 km südöstlich von Zaragoza gelegene Ortschaft Fuendetodos (780 m ü. d. M.). Hier erblickte Francisco de Goya am 30. März 1746 das Licht der Welt. Der Ort bewahrt das Andenken an seinen berühmtesten Sohn in dem als Museum zugänglichen **Casa Natal de Goya**. Im örtlichen **Museo del Grabado** sind etliche Arbeiten Goyas zu sehen. ***Fuendetodos**

Casa Natal de Goya: Di.–So. 11.00–14.00, 16.00–19.00 Uhr; Eintritt 3 €; www.fundacionfuendetodosgoya.org
Museo del Grabado: selbe Öffnungszeiten wie die Casa Natal

PRAKTISCHE INFORMATIONEN

Wo informieren Sie sich? Wie kommen Sie hin? Was ist unterwegs zu beachten? Wichtige Informationen für die Nordspanienreise!

Anreise · Reiseplanung

ANREISE

Mit dem Auto

Je nach Ausgangspunkt bieten sich mehrere Varianten an. Aus dem Norden und Westen Deutschlands geht es über die klassische Autobahnroute durch Belgien und weiter über Paris – Orléans – Tours – Poitiers – Bordeaux nach San Sebastián (Donostia), während man aus Süddeutschland, Österreich und der Schweiz eher durch das Rhône-Tal und dann via Montpellier – Toulouse – Bayonne anreist. Bei der Planung sollte man berücksichtigen, dass die Autobahnen in Frankreich (und teils auch in Spanien) gebührenpflichtig sind. Als Alternative zu den mautpflichtigen Autobahnen in Frankreich bieten sich gut ausgebaute National- und Landstraßen an, die viele interessante Städte und Sehenswürdigkeiten erschließen.

> **! BAEDEKER TIPP**
>
> *Strecken und Preise*
>
> Wer wissen will, wie weit und wie teuer die Fahrt auf französischen Autobahnstrecken ist, kann diese Informationen auf dieser Internetseite abfragen: www.autoroutes.fr. Es ist auch eine englischsprachige Version verfügbar.

Die **Entfernungen** nach Nordspanien sollten nicht unterschätzt werden! So sind es von Köln oder Stuttgart 1330 km bis San Sebastián (Donostia). Für viele Reisende macht dies eine Zwischenübernachtung in Frankreich unumgänglich, die man vor allem während der Hauptferienzeiten vorbuchen sollte.

In den Pyrenäen bieten sich zwei Möglichkeiten, an den spanischen **Jakobsweg** zu gelangen. Der »Französische Weg« führt südöstlich von Biarritz über Saint-Jean-Pied-de-Port und weiter über den Ibañeta-Pass nach Roncesvalles. Der »Aragonesische Weg« führt südwestlich von Pau via Oloron-Sainte-Marie entweder über den Somport-Pass oder durch den Somport-Tunnel nach Jaca.

Mit dem Bus

Autobusse von Eurolines fahren von mehreren deutschen Städten regelmäßig nach Nordspanien. Zielorte sind u. a. San Sebastián, Bilbao, Burgos, Zaragoza und Santiago de Compostela. Eine Busfahrt von Hamburg nach Bilbao dauert gut 25 Stunden. Von der Schweiz aus fahren auch Busse des Unternehmens Eurolines nach Ponferrada, Pontevedra, Oviedo, Santander, San Sebastián, La Coruña und Santiago de Compostela.

Mit der Bahn

Die klassische Bahnreise mit dem Hochgeschwindigkeitszug führt von Deutschland aus via Paris und Bordeaux nach Hendaye/Irún an der spanisch-französischen Grenze, wobei man in Paris umsteigen muss, was überdies mit einem Transfer vom Gare du Nord bzw. Gare de l'Est zum Gare Montparnasse verbunden ist. Von Straßburg nach Bordeaux gibt es eine direkte Strecke (dort Umstieg nach Hendaye). Wegen der unterschiedlichen Spurweiten der Schienenwege in Spanien und Frankreich muss man in der Grenzstation Hendaye/Irún umsteigen. Innerhalb Nordspaniens gibt es Streckennetze der Eisenbahngesellschaften **Renfe** (Red Nacional de Ferrocarriles Españoles) und der 2013 in die Renfe eingegliederten **Feve** (Ferrocarriles de Vía Estrecha; Schmalspurbahn).

Hinweis
Gebührenpflichtige Servicenummern sind mit einem Stern gekennzeichnet: *0180 …

Es gibt zahlreiche Verbindungen ab Deutschland, Österreich und der Schweiz nach Nordspanien. Am häufigsten angeflogen werden die beiden internationalen Flughäfen Bilbao und Santiago de Compostela, doch kommen je nach Saison und (leider extrem häufig wechselnden) Flugplänen auch kleinere Airports wie Asturias (Oviedo-Gijón), La Coruña, Gijón, Pamplona, San Sebastián, Santander, Vigo, Vitoria und Zaragoza in Betracht. Man kommt aber von den abgelegeneren Flugplätzen per Bus oder Bahn in die nächste größere Stadt. Die dabei eingesetzten »Billigflieger« (Fluggesellschaften, die nordspanische Flughäfen u.a. von Deutschland anfliegen ▶ unten) sind allerdings längst nicht mehr so billig wie noch vor Jahren. Die Gebühren für Gepäckstücke etc. können sich erheblich summieren. Bei spanischen Fluggesellschaften ist der Kundenservice leider mangelhaft. Es kommt immer wieder zu Verspätungen; sehr verbreitet sind auch überdurchschnittlich viele Gepäckverluste oder Flugverspätungen oder -ausfälle wegen Streiks.

Mit dem Flugzeug

FLUGGESELLSCHAFTEN
Air Berlin
www.airberlin.com

Austrian Airlines
www.austrian.com

Easy Jet
www.easyjet.com

Eurowings
www.eurowings.com

Iberia
www.iberia.com

Lufthansa
www.lufthansa.com

Ryan Air
www.ryanair.com

Swiss
www.swiss.com

TUIfly
www.tuifly.com

Vueling
www.vueling.com

FLUGHÄFEN

Die Vereinigung der spanischen Flughäfen, Aena (Aeropuertos Españoles y Navegación Aérea), bietet auf ihrer Homepage alle maßgeblichen Informationen rund um die Airports (auch auf Englisch).
Tel. *902 40 47 04
www.aena.es

Asturias
Aeropuerto de Asturias
(14 km westl. Avilés, 40 km westl. Gijón, 47 km nordwestl. Oviedo)
Verkehrsanbindung: Busse u. a. nach Gijón und Oviedo

Bilbao · Bilbo
Aeropuerto de Bilbao
(ca. 10 km nördlich) bei Loiu
Verkehrsanbindung: Bus ins Zentrum; überhöhte Taxipreise

La Coruña · A Coruña
Aeropuerto de A Coruña
(8 km südlich bei Culleredo)
Verkehrsanbindung: Bus ins Zentrum

León
Aeropuerto de León
(6 km nordwestlich bei Virgen del Camino)
Verkehrsanbindung: Taxi ins Zentrum

Logroño
Aeropuerto de Logroño-Agoncillo
(ca. 15 km östlich bei Agoncillo)
Verkehrsanbindung: Taxi ins Zentrum

Pamplona · Iruñea
Aeropuerto de Pamplona/Iruñea
(6 km südwestlich bei Noáin)
Verkehrsanbindung: Taxi; nächste Bushaltestelle ca. 800 m entfernt beim Gewerbegebiet Talluntxe (Fußweg z. T. entlang einer stark befahrenen Straße).

San Sebastián · Donostia
Aeropuerto de San Sebastián
(22 km östlich bei Hondarribia)
Verkehrsanbindung: Busse nach Hondarribia und San Sebastián, Linien von Ekialdebus

Santander
Aeropuerto de Santander
(5 km südlich bei Camargo)
Verkehrsanbindung: Bus zum zentralen Busbahnhof

Santiago de Compostela
Aeropuerto de Santiago de Compostela
(12 km östlich bei Lavacolla)
Verkehrsanbindung: Bus ins Zentrum; überhöhte Taxipreise

Vigo
Aeropuerto de Vigo
(9 km südöstlich)
Verkehrsanbindung: Bus

Vitoria · Gasteiz)
Aeropuerto de Vitoria-Gasteiz
(8 km nordwestlich bei Antezana)
Verkehrsanbindung: Taxi

Zaragoza
Aeropuerto de Zaragoza
(ca. 10 km westlich)
Verkehrsanbindung: Bus

BUS
Eurolines
Deutsche Touring
Tel. 06196 2 07 85 01
www.eurolines.de

Eurolines
Schweiz
Tel. 0844 25 72 24

BAHN
Deutsche Bahn
Reiseservice: Tel. *01806 99 66 33
www.bahn.de

Renfe
Spanische Eisenbahnen
Tel. *902 32 03 20
www.renfe.com

EIN- UND AUSREISEBESTIMMUNGEN

Besucher aus Deutschland, Österreich und der Schweiz brauchen für die Einreise einen gültigen Personalausweis oder Reisepass. Kinder und Jugendliche unter 16 Jahren benötigen einen Kinderausweis. — Personalpapiere

Nationaler Führerschein und Zulassungsbescheinigung bzw. Kraftfahrzeugschein werden bei EU-Bürgern anerkannt und sind mitzuführen. Die Internationale Grüne Versicherungskarte ist bei Unfällen bzw. Schadensfällen hilfreich. Falls Nummernschilder kein Euro-Kennzeichen tragen, muss das ovale Nationalitätskennzeichen angebracht sein. Nach spanischen Bestimmungen gehören zwei Warndreiecke und eine reflektierende Warnweste ins Fahrzeug. — Fahrzeugpapiere

Im **EU-Heimtierausweis** müssen eingetragen sein: Kennzeichnung des Tieres (durch Mikrochip oder Tätowierung), gültige **Tollwutimpfung** (Erstimpfung mindestens 3 Wochen, aber nicht länger als 12 Monate vor Grenzübertritt). Für gefährliche Hunde besteht **Maulkorbpflicht** und **Leinenzwang**. — Haustiere

Innerhalb der **Europäischen Union** dürfen alle Waren für den persönlichen Gebrauch frei ein- und ausgeführt werden. Als obere Richtmengen für Reisende über 17 Jahren gelten u. a. 800 Zigaretten, 10 l Spirituosen und 90 l Wein. Bei Stichproben durch die Finanzbehörden ist glaubhaft zu machen, dass die Waren wirklich privaten Zwecken dienen.
Für die **Schweiz** gelten folgende Freimengengrenzen: 250 g Kaffee, 100 g Tee, 200 Zigaretten oder 50 Zigarren oder 250 g Rauchtabak, 2 l alkoholische Getränke bis 15 Vol.-% und 1 l alkoholische Getränke über 15 Vol.-%. Souvenirs dürfen bis zu einem Wert von 300 SFr zollfrei eingeführt werden. — Zollbestimmungen

KRANKENVERSICHERUNG

Für gesetzlich Versicherte gilt in Spanien die Europäische Krankenversicherungskarte. Zahnärztliche Leistungen sind im spanischen Gesundheitssystem nicht eingeschlossen. Eine freie Arztwahl ist un- — Europäische Krankenversicherungskarte

bekannt. Stattdessen sind die **Gesundheitszentren** (»centros de salud«, »ambulatorios«) der Landesgesundheitsanstalt Insalud (Instituto Nacional de la Salud) erste Anlaufstellen für Behandlungen. Dort kümmert sich ein Allgemeinmediziner um die erste Diagnose und entscheidet dann über eine Überweisung zum Spezialisten oder eine Einweisung ins Krankenhaus. Deutsch- oder Englischkenntnisse sind nicht selbstverständlic. Oft kommt es zu langen Wartezeiten.
In dringenden Fällen lässt man sich zur **Notaufnahme** (»urgencias«) eines Krankenhauses (»hospital«) bringen.

Private Reisekranken- und Unfallversicherung

Wer sichergehen will, schließt für die Dauer des Urlaubs eine private Reisekranken- und Unfallversicherung ab und sollte genauestens das »Kleingedruckte« zur Kostenübernahme bzw. Kostenbeteiligung (ärztliche Behandlung, Medikamente, evtl. Rücktransport) studieren. Vom behandelnden Arzt lässt man sich die Rechnung geben und die verschriebenen Medikamente aufschlüsseln.

Auskunft

Die spanischen Touristenbüros heißen in der Regel »Oficina de Turismo«. Adressen in einzelnen Orten sind unter ▶Reiseziele von A bis Z im jeweiligen Kapitel zu finden. Das Internet ist die wichtigste Infoquelle, gedrucktes Material halten die spanischen Fremdenverkehrsämter in Deutschland, Österreich und der Schweiz bereit.

TOURISMUSPORTALE

Spanisches Fremdenverkehrsamt
www.spain.info

Aragonien
www.turismodearagon.com

Asturien
www.asturias.es

Baskenland
http://tourismus.euskadi.eus/de

Costa de Cantabria
www.turismodecantabria.com

Costa Vasca
www.costavasca.org

Galicien
www.turismo.gal

Kantabrien
www.turismodecantabria.com

Kastilien-León
www.turismocastillayleon.com

Navarra
www.turismo.navarra.es

Pyrenäen
www.lospirineos.info

Auskunft • PRAKTISCHE INFOS

La Rioja
http://lariojaturismo.com

WEITERE INTERNETADRESSEN
www.spanienforum.de
Deutschsprachiges Forum mit allen erdenklichen Themen von Urlaub bis Auswandern

www.diariodeunalemol.com
Blog eines Spanien-Begeisterten

www.cervantes.es
Spanisches Kulturinstitut Cervantes, gute Quelle u. a. für Sprachkurse

http://elpais.com
www.elmundo.es
www.larazon.es
www.abc.es
Die großen spanischen Tageszeitungen

http://de.riojawine.com/de
Geschichte und Gegenwart, Jahrgänge, Statistiken, Qualitätskontrolle - ausführlich werden die Riojaweine hier auf Deutsch präsentiert

www.wein-plus.eu
Das europäische Weinnetzwerk; gute Suchmöglichkeiten, um Weinerzeuger in Spanien zu finden

www.sidradeasturias.es
Wissenswertes zum berühmten Apfelwein aus Asturien; Website auch auf Englisch

IN DEUTSCHLAND
Spanisches Fremdenverkehrsamt
Lietzenburgerstr. 99
10707 Berlin
Tel. 030 8 82 65 43

Myliusstr. 14
60323 Frankfurt a. M.
Tel. 069 72 50 33

Postfach 151940 (kein Publikumsverkehr)
80051 München
Tel. 089 5 30 74 60

Prospektversand: Auf der offiziellen Homepage www.spain.info das Stichwort »Prospekte« anklicken und nach Zielen bzw. Themen suchen. Versand per Post oder E-Mail

IN ÖSTERREICH
Spanisches Fremdenverkehrsamt
Walfischgasse 8
1010 Wien
Tel. 01 5 12 95 80 11

IN DER SCHWEIZ
Spanisches Fremdenverkehrsamt
Seefeldstr. 19. 8008 Zürich
Tel. 044 2 53 60 50

BOTSCHAFTEN IN SPANIEN
Deutsche Botschaft
Calle Fortuny 8
E-28010 Madrid
Tel. 915 57 90 00
www.spanien.diplo.de

Österreichische Botschaft
Paseo de la Castellana 91
E-28046 Madrid
Tel. 915 56 53 15
www.bmeia.gv.at/botschaft/madrid.html

Schweizer Botschaft
Calle Núñez de Balboa 35-A 7°
Edificio Goya
E-28001 Madrid
Tel. 914 36 39 60
www.eda.admin.ch/madrid

SPANISCHE BOTSCHAFTEN

In Deutschland
Lichtensteinallee 1, 10787 Berlin
Tel. 030 2 54 00 70
www.exteriores.gob.es/Embajadas/
BERLIN

In Österreich
Argentinierstr. 34a, 1040 Wien
Tel. 01 5 05 57 88
www.exteriores.gob.es/Embajadas/
VIENA

In der Schweiz
Kalcheggweg 24
Postfach 310
3000 Bern 15
Tel. 031 3 50 52 52
www.exteriores.gob.es/Embajadas/
BERNA

KONSULATE IN NORDSPANIEN

Deutsche Honorarkonsulate
Calle San Vicente 8, planta 13
Edificio Alba
48001 Bilbao
Tel. 944 23 85 85

Zikuñaga Bailara 57 G
20120 Hernani (San Sebastián)
Tel. 943 33 55 08

Gran Vía, 170, 1°E
36211 Vigo
Tel. 986 12 31 49

Calle 5 de Marzo 7, 1° izquierda
E-50001 Zaragoza
Tel. 976 30 26 66

Österreichisches Honorarkonsulat
Calle Club 8, bajo
48930 Las Arenas (Bilbao)
Tel. 944 64 07 63

Schweizer Konsulat
Granvia Diego López de Haro, 17-6°
48001 Bilbao
Tel. 946 94 12 40

Mit Behinderung unterwegs

Kopfsteinpflaster, steile Treppen, enge Eingänge, schmale Gassen – in Nordspanien stehen Rollstuhlfahrer häufig vor Hindernissen. Doch hat sich in den letzten Jahren viel getan, was die Alltagserleichterungen der behinderten Mitbürger und Besucher betrifft: mit Rampen in Hotels, Zugängen und Aufzügen in Museen, absenkbaren Einstiegen bei Stadtbussen. Behindertengerechte Toiletten hingegen sind eher selten. In Hotel- und Campingbroschüren tauchen zunehmend Verweise auf einen behindertengerechten Zugang (span. acceso minusválidos) auf, verbunden mit einem Rollstuhlsymbol. Das Spanische Fremdenverkehrsamt hat auf seiner Webseite www.spain.info/de unter dem Stichpunkt »Barrierefreier Tourismus« diverse Dateien zu barrierefreien Unterkünften, Restaurants, Sehenswürdigkeiten etc. zum kostenlosen Download bereitgestellt.

Elektrizität

Das spanische Stromnetz führt 220 Volt Wechselstrom. Die üblichen Stecker von daheim sind verwendbar.

Etikette

In Nordspanien begegnet man traditionsbewussten Menschen, die um kompliziertere Sachverhalte und Fragen nach Möglichkeit einen Bogen schlagen. Es ist, wie es ist, und es war, wie es war – Punkt! Was sich anhört wie Fatalismus, ist nicht zuletzt eine Strategie, Probleme und Diskussionen zu vermeiden. Unter diesen Vorzeichen sollte man als Gast im Land niemanden von sich aus in Diskussionen verwickeln über Stierkämpfe, Stiertreiben und politische Dinge wie die Monarchie, die Aufarbeitung der Franco-Diktatur oder die Autonomiebestrebungen der Basken. Ebenso unangebracht ist die Frage, ob der Apostel Jakobus wirklich in Santiago de Compostela begraben liegt. Anders verhält es sich natürlich, wenn Einheimische selbst solche Themen ansprechen. Das gilt auch für die Dauerthemen Wirtschaftskrise und Massenarbeitslosigkeit; wer hier nicht den richtigen Ton anschlägt, stößt seinem Gegenüber vor den Kopf. Anders verhält es sich mit Korruption, was den Spaniern selbst sauer aufstößt.

Traditionen

Bei der Begrüßung darf man Floskeln wie »Qué tal?« (Wie geht's?) und »Qué hay?« (Was gibt's?) nicht auf die Goldwaage legen. Eine Antwort auf solche Redewendungen erwartet man nicht.
Dagegen sollte man sich nicht dem traditionellen Begrüßungszeremoniell verschließen: Statt eines Händedrucks geben sich Frau und Mann sowie Frauen untereinander jeweils einen Kuss auf die Wange. Auch beim Abschied wird auf gleiche Weise geküsst. Unter Männern bleibt es bei Begrüßung und Abschied beim festen Händedruck, es sei denn, man ist sehr vertraut miteinander, dann umarmt man sich.

Redewendungen und Begrüßungszeremoniell

Zwar sind Lockerungen des »Dresscode« auch in Nordspanien nicht zu übersehen, doch die meisten Spanier – ob Damen oder Herren, ob Jüngere oder Ältere – pflegen eine gewisse Eleganz, wann immer sie das Haus verlassen. Selbst an heißen Tagen wird man kaum jemanden in Shorts, Minirock oder gar Badekleidung in der Stadt sehen.

Elegantes Auftreten

Auch in Spanien sind Raucher massiv in die Schranken verwiesen worden. So darf am Arbeitsplatz und in öffentlichen Gebäuden ebensowenig geraucht werden wie in Cafés, Kneipen, Restaurants oder auch direkt vor Krankenhäusern und Gesundheitszentren.

Rauchen

Geld

Spanien gehört zur Eurozone. (1 € = 1,08 SFr). Die Münzen zeigen König Juan Carlos I. (2 €, 1 €), Miguel de Cervantes (50, 20, 10 Cent) und die Kathedrale von Santiago de Compostela (5, 2 und 1 Cent).

Banken haben werktags von 8.30 bis 14.00 und samstags von 9.00 bis 13.00 Uhr geöffnet. Von Juni bis September haben sie samstags allerdings meistens geschlossen.

Die meist mehrsprachigen **Geldautomaten** (»cajeros«) funktionieren in der Regel problemlos. In den meisten Hotels, Restaurants, Geschäften, Supermärkten, Tankstellen sowie bei Autovermietern werden gängige **Kreditkarten** akzeptiert. .

Sperr-Notruf bei Verlust
: Bei Verlust von Kreditkarten benachrichtigt man den international gültigen Sperr-Notruf (**Tel. 049 11 61 16**). Er gilt zudem für Bankkarten, Handys und weitere sperrbare Medien.

Gesundheit

Apotheken
: Apotheken (»farmacias«) sind durch ein grünes Kreuz auf weißem Grund gekennzeichnet. Geöffnet sind sie in der Regel Mo. – Fr. 9.30 – 13.30 und 16.30 – 19.30 bzw. 20.00 sowie Sa. 9.00 – 13.30 Uhr. Aushänge verweisen auf Apotheken mit Notdienst (»farmacia de guardia«). Diese Information ist auch in der Lokalpresse zu finden.

Medizinische Versorgung
: Ärztliche Hilfe und medizinische Versorgung sind grundsätzlich über Krankenhäuser und Gesundheitszentren gewährleistet. Denken Sie an die EU-Krankenversicherungskarte! Die Notfallstationen (»urgencias«) der Krankenhäuser sind allerdings oft überlastet. Adressen von deutschsprachigen Privatärzten bekommt man in der Regel von den diplomatischen Vertretungen.

Notdienste
: ▶Notruf

Versicherung
: ▶Anreise · Reiseplanung

Literatur · Film

Bildbände
: **DuMont Bildatlas Spanien Norden · Jakobsweg.** MairDumont. Reich bebilderter und informativer Band zu den Highlights in Nordspanien.

Antony Beevor: Der Spanische Bürgerkrieg. Pantheon Verlag, 2016.   Sachbücher
Voluminöse Chronik der tragischen Ereignisse 1936 – 1939.

Walther L. Bernecker: Spanische Geschichte. Vom 15. Jahrhundert bis zur Gegenwart. Verlag C. H. Beck, 2015.
Prägnante Abhandlung von Fakten, Zusammenhängen und Hintergründen.

Carlos Collado Seidel: Franco: General, Diktator, Mythos. Kohlhammer, 2015.
Skizzen zu einem der unangeniehmsten Nordspanier der Geschichte, der sich einst als »Führer Spaniens von Gottes Gnaden« hochstilisierte.

Thomas Bauer: 2500 Kilometer zu Fuß durch Europa. Auf Jakobs-   Der
wegen vom Bodensee zum »Ende der Welt«. Wiesenburg, 2008.   Jakobsweg
Aufrichtiger und einfühlsamer Pilgerbericht.

Paulo Coelho: Auf dem Jakobsweg. Tagebuch einer Pilgerreise nach Santiago de Compostela. Diogenes, 2013.
Der brasilianische Literat hat einen sehr persönlichen Erfahrungsbericht seiner Pilgerreise vorgelegt, in dem er von Entbehrungen und spirituellen Prüfungen erzählt. Ein Weltbestseller.

Andreas Drouve: Geheimnisse am Jakobsweg. Verlagsgemeinschaft Topos Plus, 2013.
Mysteriöse Geschichten und Legenden.

Herbert Hirschler: Himmel, Herrgott, Meer, Musik, … Der andere Jakobsweg über die Ruta del Norte. Leykam, 2013.
Ein exemplarischer Ausbruch aus dem Alltag - hier gibt Nordspaniens Küstenpilgerweg die Kulisse ab.

Hape Kerkeling: Ich bin dann mal weg. Meine Reise auf dem Jakobsweg. Malik, 2014.
Der Comedian war 2001 auf dem Jakobsweg unterwegs und verfasste darüber einen Best- und Longseller. Und nebenbei löste er in Deutschland damit einen neuen Pilgerboom aus (▶Baedeker Wissen S. 136).

Peter Lindenthal: Peregrinatio Compostellana anno 1654. Die abenteuerliche Pilgerreise des Christoph Guntzinger von Wiener Neustadt nach Santiago. Tyrolia Verlag, 2014.
Der Innsbrucker Autor Lindenthal hat den alten Pilgerbericht wiederentdeckt, in heutiges Deutsch gebracht und mit eigenen Fotos und Beoachtungen garniert.

Shirley MacLaine: Der Jakobsweg. Goldmann, 2001.
Ein Hollywoodstar auf dem Camino de Santiago. Aufrichtig, aber teilweise spirituell überzogen.

Andrea Schwarz: Die Sehnsucht ist größer. Auf dem Weg nach Santiago de Compostela. Herder, 2008.
Ihre Begegnungen und Erlebnisse hat die Autorin als »geistliches Pilgertagebuch« aufbereitet, das berührt und Anstöße gibt

Romane und Erzählungen

Der Cid. Das altspanische Heldenlied. Übersetzt von Fred Eggarter. Reclam, Stuttgart 1986.
Das spanische Nationalepos wurde um 1140. von einem unbekannten Autoren aufgezeichnet.

Julián Ayesta: Helena oder das Meer des Sommers. Deutscher Taschenbuch Verlag, 2006.
Wiederentdeckter, 1952 erstmals erschienener Kurzroman um das Erwachsenwerden in der Zeit nach dem Spanischen Bürgerkrieg. Er spielt an der Küste Asturiens.

Ernest Hemingway: Fiesta. Rowohlt, 2013 (Erstveröffentlichung des englischen Originals »The Sun Also Rises« 1926).
Dieser moderne Klassiker spielt weitgehend während der berühmten Fiesta de San Fermín in Pamplona. Über den Handlungskern hinaus bekommt man aufschlussreiche Einblicke in Stadt, Landschaft und Mentalität jener Zeit.

Cees Nooteboom: Der Umweg nach Santiago. Suhrkamp, Taschenbuch-Ausgabe 2007.
Mit seinen ausgesprochen einfühlsamen und sehr subjektiv gefärbten Skizzen zu Spanien läuft der niederländische Meistererzähler zur Höchstform auf.

Filme

»El Cid«. Von Anthony Mann, 1961.
Hollywoodklassiker um Spaniens Nationalhelden der Reconquista, El Cid. Staraufgebot um Charlton Heston, Sophia Loren und Raf Vallone.

»Geheimnisse des Herzens«. Von Montxo Armendáriz, 1997.
Poetischer Film um Liebe, Leidenschaft und Tod aus der Sicht eines Kindes. Gedreht in den Bergdörfern von Navarra, stand in der Endauswahl für die Oscars.

»Camino de Santiago«. Von Robert Young, 1999.
Dieser Thriller zum Jakobsweg wurde nach einem Drehbuch des spanischen Romanciers Arturo Pérez Reverte als TV-Miniserie aufge-

nommen. Einige Schlüsselrollen werden von Weltstars wie Anthony Quinn, Charlton Heston und Anne Archer getragen.

»Das Meer in mir«. Von Alejandro Amenábar, 2004.
Ausgezeichnet mit dem Oscar für den besten nicht-englischsprachigen Film. Im Mittelpunkt steht Ramón Sampedro, ein querschnittsgelähmter Mann aus Galicien, der in Würde sterben will. Ein melodramatischer Streifen, der auf Tatsachen beruht.

»El Perro Negro – Stories from the Spanish Civil War«. Von Péter Forgács, 2004.
Aufrüttelnder Dokumentarfilm um den Spanischen Bürgerkrieg

»Königreich der Himmel«. Von Ridley Scott, 2005.
Ritterfilm, aufbereitet in Hollywoodmanier und zum Teil in Aragonien aufgenommen. Mit Orlando Bloom, Liam Neeson, Jeremy Irons.

»Obaba«. Von Montxo Armendáriz, 2005.
Die Verfilmung des Erfolgsbuchs »Obabakoak« von Bernardo Atxaga schildert das ganze Universum in einer fiktiven baskischen Kleinstadt.

»Ich trag dich bis ans Ende der Welt«. Von Christine Krabisch, 2009.
Eine anrührende Vater-Tochter-Story auf dem Jakobsweg. Deutscher Fernsehfilm mit Elmar Wepper und Ann-Kathrin Kramer. Leider wurde die wichtigste Szene nicht am echten »Eisenkreuz« gedreht.

»Dein Weg«. Von Emilio Estevez, 2010
Ein älterer US-amerikanischer Arzt erfährt vom Tod seines Sohnes, der auf dem Jakobsweg unterwegs war, und reist nach Europa. Schließlich macht er sich mit seinem eingeäscherten Sohn auf den Weg. Ein poetischer, nachdenklich machender Streifen mit ein paar Längen.

»Las brujas de Zugarramurdi«. Von Alex de la Iglesia, 2013.
Abgedrehte spanische »Terror-Komödie«, in der ein Diebesgrüppchen samt Beute, die negative Energie abstrahlt, im Pyrenäendorf Zugarramurdi eintrifft. Und das ist traditionsgemäß bekannt für seine Hexen (»brujas«).

»Encierro. Bull Running in Pamplona«. Von Olivier Van der Zee, 2013.
Dokumentarfilm über das Stiertreiben, seine LäuferInnen und deren Adrenalinausstöße während der Juli-Fiesta in Pamplona.

Medien

Zeitungen Tagesaktuelle deutschsprachige Zeitungen sind nicht allzu oft zu finden. Wer Spanisch kann, greift zu Regionalzeitungen wie »El Correo Gallego« (Galicien), »Diario de Navarra« (in Navarra), »Diario Vasco« (im Baskenland), »Diario de León« (León) und »Diario de Burgos« (Burgos). Die einheimischen Blätter sind stets eine wichtige Quelle für Veranstaltungen und Busfahrpläne; in den meisten Kneipen liegen sie als Service für die Gäste kostenlos aus. Relevante nationale Tageszeitungen sind u. a. »El País«, »El Mundo«, »La Razón« und »ABC«.

Fernsehen Sehr selten sind in guten Hotels über Satellit deutsche Fernsehprogramme zu empfangen, darunter ZDF, RTL und/oder ARD. Maßgebliche spanische Sender sind die staatlichen TVE1 und TVE2 sowie die privaten Antena 3 und Tele 5. Fußballspiele werden meist auf dem teuren Abo-Sender Canal Plus übertragen – für viele Einheimische ein weiteres gewichtiges Argument, in die Kneipe zu gehen.

Notrufe

ZENTRALER NOTRUF
Tel. 112
Unter dieser Nummer erreicht man Arzt, Feuerwehr und Polizei. Anrufe werden rund um die Uhr entgegengenommen und weitergeleitet.

RETTUNGSDIENSTE
ADAC-Notrufzentrale München
Tel. 0049 89 22 22 22
(bei Fahrzeugschaden)
Tel. 0049 89 76 76 76
(bei Erkrankung/Verletzung)
In vielen Urlaubsländern betreibt der ADAC eigene Notrufstationen mit deutschsprechenden Mitarbeitern. An diese werden Sie automatisch von der Zentrale in München weiterverbunden.

ACE-Notrufzentrale Stuttgart
Tel. 0049 711 5 30 34 35 36

Deutsche Rettungsflugwacht
Tel. 0049 711 7 00 70

DRK-Flugdienst
Tel. 0049 211 9 17 49 90

Malteser Rückholdienst Deutschland
Tel. 0049 221 98 22 01

ÖAMTC
Tel. 0043 1 2 51 20 00

Schweizerische Rettungsflugwacht
Tel. 0041 3 33 33 33 33

Öffnungszeiten

In Spanien gibt es kaum Uneinheitlicheres als Öffnungszeiten, die darüber hinaus nicht immer zuverlässig sind und – im Falle von Monumenten, Museen etc. – unvorhersehbar von einem Tag auf den nächsten wechseln können!

Allgemein gilt: Für amtliche Erledigungen sollte man sich die Kernzeiten Mo. – Fr. 9.00 – 13.00 Uhr zu Herzen nehmen, dann kann nichts schiefgehen. Und: Erhoffen Sie sich generell nichts während der **Siesta**! Öffnungszeiten von Geschäften und selbst Museen ändern sich nach Haupt- und Nebensaison bzw. Sommer- und Wintermonate. Im Sommer dehnt man die Siesta gerne etwas aus und öffnet dafür länger.

Kernzeiten

Touristeninformationen öffnen wochentags 9.00/9.30 – 14.00 und 16.30 – 19.00, sonntags meist nur vormittags. Während der Hauptsaison findet man sie in Touristenzentren ganztägig geöffnet vor.

Touristeninformationen

Museen haben meist ihren Schließtag fast immer montags und bleiben auch sonntagnachmittags geschlossen. Kirchen auf dem Land haben mitunter nur während der Messen geöffnet, da nicht genügend Personal vorhanden ist, um die Schätze zu bewachen.

Museen

Angesichts fehlender Ladenschlussgesetze finden Einkäufer – sieht man von der weit verbreiteten Siesta im Einzelhandel einmal ab – traumhafte Bedingungen vor, denn frisches Brot aus der **Bäckerei** bekommt man an sieben Tage in der Woche. **Großsupermärkte**, kleinere Supermärkte und **Tante-Emma-Shops** öffnen Mo. – Sa. ab 9.30 mitunter bis 21.30/22.00 Uhr; auch sonntagvormittags haben manche Lebensmittelgeschäfte geöffnet. Standard-Öffnungszeiten von Läden und **Markthallen** sind Mo. – Sa. 9.30 – 13.30/14.00 Uhr. Mo. – Fr. wird man in Geschäften nachmittags 16.30/17.00 – 19.30/20.00 Uhr bedient, während samstagnachmittags viele, aber längst nicht alle Läden offen haben.

Geschäfte

Post · Telekommunikation

Innerhalb Europas sind normale **Briefe** (bis 20 g) und **Postkarten** im Schnitt bis zu einer Woche unterwegs. Das **Porto** erhöht sich immer zu Beginn eines Jahres. **Briefmarken** (»sellos«) bekommt man in **Postämtern** (Correos) und in **Tabakläden** (Tabacos). **Briefkästen** sind gelb gekennzeichnet.

Porto und Briefmarken

VORWAHLEN
von Deutschland, Österreich und der Schweiz
0034

von Spanien
nach Deutschland 0049
nach Österreich 0043
in die Schweiz 0041
Bei Anrufen von Spanien in diese Länder entfällt die 0 der jeweiligen Ortskennzahl.

Postämter haben unterschiedliche **Öffnungszeiten**. In größeren Städten sind sie Mo. – Fr. 8.00 bzw. 8.30 – 20.00 bzw. 20.30, Sa. 8.00 bzw. 8.30 – 14.00 Uhr geöffnet. In kleineren Orten schließen die Postämter ab 13.30 bzw. 14.00 bis 16.30 Uhr. Für Tabakläden gelten die normalen Geschäftsöffnungszeiten: Mo. – Sa. 9.30 bzw. 10.00 – 13.30 bzw. 14.00 u. 16.30 – 19.30 bzw. 20.00, Sa. 9.30 – 14.00 Uhr.

Telefonieren Öffentliche Telefonzellen sind stark im Rückzug begriffen. Falls noch vorhanden, funktionieren sie sowohl mit Münzen als auch mit Telefonkarten (oft allerdings sehr schlecht!). Telefonkarten erhält man u.a. in Tabakgeschäften. Private Fernsprechzentralen, »locutorios«, bieten oft auch Internetzugang. Viel teurer als von öffentlichen Fernsprechern sind Telefonate aus dem Hotel oder Ferienapartment.
Telefonkarten (»tarjetas telefónicas«, für 5 oder 10 €), kauft man am besten in Tabakgeschäften. Von Telefonen, die mit Kreditkarte funktionieren, ist aus Sicherheitsgründen abzuraten.
Das Mobiltelefon (span. »móvil«) wählt sich automatisch über Roaming in das entsprechende Partnernetz ein. Eine vor Ort erworbene Prepaid-Karte (»tarjeta pre-pago«) kann günstiger sein. Wird ein Handy benutzt, das nicht in Spanien registriert ist, muss vor der Rufnummer die Ländervorwahl 0034 eingegeben werden.

Internet Es gibt zahlreiche **Internetcafés** (»cibercafés«). Oft sind diese Terminals den privaten Telefonzentralen (»locutorios«) angeschlossen. Die Preise sind unterschiedlich (1 Std. ca. 1 – 1,50 €). In öffentlichen Bibliotheken ist der Zugang oft kostenlos, doch die Geräte können veraltet und die Wartezeiten lang sein. **WLAN** (Wifi) ist verbreitet.

Preise · Vergünstigungen

Unstete Preise Eintrittspreise für Monumente, Museen etc. sind ebenso schwer prognostizierbar wie deren Öffnungszeiten. Es kann ständig zu Veränderungen kommen, so dass die in diesem Buch angegebenen Preise nur Richtwerte sein können. Eintritte in kleinere Museen liegen im

Schnitt in etwa bei 3–4 €, in Kathedralen und deren Museen bei 5–8 €, in anderweitige Museen und nennenswerte Monumente bei 4–6 €. Zoos und Aquarien können durchaus mit 15–20 € pro Erwachsenem zu Buche schlagen.

Gegen Vorlage entsprechender Ausweise erhalten Rentner und Studenten **Preisnachlässe** bei Eintritten in musealen Einrichtungen. Je nach Alter kann für **Kinder** der Eintritt frei sein. In manchen Museen ist in Einzelfällen einmal in der Woche der Eintritt frei (»entrada gratuita«).

Für Städte gibt es vereinzelt **»City Cards«**, bei denen der Transport in öffentlichen Verkehrsmitteln im Regelfall enthalten ist; für Eintritte in Museen gibt es einen Preisnachlass, zwangsläufig enthalten sind die kompletten Eintrittsgelder in einer »City Card« leider nicht.

Am **Jakobsweg** werden Pilgern mit offiziellem Pilgerausweis (»credencial«; ▶S. 117) Preisnachlässe gewährt, z. B. beim Eintritt in vielen Kathedralen.

Bei **Bahnfahrkarten** gibt es gelegentlich Kampagnen, beispielsweise den »Galicia Rail Pass« für Fahrten durch Galicien. Allerdings können solche Angebote ebenso rasch verschwinden wie sie gekommen sind!

> **? BAEDEKERWISSEN**
>
> *Was kostet wie viel?*
>
> Doppelzimmer: ab 50 €
>
> Tapa: ab 1 €
> Einfache Mahlzeit: ab 6 €
> 3-Gänge-Mittagsmenü: ab 9–10 €
>
> Tasse Kaffee: ab 1,20 €
> 0,2 l Bier: ab 1,20 €
> 0,1 l Wein: ab 1 €
>
> 100 km Busfahrt: ab 8–9 €
>
> 1 l Super: ca. 1,20 €
>
> Preiskategorien für Restaurants ▶S. 77
> Preiskategorien für Hotels ▶S. 108

Reisezeit

Wegen der fast durchweg **angenehmen Temperaturen** ist Nordspanien besonders für Sommerreisen geeignet. **Juni bis September** bieten eindeutig das beste Wetter, wobei etwa vier Wochen um den Monatswechsel Juli/August herausragen. Diese Zeit sollte man unbedingt für das wetterwendische Baskenland, Galicien, Asturien und Kantabrien nutzen, obwohl gerade dann auch viele Spanier hier unterwegs sind. Allerdings muss jederzeit mit Niederschlägen gerechnet werden.

Sommerreiseziel

Für Urlaubsreisen ideal: Trotz der westlichen Lage gilt in Spanien die Mitteleuropäische Zeit, wodurch die **Tageshelligkeit** gegenüber Mitteleuropa um etwa eine Stunde nach hinten verschoben ist. Während der Sommerzeit kann sich die **morgendliche Kühle** dann bis in den späten Vormittag halten und die Höchsttemperaturen werden erst zwischen 17.00 und 18.00 Uhr gemessen. Entsprechend lange warm bleiben die Abende.

Wassertemperaturen Obwohl die weißen galicischen Strände mit ihrem türkisblauen Wasser wohl jeden zum Baden animieren, bleibt ein Sprung in die Fluten selbst im Hochsommer nur etwas für Abgehärtete. Ursache ist der relativ kalte Portugalstrom, der entlang der Westküste der Iberischen Halbinsel nach Süden fließt und besonders bei ablandigen Winden kaltes Tiefenwasser an die Küsten spült. So wird das Meer an den westexponierten Stränden trotz brütender Hitze kaum wärmer als 15 °C. Selbst am Stadtstrand von La Coruña sind Anfang August bestenfalls 20 °C drin.
Wesentlich badefreundlicher zeigt sich die Küste an der inneren Biskaya mit leicht über 20° C. Allgemein gilt: Je weiter man nach Westen kommt, desto kühler wird das Wasser.

Klimabelastung Der ständige Wind und die geringe Luftfeuchtigkeit lassen selbst im Hochsommer **kaum Schwüle** aufkommen, weshalb die Wirkung der Sonne oftmals unterschätzt wird – ein ausreichender Sonnenschutz ist daher unverzichtbar. Eine besonders **intensive UV-Strahlung** herrscht zwischen 12.00 und 16.00 Uhr. Extrem belastend sind **Hitzewellen** auf der Hochebene im Juli und August mit Temperaturen bis über 40 °C.

Sprache

Überraschend, aber wahr ist, dass man in Nordspanien Englisch- oder gar Deutschkenntnisse selbst im Tourismusgewerbe nicht zwangsläufig erwarten darf. Insofern kann es nützlich sein, wenn man sich selber ein paar Ausdrücke aneignet und den nachfolgenden Sprachführer zur Hand hat. Vorausgeschickt sei, dass es im Spanischen nur zwei Artikel gibt. Der weibliche Artikel lautet »la« (Plural: »las«), der männliche »el« (Plural: »los«). Die Worte werden mehrheitlich auf der vorletzten Silbe betont; Akzente zeigen Ausnahmen an.

Aussprache **c** vor »a«, »o« und »u« wie ein deutsches »k« in »Kilo«
c vor »e« und »i« als Lispellaut, etwas stärker als das englische »th«, Beispiel: »gracias«
ch wie ein deutsches »tsch« in »tschüss«
g vor »e« und »i« wie ein deutsches »ch« in »Dach«
gue immer mit stummem »u« wie ein deutsches »Genick«

h zu Wortbeginn unbetont
j wie ein deutsches »ch« in »Dach«
ll wie ein deutsches »j« zwischen zwei Vokalen, Bsp. »Jojo«
ñ wie ein »gn« in »Champagner«
qu wie ein deutsches »k« in »Kaffee«
v wie ein deutsches »b« in »Habe«
z wie ein Lispellaut, vergleichbar mit c vor »e« und »i«

Sprachführer Spanisch

Auf einen Blick

Ja.	Sí.
Nein.	No.
Vielleicht.	Quizás./Tal vez.
In Ordnung!/Einverstanden!	¡De acuerdo!/¡Está bien!
Bitte./Danke.	Por favor./Gracias.
Vielen Dank.	Muchas gracias.
Gern geschehen.	No hay de qué./De nada.
Entschuldigung!	¡Perdón!
Wie bitte?	¿Cómo dice/dices?
Ich verstehe Sie/dich nicht.	No le/la/te entiendo.
Ich spreche nur wenig …	Hablo sólo un poco de …
Können Sie mir bitte helfen?	¿Puede usted ayudarme, por favor?
Ich möchte …	Quiero …/Quisiera …
Das gefällt mir (nicht).	(No) me gusta.
Haben Sie …?	¿Tiene usted …?
Wie viel kostet es?	¿Cuánto cuesta?
Wie viel Uhr ist es?	¿Qué hora es?

Kennenlernen

Guten Morgen!	¡Buenos días!
Guten Tag!	¡Buenos días!/¡Buenas tardes!
Guten Abend!	¡Buenas tardes!/¡Buenas noches!
Hallo! Grüß dich!	¡Hola!
Ich heiße …	Me llamo …
Wie ist Ihr Name, bitte?	¿Cómo se llama usted, por favor?
Wie geht es Ihnen/dir?	¿Qué tal está usted?/¿Qué tal?
Gut, danke. Und Ihnen/dir?	Bien, gracias. ¿Y usted/tú?
Auf Wiedersehen!	¡Hasta la vista!/¡Adiós!
Tschüss!	¡Adiós!/¡Hasta luego!
Bis bald!	¡Hasta pronto!
Bis morgen!	¡Hasta mañana!

Unterwegs

links/rechts	a la izquierda/a la derecha
geradeaus	todo seguido/derecho
nah/weit	cerca/ lejos
Wie weit ist das?	¿A qué distancia está?
Ich möchte ... mieten.	Quisiera alquilar ...
... ein Auto	... un coche.
... ein Boot	... una barca/un bote/un barco.
Bitte, wo ist ...	Perdón, dónde está ...
... der Bahnhof?	... la estación (de trenes)?
... der Busbahnhof?	... la estación de autobuses/la terminal?
... der Flughafen?	... el aeropuerto?

Panne

Ich habe eine Panne.	Tengo una avería.
Würden Sie mir bitte einen Abschleppwagen schicken?	¿Pueden ustedes enviarme un cochegrúa, por favor?
Gibt es in der Nähe eine Werkstatt?	¿Hay algún taller por aquí cerca?
Wo ist bitte die nächste Tankstelle?	¿Dónde está la estación de servicio/a gasolinera más cercana, por favor?
Ich möchte ... Liter ...	Quisiera ... litros de ...
... Normalbenzin.	... gasolina normal.
... Super./...Diesel.	... súper./... diesel.
... bleifrei.	... sin plomo.
Volltanken, bitte.	Lleno, por favor.

Unfall

Hilfe!	¡Ayuda!, ¡Socorro!
Achtung!	¡Atención!
Vorsicht!	¡Cuidado!
Rufen Sie bitte schnell ...	Llame enseguida ...
... einen Krankenwagen.	... una ambulancia.
... die Polizei.	... a la policía.
... die Feuerwehr.	... a los bomberos.
Haben Sie einen Verbandskasten?	¿Tiene usted botiquín de urgencia?
Es war meine (Ihre) Schuld.	Ha sido por mi (su) culpa.
Könnten Sie mir Ihren Namen und Ihre Anschrift geben?	¿Puede usted darme su nombre y dirección?

Einkaufen

Wo finde ich ...	Por favor, dónde hay ...
... einen Markt?	... un mercado?

... eine Apotheke?	... una farmacia?
... ein Einkaufszentrum?	... ein Einkaufszentrum?

Arzt

Können Sie mir einen guten Arzt empfehlen?	¿Puede usted indicarme un buen médico?
Ich habe ...	Tengo ...
... Durchfall.	... diarrea.
... Fieber.	... fiebre.
... Kopfschmerzen.	... dolor de cabeza.
... Halsschmerzen.	... dolor de garganta.
... Zahnschmerzen.	... dolor de muelas.

Übernachtung

Können Sie mir bitte ... empfehlen?	Perdón, señor/señora/señorita. ¿Podría usted recomendarme ...
... ein Hotel.	... un hotel?
... eine Pension	... una pensión?
Ich habe ein Zimmer reserviert.	He reservado una habitación.
Haben Sie noch ...	¿Tienen ustedes ...
... ein Einzelzimmer?	... una habitación individual?
... ein Doppelzimmer?	... una habitación doble?
... mit Dusche/Bad?	... con ducha/baño?
... für eine Nacht?	... para una noche?
... für eine Woche?	... para una semana?
Was kostet das Zimmer mit ...	¿Cuánto cuesta la habitación con ...
... Frühstück?	... desayuno?
... Halbpension?	... media pensión?

Bank

Wo ist hier bitte ...	Por favor, dónde hay por aquí ...
... eine Bank?	... un banco?
... eine Wechselstube?	... una oficina/casa de cambio?
Ich möchte SFr in Euro wechseln.	Quisiera cambiar francos suizos en euros.

Post, Telefon, Internet

Was kostet ...	¿Cuánto cuesta ...
... ein Brief	... una carta ...
... eine Postkarte	... una postal ...
nach Deutschland?	para Alemania?
Briefmarken	sellos
Telefonkarten	tarjetas para el teléfono

Ich suche eine Prepaidkarte für mein Handy.	Busco una tarjeta prepago para mi móvil.
kostenloser Internetanschluss	wifi gratis
Computer	ordenador
Ladegerät	cargador
Akku	acumulador
Internetadresse	dirección de internet
Internetcafé	locutorio
E-Mail(-Adresse)	(dirección de) correo electrónico
@-Zeichen	arroba

Zahlen

0	cero	18	dieciocho
1	un, uno, una	19	diecinueve
2	dos	20	veinte
3	tres	22	veintidós
4	cuatro	30	treinta
5	cinco	40	cuarenta
6	seis	50	cincuenta
7	siete	60	sesenta
8	ocho	70	setenta
9	nueve	80	ochenta
10	diez	90	noventa
11	once	100	cien, ciento
12	doce	200	doscientos, -as
13	trece	1000	mil
14	catorce	2000	dos mil
15	quince	10000	diez mil
16	dieciséis	½	medio
17	diecisiete	¼	un cuarto

Restaurante/Restaurant

Wo gibt es hier	¿Dónde hay por aquí cerca …
… ein gutes Restaurant?	… un buen restaurante?
… ein nicht zu teures Restaurant?	… un restaurante no demasiado caro?
Könnten Sie uns bitte für heute Abend einen Tisch für vier Personen reservieren?	¿Puede reservarnos para esta noche una mesa para cuatro personas?
Auf Ihr Wohl!	¡Salud!
Die Rechnung, bitte!.	¡La cuenta, por favor!
Hat es (Ihnen) geschmeckt?	¿Le/Les ha gustado la comida?
Das Essen war ausgezeichnet.	La comida estaba excelente.
almuerzo, comida	Mittagessen

botella	Flasche
cena	Abendessen
camarero/mozo	Kellner
cubierto	Gedeck, Besteck
cuchara	Löffel
cucharita	Kaffeelöffel
cuchillo	Messer
desayuno	Frühstück
carta, menú	Speisekarte
plato	Teller
sacacorchos	Korkenzieher
tenedor	Gabel
taza	Tasse
vaso	Glas
ahumado	geräuchert
a la plancha	gegrillt
a punto	medium
bien hecho	durchgebraten
crudo	roh
empanado	paniert
frito	frittiert
hervido	gekocht
muy poco hecho	blutig

Desayuno/Frühstück

bollo	Milchbrötchen
café con leche	Milchkaffee
café cortado	Espresso mit Milch
café solo	Espresso
café descafeinado	koffeinfreier Kaffee
chocolate	Schokolade
churros	im Fett gebackene Hefekringel
cruasán	Croissant
fiambre	Aufschnitt
huevo pasado por agua/ cocido	weiches Ei
huevos fritos	Spigeleier
huevos revueltos	Rühreier
jamón crudo/cocido	roher/gekochter Schinken
mantequilla	Butter
mermelada	Marmelade
miel	Honig
pan/panecillo/pan tostado	Brot/Brötchen/Toast
queso	Käse

té con leche/limón . . . . Tee mit Milch/Zitrone
zumo . . . . Fruchsaft

Entradas, Sopas/Vorspeisen, Suppen und Eintöpfe
buseca . . . . Kuttel-Gemüsesuppe
caldo . . . . Brühe
cazuela. . . . . Eintopf
empañada . . . . kleine Pastete
ensalada mixta . . . . gemischter Salat
locro. . . . . Eintopf (Fleisch mit Mais)
matambre. . . . . eine Art kalter Rinderroulade
menestra . . . . Gemüsetopf
puchero . . . . Eintopf (Fleisch mit Gemüse, Kartoffeln)
sopa de fideos . . . . Nudelsuppe
sopa de mariscos . . . . Meeresfrüchtesuppe
sopa de pescado. . . . . Fischsuppe
sopa de verduras. . . . . Gemüsesuppe

Tapas
albóndigas . . . . Fleischbällchen
boquerones en vinagre . . . . Sardellen in Essig-Knoblauch-Marinade
calamar. . . . . Kalamar
caracoles. . . . . Schnecken
chipirones. . . . . kleine Tintenfische
chorizo. . . . . Paprikawurst
ensaladilla rusa . . . . russischer Salat
jamón serrano. . . . . getrockneter Schinken
morcilla. . . . . Blutwurst
pulpo . . . . Tintenfisch
tortilla de patatas . . . . Kartoffelomelette

Pescados y Mariscos/Fische und Meeresfrüchte
atún . . . . Thunfisch
besugo . . . . Brasse
centolla. . . . . Königskrabbe
corvina . . . . Adlerfisch
dorado . . . . Dorade, Goldmakrele
langostinos. Riesengarnelen
lenguado . . . . Seezunge
ostras . . . . Austern
pejerrey . . . . La-Plata-Ährenfisch
pulpo . . . . Krake

salmón	Lachs
surubí	Welsart
trucha	Forelle
róbalo	See-, Wolfsbarsch

Carne y Aves/Fleisch und Geflügel

asado de tira	gegrilltes Rippenstück
bife	Steak
cabrito/chivito	Zicklein
carne picada	Hackfleisch
cerdo/chancho	Schwein
ciervo	Wild
charqui	Dörrfleisch
cochinillo	Milchferkel
chorizo	Paprikawurst, Hartwurst
chuleta	Kotelett
conejo	Kaninchen
cordero	Lamm
criadillas	Hoden
entrañas	Innereien
escalope	Schnitzel
estofado	Schmorfleisch
filete de cadera	Hüftsteak
gallinejas	gegrillter Dünndarm
hígado	Leber
lechón	Spanferkel
lengua	Zunge
lomo/filete	Lenden- oder Rückenstück
milanesa	paniertes Schnitzel
mollejas	Bries
morcilla	Blutwurst
parrillada	Grillplatte (Fleisch)
pato	Ente
pavo	Pute
pollo/gallina	Huhn/Henne
riñones	Nieren
res	Rind
ternera	Kalb
ubre	Euter

Ensalada y Verduras/Salat und Gemüse

arroz	Reis
berenjenas	Auberginen
calabacines	Zucchini

batata/papa dulce	Süßkartoffel
cebollas	Zwiebeln
choclo	gekochter Mais
espárragos	Spargel
espinaca	Spinat
guisantes	Erbsen
judías	Bohnen
lechuga	Kopfsalat
papas	Kartoffeln
patatas fritas	Pommes frites
pepinos	Gurken
perejil	Petersilie
(pimiento) morrón	rote Paprikaschote

Postres, Pasteles/Nachspeisen, Gebackenes

alfajor	gefüllte Kekse
anchi	Dessert aus Maismehl und Zitrusfrüchten
bizcocho	Zwieback, Biskuit
café helado/copa de helado	Eiskaffee/Eisbecher
dulces	Süßigkeiten, Desserts
dulce de batata	Süßkartoffelaufstrich mit Frischkäse
dulce de leche	Karamellcreme
dulce de membrillo	Paste aus Quittenmus
flan	Pudding, Creme caramel
galletas	Kekse
helado	Eis
nata	Sahne
natillas	Cremespeise (sahnig)
pan dulce	Kuchen, ähnlich dem italienischen Panettone
pastel/tarta	Kuchen/Torte
queso	Käse
sorbet	Fruchteis, Sorbet
tocino del cielo	Dessert aus Eiern, Zucker, Sahne

Frutas/Obst

albaricoques	Aprikosen
cerezas	Kirschen
ciruelas	Pflaumen
limón	Zitrone
manzana	Apfel
melocotón	Pfirsich
melones	Honigmelonen
membrillos	Quitten
naranjas	Orangen

nueces	Nüsse
peras	Birnen
plátanos	Bananen
sandías	Wassermelonen
uvas	Weintrauben

Bebidas/Getränke

aguardiente	Schnaps
agua mineral	Mineralwasser
con/sin gas	mit/ohne Kohlensäure
batido	Milchshake
brandy	Weinbrand
cerveza	Bier
caña	Glas Fassbier
gaseosa	weiße Limonade
horchata	Erdmandelmilch
leche	Milch
manzanilla	Kamillentee
té	Tee
vino	Wein
blanco/tinto	weiß/rot
rosado	rosé
trocken/süß	seco/dulce
zumo	Saft

Verkehr

STRASSENVERKEHR

Die Autobahnen (Autopistas) sind **gebührenpflichtig** (»peaje«); an den Mautstationen kann man mit den gängigen Kreditkarten bezahlen; die autobahnähnlichen Schnellstraßen (Autovías) können kostenlos befahren werden. In den Ausbau der Strecken sind viele EU-Gelder geflossen.

Straßen

Die **nummerierten** Nationalstraßen (Carreteras Nacionales; N-…), die etwa den deutschen Bundesstraßen entsprechen, sind meist gut ausgebaut. Die ebenfalls nummerierten **Landstraßen** (Carreteras autónomas; beginnend mit dem Kürzel der Provinz) sind, soweit es sich um wichtigere Verbindungen handelt, in der Regel in gutem Zustand. So manche nicht nummerierte Nebenstraße kann jedoch unangenehme Überraschungen bereithalten.

> **BAEDEKER WISSEN**
>
> **? Höchstgeschwindigkeiten**
>
> - innerhalb von Ortschaften: 50 km/h
> - außerhalb: 90 km/h
> - Schnellstraßen: 100 km/h
> - Autobahnen: 120 km/h
> - Wohnmobile außerhalb von Ortschaften: 80 km/h
> - Wohnmobile auf Autobahnen: 100 km/h
> - Pkw mit Wohnwagen auf Autobahnen: 90 km/h

Wenn nicht unbedingt nötig, **sollte man Fahrten in die Innenstädte vermeiden**, insbesondere in Altstadtkerne hinein, wo es oft so eng zugeht, dass auch mit Wagen der unteren Mittelklasse kaum ein Durchkommen ist. Die Einbahnstraßenregelung tut ein Übriges, um Fahrten in Innenstädte länger als gedacht werden zu lassen.

In den meisten Städten ist das **Parken** auf blau gekennzeichneten Plätzen gebührenpflichtig, an gelb bezeichneten Stellen verboten. Die Bezahlung erfolgt am Parkscheinautomaten. Die Kontrollen von Politessen sind streng und penibel. Im Zuge spanischer »Geldgewinnung« sind die kostenspieligen Abschleppdienste übermäßig schnell zur Stelle, wobei keine Rolle spielt, dass ein Fahrzeug andere überhaupt nicht behindert. Also besser nicht die Parkzeit überschreiten!

Verkehrsregeln

Vorfahrt hat grundsätzlich das von rechts kommende Fahrzeug, auch bei Nebenstraßen in Städten (Ausnahmen sind ausgeschildert); der Kreisverkehr hat allerdings Vorfahrt vor dem sich eingliedernden Verkehr (Ausnahmen sind auch hier ausgeschildert). Beim **Linksabbiegen** außerhalb der Ortschaften gibt es auf größeren Straßen eigene Fahrspuren, die zunächst nach rechts ausweichen und dann die Hauptstraße kreuzen.

Auf gut beleuchteten Straßen (außer auf Schnellstraßen oder Autobahnen) sollte nachts nur mit Standlicht gefahren werden. **Ersatzglühbirnen** müssen mitgeführt werden.

Das Anlegen der **Sicherheitsgurte** ist für alle Passagiere Pflicht.

Die Höchstgrenze für den Blutalkoholgehalt liegt bei **0,5 Promille**. Bei Verstößen drohen hohe Geldstrafen, auch bei minimaler Überschreitung. Die wirklich hohen Strafen sollten nicht auf die leichte Schulter genommen werden: bis zu 1000 €!

Im Auto mit dem Handy ohne Freisprecheinrichtung zu telefonieren, kann den auf frischer Tat erwischten Fahrer bis 600 € kosten.

Sehr hohe Strafen drohen auch bei **Überschreiten der Höchstgeschwindigkeit** (schon bei 1 km/h!). Vielerorts stehen Radarfallen, auch mobile Geräte kommen immer häufiger zum Einsatz.

Modalitäten für Bußgelder

Wer in Spanien nicht gemeldet ist, muss das hohe Bußgeld sofort bezahlen. Ansonsten wird das Fahrzeug von der Polizei stillgelegt. Eine bedenkliche Tendenz ist, dass die Verkehrspolizei Ausländer auch mit **falschen Vorwürfen** konfrontiert (z. B. abgebogen zu sein ohne zu blinken, nicht eingeschaltetes Licht in Tunneln, überhöhte Geschwindigkeit etc.) und Strafzettel ausstellt. Derlei Fälle sind in jüngerer Vergangenheit immer häufiger bekannt geworden. Im Nachhinein kann man zwar – gute Sprachkenntnisse vorausgesetzt – Beschwerde einlegen, doch das Geld wird man nie mehr wiedersehen und der Vorgang versickert behördlich.

Bei einer Panne oder einem Unfall muss das Fahrzeug mit **zwei Warndreiecken** vorn und hinten gesichert werden. Auch muss man eine reflektierende **Schutzweste** anziehen. Wer nur mit einem Warndreieck angetroffen wird, muss mit einem Bußgeld von mindestens 100 € rechnen. *Panne*
An den Autobahnen stehen in regelmäßigen Abständen **Notrufsäulen**. Abschleppen durch Privatfahrzeuge ist verboten!

ÖFFENTLICHER PERSONENVERKEHR

Das Eisenbahnnetz in Spanien ist nicht so engmaschig ausgebaut wie in Mitteleuropa, doch alle größeren Städte sind per Bahn erreichbar – wenn auch meist mit etwas größerem Zeitaufwand. *Eisenbahn*
Die Hauptstrecken werden vom staatlichen Unternehmen **Renfe** (Red Nacional de los Ferrocarriles Españoles) betrieben. Bei Fahrten mit den Renfe-Fernzügen sollte man in der Hochsaison die **Plätze frühzeitig reservieren**, Stehplätze gibt es nicht.
Die Schmalspurbahn **Feve** (Ferrocarriles de Vía Estrecha) ist eine nordspanische Besonderheit. Das Streckennetz umfasst knapp 1200 km. Die wichtigsten Feve-Strecken sind Bilbao (Bilbo) – León, Bilbao (Bilbo) – Santander, Santander – Oviedo und Oviedo – Ferrol. Die Eisenbahngesellschaft Feve gehört seit 2013 zur spanischen Staatsbahn Renfe.
Einwöchige »Schienenkreuzfahrten« durch Nordspanien – von San Sebastián nach Santiago de Compostela und zurück – sind mit dem Luxus-Hotelzug **Transcantábrico Gran Lujo** möglich, der an ausgewählten Terminen zwischen etwa Ende März und Ende Oktober auf landschaftlich besonders reizvollen Strecken entlang der norspanischen Küste verkehrt. Allerdings müssen Eisenbahn-Nostalgiker dafür tief in die Tasche greifen. Je nach Vorverkauf kostet ein Einzelabteil bis zu 5000 €. Im Preis enthalten sind Vollpension, Ausflüge und Führungen. Auf der Strecke León – Bilbao – Santiago de Compostela verkehrt der **Transcantábrico Clásico**. Das Einzelticket für 4, 5 oder Tage kostet zwischen 1350 und 3150 €.
Die Eisenbahngesellschaft Renfe bietet auf weiteren schönen Strecken in Nordspanien, vor allem in Asturien und Galicien, Sonderzüge für Touristen, **Trenes Turísticos**, an: u.a. von Ferrol nach Ribadeo im Norden, von La Coruña nach Lugo, von Santiago de Compostela

INLANDSFLÜGE
Aena (Flughäfen-Infos)
www.aena.es

BAHNVERKEHR
Renfe
Spanische Eisenbahnen
Tel. *902 32 03 20
www.renfe.com

Touristenzüge
Tel. 902 55 59 02

www.renfe.com/trenesturisticos

Auto Europe
www.autoeurope.de
Tel. *0800 7 23 94 78 (D)

PANNENHILFE
Real Automóvil Club de España (R.A.C.E.)
Tel. *900 10 09 92; www.race.es

nach Vigo oder von Oviedo nach Bilbao, von León nach Bilbao. Es gibt auch einen **Tren del Peregrino**, einen Pilgerzug, von Madrid über Astorga, Ponferrada und Ourense nach Santiago de Compostela. Mit diesem Zug ist man fünf Tage unterwegs.

Busse
Der Bus ist das wichtigste öffentliche Verkehrsmittel und preiswerter als die Bahn. Zwischen den Städten ist das Verbindungsnetz in ganz Nordspanien gut ausgebaut. An- und Abfahrtpunkt ist meist die zentrale Busstation (»estación de autobuses«). In der Hochsaison und an Wochenenden sollte man Fahrscheine besser mindestens einen Tag vorher kaufen. Auf den Tickets ist bei längeren Strecken die Sitzplatznummer abgedruckt, auf kürzeren Strecken gibt es meist freie Sitzwahl.

Taxi
Taxis sind mit Taxischildern gekennzeichnet und mit Taxametern ausgestattet. Ab 22.00 Uhr und an Wochenenden gelten Sondertarife, größere Gepäckstücke und der Transport von Haustieren werden extra berechnet. Taxifahrer müssen offizielle Preislisten vorweisen können, vor allem, wenn es sich um festgesetzte Tarife für längere Fahrten oder um Zuschläge handelt. Bedauerlicherweise kommt es bei Taxifahrern trotzdem immer wieder zu Preisbetrügereien. Wirksames Gegenmittel: ein Beschwerdeformular (»hoja de reclamación«) fordern!

SONSTIGE VERKEHRSMITTEL

Inlandflüge
Innerhalb Spaniens werden von **Madrid** aus alle relevanten Flughäfen Nordspaniens angeflogen, u. a. Asturias, Bilbao (Bilbo), La Coruña (A Coruña), Pamplona (Iruñea), San Sebastián (Donostia), Santander, Santiago de Compostela, Vitoria (Gasteiz) und Zaragoza. Auch ab **Barcelona** gibt es Inlandsverbindungen.

Für ein Fahrzeug in der unteren Klasse zahlt man bei internationalen Autovermietern bzw. »Brokern« ab ca. 160 € pro Woche. Vor Ort bekommt man es nicht günstiger und sollte daher vorbuchen. Wer es ohne **Vorbuchung** riskieren will, findet Reservierungsbüros von Autovermietern vor allem an Flughäfen und Bahnhöfen.

Die Mietverträge werden in der Regel mit unbegrenzter Kilometerzahl, Steuer und Haftpflichtversicherung abgeschlossen. Insassenunfallversicherung, Zusatzfahrer, mobiles Navigationssystem, Kindersitze etc. kosten pro Tag extra.

Mietwagen

Zeit

Auf dem spanischen Festland braucht man die Uhr nicht umzustellen. Zwischen Ende Oktober und Ende März gilt die Mitteleuropäische Zeit (MEZ), ansonsten die Mitteleuropäische Sommerzeit (MEZ + 1 Std.). Wegen der westlichen Lage ist die Tageshelligkeit gegenüber Mitteleuropa um etwa eine Stunde nach hinten verschoben.

Begriffe aus Religion, Kunst und Alltagsleben

Albergue de peregrinos Pilgerherberge
Alto Passhöhe
Año Santo Heiliges Jahr; immer dann, wenn der Jakobustag, der 25. Juli, auf einen Sonntag fällt
Archivolten Bogenläufe an romanischen und gotischen Portalen
Area Kasten, Truhe
Arco Torbogen
Arqueta Kästchen
Artesonado Reich dekorierte Kassettendecke, typisch für den Mudejar-Stil
Ayuntamiento Rathaus
Bahía Bucht
Baluarte Bollwerk
Basiliea Basilika
Biblioteca Bibliothek
Botafumeiro Weihrauchgefäß in der Kathedrale von Santiagode Compostela
Cabo Kap
Calle Straße
Callejón Gasse
Camino Aragonés Aragonesischer Jakobsweg mit Pyrenäenübergang Somport
Camino de Santiago Jakobsweg
Camino Francés Französischer Jakobsweg, Hauptstrecke nach Santiago de Compostela mit Pyrenäenübergang Ibaneta; Vereinigung mit dem Camino Aragones in Puente la Reina
Capilla Kapelle
Cartuja Kartause
Casa Haus, Adelshaus
Casa-Museo Kombination aus einstigem Wohnhaus einer berühmten Persönlichkeit und Museum
Castillo Kastell
Catedral Kathedrale
Cementerio Friedhof
Cerro Hügel
Ciudadela Zitadelle
Cimborrio Vierungskuppel
Claustro Kreuzgang
Codex Calixtinus Sammelwerk zum Jakobsweg und zum Jakobuskult, im 12. Jh. entstanden und offiziell Papst Kalixt II. zugeschrieben
Colegiata (galicisch: Colexiata) Stiftskirche
Convento Kloster, Konvent
Coro Chor
Costa Küste
Credencial Pilgerausweis

Glossar ANHANG

Cripta Krypta
Crucero Querschiff
Cruz Kreuz
Cueva Höhle
Custodia Monstranz
Desfiladero Engpass
Ermita Einsiedelei
Fiesta (galicisch: Festa) Volksfest
Fiestas Patronales Patronatsfeierlichkeiten
Foz Schlucht
Fuente Brunnen
Fuerte Befestigungsanlage
Fundación Stiftung
Garganta Schlucht
Hospital de peregrinos Pilgerspital
Hospitalero Ehrenamtlicher Pilgerherbergswirt
Iglesia (galicisch: Igrexa) Kirche
Isla (galicisch: Iila) Insel
Jardín Garten, Park
Judería Mittelalterliches Judenviertel
Kapitell Oberer Teil einer Säule, bei romanischem und gotischem Stil formenreich verziert
Lago See
Laguna Lagune
Macizo Gebirgsmassiv
Maßwerk Bauornament der Gotik, vor allem in Fensteröffnungen
Mirador Aussichtspunkt
Monasterio (galicisch: Mosteiro) Kloster
Monte Berg
Monte do Gozo »Berg der Freude«, erster Pilgerausblick auf die Kathedrale von Santiago de Compostela
Mozarabischer Stil Im Mittelalter Baustil (Frühromanik, Romanik) der unter maurischer Herrschaft lebenden Christen
Mudejar-Stil Im Mittelalter Baustil (Gotik) unter christlicher Herrschaft lebender Mauren
Murallas Stadtmauern
Nave Kirchenschiff
Palacio Palast
Panteón Pantheon
Parroquia Pfarrkirche
Península Halbinsel
Pico Bergspitze
Plateresker Stil Filigraner Baustil mit reichen Ornamenten; der Ausdruck ist angelehnt an die Arbeit der Silberschmiede (»plateros«)
Playa (galicisch: Praia) Strand
Plaza (galicisch: Praza) Platz

Pórtico de la Gloria »Tor der Herrlichkeit«, romanisches Hauptportal der Kathedrale von Santiago de Compostela, im 12. Jh. als Werk von Meister Mateo entstanden
Puente Brücke
Puerta (galicisch: Porta) Pforte, Tor, Stadttor
Puerta del Perdón Ablassportal (am Jakobsweg in Leon und Villafranca del Bierzo)
Puerta Santa die Heilige Pforte im Südteil der Kathedrale von Santiago de Compostela, nur in Heiligen Jahren geöffnet
Puerto Passhöhe
Punta Landspitze
Reconquista Christliche Rückeroberung der ab 711 von Mauren besetzten Gebiete Spaniens; endete 1492 mit dem Fall von Granada
Relicario Reliquienschrein
Reliquias Reliquien
Retablo Retabel, Altaraufsatz, geschmückt mit Gemälden oder Skulpturen
Ría Flussmündung in eine tief ins Land reichende Meeresbucht
Río Fluss
Rollo de justicia historischer Gerichtspfeiler
Rosetón Rosette, Fensterrose in Kirchen
Rúa Straße, Gasse
Sacristía Sakristei
Sala Capitular Kapitelsaal, Sitzungssaal in einem Kloster
Santiago Heiliger Jakobus (Jakobus der Ältere)
Santiago Matamoros Der heilige Jakobus als »Maurentöter«, oft in bildhauerischen Arbeiten und quer durch alle Stilrichtungen zu sehen
Santuario Sanktuarium
Sierra Gebirge
s/n (sin número) »Ohne Hausnummer« – Abkürzung bei spanischen Adressenangaben
Torre Turm
Torreón Festungsturm
Tympanon Bogenfeld über dem Türsturz, meist mit Reliefs ausgefüllt
Valle Tal
Vidrieras Fenster, Kirchenfenster

Register

A
A Coruña **121, 181**
Aguilar de Campóo **174**
Aguiño **295**
Aizkorri-Massiv **19**
Ajo **193**
Alfaro **179**
Alfons X. der Weise (König) **64**
Allariz **257**
Alonso, Fernando **67**
Alquézar **216**
Altamira **53, 327**
Alto Campóo **175**
Alto de San Roque **285**
Alto do Hospital **286**
Alto do Poio **285**
Alzuza **270**
Angliru **263**
Anguiano **248**
Anreise **358**
Apfelwein **30, 84, 205, 263**
Apotheken **366**
Aquakultur **34**
Aragón **17**
Aranda de Duero **172**
Arbayún **274**
Arena **121**
Arguis **216**
Armentia **347**
Arnedillo **180**
Arnedo **180**
Arriondas **279**
Artajona **275**
Astorga **148, 236**
Asturien **20**
Atapuerca **336**
Atxaga, Bernardo **65**
Auritz **271**
Auskunft **362**
Autovermietung **387**
Avilés **204**

Ayerbe **217**
Aznar, José María **50**

B
Bahnreisen **361**
Bahía de la Concha **300**
Baiona **122, 297**
Bakio **120, 202**
Bardenas Reales **18, 276**
Baroja, Pío **64**
Baskenland **18**
Bayeu, Francisco **353**
Bécquer, Gustavo Adolfo **64**
Berceo, Gonzalo de **64**
Bergbau **35**
Bermeo **201**
Berria **121**
Betanzos **290**
Bevölkerung **26**
Bilbao **18, 152, 202**
Bilbo **152**
Bodegas **56, 223, 228, 241**
Bodegas Marqués de Riscal **227**
Bodegas Ysios **227**
Borgia, Cesare **67, 210**
Bosque Pintado **199**
Botschaften **363**
Briones **245**
Bueu **296**
Burela **293**
Burgos **160, 161**
Burguete **271**

C
Cabo de Peñas **205**
Cabo de Torres **213**
Cabo Fisterra **189, 324**
Cabo Mayor **308**
Cabo Ogoño **120**

Cabo Touriñán **190**
Cacabelos **284**
Caín **281**
Calahorra **177**
Calatrava, Santiago **61, 227**
Caleruega **172**
Cambados **122, 295**
Cambre **189**
Camino de Santiago s. Jakobsweg
Canales de Cabrales **281**
Cañas **334**
Candanchú **219**
Candás **205**
Canfranc **219**
Cangas de Onís **279**
Cantabria **19**
Carnota **323**
Carrión de los Condes **176**
Cartuja de Aula dei **355**
Cartuja de Miraflores **170**
Castillo de Loarre **216**
Castillo de Montearagón **215**
Castrillo de los Polvazares **151**
Castro de Coaña **202**
Castro, Rosalía de **67, 322**
Castro-Urdiales **191**
Castrojeriz **175**
Catoira **295**
Cedeira **291**
Cée-Corcubión **190, 324**
Cela, Camilo José **65, 68, 322**
Celanova **257**
Chillida, Eduardo **60**
Cirauqui **275**
Clavijo **243**

Cóbreces **193**
Comillas **121, 193**
Convento de San Antón **175**
Cordillera Cantábrica **19**
Corrubedo **295**
Cosa, Juan de la **193**
Costa da Morte **22, 189, 323**
Costa de Cantabria **19, 191**
Costa Vasca **18, 120, 195**
Costa Verde **20, 121, 202**
Covadonga **40, 280**
Covarrubias **172**
Covas **293**
Cruz de Ferro **151**
Cudillero **121, 204**
Cueva de Covalanas **194**
Cueva del Buxu **280**
Cueva del Pindal **207**
Cueva de Santimamiñe **199**
Cueva de Valporquero **235**
Cueva El Soplao **195**
Cueva Tito Bustillo **206**
Cuevas de Altamira **327**
Cuevas de las Brujas **276**
Cuevas del Monte El Castillo **195**
Cuevas de San Clemente **173**

D
Deba **198**
Díaz de Vivar, Rodrigo **68**
Dolmen **53, 227**
Dolmen El Sotillo **227**
Dolmen La Chabola de La Hechicera **227**
Dolmen San Martín **227**
Dolores Ibárruri Gómez **47**
Donostia **298**
Drake, Francis **336**
Dunas de Liencres **121**

E
Ebro **17, 179**
Ebro-Stausee **175, 195**
Ein- und Ausreisebestimmungen **361**
Eisenman, Peter **61**
El Acebo **151**
El Bierzo **284**
El Cid **64, 68, 164, 166**
El Ferrol **290**
El Ganso **151**
Elcano, Juan Sebastián **68, 197**
Elciego **228**
Elektrizität **365**
Embalse de Alloz **18**
Embalse de Itoiz **17**
Embalse de la Grajera **242**
Embalse del Ebro **174**
Embalse de Yesa **17**
Enciso **181**
Energie **35**
Ermita de Nuestra Señora de la Fuente **355**
Essen und Trinken **76**
Estella **207, 274**
Estibaliz **347**
ETA **47**
Etikette **365**
Euskadi **18**
Euskera **32**
Events **88**
Ezaro **324**
Ezcaray **335**

F
Fauna **24**
Feiertage **88**
Felipe (Kronprinz) **73**
Felsenmalerei **328**
Ferdinand II. von Aragón **41**
Feste **88**
Fiesta de San Fermín **266**
Film **366**
Fischfang **34**
Fisterra **324**
Flora **24**
Fluggesellschaften **359**
Flughäfen **360**
Foncebadón **151**
Foster, Sir Norman **61**
Foz **293**
Foz de Arbayún **18, 274**
Foz de Lumbier **18, 274**
Franco y Bahamonde, Francisco **46, 70, 290**
Frómista **176**
Fuente Dé **279**
Fuente del Vino **209**

G
Galego **32**
Galicien **21**
Galizano **121**
García Guereta, Ricardo **149**
Gares **274**
Garganta del Cares **281**
Garganta La Yecla **172**
Gasteiz **341**
Gaudí, Antoni **60**
Gautegiz-Arteaga **199**
Gayarre, Julián **274**
Gehry, Frank O. **61, 153, 155, 228**
Generation von 98 **64**
Gernika **46, 199, 200**
Gernika-Lumo **200**
Geschichte **38**
Gesundheit **366**
Getaria **197**
Gijón **204, 210**
González, Felipe **50**
Gotik **58**

Register ANHANG

Goya, Farncisco de **45**
Goya, Francisco de **353, 354**
Grajera-Stausee **242**
Grau, Juan Bautista **149**
Guernica **60**
Guggenheim-Museum **156**

H

Haro **246**
Hecho **222**
Hemingway, Ernest **264, 268**
Hendaye **277**
Herkulesturm **185**
Hexenhöhlen **276**
Hl. Jakobus **41, 166**
Homo antecessor **39, 336**
Hondarribia **120, 277, 304**
Hontanas **175**
Hortigüela **173**
Hotel **107**
Höchstgeschwindigkeiten **384**
Höhlen **328**
Höhlenmalerei **327**
Huesca **213**

I

Ibañeta **271**
Ibarrola, Agustín **200**
Ibeas de Juarros **336**
Iglesia de Santo Tomás de las Ollas **283**
Ignatius von Loyola **71, 198**
Ilas Cíes **296**
Illa das Esculturas **289**
Illa da Toxa **296**
Illa de Boeiro **339**
Illa de Monte Agudo **339**
Illa de Ons **296**
Illa de San Martiño **339**
Illa do Faro **339**
Illas Cíes **339**
Induráin, Miguel **71**
Industrie **36**
Iria Flavia **322**
Irún **277**
Iruña **264**
Iruña-Veleia **347**
Iruñea **264**
Isaba **273**
Isabella I. von Kastilien **41**
Isla **193**
Isozaki, Arata **61**

J

Jaca **217**
Jakobsweg **116, 136, 151, 175, 209, 221, 236, 241, 247, 248, 270, 272, 274, 284, 313, 335**
Javier **272**
Javier, Francisco **69**
Jovellanos, Gaspar Melchor de **64**
Juan Carlos I. **47**

K

Kantabrien **19**
Kantabrische Kordillere **17**
Kap Ogoño **199**
Kap von Matxitxako **201**
Karl V. **44**
Kastilien **20**
Kastilien-Kanal **20**
Kinder **94**
Klima **22**
Kolumbus, Christoph **44**
Krankenversicherung **362**
Kultur **52**
Kunst **52**

L

La Coruña **121, 181**
La Hoya **226**
La Vega de Riosa **263**
Lago de Enol **281**
Lago de Ercina **281**
Laguardia **222**
Laguna Xarfas Louro **323**
Landwirtschaft **34**
Laredo **121, 193**
Las Arenas de Cabrales **281**
Las Médulas **283**
Lastres **206**
Legion Condor **46**
Lekeitio **120, 198**
Lerma **171**
Leuchttürme **186**
León **175, 228**
León (Provinz) **20**
Limpias **191**
Lira **323**
Literatur **366**
Llamazares, Julio **65**
Llanes **206**
Loarre **216**
Logroño **18, 209, 236**
Lorca **275**
Loyola, Ignacio de **71, 198**
Luanco **205**
Luarca **203**
Lugo **249, 286**
Lumbier **274**

M

Macho, Victorio **174**
Maeztu y Whitney, Gustavo de **60, 209**
Mallos **215**
Mallos de Riglos **217**
Mañeru **275**
Manjarín **151**
Mansilla de las Mulas **177**

Mauren **40**
Medien **370**
Megalithgräber **53**
Mesa de los Tres Reyes **17**
Meseta **20**
Molinaseca **151**
Monasterio de Leyre **272**
Monasterio de San Juan de la Peña **220**
Monasterio de San Pedro de Arlanza **173**
Monasterio de Santa María de Gradefes **235**
Monasterio de Santa María de Iranzu **209**
Monasterio de Santa María la Real **247**
Mondoñedo **252**
Moneo, Rafael **56**
Monforte de Lemos **256**
Monte Aloia **340**
Monte do Gozo **286**
Monte Gorbeia **18**
Monte Jaizkibel **304**
Monte Naranco **262**
Monte Perdido **17**
Monte San Cristóbal **270**
Monte Santa Tegra **298**
Monterrei **257**
Montes de León **20**
Montes de Oca **335**
Mosteiro de Oseira **255**
Mozarabischer Stil **55**
Mudejarer Stil **55**
Muel **355**
Mundaka **201**
Muros **323**
Mutriku **198**

N
Nájera **247**
Natur **17**
Nava **263**
Navarra **17**
Navarrete **247**
Navia **202**
Noia **323**
Noja **121, 193**
Notrufe **370**

O
O Barqueiro **292**
O Berbés **338**
O Cebreiro **285**
O Grove **122, 296**
O Pindo **324**
O Vicedo **293**
Ochagavía **274**
Ochoa, Severo **72**
Öffnungszeiten **371**
Olite **275**
Olmillos de Sasamón **175**
Ondarroa **198**
Ordesa **17**
Orense **252**
Orio **120, 195**
Oronoz-Mugairi **276**
Orreaga **271**
Ortega, Juan de **336**
Ortigueira **292**
Ortiz Rocasolano, Letizia **73**
Oteiza, Jorge de **270**
Otsondo-Pass **276**
Ourense **252**
Oviedo **20, 204, 258**

P
Padrón **322**
País Vasco **18**
Palencia **174**
Pamplona **18, 264**
Panes **277**
Paradores **110**
Pardo Bazán, Emilia **64**
Parque de la Naturaleza Cabárceno **308**

Parque Nacional
-Ordesa y Monte Perdido **220**
Parque Natural
-de la Sierra y Cañones de Guara **216**
-de Pagoeta **197**
-de Somiedo **263**
-Dunar de Corrubedo e Lagoas de Carregal e Vixán **295**
-Dunas de Liencres **193**
-Gorbeia **347**
-Izki **348**
-Marismas de Santoña **191**
-Oyambre **194**
-Valderejo **347**
Pasai Donibane **303**
Pasajes de San Juan **303**
Pass von Ibañeta **271**
Pass von Itziar **198**
Pass von Lazar **274**
Pass von Somport **17, 219**
Pedrafita do Cebreiro **285**
Pedraja-Pass **336**
Pedreña **193**
Pelayo **72, 279**
Pelli, César **61**
Peñalba de Santiago **283**
Peña Trevinca **21**
Península de la Magdalena **308**
Península de Morrazo **296**
Península do Barbanza **295**
Philipp II. **44**
Picasso, Pablo **60, 184**
Pico de Aneto **17**
Pico de Oroel **17**
Picos **14**
Picos de Europa **19, 194, 277**

Picos de Urbión **18**
Pita, María **181**
Politik , **26**
Poncebos **281**
Ponferrada **151, 281**
Pontedeume **290**
Pontevedra **287**
Portomarin **286**
Post **371**
Potes **277**
Praia das Catedrais **293**
Praia de San Francisco **323**
Preise **372**
Puente Colgante **61, 62, 160**
Puente la Reina **274**
Puente Viesgo **195**
Puerto de Pajares **235**
Puerto de Vega **202**
Punta Carreiro **323**
Puntón de Guara **17**
Pyrenäen **17, 122**
Pyrenäenfrieden **44**

Q
Quintanilla de las Viñas **173**

R
Rábago **195**
Rabanal del Camino **151**
Ramales de la Victoria **194**
Ramón y Cajal, Santiago **73**
Reconquista **40**
Reinosa **175**
Reiseplanung **358**
Reisezeit **373**
Religion **32**
Remolinos **355**
Ría de Ares y Betanzos **290**
Ría de Arousa **295**
Ría de Baiona **297**

Ría de Barqueiro **292**
Ría de Camariñas **121, 190**
Ría de Cedeira **121, 290**
Ria de Corme e Laxe **121, 190**
Ría de Ferrol **290**
Ría de Mundaka **120, 199**
Ría de Muros e Noia **295, 323**
Ría de Ortigueira **121, 292**
Ría de Pontevedra **296**
Ría de Ribadeo **121, 202, 293**
Ría de Tina Mayor **207**
Ría de Vigo **296, 339**
Ría de Villaviciosa **205**
Ría de Viveiro **121, 293**
Rías **14, 21, 189**
Rías Altas **290**
Rías Baixas **22, 294**
Ribadeo **293**
Ribadesella **121, 206**
Ribera **18, 275**
Río Aragón **272**
Río Arga **275**
Río Arlanzón **171, 172**
Río Baztán **276**
Río Bidasoa **277**
Río Cares **281**
Río Cidacos **179**
Río Deva **277**
Río Ega **208**
Río Esca **273**
Río Eumo **290**
Río Gállego **17**
Río Güeña **281**
Río Meruelo **151**
Río Nalón **204**
Río Oca **199**
Río Ouribio **285**
Río Pas **195**
Río Purón **348**
Río Sella **206, 279**

Río Tambre **323**
Río Támega **257**
Río Ulla **322**
Río Urola **197**
Rioja **14, 18, 86, 179**
Rioja Alavesa **227**
Rioja Alta **244**
Ris **121**
Rivera, Miguel Primo de **46**
Romanik **58**
Roncal **273**
Roncesvalles **271**
Rucabado, Leonardo **307**

S
Sada **189**
Sáenz de Oiza, Francisco Javier **270**
Sahagún **176**
Salinas de Añana **347**
Samos **285**
San Andrés de Teixido **291**
San Asensio **246**
San Juan de Gaztelugatxe **201**
San Juan de Ortega **336**
San Martín de Unx **275**
San Miguel de Escalada **235**
San Miguel de Lillo **262**
San Millán de la Cogolla **334**
San Sebastián **18, 120, 298**
San Vicente de la Barquera **121, 194**
San Vicente la Sonsierra **246**
Sangüesa **221, 272**
Santa Catalina de Somoza **151**
Santa Eulalia de Bóveda **252**

Santa María de Eunate **274**
Santander **121, 193, 304**
Santiago de Compostela **166, 189, 190, 286, 309**
Santillana del Mar **193, 325**
Santo Domingo de la Calzada **247, 331**
Santo Domingo de Silos **171**
Santoña **193**
Santuario de Nosa Señora da Barca **190**
Santuario San Miguel de Aralar **349**
Sanxenxo **122, 296**
Sarria **286**
Schlacht von Vitoria **46**
Serra da Capelada **22, 291**
Shopping **100**
Sidra **263**
Sierra de Aralar **349**
Sierra de Atapuerca **336**
Sierra de Cebollera **18, 244**
Sierra de la Demanda **18**
Sierra de la Guara **17**
Sierra de Leyre **272**
Sierra de San Lorenzo **335**
Sigües **273**
Sinovas **172**
Somo **193**
Somport **17**
Soto de Cangas **280**
Spanischer Befreiungskampf **45**
Spanischer Bürgerkrieg **46**
Spanischer Erbfolgekrieg **44, 339**
Sprache **374**
Suances **193**

Suárez, Adolfo **50**

T
Tafalla **275**
Tapas **82**
Tapia de Casariego **202**
Tarazona **276**
Tazones **205**
Telekommunikation **371**
Tiermas **273**
Tierra de Campos **176**
Tomeo, Javier **65**
Torla **221**
Torre de Hércules **185**
Torres del Río **210**
Tourismus **37**
Tourismusportale **362**
Transición **50**
Trescares **281**
Triacastela **285**
Tudela **276**
Tui **339**

U
Übernachten **106**
Ujué **275**
Ullibarri-Stausee **347**
Umwelt **17**
Unamuno, Miguel de **64**
Unquera **277**
Urdaibai **199**
Urlaub aktiv **114**
Urrunaga-Stausee **347**

V
Valdefuentes **336**
Valdezcaray **335**
Valle del Roncal **273**
Valle del Salazar **274**
Valle-Inclán, Ramón del **64**
Veigas **264**
Vergünstigungen **372**
Verín **257**
Verkehr **383**

Viana **210**
Vigo **336**
Vilagarcía de Arousa **295**
Vilalba **252**
Vilar de Donas **286**
Villafranca del Bierzo **285**
Villafranca Montes de Oca **335**
Villalcázar de Sirga **176**
Villamayor de Monjardín **210**
Villaviciosa **205**
Vimianzo **190**
Vitoria **18, 341**
Viveiro **293**
Volksgruppen **32**

W
Wein **14, 30, 34, 56, 77, 84, 86, 222, 227, 236**
Wirtschaft **26**

Y
Yesa **272**
Yesa-Stausee **272**

Z
Zapatero, José Luis Rodríguez **51**
Zaragoza **17, 349**
Zarautz **120, 195**
Zeit **387**
Zollbestimmungen **361**
Zugarramurdi **276**
Zuloaga y Zabaleta, Ignacio **60, 198**
Zumaia **120, 197**
Zunzunegui y Loredo, Juan Antonio de **65**
Zuriza **222**
Zweiten Weltkrieg **46**

Verzeichnis der Karten und Grafiken

Nordspanien auf einen Blick
  (Infografik) **28/29**
Provinzen **33**
Die Reconquista **42/43**
Spanischer Bürgerkrieg **47**
Puente Colgante (3D) **63**
Jakobsweg **136/137**
Tourenübersicht **128/129**
Tour 1 **134/135**
Der Jakobsweg (Infografik)
  136/137
Tour 2 **139**
Tour 3 **141**
Tour 4 **143**
Tour 5 **145**
Bilbao **152/153**
Guggenheim-Museum (3D) **157**
Burgos **163**
Burgos, Kathedrale **164**
La Coruña **183**
León **231**

Logroño **240**
Lugo **251**
Ourense **255**
Oviedo **261**
Pamplona **267**
Pontevedra **289**
San Sebastián **302**
Santander **307**
Santiago de Compostela **313**
Santiago de Compostela, Kathedrale
  (3D) **315**
Santiago de Compostela, Kathedrale
  (Grundriss) **315**
Kantabrische Höhlen (Infografik)
  328/329
Vigo **338**
Vitoria · Gasteiz **343**
Zaragoza **351**
Überblickskarte **Umschlagklappe**
  hinten

Bildnachweis

akg-images: 5 (rechts Mitte), album 80 (oben), 330

akg-images/Erich Lessing: © Succession Picasso/VG Bild-Kunst, Bonn 2014 61

Baedeker-Archiv: 45

Bildagentur Huber: R. Schmid U4 (Mitte), Kaos02 2 (oben), Fantuz Olimpio 4 (rechts unten), Kremer 11, Kaos02 31, R. Schmid 36, 55, Guido Cozzi 74, R. Schmid 87, von Dachsberg 102, Kremer 118, Fantuz Olimpio 120, Kaos02 156, von Dachsberg 273, Fantuz Olimpio 297

Bildagentur Huber/Gräfenhain: 5 (links), 38, 52, 150, 157 (unten), 204, 215, 292

corbis: Grand Tour/Sandra Raccanello 63 und 64, JAI/Shaun Egan 100, Reuters/Felix Ordonez 117

Andreas Drouve: 3 (Mitte), 25, 35, 69, 81 (oben), 123, 168, 226, 238, 269, 319, 326, 333, 348, 352

DuMont Bildarchiv: 315 (oben rechts)

DuMont Bildarchiv/Dirk Renckhoff: U7, U8, 2 (Mitte), 5 (rechts oben und unten), 7 (oben), 19, 21, 58, 78, 92, 110, 160, 170, 173, 174, 180, 185, 190, 194, 199, 201, 208, 211, 212, 237, 243, 259, 262, 277, 280, 287, 299, 305, 314, 315 (unten), 316, 344

DuMont Bildarchiv/Hans Zaglitsch: 65

Fotolia: efesan 81 (unten)

getty images: Mark Thompson 66, Jon Boyes 80 (unten), AFP/Rafa Rivas 88, Pascal Poggi 126

Interfoto/Photoaisa: 41

Janicke: 157 (oben links)

laif: REA U2, RAPHO U3 (oben), Eid 3 (oben), Raach 3 (unten), Miquel Gonzalez 4 (links), hemis.fr/Hervé Hughes 6 (oben), Le Figaro Magazine/Prignet 6 (unten), REA 7 (Mitte), Frank Tophoven 8 und 9, REA 15, Eisermann 16, Le Figaro Magazine/Prignet 30 (oben), Frank Tophoven 30 (unten), hemis.fr/Franck Guiziou 62, hemis.fr/John Frumm 76, Miquel Gonzalez 83, Gamma-Rapho/Hoa-Qui/Jose Barea 104, Le Figaro Magazine/Prignet 106, Eid 146, Redux Pictures 157 (oben rechts), RAPHO 187, Miquel Gonzalez 216, hemis.fr/Christian Guy 221, REA 223 und 224, Miquel Gonzalez 229, Raach 245, TOP 303, Miquel Gonzalez 309, hemis.fr/Hervé Hughes 311, Miquel Gonzalez 320, hemis.fr/Hervé Hughes 324

laif/Cover: 2 (unten), 90, 249, 253, 265, 340

LOOK-foto: Hauke Dressler 94, Jürgen Richter 256

LOOK-foto/age: 57, 96, 98, 112, 114, 131, 158

Maier: 315 (oben links)

mauritius images: ib/Paul Williams 80 (Mitte)

mauritius images/age: 4 (rechts oben), 7 (unten), 12, 27, 56, 234, 284, 337, 356

picture-alliance: Foodcollection U4 (oben), dpa U4 (unten), dpa 49, Foodcollection 82, Lou Avers 109

Reich: 1, 315 (oben Mitte)

Titelbild: mauritius images/Lou Avers

nachdenken • klimabewusst reisen

atmosfair

Reisen verbindet Menschen und Kulturen. Doch wer reist, erzeugt auch CO_2. Der Flugverkehr trägt mit bis zu 10% zur globalen Erwärmung bei. Wer das Klima schützen will, sollte sich nach Möglichkeit für die schonendere Reiseform entscheiden (wie z.B. die Bahn). Gibt es keine Alternative zum Fliegen, kann man mit atmosfair klimafördernde Projekte unterstützen.

atmosfair ist eine gemeinnützige Klimaschutzorganisation unter der Schirmherrschaft von Klaus Töpfer. Flugpassagiere spenden einen kilometerabhängigen Betrag und finanzieren damit Projekte in Entwicklungsländern, die den Ausstoß von Klimagasen verringern helfen. Dazu berechnet man mit dem Emissionsrechner auf **www.atmosfair.de** wieviel CO_2 der Flug produziert und was es kostet, eine vergleichbare Menge Klimagase einzusparen (z.B. Berlin – London – Berlin 13 €).

atmosfair garantiert die sorgfältige Verwendung Ihres Beitrags. Alle Informationen dazu auf www.atmosfair.de. Auch der Karl Baedeker Verlag fliegt mit atmosfair.

Impressum

Ausstattung:
139 Abbildungen, 34 Karten und grafische Darstellungen, eine große Reisekarte
Text: Cristina Doria Olaso mit Beiträgen von Reinhard Zakrzewski, Andreas Drouve und Achim Bourmer
Überarbeitung: Achim Bourmer
Bearbeitung: Baedeker-Redaktion (Achim Bourmer; Beate Szerelmy)
Kartografie:
Franz Huber, München;
MAIRDUMONT Ostfildern (Reisekarte)
3D-Illustrationen:
jangled nerves, Stuttgart
Infografiken:
Golden Section Graphics GmbH, Berlin
Gestalterisches Konzept:
independent Medien-Design, München
Chefredaktion:
Rainer Eisenschmid, Baedeker Ostfildern

4. Auflage 2017

© KARL BAEDEKER GmbH, Ostfildern für MAIRDUMONT GmbH & Co KG; Ostfildern

Der Name Baedeker ist als Warenzeichen geschützt. Alle Rechte im In- und Ausland sind vorbehalten. Jegliche – auch auszugsweise – Verwertung, Wiedergabe, Vervielfältigung, Übersetzung, Adaption, Mikroverfilmung, Einspeicherung oder Verarbeitung in EDV-Systemen ausnahmslos aller Teile des Werkes bedarf der ausdrücklichen Genehmigung durch den Verlag.

Anzeigenvermarktung:
MAIRDUMONT MEDIA
Tel. 0049 711 4502 333
Fax 0049 711 4502 1012
media@mairdumont.com
http://media.mairdumont.com

Printed in China

Trotz aller Sorgfalt von Redaktion und Autoren zeigt die Erfahrung, dass Fehler und Änderungen nach Drucklegung nicht ausgeschlossen werden können. Dafür kann der Verlag leider keine Haftung übernehmen.
Kritik, Berichtigungen und Verbesserungsvorschläge sind jederzeit willkommen.
Schreiben Sie uns, mailen Sie oder rufen Sie an:

Verlag Karl Baedeker / Redaktion
Postfach 3162
D-73751 Ostfildern
Tel. 0711 4502-262
info@baedeker.com
www.baedeker.com

Die Erfindung des Reiseführers

Als **Karl Baedeker** (1801 – 1859) am 1. Juli 1827 in Koblenz seine Verlagsbuchhandlung gründete, hatte er sich kaum träumen lassen, dass sein Name und seine roten Bücher einmal weltweit zum Synonym für Reiseführer werden sollten.

Das erste von ihm verlegte Reisebuch, die 1832 erschienene **Rheinreise,** hatte er noch nicht einmal selbst geschrieben. Aber er entwickelte es von Auflage zu Auflage weiter. Mit der Einteilung in die Kapitel »Allgemein Wissenswertes«, »Praktisches« und »Beschreibung der Merk-(Sehens-)würdigkeiten« fand er die klassische Gliederung des modernen Reiseführers, die bis heute ihre Gültigkeit hat. Der Erfolg war überwältigend: Bis zu seinem Tod erreichten die zwölf von ihm verfassten Titel 74 Auflagen! Seine Söhne und Enkel setzten bis zum Zweiten Weltkrieg sein Werk mit insgesamt 70 Titeln in 500 Auflagen fort.

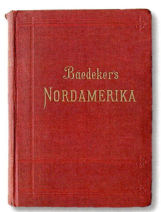

Bis heute versteht der Karl Baedeker Verlag seine große Tradition vor allem als eine Kette von Innovationen: Waren es in der frühen Zeit u. a. die Einführung von Stadtplänen in Lexikonqualität und die Verpflichtung namhafter Wissenschaftler als Autoren, folgte in den 1970ern der erste vierfarbige Reiseführer mit professioneller Extrakarte. Seit 2005 stattet Baedeker seine Bücher mit ausklappbaren 3D-Darstellungen aus. Die neue Generation enthält als erster Reiseführer Infografiken, die (Reise-)Wissen intelligent aufbereiten und Lust auf Entdeckungen machen.

In seiner Zeit, in der es an verlässlichem Wissen für unterwegs fehlte, war Karl Baedeker der Erste, der solche Informationen überhaupt lieferte. In der heutigen Zeit filtern unsere Reiseführer aus dem Überfluss an Informationen heraus, was man für eine Reise wissen muss, auf der man etwas erleben und an die man gerne zurückdenken will. Und damals wie heute gilt für Baedeker: Wissen öffnet Welten.

Baedeker Verlagsprogramm

- Algarve
- Allgäu
- Amsterdam
- Andalusien
- Argentinien
- Australien
- Australien • Osten
- Bali
- Barcelona
- Bayerischer Wald
- Belgien
- Berlin • Potsdam
- Bodensee
- Brasilien
- Bretagne
- Brüssel
- Budapest
- Burgund
- China
- Dänemark
- Deutsche Nordseeküste
- Deutschland
- Deutschland • Osten
- Dresden
- Dubai • VAE
- Elba
- Elsass • Vogesen
- Finnland
- Florenz
- Florida
- Franken
- Frankfurt am Main
- Frankreich
- Frankreich • Norden
- Fuerteventura
- Gardasee
- Golf von Neapel
- Gran Canaria
- Griechenland
- Großbritannien
- Hamburg
- Harz
- Hongkong • Macao
- Indien
- Irland
- Island
- Israel
- Istanbul
- Istrien • Kvarner Bucht
- Italien
- Italien • Norden
- Italienische Adria
- Italienische Riviera
- Japan
- Jordanien
- Kalifornien
- Kanada • Osten
- Kanada • Westen
- Kanalinseln
- Kapstadt • Garden Route
- Kenia
- Köln
- Kopenhagen
- Korfu • Ionische Inseln
- Korsika
- Kos
- Kreta
- Kroatische Adriaküste • Dalmatien
- Kuba
- La Gomera
- La Palma
- Lanzarote
- Leipzig • Halle
- Lissabon
- London
- Madeira
- Madrid
- Malediven
- Mallorca
- Malta • Gozo • Comino

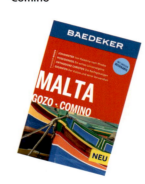

- Marokko
- Mecklenburg-Vorpommern
- Menorca
- Mexiko
- Moskau
- München
- Namibia
- Neuseeland
- New York
- Niederlande
- Norwegen
- Oberbayern

Verlagsprogramm ANHANG

- Oberital. Seen • Lombardei • Mailand
- Österreich
- Paris
- Peking
- Polen
- Polnische Ostseeküste • Danzig • Masuren
- Portugal
- Prag
- Provence • Côte d'Azur
- Rhodos
- Rom

- Sri Lanka
- Stuttgart
- Südafrika
- Südengland
- Südschweden • Stockholm
- Südtirol

- Sylt
- Teneriffa
- Tessin
- Thailand
- Thüringen
- Toskana
- Tschechien
- Türkische Mittelmeerküste
- USA
- USA • Nordosten
- USA • Nordwesten

- USA • Südwesten
- Usedom
- Venedig
- Vietnam
- Weimar
- Wien
- Zürich
- Zypern

Viele Baedeker-Titel sind als E-Book erhältlich: shop.baedeker.com

- Rügen • Hiddensee
- Rumänien
- Sachsen
- Salzburger Land
- St. Petersburg
- Sardinien
- Schottland
- Schwarzwald
- Schweden
- Schweiz
- Sizilien
- Skandinavien
- Slowenien
- Spanien
- Spanien • Norden • Jakobsweg

Kurioses Nordspanien

Wein, der wie im Schlaraffenland aus einem Brunnen sprudelt, ein Beichtstuhl mit Ampel und ein Weihrauchfass, das fast einen Zentner wiegt – Nordspanien weiß zu überraschen!

▶ Pilgerboom in Zahlen
1977 nahmen in Santiago de Compostela gerade einmal 31 Pilger ihre »Compostela«-Urkunde in Empfang. Seit 2013 werden alljährlich weit über 200 000 Urkunden ausgestellt.

▶ Wein für die »Schlacht«
Steht nahe dem Städtchen Haro in der Rioja Ende Juni die »Schlacht des Weines« (Batalla del Vino) an, will die Munition gut vorbereitet sein. Alljährlich bespritzen sich die Teilnehmer dann gegenseitig mit bis zu 130 000 l Wein.

▶ Wein aus dem Brunnen
Am Ortsrand von Ayegui in Navarra gibt es direkt am Jakobsweg einen Brunnen, aus dem im Hahnumdrehen Wein kommt. Gratis. Ein Werbegag der angrenzenden Kellerei. Vorausgesetzt, das Depot von jährlich über 30 000 l ist nicht schon aufgebraucht.

▶ Der segelnde Weihrauchwerfer
Der Botafumeiro, der Weihrauchwerfer der Kathedrale von Santiago de Compostela, ist 46 kg schwer und misst – inklusive Abschluss der oberen Ketten – rund 1,50 m. Acht Männer braucht es, um das Weihrauchfass über eine Seilaufhängung regelrecht durch das Querschiff segeln zu lassen.

▶ Beichtstuhl mit Ampel
In Spaniens Kirchen mag man sich an Kästen mit Elektrokerzen gewöhnt haben, doch ungewöhnlicher ist es, einen Beichtstuhl mit Digitalanzeige zu sehen, wie in der Kirche San Nicolás in der Altstadt von Pamplona. Ein leuchtendes Rot oder Grün zeigt in Funktion einer Ampel an, ob gerade besetzt oder frei ist. Allerdings hält sich der Andrang in Grenzen.

▶ Kochtreffs als Männerdomäne
Im Baskenland sind sogenannte »Gastronomische Gesellschaften« (Sociedades Gastronómicas) verbreitet, in denen sich Männer gerne zum Kochen treffen. Vielfach bleiben die Herren unter sich und schwingen Löffel und Kellen; Damen kann laut Statuten sogar die Mitgliedschaft verwehrt sein.

▶ Fußball auf Baskisch
Der baskische Fußballklub Athletic Bilbao setzt auf regionale Identität, denn auf dem Feld dürfen bis heute ausnahmslos nur Basken bzw. im Baskenland ausgebildete Spieler gegen das runde Leder treten. Trainer hingegen darf durchaus ein Ausländer sein. Auch Jupp Heynckes gehörte dazu.